理论

模式

裴炜/著

刑事跨境数据取证
Cross-Border Data Investigation
边界重构与制度革新

制度

机制

北京大学出版社
PEKING UNIVERSITY PRESS

图书在版编目(CIP)数据

刑事跨境数据取证：边界重构与制度革新／裴炜著.--北京：北京大学出版社，2025.7. -- ISBN 978-7-301-35902-0

Ⅰ．D918

中国国家版本馆CIP数据核字第2025LQ7996号

书　　　名	刑事跨境数据取证：边界重构与制度革新
	XINGSHI KUAJING SHUJU QUZHENG：BIANJIE CHONGGOU YU ZHIDU GEXIN
著作责任者	裴　炜　著
责 任 编 辑	潘菁琪　方尔埼
标 准 书 号	ISBN 978-7-301-35902-0
出 版 发 行	北京大学出版社
地　　　址	北京市海淀区成府路205号　100871
网　　　址	http://www.pup.cn　http://www.yandayuanzhao.com
电 子 邮 箱	编辑部 yandayuanzhao@pup.cn　总编室 zpup@pup.cn
新 浪 微 博	@北京大学出版社　@北大出版社燕大元照法律图书
电　　　话	邮购部 010-62752015　发行部 010-62750672
	编辑部 010-62117788
印 刷 者	大厂回族自治县彩虹印刷有限公司
经 销 者	新华书店
	650毫米×980毫米　16开本　24印张　457千字
	2025年7月第1版　2025年7月第1次印刷
定　　　价	89.00元

未经许可，不得以任何方式复制或抄袭本书之部分或全部内容。
版权所有，侵权必究
举报电话：010-62752024　电子邮箱：fd@pup.cn
图书如有印装质量问题，请与出版部联系，电话：010-62756370

国家社科基金青年项目（19CFX037）
"刑事跨境数据取证法律问题研究"结项成果

序

姜 伟

裴炜教授撰写的《刑事跨境数据取证：边界重构与制度革新》书稿摆在我的案头，使我成为该书最早的读者之一。研读了这部专著的主要章节后，我很受启发，不仅引发了一些思考，也深受鼓舞，为建构多元化跨境数据取证机制提供了思路。

跨境数据取证成为诉讼实务的难题，进而成为理论研究的热点，是数据的诸多属性在司法领域的冲突导致的。从数据的自然属性看，数据的依托网络产生，以互联网为载体，具有跨地域的天然属性。从数据的社会属性看，数据主体具有多元性，涉及个人信息权益、企业利益、公共利益、国家主权，而数据资源主要集中在公共管理部门和网络服务运营商。从数据的诉讼属性看，电子数据成为证据种类的历史不长，但在数字时代已有成为新的"证据之王"趋向，至少85%的犯罪侦查针对的是电子数据证据。[1] 特别是网络犯罪，电子数据往往是证明犯罪的关键证据、主要证据。从数据的管理属性看，网络空间有主权，数据也有主权，一国对本国数据具有排他性支配权，数据跨境侦查取证与一国国家主权密切相关。根据国际法的一般原理，原则上除获得本国同意外，任何其他国家不得直接通过单边措施获取他国境内的数据。于是，电子数据的弱地域性与司法管辖的强地域性在数据跨境问题上产生冲突，导致案件侦查存在电子证据溯源难、取证难。

网络犯罪的最大特点，一是技术性，二是跨国性。与传统犯罪相

---

[1] 参见欧盟《常见问题：欧盟电子证据取证新规》2018年度报告，European Commission, "Frequently Asked Questions: New EU Rules to Obtain Electronic Evidence", issued on 17 April 2018, available at https://ec.europa.eu/commission/presscorner/api/files/document/print/en/memo_18_3345/MEMO_18_3345_EN.pdf. Accessed 11 July 2024。

比,网络犯罪"从体力对抗转变为技术对抗"。为提升犯罪活动的隐蔽性,规避刑事侦查取证,网络犯罪往往横跨多个国家和地区,犯罪分子采用浮动 IP 或频繁更换 IP 的方式,凭借先进的科技装备、多重的管辖阻隔和高超的反侦查技术,给案件侦办工作设置一系列障碍。

如何高效地获取作为证据材料的数据,是依法惩治日益高发的跨境网络犯罪的关键所在。跨境取证正由刑事侦查例外措施可能变成犯罪治理的常规方式。但是,网络时代下的数据跨境流动和分布存储,给侦查取证制造了障碍。针对境外的网络服务器、犯罪专用设备,单纯依靠国内网络攻防技术自行跨境取证存在侵犯他国网络空间主权的风险;传统的刑事司法协助模式尽管可以规避上述风险,但却存在沟通难、时间长、效率低等问题;而请求跨国警务协作取证不仅需要充分的证据支撑,还受制于涉案国家法律法规以及警方电子取证技术、设备与能力等条件。

在网络时代如何应对数据跨境取证问题,是世界各国共同面临的难题。跨境电子取证需要破解三大难题,一是司法主权问题,二是个人信息等相关权益保障问题,三是高效、便捷的取证程序问题。加强国际合作打击跨境网络犯罪,是国际社会的广泛共识。目前,一些国家或地区已经开始探索跨境数据取证的新制度,呈现出支持多元取证模式的立法倾向。2024 年 12 月,联合国正式通过《打击网络犯罪公约》。该《公约》是首部由中国等发展中国家主导推动、在网络领域具有国际法效力的全球性文件,系统构建了跨境数据取证的国际规则,体现了各国的高度重视与广泛共识。

在此背景下,裴炜教授本书的理论建构与制度设计,回应了国际规则演进和国际司法合作的迫切需求。裴炜教授是网络法治领域的知名学者,专注网络时代刑事诉讼领域深耕多年,对网络犯罪治理有精深造诣,且研究成果丰硕。她长期担任公安部网络安全法律咨询委员会委员、联合国网络犯罪政府间专家组会议和网络犯罪公约特设政府间委员会会议中方专家,既有丰富的网络治理实务资源,也参与了网络犯罪国际司法协助公约的研究论证,还了解各国跨境数据取证协助立法的最新进展。面对司法实践的现实需求和理论研究的严重缺位,她知难而进,撰写了《刑事跨境数据取证:边界重构与制度革新》这部专著,全方位梳理了跨境数据取证的重点、难点、焦点问题,首次系统性、体系化地提出刑事跨境数据取证的规制思路、制度设计,为破解跨境数据取证难题提供了一个规范合理、切实可行、值得借鉴的具体方案,令人耳目一新、茅塞顿开。该方案旨在适应网络信息化趋势和司法实践需求:一是主张更新观念,重塑"管辖权""侦查权""个人信息权益"等概念,其逻辑起点是去地域化,通过公私协同这一模式转型,形成谱系化的管辖权规则体系。二是提出转变思路,基于网络化、数字化生态,诉讼运行系统一定程度上已然模糊了传统国内法与国际法的分野,产生强烈的且单边的涉外属性,强调"一国国内法在域外的延伸适用"。三是建议变革机制,打破当前立法中单一的刑事司法协助模式,探索建构数字场域下的多元化、结构化、层次化的新型跨境数据取证模式,概括出跨境数据取证的三种主要模式:刑事司法协助模式;直接跨境取证模式;向以网络信息运营商为代表的第三方调取模式。这部专著具有很高的理论水平和学术造诣,对健全跨境数据取证机制具有极大的参考价值和实践意义。

裴炜教授希望我为这部专著作序,我勉为其难,记述研读该书的一些体会,是为序。

2025 年 5 月 1 日于林翠公寓

主要规范性文件全称、译称、简称对照表

表1 中国规范性文件

全称	简称
《中华人民共和国反电信诈骗法》(2022年)	《反电信诈骗法》
《中华人民共和国宪法》	《宪法》
《中华人民共和国刑法》(1997年)	《刑法》
《中华人民共和国刑事诉讼法》(2018年)	《刑事诉讼法》
《中华人民共和国刑事诉讼法》(2012年)	2012年《刑事诉讼法》
《中华人民共和国刑事诉讼法》(1996年)	1996年《刑事诉讼法》
《中华人民共和国刑事诉讼法》(1979年)	1979年《刑事诉讼法》
《中华人民共和国突发事件应对法》(2007年)	《突发事件应对法》
《中华人民共和国行政强制法》(2011年)	《行政强制法》
《中华人民共和国人民警察法》(2012年修正)	《人民警察法》
《全国人民代表大会常务委员会关于加强网络信息保护的决定》(2012年)	/
《中华人民共和国反间谍法》(2014年)(2023年修订)	《反间谍法》
《中华人民共和国国家安全法》(2015年)	《国家安全法》
《中华人民共和国网络安全法》(2017年)	《网络安全法》
《中华人民共和国监察法》(2018年)	《监察法》
《中华人民共和国反恐怖主义法》(2018年修正)	《反恐怖主义法》
《中华人民共和国国际刑事司法协助法》(2018年)	《国际刑事司法协助法》
《中华人民共和国行政处罚法》(2021年修订)	《行政处罚法》
《中华人民共和国数据安全法》(2021年)	《数据安全法》

(续表)

全称	简称
《中华人民共和国个人信息保护法》(2021年)	《个人信息保护法》
《中华人民共和国政府信息公开条例》(2019年修订)	《政府信息公开条例》
《中华人民共和国社区矫正法》(2019年)	《社区矫正法》
《计算机信息网络国际联网安全保护管理办法》(2011年修订)	《国际联网安全办法》
最高人民法院、最高人民检察院、公安部《关于办理网络犯罪案件适用刑事诉讼程序若干问题的意见》(2014年,已废止)	《网络犯罪程序意见》
最高人民法院、最高人民检察院、公安部《关于办理刑事案件收集提取和审查判断电子数据若干问题的规定》(2016年)	《电子数据规定》
最高人民检察院《检察机关办理电信网络诈骗案件指引》(2018年)	《电网诈指引》
最高人民法院、最高人民检察院、公安部、司法部《关于办理恐怖活动和极端主义犯罪案件适用法律若干问题的意见》(2018年)	《恐怖极端案件意见》
最高人民法院、最高人民检察院、公安部《关于办理信息网络犯罪案件适用刑事诉讼程序若干问题的意见》(2022年)	《信息网络犯罪刑诉意见》
国家监察委员会、最高人民法院、最高人民检察院、外交部、公安部、国家安全部、司法部《关于实施〈中华人民共和国国际刑事司法协助法〉若干问题的规定(试行)》(2024年)	《国际刑事司法协助规定》
最高人民检察院《人民检察院刑事诉讼规则》(2019年)	最高检《刑诉规则》
中国人民银行《关于进一步加强支付结算管理防范电信网络新型违法犯罪有关事项的通知》(2019年)	/
最高人民检察院《人民检察院办理网络犯罪案件规定》(2021年)	/
最高人民法院《关于适用〈中华人民共和国刑事诉讼法〉的解释》(2021年)	最高法《〈刑诉法〉解释》
最高人民法院、最高人民检察院、公安部《关于办理电信网络诈骗等刑事案件适用法律若干问题的意见(二)》(2021年)	《电网诈意见(二)》
《网络预约出租汽车经营服务管理暂行办法》(2019年)	《网约车办法》(2022年修正)

(续表)

全称	简称
《网络音视频信息服务管理规定》(2019年)	/
《计算机犯罪现场勘验与电子证据检查规则》(2005年)	《计算机勘验检查规则》
《公安部关于刑事案件现场勘验检查中正确适用提取和扣押措施的批复》(2009年)	/
《公安机关勘验检查及处置制造毒品案件现场规定》(2010年)	/
《公安机关刑事案件现场勘验检查规则》(2015年)	/
《公安机关办理经济犯罪案件的若干规定》(2017年修订)	《经济犯罪案件规定》
《公安机关互联网安全监督检查规定》(2018年)	/
《公安机关办理刑事案件电子数据取证规则》(2019年)	《电子取证规则》
《公安机关办理刑事案件程序规定》(2020年修正)	《刑事程序规定》
《公安机关办理行政案件程序规定》(2020年修正)	《行政程序规定》
《数据出境安全评估办法》(2022年)	/
《互联网个人信息安全保护指南》(2019年)	《互联网个保指南》
《信息安全技术——个人信息安全规范》(GB/T 35273—2020)	《个人信息安全规范》

表2 外国规范性文件

全称	译称	简称
United Nations Convention against Cybercrime; Strengthening International Cooperation for Combating Certain Crimes Committed by Means of Information and Communications Technology Systems and for the Sharing of Evidence in Electronic Form of Serious Crimes	《联合国打击网络犯罪以及为打击利用信息通信技术系统实施的某些犯罪并共享严重犯罪电子证据而加强国际合作公约》	《联合国打击网络犯罪公约》
African Union Convention on Cyber Security and Personal Data Protection	《非洲联盟网络安全与个人数据保护公约》	《非盟网安公约》
Budapest Convention on Cybercrime	《网络犯罪布达佩斯公约》	《布达佩斯公约》

(续表)

全称	译称	简称
Second Additional Protocol to the Convention on Cybercrime on Enhanced Co-operation and Disclosure of Electronic Evidence	《关于提升电子证据合作与披露的〈网络犯罪公约〉第二附加议定书》	《〈布约〉第二附加议定书》
Arab Convention on Combating Information Technology Offences	《阿拉伯国家联盟打击信息技术犯罪公约》	《阿盟信息犯罪公约》
Clarifying Lawful Overseas Use of Data (CLOUD) Act	美国《澄清境外数据合法使用法》	《云法》
Federal Rules of Criminal Procedure	美国《联邦刑事诉讼规则》	/
Stored Communication Act	美国《存储通信法》	/
Directive 2006/24/EC of the European Parliament and of the Council of 15 March 2006 on the Retention of Data Generated or Processed in Connection with the Provision of Public Available Electronic Communications Services or of Public Communications Networks and Amending Directive 2002/58/EC (invalidated in 2014)	欧盟《关于存留公共电子通信服务或网络生成或处理的数据的指令》	《数据存留指令》
Directive (EU) 2016/680 of the European Parliament and of the Council of 27 April 2016 on the Protection of Natural Persons with regard to the Processing of Personal Data by Competent Authorities for the Purposes of the Prevention, Investigation, Detection or Prosecution of Criminal Offences or the Execution of Criminal Penalties, and on the Free Movement of Such Data, and Repealing Council Framework Decision 2008/977/JHA	欧盟《关于适格机关为预防、侦查、调查、起诉犯罪、或执行刑罚的目的处理个人数据中对自然人进行保护,以及此类数据自由流转的指令》	《刑事司法个人数据保护指令》

(续表)

全称	译称	简称
Regulation (EU) 2021/1232 of the European Parliament and of the Council of 14 July 2021 on a Temporary Derogation from Certain Provisions of Directive 2002/58/EC as regards the Use of Technologies by Providers of Number - Independent Interpersonal Communications Services for the Processing of Personal and Other data for the Purpose of Combating Online Child Sexual Abuse	欧盟《关于非号码人际通信服务提供者为打击网络儿童色情目的处理个人及其他数据暂不适用2002/58/EC指令特定条款的条例》	《通信服务提供者打击儿童色情涉个人数据条例》
Directive (EU) 2016/681 of the European Parliament and of the Council of 27 April 2016 on the use of passenger name record (PNR) data for the prevention, detection, investigation and prosecution of terrorist offences and serious crime	欧盟《预防、调查、侦查和起诉恐怖主义犯罪和严重犯罪中适用乘客姓名记录指令》	《PNR指令》
Regulation (EU) 2016/679 of the European Parliament and of the Council on the protection of natural persons with regard to the processing of personal data and on the free movement of such data, and repealing Directive 95/46/EC (General Data Protection Regulation)	欧盟《通用数据保护条例》	GDPR
Regulation (EU) 2018/1807 of the European Parliament and of the Council of 14 November 2018 on a framework for the free flow of non-personal data in the European Union	欧盟《欧盟境内非个人数据自由流动框架条例》	/
Regulation of the European Parliament and of the council on European Production and Preservation Orders for electronic evidence in criminal proceedings	欧盟《针对刑事诉讼程序和后续羁押刑执行中的电子证据的欧盟调取令和欧盟保存令条例》	《刑事电子证据条例》
Directive (EU) 2023/1544 of the European Parliament and of the Council of 12 July 2023 laying down harmonised rules on the designation of designated establishments and the appointment of legal representatives for the purpose of gathering electronic evidence in criminal proceedings	《为刑事诉讼中收集电子证据目的协同建立指定机构和法律代表规则指令》	《刑事电子取证协同指令》

(续表)

全称	译称	简称
Proposed Regulation of the European Parliament and of the Council concerning the respect for private life and the protection of personal data in electronic communications and repealing Directive 2002/58/EU	欧盟《隐私和电子通信保护条例(草案)》	/
Data Protection Act 2018	英国2018年《数据保护法》	/
Commonwealth of Nations Model Law on Computer and Computer Related Crime	《英联邦计算机与计算机相关犯罪示范法》	/
Personal Controlled Electronic Health Records Act	澳大利亚《由个人控制的电子健康记录法》	PCEHR Act
Telekommunikationsgesetz	德国《电子通信法》	TKG
National Data Sharing and Accessibility Policy	印度《国家数据分享和准入政策》	NDSAP
Decree on the Management, Provision and Use of Internet Services and Online Information	越南《互联网服务和在线信息管理、提供和使用条例》	/
Agreement on Cooperation among the States Members of the Commonwealth of Independent States in Combating Offences relating to Computer Information	《独立国家联合体打击计算机信息领域犯罪合作协定》	/
Directive C/DIR 1/08/11 on Fighting Cyber Crime Within Economic Community of West African States	《西部非洲国家经济共同体打击网络犯罪的指令》	/
International Telecommunication Union (ITU)/Caribbean Community (CARICOM)/Caribbean Telecommunication Union (CTU) Model Legislative Texts on Cybercrime, e-Crime and Electronic Evidence	《国际电信联盟/加勒比共同体/加勒比电信联盟网络犯罪、电子犯罪及电子证据示范法》	/
Common Market for Eastern and Southern Africa (COMESA) Cybersecurity Draft Model Bill	《东南非共同市场网络安全示范法草案》	/
Southern African Development Community (SADC) Model Law on Computer Crime and Cybercrime	《南部非洲发展共同体计算机犯罪和网络犯罪示范法》	/

目 录

前言:消失的边界线——地域、网络与侦查权 ·············· 001

理论篇:跨境侦查、网络主权与管辖权

第一章　网络空间跨境数字侦查面临的挑战 ·············· 003
　一、挑战一:打击犯罪的刑事管辖能力弱化 ············ 006
　二、挑战二:证据可采性缺陷 ························ 011
　三、挑战三:法律平等适用失衡 ······················ 020
第二章　执法管辖权:跨境取证的逻辑起点 ·············· 028
　一、刑事管辖权的概念检视 ·························· 030
　二、管辖权类型失焦引发的制度障碍 ·················· 035
　三、基于执法管辖权的跨境数据取证原则 ·············· 044
第三章　突破地域边界:执法管辖权的扩张 ·············· 051
　一、去地域化:管辖权的逻辑起点转变 ················ 051
　二、公私协同:管辖权的运行模式转型 ················ 055
　三、谱系化:管辖权的实践场景分类 ·················· 059

模式篇:阶层化的取证路径

第四章　国际刑事司法协助:跨境取证的传统模式 ········ 069
　一、传统刑事司法协助的基本运行模式 ················ 070
　二、传统取证模式的现实困境 ························ 072
　三、当前我国跨境取证制度探索及其缺陷 ·············· 077
　四、刑事司法协助的改良方案 ························ 080

第五章　突破司法协助：跨境直接取证 …………………………… 085
　　一、跨境取证机制创新的时代契机 ………………………… 086
　　二、跨境取证的创新模式 …………………………………… 089
　　三、我国跨境数据取证的整体策略 ………………………… 100

第六章　跨境数据取证中的公私合作 ………………………… 102
　　一、跨境取证公私合作的动因 ……………………………… 102
　　二、现实障碍：主权冲突与认知错配 ……………………… 107
　　三、回归本土：立法与实践的双重思考 …………………… 122

制度篇：跨境取证与数字法的衔接

第七章　数据取证与数据安全 ………………………………… 131
　　一、数据跨境中的安全风险本质 …………………………… 132
　　二、跨境取证的主要场景及数据安全风险 ………………… 137
　　三、回归数据安全逻辑起点的跨境取证 …………………… 144

第八章　数据取证与个人信息保护 …………………………… 154
　　一、国家机关处理个人信息的制度框架 …………………… 155
　　二、刑事诉讼中的公民信息保护体系 ……………………… 161
　　三、公民信息保护中的个人信息定位 ……………………… 163
　　四、国际立法中跨境数据取证的数据分类 ………………… 169
　　五、个人信息保护在我国刑事诉讼中的嵌入 ……………… 176

第九章　数据取证与企业数字协助义务 ……………………… 185
　　一、刑事诉讼中的企业协助义务 …………………………… 186
　　二、犯罪治理中第三方协助的主要场景 …………………… 187
　　三、数字协助义务困境主要成因 …………………………… 201
　　四、数字协助义务困境的出路探寻 ………………………… 225

第十章　数据取证与国际合作 ………………………………… 228
　　一、国际合作现有机制 ……………………………………… 228
　　二、联合国历次网络犯罪政府间专家组会议核心议题 …… 239

三、《联合国打击网络犯罪公约》核心内容、特点及后续
任务 …………………………………………………… 243
四、国际层面数据本地化发展趋势 ……………………… 248

机制篇：工具创新与能力建设

第十一章　跨境取证中的数据先行冻结 ………………… 257
　一、跨境数据先行冻结的立法动因 ……………………… 258
　二、跨境数据先行冻结的本体分析 ……………………… 262
　三、传统冻结规则与数据冻结的错配 …………………… 270
　四、跨境数据先行冻结的制度设计 ……………………… 275

第十二章　跨境数据取证中的远程勘验 ………………… 288
　一、刑事诉讼法中勘验的性质与功能检视 ……………… 289
　二、网络远程勘验的异化 ………………………………… 292
　三、回归勘验体系的远程勘验措施改进 ………………… 299

第十三章　跨境取证中的向第三方调取 ………………… 305
　一、向第三方调取的性质界定 …………………………… 307
　二、向第三方调取的程序性规制 ………………………… 314

结论：重构数字时代跨境取证的边界 …………………… 325

主要参考文献 ………………………………………………… 331

前言：消失的边界线——地域、网络与侦查权

长期以来，地域是管辖权的核心，是一国判断其是否有权开展、由谁开展，以及如何开展刑事侦查取证活动的关键因素之一。在地域基础上，传统刑事诉讼制度划定了本国刑事侦查的权力边界，并建立起国际司法合作的基本模式，以期在尊重他国主权与打击跨国犯罪之间形成平衡。

这一平衡随着数字时代的到来而被打破。在网络空间中，地域边界消失，以地域边界为基础的管辖权规则和机制失灵。具体到跨境侦查取证场景中，数据借由网络空间的全球流动导致跨境数据取证在犯罪侦破过程中呈现普遍化趋势，对传统用于应对刑事侦查例外情形且高度行政化的刑事司法协助机制提出挑战：一方面，高速流动、分散存储和应用的电子数据已经成为新的"证据之王"，要实现及时高效打击犯罪这一目的，以刑事司法协助机制为核心的、传统的跨境取证模式已然捉襟见肘，侦查机关需要探索出更为高效的电子数据取证手段；另一方面，数据本身的弱地域性特征又使某些取证行为可能突破地域管辖的边界，直接与尊重他国主权、网络安全及个人信息保护等价值形成冲突。

为应对该挑战，跨境数据取证已经成为域外打击网络犯罪的立法和司法实践重点之一。就立法探索而言，无论是欧盟《针对刑事诉讼程序和后续羁押刑执行中的电子证据的欧盟调取令和欧盟保存令条例》(Regulation on European Production Orders and European Preservation Orders for electronic evidence in criminal proceedings and for the execution of custodial sentences following criminal proceedings)（以下简称《刑事电子证据条例》），还是美国2018年出台的《澄清境外数据合法使用法》[Clarifying Lawful Overseas Use of Data (CLOUD) Act]（下文简称《云法》），或是2021年正式通过的《关于提升电子证据合作与披

露的〈网络犯罪公约〉第二附加议定书》(Second Additional Protocol to the Convention on Cybercrime on Enhanced Co-operation and Disclosure of Electronic Evidence)(下文简称《〈布约〉第二附加议定书》),均已呈现出支持多元化跨境数据取证方式的立法倾向,并形成了取证令模式、远程直接取证模式和改良刑事司法协助模式等多种主要改革方案。2019年3月联合国召开政府间网络犯罪专家组第五次会议,各国政府和专家代表普遍认为跨境数据取证困难对当前打击网络犯罪甚至传统犯罪提出了严峻挑战,相对于传统的刑事司法协助机制,不少国家已经或正在采用更为简易、直接的取证方法。在此基础上,2019年12月联合国正式组建特别委员会并启动了打击网络犯罪的国际公约起草工作,并于2024年12月正式通过公约草案。

通过观察联合国网络犯罪专家组和国际公约起草特别委员会的历次会议议题,可以看到各国围绕网络空间跨境数字取证普遍达成的以下四点共识:一是刑事司法协助机制仍然是目前世界各国主要的跨境取证方式;二是该机制运行效率低下,难以有效应对网络环境中涉案数据的全球分散分布和高速流动;三是网络服务提供者等第三方主体因其掌握、控制或占有大量数据,已经成为重要的,甚至关键的刑事跨境取证参与者;四是国际社会有必要积极探索统一或示范性规范,并探索新型取证模式,一方面协调各国的跨境数据取证活动,另一方面提升网络犯罪国际治理的总体能力。

跨境数字取证能成为当前世界各国和地区立法与司法实践的探索重点,原因在于网络信息革命之下,犯罪活动及其利用的数字工具具有天然的跨国属性。犯罪分子可以在物理维度上远离被害人,同时利用服务器、网络以及相关设备的转换来隐藏身份和行踪,而数据的全球化存储和流动意味着可以作为刑事案件证据的电子数据的全球化分布,由此形成了涉案数据"无处不在而又随处可在"的状况。随着社会数字化转型的不断深入,这种状况不仅限于网络犯罪,而且已经蔓延到传统犯罪类型。欧盟在其2018年的报告《常见问题:欧盟电子证据取证新规》中指出,在当今社会,至少85%的犯罪侦查针对的是电子数据证据,而超一半的犯罪侦查涉及跨境数据的收集提取。

尽管各国达成以上共识,但就微观层面的具体改革策略而言,各国则分歧较大,争议焦点集中在是否允许以刑事司法协助机制以外的方式获取位于境外的电子数据证据,特别是是否允许向网络服务提供者等掌握或控制数据的第三方直接调取证据,其间牵涉的数据主权、数据安全、个人信息保护、企业责任等多个事项也成为制度改革的重点和难点。

在此背景下,尽管跨境数据取证正在成为犯罪治理的常态和现实需求,但是现代刑事侦查的僵局已然形成。一方面,国家主权为一国刑罚权的行使范围划定了严格的地域界限,原则上非经其他主权国家同意,一国不能在另一国领土上实施刑事侦查行为。另一方面,传统的国际司法协助难以有效应对刑事数字侦查中的数据高流动性、高分散性及弱地域性等特征。同时,各国网络与个人信息保护方面的立法高速革新也为跨境执法造成国家利益、公共利益和人权保障方面的法律规定高度不确定性的现象。

如前所述,在国际层面许多国家或地区已经开始探索跨境数据取证的新制度,并呈现出支持多元化跨境数据取证方式的立法倾向。相对而言,我国当前制度探索相对单一和保守,难以有效应对跨境数据高效取证的司法实践需求。我国2018年公布并实施的《国际刑事司法协助法》虽然为国内刑事司法权力机关开展司法协助活动提供了法律依据,但未能就传统协助模式做出改造,亦未就新的取证模式进行立法探索,并且特别在第4条第3款中强调非经我国主管机关同意,外国机构、组织和个人不得在我国境内进行特定的刑事诉讼活动,我国境内的机构、组织和个人亦不得向外国提供证据材料和本法规定的协助。同时观察《刑事诉讼法》的修订可以看到,1996年修订时在总则部分增加了国际刑事司法协助的规定(第17条),这也是该法中唯一与跨境司法相关的条文。在此后的修订中,针对这一制度的规定除了条文号由"第17条"变为"第18条",再未发生任何修改或增补,足以看出这一制度在传统刑事诉讼立法框架中的边缘性地位。

随着信息革命的继续深化,可以预见到的是,未来作为处理刑事司法例外情况的国际刑事司法协助将反转为犯罪治理的常规方式,20世纪以地域为核心的刑事域外执法规范思路亟待转变。这种转变以不同法域之间的数据资源控制与攻防为核心,以网络与信息市场主体介入为显著特征,需要在有效应对信息革命下犯罪与证据的全球化的同时,与数字经济全球市场的供需状况及本国所处的具体市场位置相适应。在数据转化为刑事司法新的"证据之王"的背景下,基于我国当前网络信息产业的发展业态,有必要根据不同取证情形将不同的跨境数据取证模式相结合,一方面扩张和类型化直接取证制度,另一方面分层优化刑事司法协助机制,以此建立起符合我国国情和司法生态的综合性、层次化、结构化的多元刑事跨境数据取证模式。

本书正是由此入手,以刑事跨境数据取证规则为研究对象,通过分析国际层面近些年来相关立法与司法实践,以期引起刑事诉讼法学研究对于该议题的关注,同时回归我国国情和司法生态,为改革传统单一的跨境取证模式、建构我国多元化的新型刑事数据取证模式提供借鉴思路。同时,笔者自2018年以来一直作为中方专家支持外交部参与联合国网络犯罪政府间专家组会议和打击网络犯罪公约特委会会议工作,本书也希望能为中国参与联合国主导下的网络犯罪新公约的制定建言献策,支持中国方案的形成,为构建新时代网络空间命运共同体贡献力量。

全书共包括四篇十三章。

第一篇为理论篇(第一章至第三章),集中解决跨境数据取证中面临的数据弱地域性与刑事司法强地域性之间的矛盾,主要涉及三部分内容:(1)网络空间对跨境侦查取证提出的挑战,集中体现在打击犯罪能力弱化、证据可采性存在缺陷,以及法律平等适用失衡三个方面;(2)跨境数据取证所面临的主权与管辖权问题,从主权的角度解读刑事司法的强地域属性,以及该地域属性与立法管辖权的区别,进而分析主权原则下跨境执法的制度空间;(3)执法管辖权扩张的具体路径,其逻辑起点是去地域化,通过公私协同这一模式转型,形成谱系化的管辖权规则体系。

第二篇为模式篇(第四章至第六章),通过系统研究当前国际主要国家或地区的立法及司法实践探索,概括出跨境数据取证的三种主要模式:一是刑事司法协助模式;二是直接跨境取证模式;三是向以网络信息业者为代表的第三方调取模式。本篇分别就这三种模式的基本运行机制、面临的现实挑战以及当前世界范围内存在的改进或应对思路进行全面梳理和总结。

第三篇为制度篇(第七章至第十章),重点关注网络信息环境下跨境取证与新型数字法治的制度衔接,主要包含四部分内容:第一部分以数据跨境流动的安全保障为出发点,探讨跨境数据取证与数据安全制度之间的关系;第二部分重点关注个人信息保护制度在数据取证过程中的规则嵌入;第三部分集中分析在公私合作模式下协助数字侦查取证所面临的制度困境,并探索困境化解路径;第四部分着眼于国际层面现有网络犯罪治理合作机制,并着重就数据本地化这一直接限制跨境取证的制度发展状况和趋势进行分析。

第四篇为机制篇(第十一章至第十三章),基于我国当前针对电子数据取证的基本法律框架,就与跨境取证密切相关的三种程序性工具进行深入分析:(1)数据先行冻结;(2)网络远程勘验;(3)向第三方调取。上述措施一方面是应司法实践需求而产生,相关规则具有强烈的实用主义倾向;另一方面与《刑事诉讼法》所建立的侦查措施体系之间存在明显张力。此外,上述措施还普遍存在单方突破国际刑事司法协助制度的情形。如何平衡打击犯罪与尊重他国主权、保障人权等多项价值,是本篇关注的重点。

本书系国家社科基金青年项目(19CFX037)"刑事跨境数据取证法律问题研究"优秀结项成果,综合了笔者进行相关研究形成的主要学术观点,部分章节内容发表于《比较法研究》《法律科学》《东方法学》《当代法学》《中国刑事法杂志》《政法论坛》《法学杂志》《国家检察官学院学报》《中国政法大学学报》《北京航空航天大学学报》《法治现代化研究》《上海政法学院学报》《地方立法研究》等期刊,有幸在发表过程中获得诸多指导,本书的完成和出版亦得到了众多师友们的关怀和帮助,在此深表感谢!

理论篇:
跨境侦查、网络主权与管辖权

【核心观点】

◎ 网络信息技术已经深刻转变了犯罪治理活动运行的场域,去地域性特征下的跨境取证是未来侦查取证的新常态。

◎ 刑事司法域外管辖权面临的挑战并非单纯的国际法问题,而是需要国内法同步积极调整与应对。

◎ 突破侦查机关跨境取证管辖权障碍的关键不在于立法管辖权,而在于执法管辖权。

◎ 尊重主权是侦查机关跨境取证的基本原则,其是一个连续的、渐变式的谱系,对主权的干预有强弱之分。

◎ 数字时代地理边界的消失强化了一国国内法的域外溢出效应,单边性的立法思维难以适应新时代的犯罪治理需求。

◎ 跨境取证的制度建设应当以去地域化为逻辑起点,以公私协同为核心模式,基于谱系化的主权体系分场景设置规则。

第一章
网络空间跨境数字侦查面临的挑战

从网络信息技术的角度来看,数据借由网络空间在全球范围的流动与途经国家或地区的地理边界以及彼此间的制度差异并无太大关联,数据在不同地区之间的传输路径并非显性,数据本身的非竞争性使得数据可以同时于多个地点存储或处理,数据本身、数据控制者、数据处理者、数据权益主体可能同时分处不同地点,而多个主体可以同时接触或处理同一数据。[1]

网络环境中数据的上述特性使犯罪分子可以超越物理空间在多个国家或地区实施犯罪行为、隐匿身份行踪、转移财产或犯罪所得、销毁或隐藏关键证据,进而对以地域为核心特征的管辖权传统理论和实践提出严峻挑战。相对于立法管辖权所具有的扩张空间而言[2],执法管辖权所受的地域限制更为严格[3],这使某一法域即便在刑事实体法层面对某一犯罪享有定罪量刑的权力,常规性的犯罪侦查取证活动往往不得不止步于地域管辖境内。更重要的是,刑事执法管辖权的强地域限制越来越多地被犯罪分子主动利用,在加密技术、暗网、区块链等技术加持之下,法律上的管辖障碍使犯罪分子逃避侦查的能力与

---

[1] See, e.g., Jennifer Daskal, Borders and Bits, 71(1) Vanderbilt Law Review 179(2018): pp.179-240; The Un-Territoriality of Data, 125 Yale Law Journal 326 (2015): pp.326-398.
[2] 对此,《美国对外关系法重述(第四次):国际关系法与美国管辖权》特别提到,"国际法并不对司法管辖权设限"。See Restatement of the Law (Fourth)-The Foreign Relations Law of the US Jurisdiction, p.111.
[3] 关于立法管辖权与执法管辖权的界分,参见裴炜:《论网络犯罪跨境数据取证中的执法管辖权》,载《比较法研究》2021年第6期,第30—45页。Also see Julia Hornle & Elif Mendos Kuskonmaz, Criminal Jurisdiction-Concurrent Jurisdiction, Sovereignty, and the Urgent Requirement for Coordination, in Internet Jurisdiction: Law and Practice (Julia Hornle ed.), Oxford University Press, 2020, pp.81-82.

侦查机关跨境取证能力之间的鸿沟不断扩大,一方面在事实上助长了网络犯罪的激增和国际犯罪避风港的形成,另一方面也催生了司法实践中一些处于法律灰色地带的变通侦查措施。如果说在网络信息革命兴起之前,侦查机关跨境取证的情形较为少见,执法管辖权所引发的法律冲突尚不明显;那么伴随着犯罪活动的整体数字化、网络化转型不断深入,针对涉案数据的跨境取证需求愈发强烈,上述由执法管辖权地域限制所形成的犯罪治理困境亦在不断恶化。

面对犯罪与犯罪治理全球化的趋势,已经有相关研究指出,以威斯特伐利亚体系为基础的管辖权体系难以有效适用于全球化(globalization)背景下的诸多事项。[1] 借用曼弗雷德·施蒂格(Manfred Steger)的研究框架,全球化具有以下四个要素:一是形成新的跨越传统边界的网络或联系,以及原有此类网络或联系普遍化;二是社会、经济和政治联系、行为、关系跨国化的扩张和深化;三是社会联系强化以至于其他地区发生的事件会影响本地;四是使个人身份同时具有本地性与全球性。[2] 全球化最先体现在经济领域,但随着社会数字化、网络化转型的全面深入和拓展,这种全球化趋势已然融入社会生活的方方面面,被害人的脆弱性、加害人的犯罪意愿以及线上守门人的缺失借由网络空间形成了全球性的超级链接(globalised hyperconnectivity)[3];更重要的是,新冠疫情的暴发和持续进一步加速了全球数字化、网络化的进程,犯罪活动已经不可逆转地进入全面全球化的时期,这一进程远远超出了现有刑事执法管辖权的理论和制度准备。[4]

---

[1] See, e.g., S. Strange, The Westfailure System, 25(3) Review of International Studies 345 (1999): p.350; Z. Bauman, Globalisation: The Human Consequences, Columbia University Press, 1998, pp.57-60.

[2] See M. Steger, Globalizaiton, Oxford University Press, 2013, pp.14-15.

[3] See Bradford W. Reyns, Routine Activity Theory and Cybercrime: A Theoretical Appraisal and Literature Review, in Technocrime and Criminological Theory (Kevin F. Steinmets & Matt R. Nobles eds.), Routledge, 2018, pp.35-54.

[4] See Shane Horgan et al, Re-Territorialising the Policing of Cybercrime in the Post-COVID-19 Era: Towards a Vision of Local Democratic Cybercrime Policing, 11(3) Journal of Criminal Psychology 222 (2021): pp.222-239. 2020年国际刑事警察组织也发布报告,显示新冠疫情导致世界范围内网络犯罪的激增。See Interpol, "Cybercrime: (转下页)

然而,与犯罪全球化趋势相反的是,数据国家主义(data nationalism)在世界范围内广泛兴起,各国相关立法普遍呈现出强化以地域为基础的数据规制特征[1],这一特征同样反映在原本地域性就较强的刑事司法领域。在此背景下,刑事司法活动面临诸多管辖权层面的挑战:一是地域作为管辖权核心连接点的地位不断受到冲击,事实上削弱了一国对于犯罪活动实际上的管辖能力;二是犯罪治理国际协同机制的缺失一定程度上导致刑事正当程序保障洼地的形成,并进一步影响跨境取证所获证据的可采性;三是跨境侦查取证与维系管辖能力的双重需求形成了内外有别的法律制度,甚至导致对本国公民的逆向歧视。

可以预见的是,网络空间刑事司法面临的上述挑战将随着社会数字化转型不断加强,这一方面需要推进管辖权理论特别是执法管辖权理论的发展与转型,另一方面需要刑事诉讼制度的积极回应与调整。以上述挑战为背景,本章集中探讨网络空间弱地域性对传统强地域性的刑事管辖权所形成的三个层面的冲击:一是管辖能力弱化对犯罪打击效能的影响;二是取证措施内外有别下证据可采性的缺陷;三是法律平等适用失衡形成的正当程序洼地。

(接上页) COVID-19 Impact", issued in August 2020, available at https://www.interpol.int/News-and-Events/News/2020/INTERPOL-report-shows-alarming-rate-of-cyberattacks-during-COVID-19. Accessed 25 January 2022.

[1] See Jennifer Daskal & Justin Sherman, "Data Nationalism on the Rise: The Global Push for the State Control of Data", issued in June 2020, Data Catalyst, available at https://datacatalyst.org/wp-content/uploads/2020/06/Data-Nationalism-on-the-Rise.pdf. Accessed 20 January 2021; Nigel Cory, "The False Appeal of Data Nationalism: Why the Value of Data Comes from How It's Used, Not Where It's Stored", issued in April 2019, Information Technology and Innovation Foundation, available at https://itif.org/publications/2019/04/01/false-appeal-data-nationalism-why-value-data-comes-how-its-used-not-where. Accessed 20 January 2021; Anupam Chander, Data Nationalism, 64(3) Emory Law Journal 677 (2015): pp.677-739.

一、挑战一：打击犯罪的刑事管辖能力弱化

网络空间数据流动的弱地域性与刑事司法管辖权强地域性之间的冲突首要地导致刑事司法机关对犯罪案件管辖能力的弱化，其中侦查取证活动受到的冲击尤为明显。以近年来我国刑事司法重点打击的电信网络诈骗为例，此类案件的一个重要特征在于跨国（境）属性，诈骗产业链条的核心团队、关键数据、资金流转等均向东南亚、非洲、欧洲、美国等地区转移[1]，利用境外服务器、VPN等网络资源向境内网民实施犯罪已经成为突出动向。[2] 与之形成反差的是，公安机关的正常侦查取证活动往往只能止步于境内，同时境内打击也更多地限于电网诈骗产业末端的底层涉案人员，难以有效摧毁整个犯罪链条。[3] 根据中国信息通信研究院2020年的报告可以看到，在其联合公安机关研判的2.5万个涉诈域名中，中国大陆以外地区接入的比例超过95%。[4]

目前有关机关已经充分关注到电信网络诈骗犯罪的跨境特征，并同时认识到传统打击犯罪措施的管辖局限性，因此在2022年制定的《反电信网络诈骗法》中专门要求"国务院公安部门等会同外交部门加强国际执法司法合作，与有关国家、地区、国际组织建立有效合作机制，通过开展国际警务合作等方式，提升在信息交流、调查取证、侦查抓捕、追赃挽损等方面的合作水平，有效打击遏制跨境电信网络诈骗活动。"（第37条）。问题在于，上述机制目前尚处于初步建构阶段，而

---

[1] 参见中国信息通信研究院安全研究所：《新形势下电信网络诈骗治理研究报告（2020年）》，引自 http://www.caict.ac.cn/kxyj/qwfb/ztbg/202012/P020201218393889946295.pdf，访问日期2022年1月23日。
[2] 参见《公安部：90%以上诈骗、钓鱼、赌博网站服务器在境外》，载中华人民共和国国家互联网信息办公室网，http://www.cac.gov.cn/2015-09/14/c_1116558480.htm，访问日期2022年1月23日。
[3] 参见《坚持以人民为中心，打防结合遏制犯罪》，载江苏省公安厅网，http://gat.jiangsu.gov.cn/art/2021/4/12/art_6379_9751350.html，访问日期2022年1月23日。
[4] 参见中国信息通信研究院安全研究所：《新形势下电信网络诈骗治理研究报告（2020年）》，引自 http://www.caict.ac.cn/kxyj/qwfb/ztbg/202012/P020201218393889946295.pdf，访问日期2022年1月23日。

且其实施状况往往取决于个案案情,在实践中更多地运用于大案要案,例如最高人民检察院与公安部联合挂牌督办了两批共 8 起特大跨境电信网络诈骗案件[1],普通案件中则难以对境外犯罪核心组织和人员予以有效打击。从公安部公布的数据可以看到,2021 年 1 月至 5 月间,全国抓获的涉电信网络诈骗犯罪嫌疑人 15.4 万名,在位于境外的涉案犯罪嫌疑人中,有 1.6 万名是通过犯罪嫌疑人主动回国投案自首抓获,通过遣返抓获的仅为 2620 名。[2] 基于这一情形,2022 年最高人民法院、最高人民检察院和公安部联合发布了《关于敦促电信网络诈骗犯罪集团头目和骨干自首的通告》,鼓励涉案的组织者、策划者、指挥者、骨干分子等积极自动投案。同时,开展国际执法合作也成为打击相关犯罪的重要措施,例如我国公安机关与西班牙警方自 2016 年起联合开展了历时 3 年的"长城行动",是打击跨境电信网络诈骗犯罪国际警务合作的典型案例[3];2022 年在国际刑警组织框架下,与 76 个成员国警方开展反诈"曙光行动"。[4]

电信网络诈骗面临的跨境刑事执法挑战是当前网络犯罪治理的一个缩影。事实上,在各类犯罪广泛触网、电子数据证据在犯罪追诉中的重要性不断提升的背景下,刑事案件的国际化程度普遍提升,执法管辖权限制所造成的侦查机关管辖能力下降是当前时代犯罪治理的普遍现象,具体体现在两个方面:一是面对弱地域性的网络空间,以物理场域为规则设计逻辑起点的传统刑事司法跨境机制普遍失灵;二是网络信息业者等私主体深度介入犯罪治理导致管辖权范围和连

---

[1] 参见《最高检公安部联合挂牌督办第二批 3 起特大跨境电信网络诈骗犯罪案件》,载最高人民检察院官网,https://www.spp.gov.cn/zdgz/202212/t20221213_595451.shtml,访问日期 2023 年 8 月 24 日。
[2] 参见《公安部通报打击治理电信网络诈骗犯罪举措成效》,载国务院新闻网,http://www.scio.gov.cn/xwfbh/gbwxwfbh/xwfbh/gab/Document/1706955/1706955.htm,访问日期 2022 年 1 月 23 日。
[3] 参见《"长城行动"全过程:历时近 3 年 225 名电诈嫌疑人被引渡回国》,载中国网,http:/news.china.com.cn/2019-06/09/content_74867395.htm,访问日期 2023 年 8 月 24 日。
[4] 参见《公安机关加强国际执法合作深入推进打击治理电信网络诈骗犯罪》,载中华人民共和国中央人民政府官网,https://www.gov.cn/xinwen/2022-09/13/content_5709532.htm,访问日期 2023 年 8 月 24 日。

接点的确定由国家向私主体转移。以下分别予以探讨。

（一）物理场域规则失灵

为调和打击犯罪的现实需求与国家主权的独立完整，刑事执法管辖权的具体制度设计相应地表现出强烈的地域性。第一，一国侦查机关的活动严格限于本国地理边界以内，未经他国许可的跨境侦查取证活动直接构成对他国主权的侵犯。第二，服务于跨境刑事司法活动的国际刑事司法协助或者警务合作需要事前根据案件具体情况明确被请求方，在侦查取证中意味着需要先行确认目标证据材料所在地。第三，通过司法协助或警务合作跨境取证时，需要事前明确被请求方对目标证据具有法律上的管辖权与技术上的收集提取能力。

在具有弱地域性特征的网络空间之中，上述以明确地理位置为前提的传统刑事司法跨境机制难以适用。一方面，犯罪分子广泛运用加密技术等隐藏犯罪活动、证据和非法所得。随着表层网络（surface web）治理强度的不断提升，犯罪分子越来越多地向深网（deep web）甚至暗网（dark web）下潜以隐匿身份或隐藏行踪，在无法准确定位犯罪分子及其活动对应地理坐标的情况下，上述跨境机制基本上瘫痪。[1] 另一方面，即便可以准确定位犯罪分子或相关证据材料地理位置，数据与其控制者或占有者的地域分离使即便向数据所在国提出请求，该国侦查机关亦未必有权力或能力代为取证。

此外，在利用云技术等进行数据存储和处理时，作为一份证据材料的不同类型数据可能分散存储于多个国家或地区的服务器之中，这意味着相关跨境侦查取证活动可能需要同时面向多个国家提出请求。如果进一步考虑到不同云服务技术架构形成的权限分离，上述问题将更为复杂。当前，云服务类型可以大致划分为三类：云软件服务（Cloud Software as a Service, SaaS）、云平台服务（Cloud Platform as a Service, PaaS）以及云架构服务（Cloud Infrastructure as a Service, IaaS）。在不同

---

[1] See Dimitrios Kavallieros et al., Understanding the Dark Web, in Dark Web Investigation (Babak Akhgar eds.), Springer, 2021, pp.3-26.

的服务架构之下,同一网络信息业者的数据控制能力存在差异,更毋庸提实践中存在的多种服务架构相混合的情形。[1] 云服务结构的复杂性意味着即便请求国侦查机关准确掌握了目标数据位置,向目标数据所在国发起了协助请求,该数据的占有者也位于被请求国境内,被请求国侦查机关可能仍然无法调取到相关数据,而是需要进一步寻求数据实际控制者所在国的协助。这就涉及管辖能力弱化的第二个方面的体现,即私主体深度介入犯罪治理后管辖权确定的主体变化。

(二)私主体介入管辖权运行

数据的全球流动和分散存储对一国数据治理的挑战不仅催生了数据国家主义与本地化政策的扩张,同时也促使犯罪治理中公私合作模式的强化。[2] 在一国侦查机关自行跨境数据取证面临管辖权障碍的背景下,网络信息业者作为数据的占有者或控制者,成为犯罪治理公私协同的重要参与主体,由此形成了数据控制者取证模式的推广。[3] 可以看到,无论是《布达佩斯公约》及《〈布约〉第二附加议定书》还是美国的《云法》及其相关双边协议,均采用了数据控制者模式来拓展一国侦查机关的域外执法管辖权。

在数据控制者模式下,网络信息业者一定程度上可以决定数据的存留地,进而间接决定了其所在国侦查机关的执法管辖权的范围。问题在于,网络信息业者对于数据存留地的选择并不以国家主权与刑事司法便利为首要因素,而是建立在对诸如税收政策、行政监管、技术要求、市场规模等营商环境的综合考量之上[4],进而会大量产生类似于

---

[1] See T-CY, "Criminal justice access to electronic evidence in the cloud: recommendations for consideration by the T-CY", available at https://rm.coe.int/CoERMPublicCommonSearchServices/DisplayDCTMContent? documentId=09000016806a495e. Accessed March 4, 2020.
[2] 参见裴炜:《向网络信息业者取证:跨境数据侦查新模式的源起、障碍与建构》,载《河北法学》2021年第4期,第56—81页。
[3] 参见梁坤:《基于数据主权的国家刑事取证管辖模式》,载《法学研究》2019年第2期,第188—208页。
[4] See De Hert et al., Legal Arguments Used in Courts Regarding Territoriality and Cross-Border Production Orders: From Yahoo Belgium to Microsoft Ireland, 9(3) New Journal of European Criminal Law 326 (2018): pp.326-352.

美国微软爱尔兰案件中那种数据存储于与犯罪毫无实质性关联的第三国的情形。[1] 也正是在这个意义上,经济合作与发展组织(OECD)在其2020年关于数据本地化的研究报告中表明,一国推动数据本地化立法的重要动因之一,即在于协助执法机关和国家安全机关获取数据,减少网络犯罪并服务于犯罪侦查。[2]

以网络信息业者为代表的私主体除上述间接划定一国执法管辖权范围以外,还可能基于其数据控制垄断地位限制侦查机关的跨境数据调取活动。根据欧洲刑警组织等于2022年发布的SIRIUS项目[3]报告,当前世界大型互联网企业拒绝或延迟向有关机关提供数据的理由主要有以下八种:(1)缺少法律依据或依据不正确等程序原因;(2)申请协助的"紧急情况"不符合"即时伤害"等必要标准;(3)申请缺少关于案件性质的必要信息;(4)身份识别信息错误或目标不存在;(5)语言障碍;(6)管辖权限制;(7)申请内容过于宽泛;(8)有关部门未对协助方提出的补充信息要求作出回应。[4] 换言之,传统刑事司法跨境机制由国家机关主导,例如国际刑事司法协助主要由各国主管机关负责审查和推进;但在网络信息时代,社会治理的节点化、扁平化同样体现在了管辖权的实践运行之中,[5]网络信息业者不再仅仅是

---

[1] See Jennifer Daskal, The Overlapping Web of Data, Territoriality, and Sovereignty, in The Oxford Handbook of Global Legal Pluralism (Paul Schiff Berman ed.), Oxford University Press, 2020, pp.958-973.

[2] See Dan Svantesson, "Data Localisation Trends and Challenges: Considerations for the Review of the Privacy Guidelines", OECD Digital Economy Papers, No. 301, available at https://www.oecd.org/science/data-localisation-trends-and-challenges-7fbaed62-en.htm. Accessed 24 January 2022.

[3] SIRIUS项目是由欧洲刑警组织(Europol)于2017年启动的,旨在促进欧盟的执法和司法机构共同开发出实用和创新的工具和解决方案,从而为基于互联网的调查工作提供支持。欧洲检察官组织(Eurojust)通过提供欧盟司法机构的观点与意见为SIRIUS项目提供助力。引自http://www.ipraction.gov.cn/article/xwfb/gjxw/202101/333387.html. Accessed 27 December 2021。

[4] See "SIRIUS EU Digital Evidence Situation Report2022", available at https://www.europol.europa.eu/cms/sites/default/files/documents/SIRIUS_DESR_2022.pdf. Accessed 27 August 2023.

[5] 参见裴炜:《信息革命下犯罪的多主体协同治理——以节点治理理论为框架》,载《暨南学报(哲学社会科学版)》2019年第6期,第82—96页。

一国侦查机关拓展境外执法管辖权的工具,而是不断升级成为确定管辖时事实上的审查乃至决定主体,一定程度上进一步消解了刑事司法权力机关自身的管辖能力。

二、挑战二:证据可采性缺陷

在传统国际刑事司法协助机制受阻的背景下,跨境数据取证的现实需求不可避免地催生出一些规避管辖权限制的做法,这些做法由于缺少必要的法律依据或者与他国法律制度直接冲突而处于灰色地带,在削弱跨境数据取证措施合法性的同时,也使通过该措施取得的数据在国内诉讼程序中的证据能力或可采性存疑。

(一)规避管辖限制的灰色措施

就早期突破管辖权限制的跨境取证措施而言,主要涉及两类:一类是向占有或控制数据的网络信息业者直接调取,另一类是由侦查机关直接进入境外计算机信息系统收集提取数据。[1] 当前世界主要国家和地区推动的立法活动集中于前者,例如欧盟通过拓展境内出现(territorially present)的连接点[2]和要求相关网络信息业者设立境内代表机构两个步骤建立起外国企业在欧盟境内的"虚拟存在"(virtual presence)[3],在此基础上针对该企业开展的侦查取证活动便不算超出本国或本区域的地理边界,由此形成此项措施与传统执法管辖权制度框架的衔接与过渡。这一点也体现在欧盟 2023 年通过的《刑事电子证据条例》之中。该条例适用于在欧盟境内提供服务的服务提供者,就"在欧盟境内提供服务"的具体含义而言,要求进行实质性审

---

[1] 参见裴炜:《向网络信息业者取证:跨境数据侦查新模式的源起、障碍与建构》,载《河北法学》2021 年第 4 期,第 56—81 页。
[2] See Case C-230/14 Weltimmo (CJEU 2015); Case C-131/12 Google Spain (CJEU 2014).
[3] See Johan Vandendriessche, The effect of "virtual presence" in Belgium on the duty to co-operate with criminal investigators, 8 Digital Evidence and Electronic Signature Law Review 194(2011): pp.194-195.

查,考量的因素包括但不限于在欧盟境内设置机构、使用成员国普遍使用的语言或货币、在成员国 App 应用商店中提供商品、面向成员国提供针对当地的或用当地常用语言的广告等。

相对而言,一国侦查机关直接自行开展跨境数据取证对于传统执法管辖权的挑战更为直接。网络空间的全球联通不仅为犯罪分子提供了便利,也使得一国侦查机关在技术层面得以远程进入计算机信息系统开展跨境侦查取证。早在 2013 年联合国网络犯罪政府间专家组会议发表的《网络犯罪综合研究(草案)》中就指出,"无论是出于有心还是无意,越来越多的侦查员在收集证据的过程中获取域外数据,而未经数据所在国的同意。"[1]实践中的必要性与技术上的可行性催生了侦查机关直接取证的做法,例如美国联邦调查局(FBI)的网络侦查技术(Network Investigative Techniques, NIT)[2]、英国基于《2016 年侦查权力法》的设备干预措施(Equipment Interference)[3]等。[4] 我国 2016 年"两高一部"《关于办理刑事案件收集提取和审查判断电子数据若干问题的规定》(下文简称《电子数据规定》)中创设的网络远程勘验和在线提取措施,同样是侦查机关试图在网络空间直接获取数据的探索。

问题在于,技术上的可行性并不等同于法律上的正当性。一国侦查机关即便在本国境内开展侦查取证活动,如果目标数据位于境

---

[1] 报告中文译本参见联合国毒品和犯罪问题办公室:《网络犯罪综合研究(草案)》,第 XVI 页,引自 https://www.unodc.org/documents/organized-crime/cybercrime/Cybercrime_Study_Chinese.pdf,访问日期 2022 年 1 月 28 日。

[2] NIT 的核心是侦查机关通过侦查软件(malware)侵入个人计算机系统以接触或获取其中存储或处理的各类信息。See Carlos Liguori, Exploring Lawful Hacking as a Possible Answer to the "Going Dark" Debate, 26(2) Mich. Telecomm. & Tech. L. Rev.317(2020): pp.317-345.关于美国 FBI 使用 NIT 技术的典型案例和引发的诉讼争议,参见 Garrett Discovery, "Network Investigative Technique Cases", Jan. 4, 2018, https://www.garrettdiscovery.com/download/network-investigative-technique-cases/. Accessed Jun. 17, 2021。

[3] Gemma Davies, Shining a Light on Policing of the Dark Web: An Analysis of UK Investigatory Powers, 84(5) The Journal of Criminal Law 407(2020): pp.407-426.

[4] 具体个案中也存在大量跨国侵入计算机信息系统的侦查活动,相关典型案例参见 Brian L. Owsley, Beware of Government Agents Bearing Trojan Horses, 48(2) Akron Law Review 315(2015): pp.323-343。

外,则仍然不可避免地涉及数据所在国的网络与数据主权问题。对此,有学者提出执法管辖权这一概念从未禁止国内行为产生任何境外影响;在远程跨境数据取证的语境中,一国侦查机关并未实体性地跨越地理边界,其行为效果波及境外并不违反国际法意义上的执法管辖权。[1] 但是,随着主权概念在网络及数据领域的不断扩张,上述观点受到普遍挑战,一国侦查机关未经他国许可,在本国境内通过技术手段直接侵入位于他国的计算机信息系统,国际社会在将其视为超越本国执法管辖权并违反他国主权的行为方面逐渐达成共识[2],在国际层面从雅虎比利时案到微软爱尔兰案的观点转变和制度影响即典型例证。[3] 上述跨境数据取证的行为如果附加诸如美国 NIT 等特殊技术手段的使用,则其在国际法上的正当性将进一步减损[4];也正是在这个意义上,有学者将上述措施描述为"政府侵入"(government hacking)。[5]

我国公安部在 2019 年制定《公安机关办理刑事案件电子数据取证规则》(下文简称《电子取证规则》)时将网络在线提取的境外适用

---

[1] See Jack L. Goldsmith, "The Internet and the Legitimacy of Remote Cross-Border Searches", University of Chicago Law School, Public Law and Legal Theory Working Papers no.16, 2001, available at https://chicagounbound.uchicago.edu/cgi/viewcontent.cgi?article=1316&context=public_law_and_legal_theory. Accessed 26 January 2022.
[2] See Michael N. Schmitt (ed.), Rule 11-Extraterritorial Enforcement Jurisdiction, in Tallinn Manual 2.0 on the International Law Applicable to Cyber Operations, Cambridge University Press, 2017, pp.66-71.
[3] 关于相关案件案情的探讨和对比参见 Paul De Hert et al, Legal Arguments Used in Courts Regarding Territoriality and Cross-Border Production Orders: From Yahoo Belgium to Microsoft Ireland, 9(3) New Journal of European Criminal Law 326(2018): pp.326-352.
[4] See Taro Komukai & Aimi Ozaki, "The Legitimacy of Cross-Border Searches Through the Internet for Criminal Investigations", 13th IFIP International Conference on Human Choice and Computers (HCC13), issued in September 2018, available at https://hal.inria.fr/hal-02001953/file/472718_1_En_25_Chapter.pdf. Accessed 26 January 2022.
[5] See e.g., Rachel Bercovitz, Law Enforcement Hacking: Defining Jurisdiction, 121(4) Columbia Law Review 1251(2021): pp.1251-1288; Jennifer C. Daskal, Transnational Government Hacking, 10 Journal of National Security Law & Policy 677(2020): pp.677-700; Orin S. Kerr & Sean D. Murphy, Government Hacking to Light the Dark Web: What Risks to International Relations and International Law?, 70 Stanford Law Review Online 58(2017): pp.58-69; Ahmed Ghappour, Searching Places Unknown: Law Enforcement Jurisdiction on the Dark Web, 69 Stanford Law Review 1075(2017): pp.1075-1136.

范围限定于公开数据,一定程度上也是对侵犯他国主权风险的规避。但是需要注意的是,网络远程勘验措施是否受此地域限制存在争议。该措施是指侦查机关"通过网络对远程计算机信息系统实施勘验,发现、提取与犯罪有关的电子数据,记录计算机信息系统状态,判断案件性质,分析犯罪过程,确定侦查方向和范围,为侦查破案、刑事诉讼提供线索和证据"[1],其不仅涉及勘查计算机信息系统情况,还包含直接的数据取证活动,其措施不仅限于查看,还包括安装新应用程序,使远程系统产生新电子数据,展示电子数据内容或状态等积极措施。[2] 从这个角度来看,远程勘验措施触发执法管辖权争议进而侵犯他国主权的风险依旧存在。

由上述跨境数据侦查取证灰色措施引发的进一步问题是,基于这些措施所取得的数据在本国刑事诉讼中是否具有证据能力。对此,首先需要加以区分的是基于违反管辖权规定的证据能力问题与基于违反正当程序与权利保障规定的证据能力问题。尽管在跨境数据取证过程中侦查机关会同时面临上述两方面问题,进而会在不同程度上影响所获数据在本国诉讼程序中的可采性,但二者实则是在不同维度上的探讨,对应的亦是不同的制度规则,后一问题更多关注的是本国法律与他国国内法的差异。[3]

---

[1] 2016年"两高一部"《电子数据规定》第29条界定"网络远程勘验"是指通过网络对远程计算机信息系统实施勘验,发现、提取与犯罪有关的电子数据,记录计算机信息系统状态,判断案件性质,分析犯罪过程,确定侦查方向和范围,为侦查破案、刑事诉讼提供线索和证据的侦查活动。

[2] 2019年公安部《电子取证规则》第27条规定:"网络在线提取时需要进一步查明下列情形之一的,应当对远程计算机信息系统进行网络远程勘验:(一)需要分析、判断提取的电子数据范围的;(二)需要展示或者描述电子数据内容或者状态的;(三)需要在远程计算机信息系统中安装新的应用程序的;(四)需要通过勘验行为让远程计算机信息系统生成新的除正常运行数据外电子数据的;(五)需要收集远程计算机信息系统状态信息、系统架构、内部系统关系、文件目录结构、系统工作方式等电子数据相关信息的;(六)其他网络在线提取时需要进一步查明有关情况的情形。"

[3] 参见冯俊伟:《域外取得的刑事证据之可采性》,载《中国法学》2015年第4期,第247—265页。

（二）超出管辖范围的证据可采性

从管辖权的角度来看跨境数据取证的证据能力问题，其核心关注的是违反他国主权的境外执法活动是否构成国内法意义上的"非法取证"，进而是否会引发国内刑事诉讼程序上的非法证据排除效果。这个问题可以进一步拆解为二个子问题：一是境外获取的证据材料本身是否能在境内诉讼程序中作为证据使用；二是超越本国执法管辖权的跨境措施是否属于违反国内法的行为。

首先来看第一个问题，其涉及的是境外证据在境内的证据能力认定的一般性规则，关键在于境外取证活动不符合本国刑事诉讼规定时的证据能力判断。从我国当前法律规定来看，《刑事诉讼法》本身并未就此作出明确规定；《国际刑事司法协助法》仅要求对证据材料办理公证和认证手续。[1] 可以看到，公证和认证程序并不涉及证据材料的合法性判断问题，更多的是承担证据来源于官方机构的担保功能。但正如有学者指出，刑事证据实质上是一种法律产品，刑事诉讼制度的差异会传递到其所形成的证据之上[2]，因此上述机制并未实质性地解决内外取证程序差异导致的证据能力问题。

有鉴于此，最高人民法院《关于适用〈中华人民共和国刑事诉讼法〉的解释》（下文简称最高法《〈刑诉法〉解释》）针对境外证据材料的证据能力进行了细化规定。原则上，境外证据材料在我国刑事诉讼中作为证据使用需要满足两个条件：一是能够证明案件事实；二是符合我国《刑事诉讼法》规定。同时，人民检察院在移送案卷材料时需要移送有关材料来源、提供人、提取人、提取时间的情况说明。2021年"两高一部"《关于办理电信网络诈骗等刑事案件适用法律若干问题的意

---

[1] 2018年《国际刑事司法协助法》第68条规定，"向中华人民共和国提出的刑事司法协助请求或者应中华人民共和国请求提供的文件和证据材料，按照条约的规定办理公证和认证事宜。没有条约或者条约没有规定的，按照互惠原则办理。"

[2] 参见冯俊伟：《刑事司法协助所获证据的可采性审查：原则与方法》，载《中国刑事法杂志》2017年第6期，第68—84页。

见(二)》(下文简称《电网诈意见(二)》)进一步明确规定,通过国(区)际警务合作收集或者境外警方移交的境外证据材料,即便未能附加相关证据的发现、收集、保管、移交情况等材料,在符合特定条件的情况下仍然能够在刑事诉讼中作为证据使用。[1] 但是需要注意的是,《电网诈意见(二)》的规定主要针对的是最高法《〈刑诉法〉解释》中的条件一,并未涉及诉讼程序的衔接问题。正如有学者指出,要求境外证据符合我国《刑事诉讼法》规定,不仅与主权原则下本国法的效力范围存在紧张关系,同时在实践层面的可行性较弱。[2]

从国际相关立法和司法实践来看,认可域外证据的域内可采性是通行做法,并且相关国际或区际公约也在推动成员国对该规则的采用。例如《非洲联盟网络安全与个人数据保护公约》(African Union Convention on Cyber Security and Personal Data Protection)(下文简称《非盟网安公约》)要求成员国通过相关立法确保上述证据在本国刑事司法中的可采性。[3]

证据能力牵涉的第二个问题主要关注的是国际法的违反是否构成国内法意义上的"非法"。当前学术研究主要关注的是国际或区际刑事司法协助[4]或警务合作机制[5]情况下的境外证据境内可采性问题,对于上述机制以外的、在管辖权依据模糊的情形下开展的跨境取证所获证据材料的证据能力则探讨得相对较少。对此,《刑事诉讼

---

[1] 根据2021年"两高一部"《电网诈意见(二)》第14条的规定,这些特定条件主要包括:(1)相关材料是由于客观条件限制而无法提供;(2)公安机关对证据材料的来源、移交过程、种类、数量、特征等书面说明;(3)说明材料由两名以上侦查人员签名并加盖公安机关印章;(4)证据材料经审核能够证明案件事实。

[2] 参见王青、李建明:《国际侦查合作背景下的境外取证与证据的可采性》,载《江苏社会科学》2017年第4期,第161—169页。

[3] See African Union Convention on Cyber Security and Personal Data Protection, available at https://issafrica.org/ctafrica/uploads/AU% 20Convention% 20on% 20Cyber% 20Security% 20and% 20Personal% 20Data% 20Protection.pdf. Accessed 29 January 2022.

[4] 参见唐彬彬:《我国区际刑事司法协助中境外证据的采纳:现状与完善》,载《公安学研究》2020年第5期,第54—67+124页;冯俊伟:《刑事司法协助所获证据的可采性审查:原则与方法》,载《中国刑事法杂志》2017年第6期,第68—84页。

[5] 参见王青、李建明:《国际侦查合作背景下的境外取证与证据的可采性》,载《江苏社会科学》2017年第4期,第161—169页。

法》和《国际刑事司法协助法》均未有明确规定。通过观察国际上一些国家或地区的立法与司法实践可以看到,上述问题进一步涉及两个事项。

第一,数据主体的同意能否构成侦查机关跨境数据直接取证的合法性依据。这一方面涉及国际层面公约或协议的存在,另一方面涉及一国国内法的授权。就前者而言,比较典型的是网络犯罪《布达佩斯公约》第32条,其允许一国侦查机关基于数据主体的同意调取位于他国境内的数据。这一规则为公约成员国之间开展传统刑事司法协助或警务合作以外的数据调取活动提供了国际法上的依据。我国目前尚未加入此类国际公约,亦未就类似措施与其他国家建立起双边或多边协议关系,因此至少在国际法层面,基于数据主体同意进行的跨境数据取证仍然可能构成超出管辖权的行为进而侵犯他国主权。即便抛开国际法层面的争议,在国内法层面,《电子取证规则》尽管允许我国侦查机关对境外公开发布的数据进行网络在线提取,但是目标数据是否因数据主体同意而转化为"公开数据",相关规则语焉不详。综合上述两方面分析,针对我国侦查机关基于数据主体同意收集提取境外数据这一措施,无论在国内还是在国际层面均存在合法性的缺陷。

第二,国际法层面的违法性之于国内诉讼程序的效力问题,主要涉及的是上文提及的常规跨境机制以外处于灰色地带的措施。一方面,尊重国家主权原则要求一国侦查机关尽可能采用国际认同的跨境取证机制,使取证行为因侵犯他国主权而具有违法性并进一步将该违法性传导至本国诉讼程序具有了可探讨的空间;但另一方面,该原则同时又意味着即便违反他国主权,该证据材料的证据能力原则上又应当根据取证国的法律规定予以判断,从而切断上述违法性的传递。进一步讲,即便认为该违法性可以向境内诉讼程序进行传递,也并不必然引发国内法层面的证据排除。这一点可以从一些国家的相关司法裁判中看出,例如,日本2018年大阪高等法院和2019年东京高等法院的相关判决秉持的即上述观点,认为"侦查机关不经国际司法协助机制开展的远程侦查取证并不影响案件证据可采性的判断。"[1]

(三)取证程序不对应的证据可采性

从我国当前立法来看,只要相关跨境数据取证措施符合《刑事诉讼法》及相关司法解释的规定,则所获取的证据材料原则上可采。需要注意的是,对于网络在线提取和远程勘验等跨境数据取证的创新型措施主要是由司法解释与部门规章进行规定,效力层级低,且超出了《刑事诉讼法》规定的措施范围,因此在"遵守本国法"层面存在疑问。此外,尽管《国际刑事司法协助法》强调平等互惠原则(第4条),但在新型跨境取证措施上呈现出的是内外有别、外紧内松的态度。

如前所述,相较于基于违反管辖权所形成的证据可采性问题,违反正当程序的证据可采性问题的源起主要在于外国法与本国法的差异。近年来,众多国际或区际立法在考虑跨境数据取证制度时,均关注到不同国家或地区在刑事正当程序要求及公民基本权利保障程度方面的差异,对此有学者指出:"任何以国内证据可采性之思维对待司法协助所获证据之可采性审查的观点都是错误的思维倾向。"[2]进一步而言,这一层面的证据可采性又可以拆解为两个具体问题:一是违反协助国法获取的证据材料在取证国刑事诉讼中的证据能力问题;二是协助国的取证程序并未违反其本国法,但相同取证行为在取证国法律框架下属于违法行为,此时协助国提供的证据材料的证据能力问题。

首先来看第一个问题,即协助国的取证行为已经违反本国法相关规定,在本国法框架下构成非法取证,该行为性质是否影响该证据材料在取证国刑事司法中的证据合法性认定。对此,早期国际刑事司法协助遵循的是"不审查规则"(rule of non-inquiry),其在引渡领域尤为典型,强调的是法院不审查被申请国程序的合法性。[3] 但是可以看到的是,随

---

[1] See Mariko Nakamura, Remote Access Investigation in Japan, 1 Japanese Journal of Global Informatics 105(2021): pp.105-115.
[2] 参见冯俊伟:《刑事司法协助所获证据的可采性审查:原则与方法》,载《中国刑事法杂志》2017年第6期,第68—84页。
[3] See, e.g., John T. Parry, "International Extradition, the Rule of Non-Inquiry, and the Problem of Sovereignty", Boston University Law Review 90 (2010): 1973.

着基本人权保障国际共识的不断强化,这一规则逐渐弱化,例如欧洲人权法院通过一系列判例强调,针对外国通过刑讯逼供等非法方式获取的证据材料,在本国刑事诉讼中不应当具有可采性。[1]

面对网络犯罪跨境打击的需求不断上升,近年来我国司法实践也开始关注上述问题,较为典型的是最高人民检察院于2020年发布的指导性案例"张某某等52人电信网络诈骗案"。[2] 本案的证据审查重点之一即在于境外获取的证据的合法性问题,特别强调了四个方面的审查事项:一是是否符合我国《刑事诉讼法》相关规定;二是是否符合有关条约、司法互助协定、两岸司法互助协议或国际组织有关法律文件的规定;三是针对委托取得的境外证据,审查过程是否连续、手续是否齐全、交接物品是否完整、双方交接清单记载信息是否一致、交接清单与交接物品是否一一对应;四是针对当事人等提供的来自境外的证据材料,审查是否依规定进行公证和认证。

从指导意义的表述来看,该案尽管强调了对境外获取证据的合法性审查,但其关注点仍然具有一定的局限性。一方面,该案首要考察的是我国的刑事诉讼规则、国际或区际及双边协议,并不特别关注证据来源国的证据规则;另一方面,该案指导意义所强调的合法性更多的是从保障证据材料真实性、完整性的角度出发,与基于公民权利保障所衍生出的合法性要求之间存在实质差异。随着网络空间跨境犯罪的扩张,于境外获取证据材料特别是电子数据会越来越普遍,而对其合法性缺乏必要的审查机制,实则会产生大范围规避本国刑事诉讼证据合法性规则的风险,进而降低公民基本权利保障的整体质量。

相较于上一层面,基于不同法域间侦查取证规则差异所形成的证据可采性问题相对更为普遍,例如根据欧盟《刑事电子证据条例》,向网络服务提供者跨境调取流量数据和内容数据时,仅能由法官签发欧盟调取

---

[1] See Tobias Thienel, "The Admissibility of Evidence Obtained by Torture under International Law", The European Journal of International Law 17(2)(2006): 349.

[2] 本案案情参见《张凯闵等52人电信网络诈骗案》,载最高人民检察院官网,https://www.spp.gov.cn/spp/dxwlzp2021/202105/t20210518_518480.shtml,访问日期2023年11月9日。

令（European Production Order,EPO），而对个人数据相关权益干预较弱的注册人数据和仅用于身份认证的数据，则可以由检察官签发欧洲调取令。相较而言，我国《刑事诉讼法》并未就跨境数据调取做特殊规定，或可解读为原则上这种调取并不需要检察机关或法院的批准。

对此，从证据的应用角度来看，相关取证行为的有效性取决于取证方，因而取证行为是否符合取证方本国法律规定是确保其证据可采性的关键。当然，考虑到取证方与协助方之间在取证方式等方面的具体差异，一些国际立法也试图做出调和，例如《布达佩斯公约》针对成员国之间司法协助中的证据可采性问题，原则上要求被请求方按照请求方要求的技术性程序执行该请求，除非相关程序违反被请求方本国法。[1]

需要注意的是，尽管这种不同法域间刑事诉讼规则的差异通常并不会直接影响一国证据材料在取证国的可采性，但是在跨境数据取证的语境下，其同样可能产生公民基本权利保障的国际洼地。对此可以看到的是，当前世界范围内的主要立法探索均试图在协调不同国家间的刑事诉讼差异，典型如美国的《云法》对于向网络信息业者跨境调取数据的协议方，设置了隐私保护和法治的相关要求；调取数据的命令不仅应当在形式上符合发出命令国的本国法律规定，还需要满足一系列实质性要求，协议方需要确保本国法建立起保障隐私、公民自由和基本权利的必要且适当的规则体系。[2]

三、挑战三：法律平等适用失衡

基于主权原则的刑事执法管辖权划定，其本身即在强调不同法域的区分。在国家之间的刑事司法活动相对隔离的传统物理情境下，这

---

[1] 《布达佩斯公约》特别强调"技术性程序"（technical procedural requirements），旨在与正当程序的基本要求相区别。See "Explanatory Report to the Convention on Cybercrime", available at https://rm.coe.int/16800cce5b. Accessed 27 December 2023.

[2] See U.S. Department of Justice White Paper, "Promoting Public Safety, Privacy, and the Rule of Law Around the World: The Purpose and Impact of the CLOUD Act", issued in April 2019, available at https://www.justice.gov/opa/press-release/file/1153446/download. Accessed 20 November 2023.

种区分所引发的平等保护问题尚不明显。但是在全球联通的网络空间之中,无论是一国的相关立法还是具体案件中的刑事侦查取证活动均呈现出不断强化的效力外溢趋势,事实上形成了法律平等适用的失衡和公民基本权利保障的洼地。

(一)管辖范围的内外有别

法律平等适用的缺失首先体现为取证措施在管辖范围上的内外有别,上文论及的网络在线提取措施即典型例证。如前所述,《电子取证规则》为避免该措施可能引发的主权与执法管辖权争议,特意将其适用范围进行了大幅度限缩,侦查机关原则上不能直接收集提取存储于境外计算机信息系统中的数据,除非该数据已经公开发布。这一规则的适用前提在于数据位置的明确性,其所涉及的不同措施间的权益保障差异将在下一部分进行探讨。该规则产生的首要问题在于"对境外和境内电子数据侦查取证的差别化待遇"[1],数据公开与否与侦查机关的境内网络在线提取措施无关,意味着该项措施的境内适用范围要远远大于境外,即便针对境内的非公开数据,侦查机关仍然可以直接进行远程收集提取。

这种内外有别的制度设计尽管在一定程度上缓和了境外取证的主权和管辖权问题,但同时产生了进一步的规制难题。一方面,针对非公开的数据进行收集提取可能需要借助特殊的技术手段以进入该计算机信息系统,同时也可能涉及向数据主体特别是犯罪嫌疑人、被告人获取进入相关计算机信息系统的密码、身份认证等数据,不仅牵涉数据主体个人信息、隐私及通信秘密的保护问题[2],亦可能在从被指控人等那里获取上述解密信息时牵涉不得强迫自证其罪原则等刑事诉讼传统权益保障制度的适用。[3] 将境内数据的在线提取扩展至

---

[1] 谢登科:《电子数据网络在线提取规则反思与重构》,载《东方法学》2020年第3期,第90页。
[2] 参见朱桐辉、王玉晴:《电子数据取证的正当程序规制——〈公安电子数据取证规则〉评析》,载《苏州大学学报(法学版)》2020年第1期,第121—132页。
[3] See David Rassoul Rangaviz, Compelled Decryption & State Constitutional Protection against Self-Incrimination, 57 American Criminal Law Review 157(2020): pp.157-206.

非公开发布的数据,同时对内未就此类数据收集提取建立起国内法层面的区别于公开数据的特殊程序规则,对外未加入相关措施的国际公约或多边、双边协议,无疑降低了此类数据的数据主体权益保障程度。另一方面,境外数据收集提取的高门槛设置也可能进一步促使犯罪分子将涉案数据向境外转移以提升犯罪打击的程序障碍,在缺少必要的常规化的国际协同机制的情况下,这种转移无疑会严重减损我国打击网络犯罪的实际效能。

除上述同一种措施的内外适用范围差异以外,管辖范围的内外有别还体现在传统国际刑事司法协助机制与新型跨境取证措施的协同之上。以数据调取措施为例,无论是《刑事诉讼法》还是相关电子数据规则,并未禁止我国侦查机关向外国组织、单位和个人调取数据,调取措施亦与数据所在地无关。从这个角度来看,该调取措施事实上为侦查机关通过数据控制者或占有者拓展执法范围提供了国内法依据。但是从《国际刑事司法协助法》第4条第3款的规定来看,其禁止我国境内有关单位、组织、个人未经主管机关许可向境外执法机关提供数据。这意味着同样是向我国境内相关主体调取数据,其仅能配合我国侦查机关而不能自主协助境外侦查机关,即便其身份并非我国单位、组织或个人。进一步讲,上述《国际刑事司法协助法》与刑事诉讼电子证据规则之间的差异意味着即便针对同一案件的同一份数据,相关数据占有者或控制者需要对不同国家的侦查机关区别对待。

如果单纯从国内法的角度来看,上述两个方面规定并无不妥:一者针对的是侦查机关的执法管辖权范围,另一者针对的是相关数据主体的协助执法义务。但是,二者放置在全球互联互通的网络空间则可能产生诸多问题。一方面,本国数据主体在面对外国侦查机关时可能遭遇现实的制度困境,即不予协助外国侦查机关时可能引发外国法律责任,而协助外国侦查机关时可能面临本国法律责任;另一方面,考虑到国际法的互惠平等原则,上述困境亦可能发生在本国侦查机关跨境取证的情景之中,进而形成我国刑事司法打击涉网络信息技术犯罪的现实阻力。

针对上述现象我们可以看到,世界主要国家和地区的制度建设潮流主要在于弥合不同法域间的差异。例如,网络犯罪《布达佩斯公约》的制定初衷之一,即在于强化成员国之间打击犯罪措施的协同,其在2021年通过的《〈布约〉第二附加议定书》试图进一步打通成员国间跨境收集提取电子数据的制度障碍。非洲联盟在《非盟网安公约》中就国际合作要求成员国针对打击网络犯罪进行立法协同机制的建设(第28条)。《阿拉伯国家联盟打击信息技术犯罪公约》(Arab Convention on Combating Information Technology Offences)(下文简称《阿盟信息犯罪公约》)通过多个条文推动成员国之间就跨境获取信息技术信息(information technology information)建立起层级化的收集提取措施。[1]在欧盟地区,早先建立的证据令(European Evidence Warrant)和调查令(European Investigation Order)制度形成本国侦查措施在其他成员国中直接适用的法律框架[2];其《刑事电子证据条例》试图推进成员国之间以及成员国与第三国之间通过网络信息业者进行的跨境数据调取活动,进一步将区域内规则向外部扩张。美国的《云法》尽管是其国内立法,但其为美国与"适格国家或地区"签署双边行政协议以拓展向网络信息业者直接调取数据的制度基础[3],间接起到了协同本国法与域外法的目的。

---

[1] See The League of Arab States Convention on Combating Information Technology Offences, available at https://www.asianlaws.org/gcld/cyberlawdb/GCC/Arab%20Convention%20on%20Combating%20Information%20Technology%20Offences.pdf. Accessed 29 January 2022.

[2] 参见冯俊伟:《欧盟跨境刑事取证的立法模式》,载《证据科学》2016年第1期,第87—95页。

[3] 截至2022年5月,美国已经和英国(2019年)、澳大利亚(2021年)签署相关协议,与欧盟的协议正在协商过程中。美国与英国协议文本参见 Agreement Between the Government of the United Kingdom of Great Britain and Northern Ireland and the government of the United States of America on Access to Electronic Data for the Purpose of Countering Serious Crime, available at https://assets.publishing.service.gov.uk/government/uploads/system/uploads/attachment_data/file/836969/CS_USA_6.2019_Agreement_between_the_United_Kingdom_and_the_USA_on_Access_to_Electronic_Data_for_the_Purpose_of_Countering_Serious_Crime.pdf;美国与澳大利亚的协议文本参见 Agreement Between the Government of Australia and The Government of the United States of America on Access to Electronic Data for the Purpose of Countering Serious Crime, available at https://www.homeaffairs.gov.au/nat-security/files/cloud-act-agreement-signed.pdf,访问日期2022年1月29日。

我国当前针对电子数据所形成的内外有别的规则设计,整体而言仍然是一种单边性立法思维,一方面尚未形成传统刑事诉讼制度与网络空间执法与司法现实需求的有效衔接,另一方面亦反映出规则建设中的价值割裂问题,对于国内法的域外溢出效应以及可能产生的逆向歧视问题关注不足,理论准备不充分。未来的制度设计在整体思路上应当力图摆脱上述单边和割裂的思维模式,推进国际的制度协同。

(二)措施选取的难易有别

管辖权限制对于法律平等保护的第二重消极影响在于,即便存在常规机制,侦查机关面对跨境取证需求更倾向于采用简便易行、高效的措施。这一点在美国微软爱尔兰案中体现得尤为明显,针对境外存储的通信内容数据,警方通过申请行政命令而非法院令状以期绕过常规性的国际刑事司法协助机制,直接向网络信息业者调取数据。案件反映出的是网络信息时代跨境数字侦查取证的普遍化甚至主流化,传统的国际刑事司法协助机制尽管最大限度地尊重了缔约国的主权,但却因此严重限制了数字时代本国刑事司法机关打击犯罪的实际能力,传统管辖权理论及制度与犯罪治理实践需求之间的鸿沟不断加深。

在此背景下,国际社会普遍开展传统机制以外更为灵活、更适应网络空间特性的跨境取证路径,这既涉及国际层面的立法建设,例如前文涉及的多个国际性或区域性的公约制定;亦涉及国内层面的制度赋能,例如美国的《云法》。两相结合之下,针对跨境数字侦查取证的"国际刑事司法协助、警务合作——向网络信息业者调取——侦查机关直接收集提取"三个层级的制度框架设计逐渐显现出来。对他国主权的干预程度三个层级逐级上升,国际层面的相关制度设计也呈现出限制条件逐级增强的整体思路,一方面尽可能维系对他国主权的尊重,另一方面则最大限度地关照网络信息时代犯罪治理国际协同的现实需求。[1]

---

[1] 对于三种机制的探讨参见裴炜:《向网络信息业者取证:跨境数据侦查新模式的源起、障碍与建构》,载《河北法学》2021年第4期,第56—81页;王立梅:《论跨境电子证据司法协助简易程序的构建》,载《法学杂志》2020年第3期,第82—92页。

观察我国当前电子数据及跨境刑事司法相关法律规定可以看出,现有制度也已经呈现出上述多种机制并存的发展趋势,在传统的国际刑事司法协助以外,通过《电子数据规定》和《电子取证规则》建立起向网络信息业者调取数据、网络在线提取、网络远程勘验、数据冻结等新型数据取证措施。可以看到的是,除网络在线提取以外,其他措施并未就数据所在地进行区分,从体系解释的角度出发,这些新型措施似乎可以直接适用于跨境取证的情形。问题在于,上述措施之间更多的是平行关系,并未呈现出分类分层的递进规制模式,由此形成了两个方面的问题:一是弱地域限制的措施的功能扩张;二是弱地域限制的措施的强制性属性弱化。

首先,来看弱地域限制措施的功能扩张问题,该问题较为清晰地反映在网络在线提取与远程勘验两项措施的定位与相互关系之中。如前所述,网络在线提取措施针对境内、境外数据进行了区别对待,但是对于数据能否采取网络在线提取措施,其前提是先行判断该数据是否位于境外,这一方面形成远程勘验措施的必要性,另一方面也意味着通过勘验查明数据位置之后,应当及时转变取证措施,对于位于境外计算机信息系统中的非公开数据停止收集提取并启动国际刑事司法协助或警务合作机制,而不能以勘验措施附带数据提取。然而,观察当前电子取证法律框架下的远程勘验措施可以看到,该项措施具有如下超出传统勘验措施的功能:一是不仅涉及虚拟场域的勘查检验,还涉及相关数据的提取[1];二是不仅限于消极观察,还涉及主动安装新的应用程序;三是该措施有可能涉及技术侦查措施这种高强度的强制性侦查措施的适用。这些特征都意味着远程勘验措施的功能和性质已经远远超出《刑事诉讼法》所规定的勘验措施本身,并且与网络在线提取措施之间存在交叉关系。[2] 有别"在网络在线提取遭遇

---

[1] 根据《电子取证规则》第27条的规定,提取的对象主要是"远程计算机信息系统状态信息、系统架构、内部系统关系、文件目录结构、系统工作方式等电子数据相关信息。"
[2] 《电子取证规则》第31条第2款专门规定,"远程勘验并且提取电子数据的,应当按照本规则第二十六条的规定,在《远程勘验笔录》注明有关情况,并附《电子数据提取固定清单》。"也有学者指出,在我国当前电子数据规则体系中,远程勘验措施实际上是网络在线提取的"构成要素和实现方式",因此网络在线提取措施的"内外(转下页)

境外取证限制的情况下,远程勘验措施由于未受地域限制而在事实上承担了部分境外数据收集提取的实践功能,由此一定程度上架空了网络在线提取的地域限制规则。

其次,来看弱地域限制措施的强制性属性弱化问题。这一点在调取措施中体现得尤为明显。在当前刑事侦查法律框架下,调取是否是一项独立的具体侦查措施存在争议。一方面,《刑事诉讼法》在总则部分对公检法"收集、调取证据"进行了概括性规定(第 54 条),同时又在侦查一章伊始作出类似规定(第 115 条),依据体系解释,两处的调取属于侦查概括性条款,而非指向具体的侦查措施。[1] 但在另一方面,在相关司法解释或规章性文件中,"调取"又往往以一种具体侦查措施的形象出现,例如根据公安部《公安机关办理刑事案件程序规定》(下文简称《刑事程序规定》)的规定,调取可以在立案前的调查核实阶段与"询问、查询、勘验、鉴定"等并列适用(第 174 条第 2 款),其性质属于"不限制被调查对象人身、财产权利"的措施,并且调取时须满足开具调取证据通知书、被调取人等签章、录音录像固定等程序性条件(第 62 条)。从这个角度来看,相较于"收集"这一统辖多种具体侦查措施的概括性侦查概念而言,"调取"更类似于一种规范程度较低的任意性侦查措施。

在《电子数据规定》和《电子取证规则》建立起的电子取证规范体系中,"调取"延续了上述任意性侦查措施的定性。问题在于,在向网络信息业者调取个人信息的情境中,事实上存在着"信息主体——网络信息业者——侦查机关"三者间个人信息非自愿性的转移链条。[2] 随着个人信息保护制度的不断强化和完善,特别是 2021 年制定的《个人信息保护法》将相关权益保障提升至宪法高度时,我国向网络信息

(接上页)的特征亦传导至远程勘验。参见谢登科:《电子数据网络远程勘验规则反思与重构》,载《中国刑事法杂志》2020 年第 1 期,第 58—68 页。

[1] 参见艾明:《刑事诉讼法中的侦查概括条款》,载《法学研究》2017 年第 4 期,第 155—172 页。

[2] 参见裴炜:《论个人信息的刑事调取——以网络信息业者协助刑事侦查为视角》,载《法律科学(西北政法大学学报)》,2021 年第 3 期,第 80—95 页。

业者调取用户信息已然难以单纯地定性为任意性侦查措施。[1] 在此背景下,调取措施实际上是以任意性措施之名行强制性措施之实,进一步架空了刑事诉讼关于强制性侦查措施的限制。这种名不副实的侦查措施在国际层面直接面临着合法性的挑战,不仅可能引发前文论及的证据可采性问题,同时也形成不同国家或地区之间在认可跨境取证措施中的障碍。

---

[1] 对此,已经有学者提出调取应当属于"具备干预性的强制处分措施"。参见艾明:《调取证据应该成为一项独立的侦查取证措施吗?——调取证据措施正当性批判》,载《证据科学》2016年第2期,第155—166页。

第二章
执法管辖权：跨境取证的逻辑起点

随着网络信息技术与犯罪的融合不断深化，绝大多数的犯罪转变为触网犯罪，而电子数据证据亦成为打击涉网络信息技术犯罪的主要证据类型。由于网络空间的弱地域性特征，可以用于证明案件事实的电子数据也呈现出全球分散分布和高速传输的特征，进而使跨境数据取证成为网络信息时代打击犯罪的新常态。刑事司法中，传统的用于支撑这种跨境获取电子数据证据的方式是国际刑事司法协助机制，但在实践中该机制往往运行不畅，由此成为网络空间侦查取证所面临的主要矛盾，即快速获取境外电子数据以有效打击犯罪的现实需求与传统冗长、低效甚至失效的司法协助机制之间的矛盾。为有效应对这一矛盾，一些新的侦查措施开始出现，典型的如前文提及的美国联邦调查局（FBI）的网络侦查技术[1]、英国基于《2016年侦查权力法》的设备干预措施[2]等。[3] 我国于2016年"两高一部"《电子数据规定》中创设的网络远程勘验和在线提取措施，同样是侦查机关试图在网络空间直接获取数据的立法探索。尽管公安部在2019年制定《电

---

[1] NIT 的核心是侦查机关通过侦查软件（malware）侵入个人计算机系统以接触或获取其中存储或处理的各类信息。See Carlos Liguori, Exploring Lawful Hacking as a Possible Answer to the "Going Dark" Debate, 26(2) Mich. Telecomm. & Tech. L. Rev. 317 (2020): pp.317-345。关于美国 FBI 使用 NIT 技术的典型案例和引发的诉讼争议，参见 Garrett Discovery, "Network Investigative Technique Cases", available at https://www.garrettdiscovery.com/download/network-investigative-technique-cases/. Accessed 17 June 2021。

[2] Gemma Davies, Shining a Light on Policing of the Dark Web: An Analysis of UK Investigatory Powers, 84(5) The Journal of Criminal Law 407(2020): pp.407-426.

[3] 具体个案中也存在大量跨国侵入计算机信息系统的侦查活动，相关典型案例参见 Brian L. Owsley, Beware of Government Agents Bearing Trojan Horses, 48(2) Akron Law Review 315(2015): pp.315-347。

子取证规则》时将网络在线提取限定于公开数据和境内计算机信息系统,但网络远程勘验并不受此限制;相反地,远程勘验恰恰是判断目标数据是否位于境内的先行措施。[1] 此外,国际警察局长协会(International Association of Chiefs of Police, IACP)在其2015年发布的报告中也提出,"执法人员如果不通过侵入计算机信息系统的方式收集证据,那么将无法有效侦查违法活动并起诉犯罪。"[2]

这些措施尽管能够绕过地域判定的障碍并大幅度提升侦查效率,但由于其潜在的跨境执法属性而与现有管辖权规则发生冲突,这也是当前此类措施面临的最主要争议之一。[3] 国内学界尽管已经关注到网络空间对于传统管辖权的挑战,但现有研究仍然主要关注的是立法管辖权层面[4],也正是在这个意义上,无论是对于普遍管辖权[5]或长臂管辖权[6]的探讨,还是基于这些探讨提出的扩张管辖权

---

[1] 就2019年《电子取证规则》中的网络远程勘验措施是否同样受限于地理边界,目前存在不同观点,有学者认为在该文件中网络远程勘验被设定为网络在线提取的下位措施,因此应当适用网络在线提取的相关限制性条件。参见谢登科:《电子数据网络远程勘验规则反思与重构》,载《中国刑事法杂志》2020年第1期,第58—68页。笔者认为,《电子取证规则》中的网络在线提取是作为一种取证场景而非取证措施加以规定,并不产生限制网络远程勘验的效果。对此本书在"机制篇"中将进行进一步探讨。

[2] IACP Summit Report, "A Law Enforcement Perspective on the Challenges of Gathering Electronic Evidence", issued on 6 July 2016, available at https://www.theiacp.org/sites/default/files/2019-05/IACPSummitReportGoingDark_0.pdf. Accessed 16 June 2021.

[3] 关于采用NIT等入侵计算机信息系统取证的技术是否违反国际法项下的管辖权规则,理论界也存在争议。参见 Ahmed Ghappour, Searching Places Unknow: Law Enforcement Jurisdiction on the Dark Web, 69 Stanford Law Review1075(2017): pp.1075-1136; Orin S. Kerr & Sean D. Murphy, Government Hacking to Light the Dark Web: What Risks to International Relations and International Law?, 70 Stanford Law Review Online58(2017): pp.58-69。

[4] 例如刘艳红:《论刑法的网络空间效力》,载《中国法学》2018年第3期,第89—109页;陈结淼:《关于我国网络犯罪刑事管辖权立法的思考》,载《现代法学》2008年第3期,第92—99页;郑泽善:《网络犯罪与刑法的空间效力原则》,载《法学研究》2006年第5期,第71—81页。

[5] 例如王秀梅:《普遍管辖权的司法适用——以美国为例》,载《政法论丛》2020年第3期,第141—150页。

[6] 例如郭玉军、向在胜:《网络案件中美国法院的长臂管辖权》,载《中国法学》2002年第6期,第155—168页。

的建议[1],其往往都是从实体法角度出发,难以真正有效辐射至程序法活动所依赖的执法管辖权领域内,更毋庸提及化解执法管辖权的冲突问题;而在涉及执法管辖权问题的研究中,其关注点又多集中于国内侦查管辖权的规制。[2] 即便有少数研究论及两类管辖权的区分[3],也鲜有据此提出化解刑事跨境执法管辖冲突的具体措施。结合之前提及的犯罪侦查现实困境,现有关于网络犯罪管辖权的研究实际上与之并不匹配,这也进一步导致后续的应对措施与实际需求之间相错位。

本章从这一错位问题出发,试图通过明晰涉外刑事司法中立法管辖权与执法管辖权的概念界分,为网络空间跨境侦查取证措施所面临的执法管辖权冲突探索化解路径。该探索主要包含三个部分。第一部分分析跨境刑事司法管辖权概念,并明确跨境犯罪侦查所对应的管辖权类型;在此基础上,第二部分进一步探索管辖权理论混乱对实践中跨境数据取证的负面影响,尤为典型地表现在制度设计重点错配、跨境取证正当性缺失、跨境取证规制思路混乱三个方面;以回归执法管辖权理论体系为逻辑起点,第三部分旨在建立跨境数据取证的原则体系。

一、刑事管辖权的概念检视

在国际管辖权的规则体系中,主权是一个核心概念。一个国家享有主权意味着该国在其国土范围内享有最高且终局性的权力。[4] 同

---

[1] 例如田圣斌:《互联网刑事案件管辖制度研究》,载《政法论坛》2021年第3期,第36—48页;高艳东:《适当扩张管辖遏制网络犯罪蔓延》,载《检察日报》2021年5月17日第003版;谭婷等:《涉外网络犯罪刑事管辖权的确定》,载《人民检察》2018年第7期,第62—65页。

[2] 例如孙潇琳:《我国网络犯罪管辖问题研究》,载《法学评论》2018年第4期,第186—196页。

[3] 例如甘勇:《〈塔林手册2.0版〉网络活动国际管辖规则评析》,载《武大国际法评论》2019年第4期,第117—135页;肖永平:《"长臂管辖权"的法理分析与对策研究》,载《中国法学》2019年第6期,第39—65页。

[4] Jack L. Goldsmith, The Internet and the Abiding Significance of Territorial Sovereignty, 5(2) Ind. J. Global Legal Stud. 475(1998): p.476.

时,基于国家平等原则,主权概念也意味着一国负有不干预他国主权的义务,并由此确立同意原则在国际交往中的终极地位。[1]

  管辖权的行使本身即蕴含着对主权的主张[2],而国际法通过限制一国国家机关的管辖权来防止其侵犯他国主权。这种限制涉及各种类型的国家权力,其又可以区分为两类:一类是立法管辖权(prescriptive jurisdiction);另一类是执法管辖权(enforcement jurisdiction)。前者指向的是一国制定和发布法律的权力,后者则指向的是一国基于上述立法,通过法院裁判或其他行政权力要求相对人遵守法律并惩罚违法行为的权力[3],其又可以进一步划分为狭义的执法管辖权和司法管辖权。[4] 无论在何种类型之下,管辖权概念本身均具有强烈的地域属性。[5] 即便如此,国际法对于不同类型管辖权的地域容忍上存在较大差异,这就使二者在地域限制上实则并非重合关系。

---

[1] See James R. Crawford (ed.), Brownlie's Principles of Public International Law (8th edition), Oxford University Press, 2012, p.447.

[2] See Dan E. Stigall, Ungoverned Spaces, Transnational Crime, and the Prohibition on Extraterritorial Enforcement Jurisdiction in International Law, 3(1) Notre Dame J. Int'l & Comp. L.1 (2013): p.11.

[3] James R. Crawford (ed.), Brownlie's Principles of Public International Law (8th edition), Oxford University Press, 2012, p.456.

[4] 关于国际管辖权采用二分法还是三分法,存在不同观点,但共性是将立法管辖权单独作为一种类型。本书采用的是二分法,即将狭义的执法管辖权和司法管辖权合并为一大类,其目的在于与立法管辖权相区别。类似分类参见 Donald R. Rothwell, et al, Jurisdiction, in International Law: Cases and Materials with Australian Perspectives (3rd Edition) (Donald R. Rothwell, et al eds.), Cambridge University Press, 2019, pp.320-389。有学者将广义的执法管辖权定义为"一国致使或强迫相对人遵守本国法律或裁判的行为",在这个意义上,司法管辖权同样可以被纳入广义执法管辖权的范畴中去。参见 Satya T. Mouland, Rethinking Adjudicative Jurisdiction in International Law, 29(1) Wah. Int'l L. J. 173(2019): pp.173-202。关于三分法的观点,参见 Robert Cryer et al, Jurisdiction, in An Introduction to International Criminal Law and Procedure (2nd Edition), Oxford University Press, 2010, pp.43-45。

[5] See Cedric Ryngaert, Territory in the Law of Jurisdiction: Imagining Alternatives, in Netherlands Yearbook of International Law 2016: The changing Nature of Territoriality in International Law (Martin Kuijer and Wouter Werner eds.), Springer, 2017, pp.49-82。也有学者指出,近些年来网络信息技术的发展实际上已经撼动了地域性在管辖权规则体系中的核心地位,并对该属性的理论根源提出反思,例如 Péter D. Szigeti, The illusion of territorial jurisdiction, 52(3) Texas International Law Journal 369 (2017): pp.369-399。

就立法管辖权而言,其本质规制的是国家的抽象权力行为。放置在刑事法的语境下,其指向的是一国规定某些行为是犯罪并对其启动刑罚的权力。基于法院的专属定罪权,关于犯罪的规定直接引申出司法裁判的管辖权范围,因此刑事领域的立法管辖权与司法管辖权往往范围重合。[1] 原则上,在国际法允许的范围内,一国有绝对权力通过立法将自然人或单位的行为确认为犯罪并施加刑罚。目前国际上公认的原则主要包括以下类型:一是属地原则(territorial principle),即犯罪地法院具有管辖权,该原则是刑事立法管辖权的核心原则;二是积极属人原则(nationality or active personality principle),即以犯罪人的国籍作为管辖权的连接点,该原则由于可能引发管辖权冲突,各国多将其限定于严重犯罪;三是消极属人原则(passive personality principle),即以被害人的国籍作为管辖权的连接点,其相对于前两者的争议更大,因此适用范围更为有限;四是保护或安全原则(protective or security principle),针对侵害或威胁本国安全或利益的行为设置管辖权,即便该行为发生在域外。此外,在承担国际公共义务的情况下,也允许一国设置普遍管辖权(universal jurisdiction)。[2]

相对而言,执法管辖权规制的是国家的具体权力行为,该行为脱离抽象层面的规范制定进入直接接触相对人或物的现实层面。与立法管辖权类似的是,对于在一国领土内实施的执法行为,该国享有管辖权并无争议。区别在于,国际法原则上并不允许一国执法机关超出本国领土实施执法行为。换言之,相对于立法管辖权,一国的执法管辖权受到严格的地域限制。[3] 这意味着即便一国有权将某种域外行为纳入本国刑法体系管辖范围,并不意味着该国的执法机关有权跨越

---

[1] Robert Cryber 等人特别提到,刑事案件的立法管辖权与司法管辖权基本上是重合的。参见 Robert Cryer et al, Jurisdiction, in An Introduction to International Criminal Law and Procedure (2nd Edition), Oxford University Press, 2010, p.44。

[2] James R. Crawford (ed.), Brownlie's Principles of Public International Law (8th edition), Oxford University Press, 2012, pp.458-467.

[3] 参见肖永平:《"长臂管辖权"的法理分析与对策研究》,载《中国法学》2019 年第 6 期,第 41—42 页。

一国边界直接对该行为开展调查取证和后续的司法活动。[1] 对此,常设国际法院(Permanent Court of International Justice)在著名的"莲花号案"(Lotus Case)中有明确的表述:"国际法之于一国行为的最主要限制即在于……该国不能在他国领土上以任何形式执行本国权力。在这个意义上,管辖权确定是地域性的;非依国际条约或习惯所确定的许可性规则,一国无权在本国领土之外行使权力。"[2]

基于执法管辖权的强地域性限制,原则上一国的跨境执法活动需要建立在相对国同意的基础之上,典型地体现为基于双边或多边协议建立起来的国际司法协助机制,非经同意的执法活动往往构成对他国主权的直接侵犯。这里需要特别注意的一点是,在广义执法管辖权的概念下,狭义执法管辖权与司法管辖权的正当性判断是相区别的;即便执法管辖权的行使不具有或超出了正当性范围,原则上并不影响一国后续司法管辖权的行使。[3]

我国当前刑事法同样呈现出的是立法管辖权与执法管辖权的区分。一方面,从立法管辖权的角度来看,我国《刑法》明确规定了属地管辖、属人管辖、保护管辖和普遍管辖四种类型(第6条至第9条)。近些年来关于扩大刑事管辖权的学术研究大多是从这个角度出发,例如扩大属地管辖原则、建立实害联系原则和网址国来源原则[4]等,其实质仍然是对于立法管辖权在网络空间的解释。这种解释并未超出传统立法管辖权的主要类型,同时也由于其针对的是抽象国家权力行为,因此在本国立法上予以实现并无实质性障碍。沿着这一思路,近些年我国关于网络犯罪相关规定的一个立法重点即在于扩大"犯罪

---

[1] See Dan E. Stigall, Ungoverned Spaces, Transnational Crime, and the Prohibition on Extraterritorial Enforcement Jurisdiction in International Law, 3(1) Notre Dame J. Int'l & Comp. L.1 (2013): p.11.
[2] The Case of the S.S. "Lotus" (France v. Turkey), (1927) PCIJ Ser A No 10, 18.
[3] See Nikolic' ICTY A. Ch. 5.6.2003 para. 30.
[4] 参见高艳东:《适当扩张管辖遏制网络犯罪蔓延》,载《检察日报》2021年5月17日第003版;屈学武:《因特网上的犯罪及其遏制》,载《法学研究》2000年第4期,第83—100页;张俊霞、傅跃建:《论网络犯罪的国际刑事管辖》,载《当代法学》2009年第3期,第42—46页。

地"的解释。[1]

但是基于立法管辖权与执法管辖权的界分可以看出,这种地域管辖连接点的扩张并不能直接对应刑事执法机关执法权的国际扩张,后者仍然需要回归到执法管辖权的强地域限制之上。[2] 根据《国际刑事司法协助法》的相关规定,原则上非经我国主管机关同意,外国机构、组织和个人不得在我国境内从事刑事诉讼活动(第4条第3款),这是对执法管辖权最直接的主张。根据平等互惠原则,我国国家机关也不得绕过对方主管机关开展相关刑事诉讼活动。具体而言,这些活动包括但不限于"犯罪情报信息的交流与合作,调查取证,安排证人作证或者协助调查,查封、扣押、冻结涉案财物,没收、返还违法所得及其他涉案财物,送达刑事诉讼文书,引渡、缉捕和递解犯罪嫌疑人、被告人或者罪犯"等(公安部《刑事程序规定》第375条)。如果我国国家机关欲开展上述跨境活动,则或者通过刑事司法协助方式,或者通过警务合作方式进行,但无论采用何种方式,均须基于我国参加或缔结的国际条约、双边或多边合作协议,或者按照互惠原则进行。

---

[1] 2014年"两高一部"《网络犯罪程序意见》(已失效)将"犯罪地"规定为"用于实施犯罪行为的网站服务器所在地,网络接入地,网站建立者、管理者所在地,被侵害的计算机信息系统或其管理者所在地,犯罪嫌疑人、被害人使用的计算机信息系统所在地,被害人被侵害时所在地,以及被害人财产遭受损失地等。" 2022年"两高一部"修订了该意见(《信息网络犯罪刑诉意见》),在延续犯罪地扩张的总体思路上,将"犯罪地"修订为"用于实施犯罪行为的网络服务使用的服务器所在地,网络服务提供者所在地,被侵害的信息网络系统及其管理者所在地,犯罪过程中犯罪嫌疑人、被害人或者其他涉案人员使用的信息网络系统所在地,被害人被侵害时所在地以及被害人财产遭受损失地等。"类似地,2020年公安部《刑事程序规定》第17条规定的网络犯罪的犯罪地包括"用于实施犯罪行为的网络服务使用的服务器所在地,网络服务提供者所在地,被侵害的网络信息系统及其管理者所在地,以及犯罪过程中犯罪嫌疑人、被害人使用的网络信息系统所在地,被害人被侵害时所在地和被害人财产遭受损失地"。《最高人民法院关于适用〈中华人民共和国刑事诉讼法〉的解释》第2条将"犯罪地"规定为"用于实施犯罪行为的网络服务使用的服务器所在地,网络服务提供者所在地,被侵害的信息网络系统及其管理者所在地,犯罪过程中被告人、被害人使用的信息网络系统所在地,以及被害人被侵害时所在地和被害人财产遭受损失地等。"

[2] 有学者提出地域管辖需要从"以审判为中心"向"以侦查为中心"转移,尽管混淆了立法管辖权与执法管辖权,但也反映出二者在地域上的不相符。参见王静、魏雄文:《从秩序到效率:网络犯罪管辖权的变迁》,载《人民检察》2020年第11期,第37—40页。

二、管辖权类型失焦引发的制度障碍

相对于立法管辖权上的不断扩张,近些年来我国国际执法管辖权相关规定基本上没有发生任何突破性变化。《刑事诉讼法》仅以一个条文规定了刑事司法协助(第18条),而该条文自1996年《刑事诉讼法》修改加入以来,除条文号外未进行任何修改或补充。公安部为适应打击犯罪的现实需要,在其部门规章中就国际犯罪侦查活动补充规定了国际警务合作机制。2018年制定的《国际刑事司法协助法》尽管也涉及犯罪侦查取证活动,但仅针对的是刑事司法协助机制,因此并未就国际警务协作进行细化规定。同时,即便对于刑事司法协助,新法也主要承袭了既有做法,并未涉及对执法管辖权运行机制的改革问题。

可以看到的是,我国关于国际管辖权的制度建设呈现出立法管辖与执法管辖全然不同步的情况。这种情况与当前打击涉网络信息技术犯罪的现实需求和实践做法之间相错位。一方面,从有效预防和打击涉网络信息技术犯罪的角度来看,当前面临的主要障碍并不在于立法管辖权而在于执法管辖权;另一方面,《电子数据规定》与《电子取证规则》中已经出现突破执法管辖权的尝试,但因为缺少必要的理论支撑,导致相关措施的正当性和稳定性均面临挑战。更重要的是,对于立法管辖权的偏重本身契合的是长期以来重实体轻程序的思维惯性,使一些基于实体法的考量因素不恰当地套用于犯罪侦查活动,典型的例证如双重犯罪原则的适用范围问题。以下分别就上述三个方面进行具体分析。

(一)扩张立法管辖权与实践需求的错位

在网络信息技术与犯罪结合的早期,"网络犯罪"作为具有特定指向的新型犯罪类型首先引起了刑事实体法的关注,从管辖权的角度出发,核心在于判定一国法院对于网络空间中实施的犯罪活动是否有权审判的问题,本质是立法管辖权的范畴。之所以产生该问题,主要原因并非在于出现了普遍意义上的管辖权缺位,而是传统管辖权连接点需要重新予以解释。在各国普遍扩张本国刑事立法管辖权的背景下,"不仅导致了各国刑法空间效力的极度膨胀,也引发了各国间适用该原则的冲突"。[1] 因此当前立法管辖权呈现的状况并非连接点不足,而是连接点过多情况下导致的管辖冲突问题。

随着网络信息技术与社会生活深度融合,"网络犯罪"这一概念已经泛化,并且呈现出两个主要特征:一是大多数国家已经完成狭义网络犯罪的入罪立法[2];二是绝大多数的传统犯罪或多或少地因"触网"而转变为广义意义上的网络犯罪。在此背景下,典型或者核心意义上的网络犯罪[3]的特殊性不断弱化。与之相对应的,从打击网络犯罪的角度来看,实体法建构的急迫性和重要性也随之降低。此时继续强调立法管辖权的扩张非但难以有效地提升打击犯罪的实效,反而有可能将个别犯罪中面临的管辖冲突问题扩展至各类犯罪。

更重要的是,当前打击网络犯罪的核心障碍已经转移至程序法层面。2020年国际刑事警察组织(Interpol)在呈交给联合国网络犯罪政府间专家组会议的报告中指出,犯罪分子越来越多地利用执法管辖的地域限制,通过在全球范围内开展犯罪活动来躲避侦查。[4] 与之类

---

[1] 郑泽善:《网络犯罪与刑法的空间效力原则》,载《法学研究》2006年第5期,第71页。

[2] 根据网络犯罪《布达佩斯公约》委员会的报告,截至2020年全世界已经有106个国家在实体法中规定了绝大多数网络犯罪,占到总数的55%,另有63个国家规定了部分类型的网络犯罪,占到总数的33%,二者合计占到全世界近九成国家。参见 T-CY, "The Global State of Cybercrime Legislation 2013-2020: A Cursory Overview", issued on 20 March 2020, available at https://eucyberdirect.eu/wp-content/uploads/2020/06/cyberleg-global-state.pdf. Accessed 21 June 2021.

[3] "核心网络犯罪"(core cybercrimes)借用的是联合国2013年联合国网络犯罪政府间专家组会议发表的《网络犯罪综合研究(草案)》中的表述。该报告显示,尽管各国对于核心网络犯罪达成共识,但犯罪构成要件实际上存在较大差异。参见 UNODC, "Comprehensive Study on Cybercrime (Draft)", issued in February 2013, available at https://www.unodc.org/documents/organized-crime/UNODC_CCPCJ_EG.4_2013/CYBERCRIME_STUDY_210213.pdf. Accessed 21 June 2021.

[4] See Interpol, "Interpol's Comments-6th Meeting of the Open-Ended Intergovernmental Expert Group to Conduct a Comprehensive Study on Cybercrime", available at https://www.unodc.org/documents/Cybercrime/IEG_cyber_comments/INTERPOL.pdf. Accessed 21 June 2021.

似,2019年欧洲刑事警察组织(Europol)和欧洲检察署(Eurojust)联合发布报告,系统总结了当前打击网络犯罪所面临的主要障碍,包括数据丢失或灭失、位置缺失、国内法律框架障碍、国际合作障碍,以及公私合作障碍。[1] 这些障碍的共性在于,其指向的均是程序性障碍,例如报告中涉及的"位置缺失"直接对应的是执法管辖不明以及由此引发的诉讼措施适用困境;而后续的国内法障碍、国际合作障碍,以及公私合作障碍恰恰是在探索化解执法管辖不明问题时面临的程序性挑战。聚焦到我国,近些年来高发的电信网络诈骗案件、网络赌博案件等同样呈现出犯罪链条向境外转移的特征,公安部对此开展的"长城行动"即是对这一现象的精准回应。[2]

综上可以看到,当前打击网络犯罪面临的主要制度障碍并非在于一国是否有权打击的问题;该问题无论是通过解释传统立法管辖权还是扩张新的立法管辖连接点均可以得到解决。关键障碍在于,有权打击网络犯罪的国家的执法机关囿于地域边界对于执法管辖权的强限制性,缺少实际打击的能力和法律工具。

(二)执法管辖权的突破与正当性缺失

学理研究上对于执法管辖权的忽视导致其难以积极回应和支撑司法实践中的现实需求,由此衍生出一些新的刑事执法措施与传统执法管辖权理论和边界不相兼容的问题,尤为典型地体现在电子取证措施规则之上。如前所述,《电子数据规定》已经关注到网络空间数据流动的跨地域性特征,因此在常规的数据提取措施之外,设置了网络在线提取以及配套的网络远程勘验,并允许在必要时采取技术侦查措施(第9条)。这些措施无疑是司法实践经验的重要总结,试图回避或突破执法管辖权的强地域限制。但由于缺乏必要的

---

[1] See Eurojust & Europol joint report, "Common Challenges in Combating Cybercrime: As Identified by Eurojust and Europol", issued in June 2019, available at https://www.europol.europa.eu/sites/default/files/documents/common_challenges_in_combating_cybercrime_2018.pdf. Accessed 21 June 2021.

[2] 例如2018年最高人民检察院《检察机关办理电信网络诈骗案件指引》(下文简称《电网诈指引》)。

理论和法律支撑,这种回避做法往往面临正当性缺失的尴尬境地,甚至有可能引发国际层面的法律责任。

从正当性缺失的角度来看,网络在线提取和远程勘验与前文提及的美国网络侦查技术具有一定的相似性。就网络在线提取而言,其是作为常规取证措施难以适用之时的替代性措施。所谓常规性措施,即扣押原始存储介质之后对其中存储的数据收集提取,由于存储介质位于我国境内,该措施属于纯粹的本国执法行为。问题在于,在地理位置容易确定的存储介质不便或不能扣押之时,侦查措施就需要进入到弱地域性的网络空间,此时数据取证就直接面临两种情形:一是明确知晓存储介质位于境外;二是不知晓或难以确定数据的具体位置。对于这两种情形,《电子数据规定》第9条事实上均采取了允许侦查取证的态度。但由于其本质均是"使用技术手段的单边取证"[1],前者直接会与执法管辖的地域边界形成冲突,而后者则会产生违反执法管辖权边界的现实风险。对此,2019年公安部在制定《电子取证规则》时,将网络在线提取措施的适用范围进行了大幅度限缩,仅限于境内远程计算机信息系统中的电子数据或境外公开发布的电子数据(第23条)。这一修订一定程度上化解了《电子数据规定》与执法管辖权的冲突问题。[2]

但是,规则上的限缩实际上未能直接化解网络空间数据取证面临的执法管辖权的地域的限制;在缺乏新的正当性机制的情况下,实践需求又催生出网络远程勘验措施的扩张。根据《电子数据规定》,网络远程勘验是指"通过网络对远程计算机信息系统实施勘验,发现、提取与犯罪有关的电子数据,记录计算机信息系统状态,判断案件性质,分析犯罪过程,确定侦查方向和范围,为侦查破案、刑事诉讼提供线索和证据的侦查活动"(第29条)。可以看到,这里的"勘验"不仅包含勘查计算机信息系统情况,还包含直接

---

[1] 参见叶媛博:《论多元化跨境电子取证制度的构建》,载《中国人民公安大学学报(社会科学版)》2020年第4期,第48—58页。

[2] 参见谢登科:《电子数据网络在线提取规则反思与重构》,载《东方法学》2020年第3期,第89—100页。

的数据取证活动,其措施不仅限于查看,还包括安装新应用程序、使远程系统产生新电子数据、展示电子数据内容或状态等积极措施。[1]

这种将场所勘查检验与证据材料收集配套使用的做法延续的是域内侦查中勘验措施的立法思路。传统的、针对场所的勘验措施之所以能够直接附带某些取证行为,一是因为物理场所的位置与其中包含的证据材料的位置高度一致,或者更确切的说法是,恰恰因为证据材料可能在特定场所分布,才使该场所可以成为勘验措施的对象;二是因为能够附带取证的证据材料往往并不直接牵涉特定自然人的人身或财产权利,否则可能落入其他侦查措施的适用范围中去。例如,如果在勘验时需要提取属于某人的物品,则该提取不能直接附着于勘验,而是需要遵循扣押的相关规定。

然而,当场所勘验的对象由物理场域转为网络空间这一虚拟场域,上述勘验附带取证的理由都难以继续成立。一方面,在网络空间,远程计算机信息系统的运营位置并不能直接对应其中处理的数据的地理位置,更毋庸提前者本身就难以事前确定。另一方面,通过远程勘验收集、提取或监控的电子数据,并非"不牵涉特定自然人的人身或财产权利";相反地,在数字隐私权不断受到关注、个人信息立法保护强度不断提升的背景下,勘验附带取证的正当性进一步被削弱。[2]

在此背景下,网络远程勘验措施不仅在形式上仍然可能突破执法管辖权的地域限制,同时在实质上也可能干预他国网络安全、数据安全以及个人信息保护制度,进而使执法人员即便以打击犯罪这一正当目的为由,仍然可能面临触发相对国法律责任的现实风险。例如,早在 2002 年俄罗斯就指控美国两名 FBI 探员为犯罪侦查,远程侵入位

---

[1] 《电子取证规则》第 27 条。
[2] 也正是在这个意义上,有学者提出勘验措施的定性应当"以强制性侦查为原则,任意性侦查为例外"。参见谢登科:《电子数据网络远程勘验规则反思与重构》,载《中国刑事法杂志》2020 年第 1 期,第 58—68 页。

于车里雅宾斯克的服务器并从中提取数据。[1] 尽管类似指控往往并非仅因法律原因作出,但至少执行本国法律这一事由并不能豁免他国法律责任。也正是在这个意义上,美国司法部在其《刑事资源指南》中对执法人员的跨境提取数据行为进行了明确的法律风险提示,"即便如向境外证人打电话、发邮件或会见等看似无害的行为均有可能落入(违反主权)范围中去。违反他国主权可能导致外交抗议、拒绝调取证据,甚至对美国执法人员或其协助者的逮捕。"[2]

与之类似的,我国《刑法》第 8 条规定的保护管辖权同样适用于不享有外交特权和豁免权的外国人,无论该外国人跨境入侵我国计算机信息系统或者获取数据的行为是否为执行他国法律目的。换言之,即便外国侦查机关为犯罪侦查取证侵入、控制或者破坏我国计算机信息系统,或者非法获取其中的数据的,仍然可能构成《刑法》第 285 条、第 286 条规定的罪名。

(三)跨境数据取证规制思路的混乱

偏重立法管辖权而忽视执法管辖权的倾向不仅与当前网络犯罪治理的重心和现实需求不符,同时还有可能模糊甚至误导执法管辖权的理论和实践探索方向。下面试说两种情形论述。

首先,涉及犯罪侦查中协助侦查的网络信息业者的国籍问题。有学者在探讨网络空间刑事侦查和数据跨境获取时提到,这些活动面临网络服务提供者的"国籍管辖"困难,其原因在于"传统上,主权国家

---

[1] See Robert Lemos, "Russia Accused FBI Agent of Hacking", issued 19 August 2002, available at https://www.cnet.com/news/russia-accuses-fbi-agent-of-hacking/. Accessed 28 June 2021. 美国也多次针对中国人员提出类似指控,例如 U.S. DOJ, "Two Chinese Hackers Working with the Ministry of State Security Charged with Global Computer Intrusion Campaign Targeting Intellectual Property and Confidential Business Information, Including COVID-19 Research", issued on 21 July 2020, available at https://www.justice.gov/opa/pr/two-chinese-hackers-working-ministry-state-security-charged-global-computer-intrusion. Accessed 28 June 2021。

[2] See "267. Obtaining Evidence Abroad-General Considerations", in DOJ Criminal Resource Manual, available at https://www.justice.gov/archives/jm/criminal-resource-manual-267-obtaining-evidence-abroad-general-considerations. Accessed 28 June 2021.

主要依据法人的国籍确定对其的管辖"。[1]

这一观点的前半句具有一定的合理性,即网络服务提供者注册地与服务提供地确实可能发生分离,但后半句的原因则主要是从立法管辖权的角度出发,与执法管辖权的关系不大。根据《刑事诉讼法》第52条之规定,侦查机关向有关单位和个人收集证据或吸收其协助调查,并不以这些单位或个人是本国人为前提。换言之,只要调取证据的侦查行为发生在我国境内,我国侦查机关自然具有执法管辖权。基于相同的考量可以看到,《国际刑事司法协助法》第4条第3款在规定跨境提供证据材料或协助刑事司法活动时,同样只是以是否位于"中华人民共和国境内"为规制标准,而与这些"机构、组织和个人"的国籍无关。

正是基于此,我们更容易理解近些年一些国外相关立法和司法实践探索的思路,其核心在于对以网络信息业者为代表的取证对象是否位于本国境内进行解读,进而确保侦查取证行为仍然在本国境内实施。原则上,如果网络信息业者在本国注册,则一般认为其实质存在于本国境内,对其采取的取证措施当然也发生在本国境内,自然不违反执法管辖权的要求。[2] 美国在论证制定《云法》的必要性并设置相应的跨境取证程序时,也主要是以多数大型互联网企业均为美国注册企业为逻辑起点。[3]

较为复杂的情形是,当网络信息业者的注册地不在本国境内时,如何解释外国企业的"本国出现",并以此为本国执法活动提供正当性基础。对此,拥有较少境内注册的国际大型互联网企业的欧盟形成了"两步走"的思路。第一步是拓展"境内出现"(territorially present)的连接点,以网络信息业者在欧盟"有效且真实地开展活动"

---

[1] 参见吴琦:《网络空间中的司法管辖权冲突与解决方案》,载《西南政法大学学报》2021年第1期,第47—64页。
[2] 以注册地作为地域管辖的评价标准不仅适用于跨境执法活动,也适用于国内不同地区的执法管辖权划分。
[3] See U.S. DOJ White Paper, "Promoting Public Safety, Privacy, and the Rule of Law Around the World: The Purpose and Impact of the CLOUD Act", issued in April 2019, available at https://www.justice.gov/opa/press-release/file/1153446/download. Accessed 28 June 2021.

作为标准,包括但不限于设立地方网站,投放广告,支持当地货币、市场或用户调查等行为。[1] 第二步是要求开展上述活动的网络信息业者在欧盟内设立或指定代表机构。通过上述两个步骤,事实上建立起了外国企业在本区域内的"虚拟存在"(virtual presence),[2]在此基础上针对该企业开展的侦查取证活动便不算超出本国或本区域的地理边界,因此仍然不违反执法管辖权的要求。上述思路在欧盟《刑事电子证据条例》中得到了充分地贯彻。

总结上述分析可以看出,针对向网络信息业者跨境取证的措施,其合法与否的判断标准并不在于网络信息业者的国籍,而仍然在于该侦查取证措施是否在本国境内实施。二者之所以出现混淆,本质上是将立法管辖权的连接点与执法管辖权的连接点进行了混淆。这种混淆可能导致在探索执法管辖权实现机制时错误地将重心放置在网络信息业者国籍解释或豁免之上。

其次,典型体现在以立法管辖权理论建构执法管辖权制度所形成的执法障碍的双重犯罪原则的适用上。我国《国际刑事司法协助法》尽管没有明确提到双重犯罪原则,但是将"请求针对的行为不构成犯罪"列为我国可以拒绝向外国提供协助的事由之一(第14条),并且该拒绝并不区分协助的具体内容。[3] 基于对等原则,外国同样可以基于相同理由拒绝我国提出的协助请求。

根据《国际刑事司法协助法》第2条的规定,可以协助的内容包括"刑事案件调查、侦查、起诉、审判和执行等活动中"提供"送达文书,调查取证,安排证人作证或者协助调查,查封、扣押、冻结涉案财物,没收、返还违法所得及其他涉案财物,移管被判刑人以及其他协

---

[1] 参见 CJEU, Case C-230/14 Weltimmo, 2015; C-131/12 Google Spain, 2014.
[2] See Johan Vandendriessche, The effect of 'virtual presence' in Belgium on the duty to cooperate with criminal investigators, 8 Digital Evidence and Electronic Signature Law Review 194(2011), pp.194-195.
[3] 根据《国际刑事司法协助法》第2条的规定,可以协助的内容包括"刑事案件调查、侦查、起诉、审判和执行等活动中"提供"送达文书,调查取证,安排证人作证或者协助调查,查封、扣押、冻结涉案财物,没收、返还违法所得及其他涉案财物,移管被判刑人以及其他协助。"

助。"问题在于,调查取证这一刑事执法活动明显与定罪量刑的司法活动以及后续的裁判执行存在性质差异,后者直接牵涉犯罪嫌疑人、被告人重大人身财产等权利的剥夺或限制。也正是在这个意义上,双重犯罪原则形成并主要应用于引渡程序,例如根据我国《引渡法》,我国准予起诉引渡或执行引渡的前提条件之一是该行为"依照中华人民共和国法律和请求国法律均构成犯罪"(第7条),这一点也体现在《国际刑事司法协助法》关于移管被判刑人的规定之中(第56条)。

相对而言,调查取证活动一则不直接导致刑罚等终局性的权利减损,二则服务于查明事实,并不必然不利或有利于被指控人,三则是以本国根据立法管辖权有权进行司法管辖为前提。在此基础上,调查取证活动无论从侵犯他国主权角度还是从减损被指控人权利角度,其强度均远远弱于引渡。[1] 正是基于这一考量,《国际刑事司法协助法》第14条采用的是"可以"而非"应当"的表述,并且其仅构成拒绝提供协助的事由。但是需要看到的是,这一表述仍然主要是从刑事实体法的角度出发,例如在《〈中华人民共和国国际刑事司法协助法〉释义》中作为例证的《中华人民共和国政府和美利坚合众国政府关于刑事司法协助的协定》,其对于双重犯罪原则的豁免主要是以"某一特定犯罪或特定领域的犯罪"作为分类标准,而非与特定类型的刑事司法活动衔接。

从国际层面来看,双重犯罪原则在跨境取证程序中的要求在不断弱化,典型例证如《布达佩斯公约》要求,不应当将双重犯罪原则设定为拒绝跨境数据保全请求的事由,同时其说明文件中也特别提到,"在现代司法协助实践中,仅在搜查、扣押、监听等最具侵犯性的程序措施中保留双重犯罪原则是一个总体趋势"。[2] 由于目标数据的保全措

---

[1] 参见黄风:《检察机关实施〈国际刑事司法协助法〉若干问题》,载《国家检察官学院学报》2019年第4期,第167—170页。另参见 OECD, "Preliminary draft issues paper on Framework for Extradition and Mutual Legal Assistance in Corruption Matters", issued on 28 September 2006, available at https://www.oecd.org/daf/anti-bribery/39200781.pdf. Accessed 30 June 2021。

[2] See "Explanatory Report to the Convention on Cybercrime", available at https://rm.coe.int/16800cce5b. Accessed 27 December 2023.

施并不局限于《布达佩斯公约》规定的犯罪类型,因此该公约实际上是以刑事司法行为而非目标犯罪作为判断是否适用双重犯罪原则的标准。[1] 欧洲逮捕令(European Arrest Warrant)制度针对 32 类可能判处 3 年以上监禁刑犯罪中的跨境逮捕活动取消了双重犯罪要求。[2] 欧盟《刑事电子证据条例》原则上认同双重犯罪原则是拒绝执行欧洲数据调取令的正当理由之一,但是对于该条例附件 4 中所列举的 32 类犯罪设置了例外,即只要这些犯罪在命令发出国构成犯罪并且最高刑至少为 3 年有期徒刑(第 12 条 1(d)款),命令接收国即可执行欧洲数据调取令。同时,双重犯罪原则也仅适用于内容数据和单纯身份识别以外的流量数据的获取。此外,针对欧洲数据保全令而言,欧盟《刑事电子证据条例》并未设置双重犯罪原则的限制。相较于取证,逮捕措施对相对人的强制性无疑更高,从这个角度来看欧洲逮捕令的做法实际上更为激进。类似地,有报告指出,在美国与其他国家签署的协议中,相较于引渡协议,司法协助协议往往并不包含双重犯罪要求,而更多的是从协助事项的类型上加以区分和限制。[3] 考虑到中国当前网络信息技术的发展状况,我国网络犯罪活动无论在样态还是在演变速度上均超过世界多数国家和地区,在此背景下强调犯罪侦查中的双重犯罪原则,很有可能反向制约我国打击网络犯罪的能力和实际效果。

三、基于执法管辖权的跨境数据取证原则

尊重主权是开展国际刑事司法活动的基本原则,而在全球化的时代背景下,主权这一概念只有放置在参与国际交往和国际社会治理的

---

[1] 关于《布达佩斯公约》针对双重犯罪原则的规定,参见胡健生、黄志雄:《打击网络犯罪国际法机制的困境与前景——以欧洲委员会〈网络犯罪公约〉为视角》,载《国际法研究》2016 年第 6 期,第 21—34 页。
[2] 这 32 类犯罪涵盖范围广泛,例如"涉计算机犯罪(computer-related crime)"就不仅仅指向典型网络犯罪,还包括各种利用计算机信息系统实施的传统犯罪。
[3] See Global Investigations Review (GIR), "GIR Review: Americas Investigations Review 2021", available at https://globalinvestigationsreview.com/review/the-investigations-review-of-the-americas/2021?page=1. Accessed 30 June 2021.

语境中才有现实意义。[1] 强调尊重主权原则并非阻碍各国开展犯罪治理国际合作,而是要求这种合作应当具有管辖权上的正当性基础,并在符合比例原则的范围内开展。从前文论述可以看到,相较于立法管辖权,跨境数据侦查所依托的执法管辖权受到的地域限制更强,因此对于跨境数据取证中的障碍化解应当聚焦于地域限制。在进一步探讨具体的化解路径之前,有必要先行明确基于执法管辖权的跨境数据取证基本原则。

(一)跨境数据取证的正当性基础

从执法管辖权的强地域限制出发,在具体的措施设计上无论是采用传统的刑事司法协助机制,还是创新变通式的取证途径,正当性原则意味着一方面这些措施应当具有国内法的明确授权,另一方面应当建立在相对国同意的基础上。前者要求该措施必须具有国内法意义上的合法性,并且其应当是实质合法性而非形式合法性;后者则要求跨境侦查取证措施的实施原则上不应当是一种单边行为,而是通常需要以国际公约、条约、双边或多边协议或机制为基础。

从我国当前相关法律规定来看,国内法层面的跨境取证措施的合法性主要具有两个重要缺陷:一是在形式合法性层面上,《刑事诉讼法》本身以及《国际刑事司法协助法》并未对跨境数据取证设置国际司法协助以外的路径,各类解释类规范性文件创制的新措施实际上突破了《刑事诉讼法》的规定,但其效力层级过低,这种突破本身的正当性存疑。二是在实质合法性层面上,一些创新措施尽管沿用了《刑事诉讼法》中的侦查措施表述,但其内涵与外延已经远远超出原有立法限定的范围,甚至对措施本身的性质进行了较大程度的改造,前文提及的远程勘验即典型例证。这种改造的一个共性在于,套用《刑事诉讼法》中任意性侦查措施之名,行强制性侦查措施之实,这就可以解释为什么在《电子数据规定》和《电子取证规则》中远程勘验这种任意性

---

[1] 参见裴炜:《向网络信息业者取证:跨境数据侦查新模式的源起、障碍与建构》,载《河北法学》2021年第4期,第56—81页。

措施可以嵌套强制性最高的技术侦查,但这也导致措施性质与措施规制强度之间的错配,进而使该措施的实质合法性存疑。国内立法的上述特征尽管可以更为快速、便捷地提升数据侦查效率,但是正如2021年《最高人民检察院工作报告》特别提到要"规范境外取证",在跨境取证的语境中,形式合法性与实质合法性上的双重缺陷将不可避免地妨碍相对国的协助意愿以及取证的实际效果。

从国际层面的正当性基础来看,我国当前并未加入专门针对网络犯罪的《布达佩斯公约》,同时在区际层面也尚未形成我国所属地区的区域性公约[1]、协定(指令)类规范[2]或示范法。[3] 尽管中国参加的某些区域性组织达成了一些共识性文件,但这些文件更多地停留在宏观倡议层面,不具有直接的法律效力,亦难以转化为具有实操性的跨境取证机制。[4]

从我国与其他国家签署的双边协议来看,除刑事司法协助协议之外,我国还通过公安机关与他国警察机关之间的警务协作来推动跨境侦查取证活动。具体而言,现有执法协作双边协议对于

---

[1] 世界其他地区相关区域性规范如阿拉伯国家之间于2010年制定了《阿盟信息犯罪公约》(Arab Convention on Combating Information Technology Offences)、非洲国家之间于2014年制定了《非盟网安公约》(African Union Convention on Cyber Security and Personal Data Protection)。

[2] 世界其他地区相关协定类规范如2001年的《独立国家联合体打击计算机信息领域犯罪合作协定》(Agreement on Cooperation among the States Members of the Commonwealth of Independent States in Combating Offences relating to Computer Information)、2011年《西部非洲国家经济共同体打击网络犯罪的指令》(Directive on Fighting Cyber Crime within Economic Community of West African States)。

[3] 世界其他地区相关示范法如2002年《英联邦计算机与计算机相关犯罪示范法》(Commonwealth of Nations Model Law on Computer and Computer Related Crime)、2010年《加勒比共同体网络犯罪、电子犯罪示范法》(Caribbean Community Model Legislative Text-Cybercrime/ e-Crimes)、2011年《东南非共同市场网络犯罪示范法》(Common Market for Eastern and Southern Africa Cyber Crime Model Bill)、2013年《南部非洲发展共同体计算机和网络犯罪示范法》(Computer Crime and Cybercrime: Southern African Development Community Model Law)。

[4] 例如上海合作组织围绕国家安全特别是"三股势力"起草了一系列文件,近些年尤其关注利用互联网实施的恐怖主义等危害国家安全犯罪,例如2009年的《上海合作组织成员国保障国际信息安全政府间合作协定》、2020年元首理事会发布《关于打击利用互联网等渠道传播恐怖主义、分裂主义和极端主义思想的声明》等。

协作机制的规定主要包括三种类型：一是在刑事司法协助机制框架下对具体合作程序予以明确,例如列明双方执法合作主管机关、请求范围、形式和内容、延迟或拒绝执行事由等;[1]二是设置转引性条款,将具体侦查协助机制指向双方共同参加的相关国际条约或机制;[2]三是原则性支持执法合作,但具体方式需要进一步协商和落实。[3]

通过观察国际层面的规范性文件可以看出,目前我国参加或缔结的相关公约或协议仍然主要是以刑事司法协助的方式去实现跨境取证,尽管国内法试图作出单边性质的突破,但这种突破在国际层面缺乏相应的正当性基础。2024 年 12 月,联合国大会正式通过了《联合国打击网络犯罪公约》,宣告网络犯罪国际治理框架建设的新阶段的到来。如前所述,当前世界主要国家和地区的网络犯罪治理立法均呈现出将重心由实体规范转向程序规范的趋势,新公约也对此作出回应,为未来跨境取证适应网络信息技术提供必要的国际法层面的法律依据。

（二）跨境数据取证的合比例性

在跨境数据取证行为获得正当性基础的前提下,在具体跨境数据取证措施改革或创新的过程中,需要明确的一点是,尊重主权并非意味着只有侵犯或者不侵犯这两个选项,而是在这两个端点之间存在着一个渐变式的谱系。基于相类似的认知,一些学者也提出了"网络主权的分层法律形态",并强调"主权具备内与外的双重维度……在当代国际社会中,相比于主权的内部维度,主权的外部维度越来越受到重

---

[1] 例如,2002 年《中华人民共和国政府与大不列颠及北爱尔兰联合王国政府关于打击犯罪的合作谅解备忘录》。
[2] 例如,2010 年《中华人民共和国和俄罗斯联邦关于打击恐怖主义、分裂主义和极端主义的合作协定》第 8 条。
[3] 例如,2012 年《中华人民共和国政府和马来西亚政府关于打击跨国犯罪的合作协议》第 5 条。

视,其中又以相互依赖的主权凸显为主要特征。"[1]事实上,国际刑事司法协助机制本身恰恰说明了可以依靠条件设置和程序设计来突破执法管辖权的地域边界,同时也意味着在这个谱系中可以通过条件的增减与变动来寻求尊重主权与打击犯罪之间的合比例的平衡。结合上文关于管辖权分类的探讨,这种平衡至少应当包含如下五项考量因素。

第一,所涉刑事司法措施的性质。如前所述,相对于直接减损公民基本权利、可能引发对其不利法律后果的引渡和司法裁判行为,以查明案件事实为导向的侦查取证措施相对中立,对公民权利以及其所承载的国家主权的干预性较弱。同时相较于前者隶属的立法管辖权以及与之对应的司法管辖权,规制侦查取证措施的执法管辖权受到更为严格的地域限制。在这个意义上,针对跨境侦查取证措施的额外附加条件应当区别于其他司法协助活动,前文论及的双重犯罪原则即典型例证。

第二,所涉犯罪的本国属性。这一点在传统犯罪触网的情境下尤为重要,即一个案件从属地、属人等司法管辖的基本连接点来看,完全应当由本国管辖,唯一涉外的因素只是证据,或者说仅在执法管辖层面涉外。这是2018年微软爱尔兰案的典型场景,同时也是我国近些年来高发的电信网络诈骗案件以及其背后网络黑灰产业链的重要特征,而执法管辖权的地域限制已然成为这类案件侦破的"瓶颈"。可以看到的是,网络信息技术已经不可避免地嵌入各类犯罪之中,境外存储纯本国犯罪的关键数据证据将成为新常态。对于此类犯罪如果仍然要采用严格的执法管辖地域性标准,无疑将极大降低一国打击犯罪的能力;这种地域性限制非但无助于提升本国主权和安全,反而成为犯罪分子逃避一国侦查活动的工具。从这个角度来讲,针对纯本国犯罪,仅因涉案数据位于境外需要跨境取证的,应当在取证程序上适当降低门槛。

---

[1] 参见刘晗、叶开儒:《网络主权的分层法律形态》,载《华东政法大学学报》2020年第4期,第67—82页。

第三，所涉犯罪的严重程度。其主要考察两个方面内容：一是在请求国的犯罪体系内部，目标犯罪行为所处的位阶；二是该行为在被请求国犯罪体系中的评价和位阶。就前者而言，基本的评价规则是目标犯罪越严重、社会危害性越大，则跨境取证的正当性基础越充分，其门槛可以相应降低；就后者而言，尽管双重犯罪不应当成为能否提供跨境数据取证协助的门槛，但对于在被请求国同样构成犯罪的行为，特别是国际层面共同关切的犯罪行为，在国际刑事司法协助的互惠原则的框架下，对其进行及时有效的打击，无疑对相对国来说也有犯罪控制层面的利益。因此，在协助的程序设计上可以考虑适当从简。

第四，目标数据的相关性，即评价目标数据与刑事案件之间的关系。该因素主要涉及两个层面的问题：一是目标数据与案件本身的关联性；二是目标数据与相对国的关联性。就前者而言，如果目标数据是案件的重要或关键证据，特别是在该数据面临灭失或转移等紧急情况下，应当允许对跨境取证程序予以简化或设置紧急程序；就后者而言，其考量重点在于相对国对目标数据占有、控制或获取的相对排他性，以及在不具有排他性的情况下，获取该数据的便宜性。如果除相对国以外不存在其他获取该数据的路径，或者采用其他路径的取证成本畸高，则应当适当允许简化跨境数据取证程序。需要说明的是，取证成本畸高既包括数据分散存储和高速流动造成的数据地难以确定，以及确定之后涉及多数相对国的情形，同时也涉及由于数据加密等技术设置对取证活动造成的实质性障碍。

第五，取证行为所涉公民权利的性质。其核心在于确保跨境数据取证过程不因门槛的降低或程序的简化而对公民基本权利造成不当减损，背后体现的是刑事司法需同时兼顾犯罪控制和人权保障双重价值的基本理念。具体而言，该考量因素体现为三个方面的类型化。首先，以数据主体的身份为视角，当涉案数据的数据主体是请求国本国公民或居民时，应当允许适当简化协助流程。其次，从数据性质入手，区分内容数据和非内容数据，以及敏感个人信息和一般个人信息，当涉案数据为一般个人信息或者非内容数据时，可以考虑采用相对简化的跨境取证流程;而当涉案数据属于敏感个人信息或者内容数据时,则取证活动应当遵守更高的程序性要求。最后,针对侦查措施本身,区分静态取证和动态取证。前者是对已经存储或固定的静态数据进行收集提取,后者则涉及对仍处于流转、变动过程中的数据采取监听、监控等技术侦查措施,是对公民基本权利的更严重的干预。据此,对于静态数据取证,特别是超过相对国法律规定的存储最低期限的静态数据的收集提取,可以适当降低跨境取证的门槛并简化流程。

第三章
突破地域边界：执法管辖权的扩张

执法管辖权的强地域限制是当前跨境数字侦查取证最为主要的障碍之一，进而是预防和打击网络犯罪国际合作中最为主要的障碍之一。从前文论述可以看出，以立法管辖权为核心的探讨不仅无法回应现实需求，还有可能导致跨境数据取证中规则设计的缺位或错位。跨境数据取证作为犯罪侦查的组成部分，其制度设计需要在尊重国家主权的前提下提升侦查效率，而这些都需要建立在对症下药的基础之上，从执法管辖权出发构建跨境数据取证的具体路径。正如2013年联合国网络犯罪政府间专家组会议发表的《网络犯罪综合研究（草案）》中提及的，"尽管一些侦查活动可以通过传统权力予以实现，但许多程序性规则无法直接从空间性的、客体导向的场域转向电子存储与数据实时流动的场域。"[1]这种突破需要以上文确认的执法管辖权下跨境取证原则为基础，以去地域化为执法管辖权扩张的逻辑起点，以公私协同作为其扩张的核心路径，并以比例原则为指导建立分类分层的管辖权扩张框架。

一、去地域化：管辖权的逻辑起点转变

刑事诉讼制度长期以来以物理空间和有形实体作为其规则设计的逻辑起点，这一点在侦查措施的设置方面尤为明显，集中体现在以

---

[1] See UNODC, "Comprehensive Study on Cybercrime (Draft)", issued in February 2013, available at https://www.unodc.org/documents/organized-crime/UNODC_CCPCJ_EG.4_2013/CYBERCRIME_STUDY_210213.pdf. Accessed 3 May 2022.

下两个方面的前提假设之上。一是犯罪地与证据分布的重叠性。传统犯罪地的划定以及基于犯罪地所形成的管辖权划分,一个重要依据即在于物理空间中犯罪地往往也是证据所在地,这也是物质交换定律在该空间的体现,其不仅意味着物理空间的边界一定程度上决定了证据分布的边界,同时也基本划定了该空间中证据材料的类型与体量。[1] 二是证据材料占有的竞争性。实物证据一般具有该特性,言词证据也因其与特定主体的紧密联系而具有了排他性,传闻证据排除规则即典型例证。这一特征一方面指明了侦查取证的方向和路径,另一方面也形成了独特的证据鉴真和保全规则。

在网络空间开展数字侦查取证活动时,上述两个方面的前提假设均发生了变化。就地域的重叠性而言,作为证明案件事实的数据不再与传统犯罪地要素对应,而是可能在全球范围内分布;即便侦查人员控制了数据物理载体本身或者获取网络接入口,也难以预判其中数据的类型、体量与状态。也正是基于这一现象促成了前文提及的我国网络犯罪活动"犯罪地"判断要素不断扩张的现象。这种扩张形成了网络所及之地均为犯罪地的情况,并在此基础上延伸了侦查机关的管辖臂长,其背后反映出的是在国内管辖权的划定方面,我国立法者已经关注到了网络空间与物理地域不相契合,以及由此产生的证据分布变化。与之形成鲜明对比的是,在面向具有涉外因素的法律制度建设方面,立法者的上述意识则体现得并不明显,特别是在《国际刑事司法协助法》中,并未体现出对虚拟空间刑事司法活动的必要关照;在这个意义上我们甚至可以说,《国际刑事司法协助法》自出台之日起就已经落后于网络信息时代。

就证据材料占有的竞争性而言,这与数据本身的非竞争性直接相冲突。[2] 数据占有的非竞争性主要体现在三个方面。第一,同一份数据可以多次复制,而从证据法的角度来看,只要两份数据在哈希值计算上相同,则这些"复制品"在证据能力与证明力上并无差异,也即

---

[1] 参见冯俊伟:《刑事证据分布理论及其运用》,载《法学研究》2019年第4期,第174—190页。
[2] See Charles I. Jones & Christopher Tonetti, Nonrivalry and the Economics of Data, 110(9) American Economic Review 2819(2020): pp.2819-2858.

"复制的原件"。[1] 第二,基于上述的可复制性,同一份数据可以同时为多个主体占有或控制,或者同时存在于多个数据载体之中,例如同时在多个载体上启动微信时,其聊天记录可以同时存在于聊天者的多个设备上,并且可以在聊天者、聊天服务提供者等多个主体处存储,而这些主体可能适用于不同法域的相关规定。第三,同一份电子证据所包含的数据可能分散于数个服务器之中,并且不同类型的数据可能适用不同的法律规定和取证措施,例如常见的分类是对内容数据与非内容数据的划分。第四,数据的多主体占有不具有可逆性,即一份数据一旦转移至第三方,原数据主体即丧失对该数据进一步使用或处理的实际控制能力,对此典型的例证是个人信息保护中的"被遗忘权",该项权利的提出反映出数据主体与数据控制能力的分离,但其在实践中的适用困难也体现出阻断数据传播甚至逆转其可获取性的难度。[2]

网络空间犯罪地与证据分布的分离以及数据占有的非竞争性不断冲击着传统管辖权的地域边界,也催生出司法实践中各种创新性的侦查取证路径。这意味着要适应网络空间的犯罪治理需求,就必须首先转变刑事诉讼制度设计的逻辑起点,沿着去地域化的思路探索新的犯罪治理规则体系。对此,我们至少需要从以下三个方面推进制度转变。

首先,加强国际上普遍适用的犯罪治理规则体系的建设。国际刑事司法协助机制主要是以双边协议为基础,其思路仍然是以主权国家地域范围为核心考量,即便不考虑该机制本身的复杂性,以确定请求国为实施前提的机制设计已经与网络空间犯罪治理的现实需求不相契合。也正是在这个意义上,联合国网络犯罪政府间专家组会议于2013年形成的《网络犯罪综合研究(草案)》报告中已经提出,"应当制

---

[1] See SWGDE, "Collection of Digital and Multimedia Evidence Myths vs Facts", issued on October 8, 2016, available at https://www.swgde.org/documents/Archived%20Documents/SWGDE%20Collection%20of%20Digital%20and%20Multimedia%20Evidence%20Myths%20vs%20Facts%20v1-1. Accessed 6 May 2022.

[2] See Jennifer Daskal, The Overlapping Web of Data, Territoriality and Sovereignty, in The Oxford Handbook of Global Legal Pluralism (Paul Schiff Berman ed.), Oxford University Press, 2020, pp.955-974.

定有关执法机构调查域外数据的国际标准,包括以便阐明此类调查与国家主权原则之间的关系。"[1]联合国目前正在推进新的网络犯罪公约起草和谈判进程,为上述国际化规则体系的建设提供了重要契机,是打破当前地域管辖限制、形成网络空间国际刑事司法联动、填补因不同法域间制度隔离与差异所形成的打击洼地的重要制度探索。

其次,重视国内法的涉外属性。这与国际法层面的制度建设不同,其重心仍然在于国内法层面,但是需要看到的是国内法域外效应溢出的现象,即一国国内法律制度的影响力往往不再限于本国领土范围内,而是会借由网络空间向全球范围扩散,反之亦然。[2] 在这种情况下,我国的刑事诉讼制度在进行数字化转型过程中,一方面需要综合统筹对内对外的基本立场,在赋予本国创新机制以更新国内法法律依据的同时,尽可能避免不适当的区别对待;另一方面需要考虑国内法制度创新借由国际法平等互惠原则对本国刑事司法域外运行的现实制约。

最后,强化国际执法机关之间的能力平衡。数字化转型在全球范围内的不均衡,一方面影响着当地网络犯罪的形态和局势,另一方面也制约着刑事司法机关预防和打击网络犯罪的实际能力。因此犯罪治理能力的均衡性对于应对弱地域性的网络犯罪至关重要,一国不仅需要关注自身的能力建设,还需要尽可能在更大的范围内提升国际层面的协作与能力提升。近些年来,国际刑事警察组织不断通过犯罪信息与技术共享、人员培训、联动打击等方式促进成员国刑事侦查机关之间的合作,对于平衡世界不同国家或地区间网络空间犯罪治理能力差异具有重要的借鉴意义。

---

[1] 报告中文译本参见联合国毒品和犯罪问题办公室:《网络犯罪综合研究(草案)》,第 IV 页,引自 https://www.unodc.org/documents/organized-crime/cybercrime/Cybercrime_Study_Chinese.pdf,访问日期 2022 年 1 月 28 日。

[2] See Oren Perez, Transnational Networks and the Constitution of Global Law, in The Oxford Handbook of Global Legal Pluralism (Paul Schiff Berman ed.), Oxford University Press, 2020, pp.473-490.

二、公私协同：管辖权的运行模式转型

网络信息革命带来的不仅仅是新的市场主体和经济行业，更使这些私主体通过对网络和数据的掌控而产生前所未有的权利。约翰·佩里·巴洛（John Perry Barlow）在其1996年发布的《网络空间独立宣言》（A Declaration of the Independence of Cyberspace）中就已经体现出虚拟场域与物理场域的治理分野[1]，这种分野意味着传统的、以物理空间为规则设计起点的治理策略和技术难以直接照搬到虚拟空间；垂直式的国家权力机关垄断治理模式逐渐向扁平化的多节点协同治理模式快速转变。这一趋势也反映在犯罪治理领域，并逐渐在国际层面上达成共识，例如2016年世界经济论坛（world Economic Forum）专门发布《打击网络犯罪公私合作建议》，其中提出了包含信息共享、合作平台建设、国际公约推广、加强重点领域对话等一系列倡议。[2] 欧洲刑警组织（Europol）与欧洲检察署（Eurojust）针对网络犯罪治理中面临的挑战连续多年发布联合报告，指出其中重要的障碍之一即来源于公私合作机制的缺失。[3] 2021年联合国网络犯罪政府间专家组会议在总结以往7次会议的共识基础上形成建议文件，其中特别提到网络信息行业是打击网络犯罪的关键主体之一，鼓励各国强化政府部门与网络服务提供者的合作，并就服务提供者协助网络犯罪

---

[1] See John Perry Barlow, "A Declaration of the Independence of Cyberspace", issued in February 1996, available at https://www.eff.org/cyberspace-independence. Accessed May 26, 2020.

[2] See World Economic Forum, "Recommendations for Public-Private Partnership against Cybercrime", issued in January 2016, available at https://www3.weforum.org/docs/WEF_Cybercrime_Principles.pdf. Accessed 6 May 2022.

[3] See Europol & Eurojust, "Common Challenges in Combating Cybercrime: As Identified by Eurojust and Europol", issued in June 2019, available at https://www.eurojust.europa.eu/sites/default/files/assets/2019-06-joint-eurojust-europol-report-common-challenges-in-combating-cybercrime-en.pdf. Accessed 6 May 2022.

侦查制定实践指南。[1] 面对网络空间的弱地域性与执法管辖权的强地域限制之间的矛盾，推动公私合作、加强以网络服务提供者为代表的第三方参与，是调和尊重主权、打击犯罪、保障人权等多项价值的重要路径。

（一）多主体协同：网络时代犯罪治理的基本模式

哲学和信息伦理学学者卢西亚诺·弗洛里迪（Luciano Floridi）认为，从历史建构的角度理解，人类历史在一定意义上与信息史是同义词。[2] 因此信息革命之所以能够被称为"革命"，并非单纯强调静态的、物质层面的"信息"的重要性，而是着眼于"信息"在社会动态建构过程中的功能质变。换言之，信息革命的核心在于，信息开始被赋予传统工具意义之外的角色，演化为资源、商品、财产、中介甚至是社会建构力（constitutive force）。[3]

在此基础上，蒂莫西·米切尔（Timothy Mitchell）曾在《国家的局限》（Limits of the State）一文中传达了一个观点，即将"政治体系"视为是一个信息处理机制，并从决策制定的过程对国家的运行加以审视。从这个角度来讲，米切尔建议不要将政府视为是与社会相对立的概念，相反地，应当将其视为是用以维持社会和政治秩序的一系列产生程序性的结构化效果的政治安排。[4] 延续该思路，政府与私主体之间或合作或冲突，两者之间的关系是实现上述政治安排的动态过程。政府部分职能的私人化或者外包并非对国家权力体系的侵蚀，而是内嵌于治理转型并与之不可分割的组成部分。

---

[1] See UNODC, "Conclusions and Recommendations Agreed upon by the Expert Group for Consideration by the Commission on Crime Prevention and Criminal Justice", issued on 19 April 2021, available at https://documents-dds-ny.un.org/doc/UNDOC/GEN/V21/025/95/PDF/V2102595.pdf? OpenElement. Accessed 8 May 2022.

[2] Manuel Castells, Materials for an Exploratory Theory of the Network Society, 19 British Journal of Sociology 5(2000): p.9.

[3] Sandra Braman, Change of State: Information, Policy, and Power, The MIT Press, 2006, pp.11-12.

[4] See Timothy Mitchell, The limits of the state: beyond statist approaches and their critics, 85(1) The American Political Science Review 77(1991): pp.77-96.

回归到网络空间去地域化这一过程,传统治理手段的失灵意味着政府的整体政治安排需要进行相应调整,而这种调整的重心在于不同参与主体之间就信息这一关键资源的处理协同。信息革命引发的最重要变革在于,社会活动围绕信息加以组织和运行。与传统社会结构中以实体化的组织或个体为核心的模式形成对比,信息的联通与交互以事件为核心,形成彼此交织的网状结构。在这一结构中,社会活动参与者之间的纵向等级关系被弱化,取而代之的是扁平化和去中心化的社会关系网络,各参与者仅构成该网络中的节点,共同服务于特定事件或任务。相对于实体,事件本身并不具有强烈的物理属性,因此这种社会关系网络也呈现出去地域化和时空高速变动的特征。

基于去地域化的整体思路,网络空间刑事管辖权的制度改革需要进一步探索公私合作的多主体协同治理模式。面对上文提及的网络空间对传统以地域为逻辑起点的规则设计的冲击,以网络信息业者为代表的公私合作在两个层面上成为新时代打击犯罪的现实需求。一方面,网络信息业者的业务在全球范围内扩张,使一国刑事司法机关特别是侦查机关扩张域外执法管辖权成为可能。一定程度上来看,网络信息业者的业务范围影响甚至塑造着侦查机关的境外管辖能力范围。另一方面,在数据占有的非竞争性特征下,网络信息业者成为各类数据汇聚、流转、处理的核心中枢,同时相对于其他数据主体而言,网络信息业者具有更强的可识别性和可控性,使侦查机关在数据主体以外寻找到一条更为便宜、高效、可控的域外取证路径。

(二)基于管辖权扩张需求的公私合作路径

随着刑事司法整体数字化转型的不断深化,犯罪治理中的公私合作将进一步强化和普遍化,特别是在涉及跨境数字侦查取证的场景中,侦查机关将越来越依赖网络信息业者的配合。目前,侦查取证中的公私合作主要集中于三个方面:一是针对违法犯罪风险的监测与预警,尤为典型地体现在对网络内容的监控、审查与报告义务之中;[1]二是常规化的技术支持,例如协助开发犯罪风险预测等模型,分析、检测系统漏洞并共享安全风险信息,针对加密信息共享解密技术等;三是在具体案件中针对特定人员或行为进行目标相对明确的数据收集、存留与提供。从前文的分析可以看出,传统的刑事诉讼跨境管辖权制度框架难以直接用于规制这一公私合作模式,这就需要相关国内和国际制度建设予以积极应对。具体而言,从管辖权的角度出发,这种应对至少需要从以下两个方面出发:

第一,从制约的角度入手,主要针对的是前文论及的私权力介入管辖权运行的情形。这一现象主要基于以下两个方面原因产生,一是缺少国际普遍认可的向网络信息业者调取数据的通用管辖连接点,各国在通过网络信息业者扩张本国执法管辖权的同时,也形成了管辖范围在国际层面的叠加乃至冲突。二是缺少国际普遍通行的对于数据调取措施的性质认定与规则建设,而企业在配合境外数据侦查取证措施时往往并不负担国外法查明的义务,这就使公私双方在对接上针对措施性质、目标数据性质、协助范围及方式等事项存在较大的认知差异。

对此,我们需要从以下三个层面对现有管辖权制度予以考量:

首先,需要考虑网络空间犯罪治理跨境属性的普遍化,这意味着将上述公私合作模式视为极少数例外情形进行规制的整体思路难以有效适应实践需求。可以看到的是,《国际刑事司法协助法》第4条第3款不仅为跨境数字侦查取证中公私合作设置了非常高的程序门槛,同时仅以一个条文来规定如此复杂的创新机制明显在规则供给上严重不足,更毋庸提后续的运行机制建设。因此,面对司法实践中的现实需求,有必要通过细化的规则扩充、完善并激活这一条文,以此为我国跨境数字侦查取证提供法律依据。

其次,需要在积极参与或引领国际规则建设的同时,形成我国国内法与国际法的合理对接,特别是在具体的侦查措施的对应上,需要

---

[1] See European Parliament Research Service, "Liability of Online Platforms", issued in February 2021, available at https://www.europarl.europa.eu/RegData/etudes/STUD/2021/656318/EPRS_STU(2021)656318_EN.pdf. Accessed 6 May 2022.

具体考察各类创新型数字侦查取证措施的适用条件和范围,推动区域性进而国际性的措施衔接或对应机制,从而提升公私合作的可行性与实际效能。从我国当前电子数据规则体系来看,这至少需要从以下两个方面着手,一方面需要协调创新措施与《刑事诉讼法》的既有侦查措施体系,尽快消除二者间的不兼容性,并在《刑事诉讼法》中明确新型措施与传统措施之间的关系;另一方面需要细致化地就我国的侦查取证创新措施与其他国家或地区的措施进行比较研究,并在此基础上考虑在区域范围内推进不同国家或地区间措施转换的标准和条件一体化。

最后,需要积极主动地推动网络信息业者协助刑事司法活动的行业规则、标准和机制的建设。在上文论及的欧洲刑警组织等 SIRIUS 项目系列报告中可以看出,上述行业制度建设的缺失是当前网络犯罪治理过程中公私合作不畅的重要原因之一,其并非单个互联网企业可以解决,而是需要推动整个行业的联动。其中既涉及对于数据分类、措施性质、协助条件等基本概念的认知协同,同时也涉及相对统一、集中以及标准化的刑事司法响应机制的建设,还涉及网络信息业者与侦查机关之间动态的信息交流与培训。

第二,对私主体的保护,主要涉及管辖权冲突情形下网络信息业者可能面临的刑事数字协助义务困境问题。对此,本书将在制度篇进行进一步论述。这里需要特别强调的是,单边性地借由网络信息业者扩张本国执法管辖权的做法势必会形成国际层面管辖权的冲突问题,而这种冲突会直接作用于网络信息业者本身,其后果不仅在于企业自身的协助执法义务困境问题,还在于其会反噬本国跨境打击犯罪的实际能力,同时也会间接损及本国网络信息产业的营商环境。这些后果应当在相关立法过程中予以充分考量并尽可能化解。

三、谱系化:管辖权的实践场景分类

执法管辖权的扩张需要建立在尊重主权的原则之上进行建设。如前文所述,尊重主权并非全然隔绝一国刑事司法的境外适用,这也是我国提倡网络主权的同时强调构建网络空间命运共同体的重要前提。传统的国际刑事司法协助机制本身反映出的即这样一种情况，即尊重主权并非非此即彼的概念，而是一个连续的、渐变式的谱系。在这一谱系上，对主权的干预有强弱之分，是否构成侵犯他国主权不仅取决于该国是否同意，还与具体时点上对应的情形与条件成比例关系。这是我们改良当前刑事域外管辖权体系的重要前提。

在物理空间作为刑事司法运行的主要空间时，犯罪治理的跨境情形相对较少，以单一的国际刑事司法协助机制予以应对并未产生太大的问题。但是在犯罪活动从物理空间快速向虚拟空间迁移的时代背景下，这种单一机制就难以适应多样化的跨境犯罪治理需求，特别是在侦查取证所适用的执法管辖权方面，传统机制的僵化与长期以来理论和制度建设中对其的忽视使上述问题愈发突出。有鉴于此，我们需要以谱系化的视角审视主权与管辖权特别是执法管辖权之间的关系，在细化的场景中针对不同的刑事跨境侦查取证需求设置相应的条件，建立合理的机制，从而形成打击犯罪与尊重他国主权之间合比例性的平衡。

（一）谱系化执法管辖权设置的认知前提

谱系化执法管辖权的路径规划需要建立在一系列基本的认知前提之上，这是尽可能弱化价值冲突、提升分层可行性、促进相关制度设计形成国际认同乃至上升为国际规则的重要基础。这些认知前提主要包含以下四项：

首先，无论怎样创新刑事跨境侦查取证措施，这些措施的正当性基础均建立在主权国同意的基础之上。这意味着不能以单边的方式拓展本国侦查机关的执法管辖权，而是一方面需要通过国际条约、多边或双边协议等方式，为创新措施提供国际法层面的法律依据，另一方面对本国《刑事诉讼法》进行必要的修订，从而打通国际法与国内法的衔接路径。这意味着我国当前在网络犯罪治理方面所形成的一系列创新经验，在涉及跨境适用的情形下，需要借助各类国际机制向域外推广，积极主动促进相关领域国际或区际规则建设。

其次,谱系化的主权视角意味着对不同诉讼阶段的管辖权规则进行区分,特别是有必要将跨境侦查取证与引渡等刑事执法活动区别对待。这些活动均受到管辖权的限制,但侦查取证活动一则不直接导致刑罚等终局性的权利减损;二则服务于查明事实,并不必然不利或有利于被指控人;三则是以本国根据立法管辖权有权进行司法管辖为前提。在此基础上,侦查取证活动无论从侵犯他国主权角度还是从减损被指控人权利角度,其强度均远远弱于引渡[1],因此其跨境门槛应当相应地低于引渡等措施,例如应当尽可能降低或者免除跨境侦查取证中的双重犯罪原则要求。[2]

再次,谱系化的主权视角也意味着对不同跨境数字侦查措施进行区分。一方面,这一区分应当体现在强制性措施与任意性措施的界分之上,例如远程勘验措施应当归回刑事诉讼法的勘验措施体系之下,作为一项任意性侦查措施承担起具体证据材料收集提取前的犯罪场域发现与勘查功能。基于该前提,在网络空间犯罪位置无法事前确定的情况下,实则尚不触发对他国主权的干预问题,此时应当允许一国侦查机关直接通过远程勘验措施先行判明犯罪地或目标数据所在地,而无须启动国际刑事司法协助等更为复杂的跨境侦查取证程序。另一方面,这一区分也应当体现在证据保全与证据收集提取措施的界分之上,前者由于并不直接涉及数据从一国向另一国转移的情形,因此即便对数据所在国主权有所干预,其强度也远远低于后者。例如针对目标数据可能发生篡改、损毁、灭失等紧急保全风险的情况,应当通过较为简化、便宜、快捷的国际协助机制,允许一国侦查机关对相关数据采取冻结等证据保全措施。

最后,谱系化的主权视角还意味着对不同案件情形进行区分。网

---

[1] 参见黄风:《检察机关实施〈国际刑事司法协助法〉若干问题》,载《国家检察官学院学报》2019年第4期,第167—170页。另参见 OECD, "Preliminary draft issues paper on Framework for Extradition and Mutual Legal Assistance in Corruption Matters", issued on Sept. 28 2006, available at https://www.oecd.org/daf/anti-bribery/39200781.pdf. Accessed Jun. 30, 2021。

[2] 相关论证参见裴炜:《论网络犯罪跨境数据取证中的执法管辖权》,载《比较法研究》2021年第6期,第38—39页。

络空间的弱地域性不仅意味着犯罪行为的全球化,也意味着犯罪后果的全球化,这一特征不仅加大了一国刑事司法机关打击犯罪的难度,同时也强化了犯罪的危害性和破坏力。在犯罪活动对国家安全、公共安全、公民重大人身或财产权益造成紧急且迫切的威胁的情况下,应当允许侦查机关适用简化的跨境机制阻断犯罪活动或其危害性,例如要求相关网络信息业者快速提供相关数据、阻断资金链条或信息往来等。

(二)管辖权谱系化的策略选择

从当前世界主要国家和地区已经出台和正在起草的一系列政策和法律文件可以看出,不同国家和地区在网络信息化发展状态上的差异,使其各自态度、关注重点和采用的跨境取证策略亦有所区别。尤为明显的是,拥有大量大型网络信息企业的美国在努力推动数据的跨境自由流动,尤其是在直接取证方面,正在逐步建立起由其主导的新协议体系;而以欧洲国家为代表的网络信息化发展相对较慢的区域则更倾向于对外扩张本国或本地区的刑事侦查权,集中表现为引入和强化直接取证措施。

之所以会形成这样的对比,一个重要的原因在于数据控制能力不同。网络信息革命之下,这种控制能力既不取决于通常作为数据主体的公民个人,也不主要取决于执法的国家机关,而是取决于作为数据集散地、流转渠道和运行平台的网络信息服务提供者。正如丹尼尔·J. 索洛夫(Daniel J. Solove)所言,"我们的社会已经变为记录的社会,但这些记录不在我们自己手中,而是在第三方那里。"[1]在这一背景下,如果我们将可用于犯罪侦查的数据比作商品,那么拥有大量巨型网络信息科技产业的美国无疑是该商品的主要供给方。美国司法部在推进美国与英国之间的数据交换规则时特别提出,改革的重要动因在于美国越来越频繁地收到来自外国政府基于刑事司法目的提出

---

[1] See Daniel J. Solove, The Digital Person: Technology and Privacy in the Information Age, New York University Press, 2017, p.2.

的向美国公司获取数据的请求。[1] 相反地,其他国家或地区更多地扮演了原始数据来源而非数据控制者的角色。也正是在这个意义上,已经有美国学者提出通过充分利用其数据控制优势来要求请求国调整其国内立法以适应美国的法律价值与原则。[2]

在数据提供者与需求者的双重身份之下,我们可以进一步观察到影响跨国数据取证规则建构时的一个重要变量,即网络信息产业的发展状况及外部环境。这一变量之所以关键,在于其同时承担了执行国家权力、保护公民权利和维持市场运营的三项职能。[3] 这种职能耦合一方面使其发展状况以及其所属国家或区域的政策导向会直接影响跨境数据取证过程中面临的问题类型,另一方面意味着网络信息产业在面对规则冲突时存在不同的策略选择优先排序。前者集中反映在前文论及的微软爱尔兰案件之中,而后者则例如在 2015 年,WhatsApp 即便承担相应罚金也仍拒绝在一起刑事案件中提供相关数据。[4]

我国目前的网络信息产业发展状况使其同时具有数据供给者和需求者的双重身份。一方面,我国自 20 世纪 90 年代接入世界互联网以来,网络信息产业快速发展,形成了多个世界级别的产业巨头。根据 2023 年京融智库发布的全球互联网上市企业排行榜,前十家公司中美国占 7 家、中国占 3 家。[5] 从这个角度来看,我国与美国一

---

[1] See U.S. Department of Justice, "Legislation to permit the secure and privacy-protective exchange of electronic data for the purposes of combating serious crime including terrorism", issued on July 15, 2016. Available at http://www.netcaucus.org/wp-content/uploads/20160310-US-UK-Hill-Leave-Behind-Final1.pdf. Accessed November 13, 2018.

[2] See Shelli Gimelstein, A location-based test for jurisdiction over data: the consequences for global online privacy, 2018(1) Journal of Law, Technology & Policy 1(2018): p.22.

[3] 关于信息革命下网络服务提供者的身份和职能耦合的分析,参见裴炜:《针对用户个人信息的网络服务提供者协助执法义务边界》,载《网络信息法学研究》2018 年第 1 期,第 21—56 页。

[4] 面对 WhatsApp 的不合作态度,法院最终对其发布禁止令,将其在巴西境内的业务暂停 48 小时。See Jeb Blount and Marcelo Teixeira, "Brazil court lifts suspension of Facebook's WhatsApp service", issued on December 17, 2015. Available at https://venturebeat.com/2015/12/17/brazil-court-lifts-suspension-of-facebooks-whatsapp-service/. Accessed September 14, 2018.

[5] 参见《全球互联网市值 TOP30 榜:中国 8 家 腾讯、阿里和拼多多进前十》,载腾讯网,https://new.qq.com/rain/a/20231108A054R400,访问日期 2023 年 11 月 27 日。

样,在成为网络大国的同时,也形成了一个相对集中的数据集散地,扮演着数据提供者的重要角色。但另一方面,我国又是很典型的数据需求国,微软、苹果等公司在每年定期公布的透明度报告中,均显示大量来自中国的针对设备、账户、数据等方面的请求。[1] 由此,可以作出以下基本预判:

首先,作为国际化网络信息产业的发展重地,我国至少具备建构较为外向型(或者说积极型)的跨境取证规则甚至具有主导国际跨境数据取证规则的潜力。因此,中国探索并创新刑事跨境数据取证规则不仅涉及本国刑事司法的有效执行,同时也具有相当重要的国际意义。

其次,我国同时作为数据需求方和供给方意味着在建构新的刑事跨境数据取证规则过程中,必须一方面考量以美国为代表的其他数据主要供给方的规则,另一方面也要关注以欧盟为代表的同样作为数据需求方的规则。新国际规则的最终建构,必然是对主要供给方和主要需求方的利益诉求的平衡。映射到具体规则层面,这意味着必须探索数据本地化的合理边界和破解之道,同时直接取证必须以双边或多边协议为基础。

再次,新规则的建构需要尽可能弱化网络信息产业可能面临的规则冲突,本国法施加于网络信息产业配合执法的义务越重,将愈发不可避免地损及相关产业的国际化进程和技术创新,反过来削弱本国公安司法机关的跨境取证能力。

最后,无论是从人权保障的角度还是从抵御他国不正当或过度跨境取证的角度来看,当前个人信息保护规则体系中以网络安全为逻辑出发点的思路亟待转变,只有以保障公民基本权利为出发点,才可能在国际数据攻防关系中真正有效制衡他国的跨境取证行为。[2]

---

[1] 微软公司的《执法请求报告》参见 https://www.microsoft.com/en-us/corporate-responsibility/law-enforcement-requests-report,访问日期 2024 年 8 月 9 日;苹果公司的《透明度报告》参见 https://www.apple.com/legal/transparency/,访问日期 2024 年 8 月 9 日。

[2] 关于当前国际跨境数据流通中各国或地区的攻防策略,以及个人信息保护在其中的地位,参见裴炜:《欧盟 GDPR:数据跨境流通国际攻防战》,载《中国信息安全》2018 年第 7 期,第 34—37 页。

基于以上预判,我们进一步分析建构我国刑事跨境数据取证的具体方案。这种方案需要结合我国当前信息网络治理的基本原则和法律框架,对不同应对方案予以合理结合,一方面扩张和类型化直接取证规则,另一方面对传统刑事司法协助机制进行分层优化,以此形成体系化、谱系化的多元跨境数据取证制度。

(三)谱系化的配套制度

在谱系化建设的整体策略考量的基础上,我们进一步探讨优化的具体制度,其中有三项制度尤为关键:一是数据冻结与数据取证分离;二是格式令状规则;三是跨境数据取证流程的数字化。

首先,建立独立的跨境数据冻结协助制度。鉴于数据本身的脆弱性特征,并考虑到刑事司法协助机制的复杂性,以及因数据本地化等要求形成的对数据出境的审查机制,在改革协助流程时,有必要对数据冻结要求和数据提供要求予以区分,以尽可能避免作为犯罪侦查关键证据的电子数据因程序延迟而灭失。我国《国际刑事司法协助法》第四章规定的调查取证机制,仅涉及证据获取要求,并未就证据保全设置相应机制,从而形成电子数据损毁灭失的程序性风险。有鉴于此,针对跨境数据取证,应当补充数据冻结请求制度,即在正式取证活动开展之前,请求被请求国在一定期限内先行冻结目标数据。特别是针对符合程序优化四项标准的目标数据以及动态数据,相对于取证环节复杂的协助流程,主管机关应当尽可能快速做出决定并交付执行冻结,设置合理的冻结期限,以要求取证国在一定期限内补充提交双方协议要求的相关材料。《电子取证规则》在第二章第五节专门就电子数据冻结措施进行了较为详细的规定,其相关措施对于跨境数据取证司法协助具有借鉴意义。

其次,建立数据取证格式令状制度,核心在于对符合程序分层优化要求的取证请求,设计格式化的取证请求文件,全部所需文件仅在被请求国存有异议之时,或者利益相关者提出申诉、控告之时才须全部提供。传统国际刑事司法协助往往要求大量材料,不仅准备起来较为复杂,同时也会涉及侦查秘密的问题,并且还有可能在个案中应被请求国的要求随时进行调整。例如,根据我国《国际刑事司法协助法》第13条之规定,请求书需要包含请求机关信息、案件信息、适用法律信息、请求信息、关联性信息、期限、其他要求,并且请求书需要附有中文译文;第26条规定取证方要向被请求国提供取证对象的具体信息。由于以上信息均因个案而不同,同时详略程度亦没有标准,而所有文件在翻译过程中也容易产生偏差,因此在刑事司法协助的请求过程中,无论是提出请求还是审查请求,往往都需要一定的时间,并且其中还时常因信息不足或不准确而产生程序反复的情况。

取证格式令状制度正是为了减少此种因材料提供造成的程序运转障碍而设计的,具体包含以下构想:一是由被请求国事前根据犯罪类型和侦查措施类型对潜在的数据取证请求进行分类,并分别设计相应的格式化请求书,其内容仅包含最核心内容,例如请求方名称、案件名称、所属犯罪类型、侦查措施类型、取证对象名称和地址、取证期限等。二是在双方签订刑事司法协助协议之时,双方即应当对该格式文书以本国语言提供相应版本,以便在实际案件中直接适用,从而免去翻译过程。三是原则上格式请求书足以启动司法协助程序,全部材料的提供可设置具体的提供期限,凡在期限内提供的,即不影响取证活动的进行。四是事前明确提供全部材料的具体情形和程序,例如主管机关基于形式审查认为该请求存在问题,或者取证相对人认为存在法律冲突或过度取证的案件中,规定提供全部材料不中止取证活动。

最后,跨境数据取证流程的数字化。跨境数据取证的重要特征在于数字化,全面提升取证流程的数字化是应对该特征从而实现高效取证的必经途径。这种网上运行的模式一方面可以与我国逐步建立起来的电子数据规则、网上告知送达规则、身份认证规则等法律制度结合起来,形成相互支持和配合的运行系统,另一方面有助于提升跨境取证过程中的信息公开和保障相关利益主体的知情权。此外,刑事司法协助程序的电子化也有助于各个审查、决定、执行环节的衔接,避免因申请材料的瑕疵而造成程序的反复。

模式篇：
阶层化的取证路径

【核心观点】

◎ 传统的用于处理个别跨境执法案件的刑事司法协助机制难以有效应对普遍化、常态化的跨境数字侦查取证需求，创新模式的探索势在必行。

◎ 在跨境数字侦查取证领域，司法实践发展出多种变通做法，在提升跨境取证效率的同时，也与主权理论和相关法律制度存在张力。

◎ 侦查机关直接进行跨境网络远程数据提取是实践中的常见做法，其与主权理论之间的紧张关系可以借由善意原则予以调和。

◎ 跨境数据取证更为普遍的变通做法是通过网络信息业者等第三方主体调取，其与主权之间的冲突相对较弱，是国际层面变革传统司法协助机制的主要制度探索。

◎ 跨境数据取证中公私合作模式依赖于私主体在技术和规则上的双重便宜性，但这一模式也需要克服主权冲突及认知错位等障碍。

◎ 跨境数据取证的模式创新需要建立在一致的立场和逻辑基础之上，并形成司法实践中概念、规则和机制的多重协同。

第四章
国际刑事司法协助：跨境取证的传统模式

数字革命对于犯罪治理的深刻影响一方面体现在通过新兴技术强化治理能力，另一方面则表现为对既有治理手段和规则提出挑战，这一挑战又集中体现在以电子数据为核心的刑事取证活动上。数据的全球化存储和流动意味着可以作为刑事案件证据的电子数据的全球化分布，这种情况不仅仅限于网络犯罪，而是已经蔓延到了传统犯罪当中。欧盟在其2018年的报告中指出，在当今社会，至少85%的犯罪侦查针对的是电子数据证据，而超一半的犯罪侦查涉及跨境数据的收集提取。[1] 在此背景下，跨境数据取证将成为未来刑事犯罪侦查的常态。面对这一转变，我国《刑事诉讼法》无论是在理论探索还是立法建设上均呈现出较为迟滞的特征：在理论探索方面，关于跨境取证背后的主权与管辖权这一核心问题，学术研究主要从国际法角度切入，国内法对其关注度较少，并且也有观点认为这一命题并非国内法甚至法律能够予以回应；在立法建设方面，尽管司法实践中的需求不断提升，但《刑事诉讼法》基本上对于跨境取证持沉默态度。两相结合之下，使我国当前《刑事诉讼法》应对刑事跨境取证仍然以传统意义上的、未经数字化改造的国际刑事司法协助为主要机制，而这一繁复、冗长、高度不确定的机制已然成为跨境数字侦查取证的障碍。在上一编建立起来的主权与管辖权分析框架下，以及在具体设计阶层化的取证路径之前，有必要对国际刑事司法协助机制予以详细检视。

---

[1] See European Commission, "Frequently asked questions: New EU rules on obtain electronic evidence", issued on April 17 2018, available at http://europa.eu/rapid/press-release_MEMO-18-3345_en.htm. Accessed January 31, 2019.

一、传统刑事司法协助的基本运行模式

根据《刑事诉讼法》第 18 条的规定,我国司法机关和外国司法机关可以基于国际条约或互惠原则,相互请求刑事司法协助;《刑事程序规定》将这一合作的范围扩展至我国公安机关与外国警察机关开展的刑事司法协助和警务合作;《国际刑事司法协助法》则确认国家监察委员会、最高人民法院、最高人民检察院、公安部、国家安全部门等部门是开展国际刑事司法协助的主管机关。根据司法部公布的数据,截至 2023 年 11 月,我国已与 86 个国家签署双边司法协助条约,与 17 个国家签署移管被判刑人刑事司法协助条约,年均办理国际刑事司法协助请求 300 多件[1],缔约双方在调查取证方面的协助均属于以上条约或协定的重要组成部分。

结合《国际刑事司法协助法》和相关实践,我国公安司法机关基于双边条约或协定的刑事跨境取证一般遵循以下流程。首先由具体承办案件的地方司法机关制作请求书和相关材料,经省级司法机关审核通过之后,呈交给对应的主管机关。《国际刑事司法协助法》第 13 条规定了请求书的具体内容,同时要求附有所有材料的被请求国官方文字的译本。主管机关在收到相关请求之后,经其审核签署,将该请求提交给条约或协定约定的对外联系机关。结合我国已经签订的刑事司法协助条约,中方负责的中央机关一般为司法部[2]、最高人民检察院[3]、最高

---

[1] 参见《司法部:我国已与 86 个国家签署双边司法协助条约》,载人民网,http://society.people.com.cn/n1/2023/1123/c1008-40124496.html,访问日期 2023 年 11 月 27 日。

[2] 例如,中国与美国、加拿大、法国、西班牙、爱沙尼亚、保加利亚、比利时、阿根廷、意大利、马耳他、希腊、白俄罗斯、阿拉伯联合酋长国、纳米比亚、澳大利亚、阿尔及利亚、秘鲁、巴西、韩国、马来西亚、斯里兰卡、泰国、印度尼西亚、立陶宛、菲律宾、老挝、塔吉克斯坦、塞浦路斯、土耳其、古巴、突尼斯、南非、埃及签订的刑事司法协助条约的中央机关是为司法部。

[3] 例如,中国与俄罗斯、葡萄牙、墨西哥、亚美尼亚、罗马尼亚、委内瑞拉、拉脱维亚、哥伦比亚、越南、乌兹别克斯坦、吉尔吉斯斯坦、哈萨克斯坦签订的刑事司法协助条约的中央机关包括司法部和最高人民检察院。

人民法院[1]、公安部[2]等。中央机关再次审查之后,将申请书和相关材料转交给被请求国对应的中央机关。

正如我国作为被请求方时,对收到的刑事司法协助请求会进行层层审查和转交执行一样,向被请求国提出刑事司法协助请求仅仅完成了跨境取证的一半,之后被请求国中央机关需要依照该国程序进行审查和做出相应决定。

以美国为例,根据《中华人民共和国政府和美利坚合众国政府关于刑事司法协助的协定》(下文简称《中美刑事司法协助协定》)的规定,美方对应的中央机关是司法部部长或由其指定的人,后者通常为美国司法部国际事务办公室(Office of International Affairs, OIA)。OIA在接到相关申请之后会与我国司法部进行沟通以确保请求书和相关材料符合美国的相关规定。之后OIA会将该请求转交给美国联邦检察官办公室,并由其进一步转交某一联邦法院进行审查。如果该法院认为请求存在问题或不符合相关规定,则该请求需要原路退回到OIA并重新开启新一轮的沟通、转交和审查程序,该请求并不具有任何程序上的优先性。如果法院核准该请求,则会针对取证对象发布相关的刑事司法令状,该令状在效力上与美国国内的司法令状等同。在获取相关证据材料之后,美国联邦调查局(FBI)、OIA等会对该证据材料进行再次审查,以确保其必要性,并且不会危及美国本国利益或安全。[3]证据材料通过审查之后才会被转交给中国司法部,再由司法部转交对应的主管机关,进而提交给具体的办案机关。

---

[1] 例如,中国与朝鲜、乌克兰签订的刑事司法协助条约的中央机关包括司法部、最高人民检察院、最高人民法院;与蒙古签订的刑事司法协助条约的中央机关包括司法部、最高人民法院。

[2] 例如,中国与英国、巴基斯坦、日本签订的刑事司法协助条约的中央机关包括司法部和公安部。

[3] 关于美国处理刑事跨境取证请求详细的程序介绍,参见 Peter Swire & Justin D. Hemmings, Mutual legal assistance in an era of globalized communications, 71 NYU Annual Survey of American Law 687(2017): pp.697-700。

二、传统取证模式的现实困境

以上对于传统刑事司法协助流程的简要梳理已经充分显示出该程序的复杂繁冗。在跨境取证作为罕见个例的情况下,这种程序上的复杂和由此产生的运行成本尚可容忍,但在电子数据全面介入犯罪和犯罪治理活动的当下,跨境数据取证成为犯罪侦查活动的常态,传统程序设计的复杂性将不可避免地会严重危及正常的犯罪侦查取证活动,由此形成了一系列传统刑事司法协助制度的现实困难,集中体现在以下四个方面。

首先,传统刑事司法协助制度效率极其低下,难以有效应对涉犯罪数据的全球高速流动。有学者将该制度描述为"极其复杂、缓慢和官僚化"[1],在2018年终结的"微软爱尔兰"案[2]中,美国执法机关之所以没有诉诸国际刑事司法协助,一个重要的原因就在于该程序过于迟缓。[3] 在数据高速流动的今天,这种迟缓极大阻碍了犯罪的有效控制和侦查,例如我国近些年高发的经由网络实施的诈骗[4]、侵犯知识产权案件[5]、传销[6]等犯罪,犯罪分子为逃避侦查,往往将服务器设置于境外进行运作,"一旦发现被侦查,立即关闭境外服务器,致

---

[1] See Ian Walden, Accessing data in the cloud: the long arm of the law enforcement agent, in Privacy and Security for Clouding Computing, Computer Communications and Networks (Pearson S., Yee G. eds.), Springer, 2012, pp.45-71.

[2] United States v. Microsoft Corp., No. 17-2, 584 U.S. (2018)

[3] 关于该案的发展始末,参见"In re Warrant to Search a Certain Email Account Controlled & Maintained by Microsoft Corp", 128 Harv. L. Rev .1019(2015): p.1029。

[4] 例如江苏徐州"虚拟货币"传销案,案情介绍参见《江苏徐州"虚拟货币"传销案涉50万人109亿元》,载环球网,https://china.huanqiu.com/article/9CaKrnJZaG1,访问日期2019年4月10日。

[5] 典型案件例如2019年春节档电影侵权盗版"2·15"系列专案,涉案网站"麻花影视"将App服务器架设在境外,实际办公地点及负责运营管理、技术维护等主要成员均在境外。相关案情介绍参见《公安部重拳打击电影侵权盗版违法犯罪》,载中央人民政府网,http://www.gov.cn/xinwen/2019-04/30/content_5387876.htm,访问日期2019年4月30日。

[6] 参见《当传销披上网络的外衣,你还认识它吗?》,载 http://jk.wngaj.gov.cn/jwdt/jfcq/279695.htm,访问日期2019年4月10日。

使公安取证难。"[1] 面对传播速度如此之快、影响范围如此之广的跨国网络犯罪,刑事司法能否及时回应就变得尤为关键,而程序繁冗、执行缓慢的传统刑事司法协助机制则难以有效应对。传统刑事司法协助均是建立在请求国与被请求国之间存在司法协助协议的基础上;如果没有此类协议,那么两国之间只能基于个案开展临时合作,其效率会进一步降低。

其次,传统刑事司法协助制度所具有的强烈地域性与数字侦查本身的弱地域性之间存在冲突。传统刑事司法协助制度的地域性源于国家主权的地域性,主要表现在两个方面:一是程序启动的地域性,请求国在发出请求之前需要有充分的理由确信犯罪侦查所需证据位于被请求国境内;二是证据本身的地域性,被请求国往往是该刑事证据确定并且仅有的所在地。

在信息网络环境中,传统刑事司法协助制度的两重地域属性均面临挑战。以云计算为例,其核心在于"以灵活性和去地域性为属性,基于用户需求对计算资源进行快速和无缝式分配"。[2] 云计算的高效能恰恰得益于计算资源与地域属性相脱离,其中又以碎片化的存储、多资源的集合、网络化的接入为典型特征。[3] 云计算的大规模推广适用意味着在刑事案件中,被指控人、被害人、数据存储地、云服务提供者注册地等往往分属不同国家或地区[4],进而使一国的刑事司法机关在察觉犯罪之后,难以快速判断相关数据所在地以及适用的法

---

[1] 参见《当传销披上网络的外衣,你还认识它吗?》,载 http://jk.wngaj.gov.cn/jwdt/jfcq/279695.htm,访问日期 2019 年 4 月 10 日。

[2] W Kuan Hon & Christopher Millard, "Cloud Technologies and Services", in Cloud Computing Law (Christopher Millard ed.), Oxford University Press, 2013, pp.3–17.

[3] 参见 OECD, "Cloud computing: the concept, impacts and the role of government policy", OECD Digital Economy Papers, No. 240, OECD Publishing, 2014, pp.8–9, available at https://www.oecd–ilibrary.org/docserver/5jxzf4lcc7f5–en.pdf?expires=1531387703&id=id&accname=guest&checksum=ABCCF6483C5743E40B2B4C98A58030E1. Accessed July 12, 2018.

[4] 根据美国思科公司报告预测,到 2021 年全球约 94% 的运算量将通过云中心完成。参见 Cisco, "Cisco global cloud index: forecast and methodology, 2016–2021", available at https://www.cisco.com/c/en/us/solutions/collateral/service–provider/global–cloud–index–gci/white–paper–c11–738085.pdf. Accessed July 12, 2018。

律,更不用说基于该判断向相关国家提出刑事司法协助请求。

此外,如前文所述,传统一国刑事司法活动的地域边界促使犯罪分子主动将犯罪行为迁移至境外,从而人为制造刑事执法障碍。我国近些年爆发的涉外网络电信诈骗案件往往呈现出这一特征,例如2016年,南京市公安局在侦查一起大型跨国网络诈骗案件时,为确认位于柬埔寨金边的网站运营商是否是私营,只能采用人工查找登记申请人的"'笨'方法",而如果诈骗团伙使用的是国内运营商,则运营商身份"能迅速测出"。[1] 2023年最高人民检察院、公安部联合挂牌督办第三批5起特大跨境电信网络诈骗犯罪案件,反映出此类案件普遍为"组织境内人员通过偷越国(边)境方式赴境外参与诈骗犯罪活动",具有"内部组织架构严密,境内外协同配合,参与人员众多,涉案金额巨大"等典型特征。[2]

再次,传统刑事司法协助制度以被请求国确有能力和权力获取该证据为前提。这是由于在物理场域下,物理边界可以有效限定证据和取证行为:一方面,控制物理入口往往意味着控制证据的可获取性,被请求国控制物理入口,意味着通常情况下有能力控制其中的证据材料;另一方面,这种限定也意味着一般情况下涉案证据能够与其他无关材料相分离,从而避免对被请求国公民或组织的正当权益形成不当干预。

在数据取证的语境下,物理边界的限定作用被严重削弱,数据的物质载体无法有效限定和区分其中的数据类型、体量和相关性。正因如此,数字侦查取证通常需要划分为两个阶段:一是对物质载体的取证活动;二是对载体内的数据的取证活动。这意味着即便数据载体由被请求国控制,这也仅仅完成了数据取证的第一阶段,相关数据的获

---

[1] 参见《破案取证难,咋解(政策解读·聚焦反电信诈骗)》,载中国警察网,http://news.cpd.com.cn/n18151/c35279802/content.html,访问日期2019年4月10日。
[2] 参见《依法从重打击境外电信网络诈骗和境内协同犯罪人员——最高检、公安部启动第三批5起特大跨境电信网络诈骗犯罪案件联合挂牌督办》,载最高人民检察院官网,https://www.spp.gov.cn/spp/xwfbh/wsfbt/202309/t20230912_627903.shtml#1,访问日期2023年11月27日。

取往往需要进一步操作,特别是需要相关网络服务提供者的协助。[1]例如在 2016 年苹果公司与 FBI 的对抗中,尽管 FBI 已经控制了犯罪嫌疑人的移动电话,但仍然需要苹果公司提供技术支持以获取其中存储的涉案数据。[2]

有鉴于此,在数字场域下,执法机关面临着数据存储与数据控制相分离的现实状况。在保护个人数据的价值导向下,这种分离有可能被进一步强化。例如欧盟《通用数据保护条例》(General Data Protection Regulation)(下文简称 GDPR)在将数据的加密处理作为提升个人数据保护的重要举措的同时,特别强调了这种处理应当将个人数据和加密数据分别存放或控制。[3] 此外,针对超出正常目的和保存期限的个人信息,相关立法一般也要求予以删除,例如我国《个人信息保护法》明确规定了个人信息处理者主动删除个人信息的义务和具体情形,其中一项即"处理目的已实现、无法实现或者为实现处理目的不再必要"(第 47 条第 1 款);公安部网络安全保卫局、北京网络行业协会和公安部第三研究所于 2019 年联合发布的《互联网个人信息安全保护指南》(下文简称《互联网个保指南》)就特别强调对超过保存时限的个人信息予以删除,并应当"采取措施防止通过技术手段恢复"。与之类似,在 2020 年更新的国家标准《信息安全技术 个人信息安全规范》(GB/T 35273—2020)(下文简称《个人信息安全规范》)中也列举了一系列限制个人信息处理的规则,例如要求控制者针对超出存储期限的个人信息进行删除或匿名化处理(第 6.1 条)、收集个人信息后立即进行去标识化处理(第 6.2 条)等。这种规则设计背后的逻辑是通过强化接触数据本身的障碍,以达到防控不当数据干预的目的。在隐私设计(privacy by design)的理念下,这种障碍更多地会嵌入数据处理系统之中,使其在强化数据保护与数据安全的同时,也不可避免地增

---

[1] 关于电子数据取证的两阶段性的分析,参见裴炜:《比例原则视域下电子侦查取证程序性规则构建》,载《环球法律评论》2017 年第 1 期,第 89—90 页。
[2] 相关案情介绍参见高一飞、吴刚:《手机解锁搜查中强制企业协助行为的法律调整》,载《河北法学》2018 年第 11 期,第 42—54 页。
[3] 参见 GDPR 第 4 条第 5 项对加密处理(pseudonymisation)的定义。

加数据取证困难。[1]

因此,无论是从技术应用本身还是从价值权衡的角度出发,被请求国通过公权力直接执法以获取涉案数据的障碍都因网络信息革命的深化而骤增。也正是在这一背景下,2013年联合国网络犯罪政府间专家组会议发表的《网络犯罪综合研究(草案)》中指出,以网络服务提供者为代表的公权力以外主体开始更多地承担起协助犯罪治理的义务,[2] 网络犯罪多利益主体协同共治成为不可逆转的潮流。[3]

最后,传统刑事司法协助制度主要应对的是国家主权障碍,但在数字侦查语境下,利益关系复杂化,数据本身牵涉国家关键基础资源的争夺,例如数据安全、网络安全、个人信息保护、网络产业发展等。刑事司法协助协议通常会就本国主权或安全设置协助例外,例如中国与英国的刑事司法协助条约明确规定,如果被请求方认为执行请求将损害本国主权、安全、公共秩序或其他重大利益,则被请求方可以拒绝提供协助;我国《国际刑事司法协助法》也同样在第15条中做了相应规定。

在传统跨境刑事取证过程中,由于目标证据材料的相对明确和独立,[4] 国家主权以及国家或公共利益相对容易判断或评价,因此以上例外规定仍然具有较强的可执行性。但在网络信息社会中,占有数据本身即可形成利益,大数据、云计算、人工智能等技术的广泛应用进一步使这种占有与数据类型脱钩。正是在这个意义上,谷歌前任CEO表示,"对我们来说所有数据都是有用的,我们只是还不知道该怎么用。"[5] 同样

---

[1] 这种设计可以通过添加后门等方式为数字侦查取证提供便利,但从系统整体安全性的角度出发,后门等设计本身就会在整体上降低系统的安全性。

[2] 参见联合国毒品和犯罪办公室:《网络犯罪综合研究(草案)》,第172—183页,载 http://www.unodc.org/documents/organized-crime/cybercrime/Cybercrime_Study_Chinese.pdf,访问日期2018年7月24日。

[3] 参加裴炜:《针对用户个人信息的网络服务提供者协助执法义务边界》,载《网络信息法学研究》2018年第1期,第21—56页;Alan Z. Rozenshtein, Surveillance intermediaries, 70 Stanford Law Review 99(2018): pp.99-189。

[4] 这里的"独立"是指前文论及的证据材料与其他非涉案财物的相对分离。

[5] See Quentin Hardy, "Just the facts. Yes, all of them", New York Times, issued on March 24, 2012, available at http://query.nytimes.com/gst/fullpage.html?res=9a0ce7dd153cf936a15750c0a9649d8b63. Accessed January 26, 2018.

基于数据的资源属性,在网络空间中,各国并非采用外层空间等区域的联合共治模式,而是努力试图在主权方面作出超地域的扩展。从这个意义上讲,传统管辖权是划界之后的消极防守,现在则转化为各国的全面进攻,使以往偶然发生的管辖权冲突变得频繁和主动。

三、当前我国跨境取证制度探索及其缺陷

跨境数据取证的急迫需求与传统刑事司法协助模式的迟缓应对之间的差异使中国刑事司法立法与司法实务也在不断探索新的取证模式。在《国际刑事司法协助法》和《刑事诉讼法》未做相应规则调整的情况下,当前探索集中体现在对直接数据取证之上。

(一)直接取证制度的探索

中国关于数据直接取证的制度探索可以追溯至2005年公安部制定的《计算机犯罪现场勘验与电子证据检查规则》(下文简称《计算机勘验检查规则》)。该规则规定了计算机犯罪现场的远程勘验方式,允许侦查机关"通过网络对远程目标系统实施勘验,以提取、固定目标系统的状态和存留的电子数据",至于该侦查措施能否适用于境外目标系统,并未予以明确。

首次明确该措施可以用于境外存储介质或远程计算机信息系统的是《电子数据规定》。该规定进一步将跨境数据的直接取证行为区分为网络在线提取和网络远程勘验两种方式,这种区分方式也进一步延续至2018年"两高两部"《关于办理恐怖活动和极端主义犯罪案件适用法律若干问题的意见》(下文简称《恐怖极端案件意见》)[1]、《电子取证规则》[2]等法律文件之中。

"网络在线提取"主要针对的是网络公共空间上的已经公开发布

---

[1]《恐怖极端案件意见》第二节第(四)项规定,"对于原始存储介质位于境外或者远程计算机信息系统上的恐怖活动和极端主义犯罪电子数据,可以通过网络在线提取。必要时,可以对远程计算机信息系统进行网络远程勘验。"

[2]《电子取证规则》第二章第四节专门规定了这两种取证方式。

的数据的提取,其核心是数据下载行为[1],主要包括两种情形:一种是该数据原本已经是公开数据;另一种是数据虽并非直接公开,但已获得数据主体之许可。例如在2018年"国某、罗某提供侵入、非法控制计算机信息系统的程序、工具罪"一案中,西宁市公安局网络安全保卫支队在获取了罗某的账号之后,通过该账号直接登录服务器位于境外、用于向他人提供DDOS攻击工具的"破灭DDOS压力测试平台",进而获取了用户信息、攻击数、订单数、订单金额等关键数据。[2]

"网络远程勘验"则是指通过进入远程计算机信息系统以发现、提取与犯罪有关的电子数据、并记录计算机信息系统状态的侦查活动。[3] 远程勘验主要作为在线数据提取的前置和配套性措施,其针对的往往是非公开的数据或网络信息系统。例如在2016年"张某某、帅某某等盗窃、非法拘禁罪"一案中,犯罪嫌疑人通过植入木马程序对智能手机进行远程控制,获取该手机号码及串号以秘密为手机用户定制付费SP增值服务,相关手机数据、交易数据存储于位于境外的服务器中。公安机关通过对该服务器进行远程勘验,提取到包含涉案数据库信息的"feedata.bak"文件,进而获取到涉案手机SP增值业务"暗扣"信息。[4]

由于网络远程勘验对象和场域的非公开性特征,该项侦查措施与技术侦查措施的联系紧密,同时也与国家主权、数据安全、公民的个人信息权等存在更为强烈的紧张关系。正是基于以上考量,《电子取证规则》将网络在线提取措施的适用范围原则上限缩于境内;跨境实施的网络在线提取仅能针对已经公开发布的电子数据。上述限制是否适用于网络远程勘验,目前存在一定的争议,对此将在本书"机制篇"中进行进一步探讨。

---

[1] 万春等:《〈关于办理刑事案件收集提取和审查判断电子数据若干问题的规定〉理解与适用》,载《人民检察》2017年第1期,第53页。
[2] 青海省西宁市城西区人民法院(2018)青0104刑初41号判决书。
[3] 周加海、喻海松:《〈关于办理刑事案件收集提取和审查判断电子数据若干问题的规定〉的理解与适用》,载《人民司法(应用)》2017年第28期,第34页。
[4] 浙江省杭州市西湖区人民法院(2016)浙0106刑初755号判决书。

除上述两种直接涉及跨境数字侦查取证的措施外,《电子数据规定》与《电子取证规则》也设置了一些辅助电子数据收集提取的措施,例如扣押原始存储介质和数据冻结。二者的共性在于其均具有保全电子数据的功能,但前者并不直接适用于数据本身,并且从有形物控制的角度而言,与传统的取证措施具有一定的相似性。[1] 后者是将传统侦查中针对无形资产的冻结措施移植到电子数据之上。当前数字侦查取证的法律框架并未限制数据冻结的跨境适用。

(二)立法探索之缺位

通过审视和总结我国当前跨境数据取证的制度探索,可以发现一个矛盾:一方面,司法实践中存在着现实且急迫的跨境数据取证需求,并且这种需求随着网络信息革命的深入而不断强化;另一方面,立法上对于是否许可以及在多大程度上许可新的取证模式持保守和犹豫的态度,这种态度既表现在《国际刑事司法协助法》和《刑事诉讼法》的沉默,又表现在《电子取证规则》对《电子数据规定》的限缩修订。

这一司法实践需求与立法探索缺位之间的矛盾直接形成我国刑事犯罪侦查过程中的现实障碍,具体表现在以下三个方面:

首先,我国当前的立法探索思路仍然相对单一,处于跨境取证核心方式的刑事司法协助制度未能及时对电子数据证据作出回应,导致跨境数据取证仍然难以脱离取证效率低下的困境,上文所述之传统跨境取证模式的不足尚未得到有效解决。这种思路的单一性进一步导致不同取证方式之间的规则错位,例如《国际刑事司法协助法》第4条第3款实际上禁止外国执法机关未经我国主管机关许可的直接取证,基于该条第1款确认的平等互惠原则,该禁止性规定同样适用于我国侦查机关的跨境取证行为,但很明显这一规定并未体现在《电子数据规定》和《电子取证规则》之中。

其次,司法实践与立法之间的矛盾进一步导致直接取证行为的合

---

[1] 尽管相似,但电子数据的载体扣押相较于传统扣押对于公民基本权利的侵犯性更强,需要刑诉法予以严格规制。相关探讨参见裴炜:《论刑事电子取证中的载体扣押》,载《中国刑事法杂志》2020年第4期,第120—136页。

法性处于不确定状态。这一方面表现在下位规则与上位规则的衔接错位之上,例如难以在《刑事诉讼法》确立的刑事侦查措施体系之下,合理地定位网络在线数据提取和远程勘验措施,并判断其与技术侦查等相关措施之关系,进而导致上位法所确立的侦查权的基本原则和人权保障限制难以有效适用。另一方面,取证行为合法性的不确定性进一步表现为其与其他法律规定之间的冲突,集中体现为与数据主权、网络安全、个人信息相关权利的冲突,这些冲突由于立法的模糊态度而难以得到有效调和。这种合法性的缺失进一步对侦查行为获取的证据材料在诉讼过程中的可采性提出挑战。

最后,这一矛盾使我国网络信息产业面临现实的守法困境。网络信息产业的一大特征是跨地域性,这不仅表现为其业务范围的全球化拓展,还表现为其所占有或控制的数据的全球化分布。这种跨地域性是互联网的本质属性,因而也是以互联网为依托的产业的本质属性。网络信息产业作为数据的主要控制者或占有者,其在承担一国法律规定之协助执法义务的同时,往往也负有另一国法律设定的保护网络安全和个人信息权利的义务。[1] 两种义务之间经常存在冲突,特别是在一国针对可以作为证据适用的数据设置了本地化要求而另一国执法机关试图对该数据进行直接取证的情况下,这种义务冲突尤为明显,此时作为数据控制者的网络信息企业会陷于一方守法则另一方必然违法的尴尬境地。在我国法律层面未对直接取证作出明确规定的情况下,仅凭低位阶的司法解释和行政法规难以为我国网络信息产业应对以上守法困境提供充分的制度支持。

四、刑事司法协助的改良方案

面对刑事司法协助的内在缺陷和在网络信息环境下的适用困境,在世界范围内逐渐出现了改良该机制的制度探索,其核心在于简

---

[1] 参见裴炜:《针对用户个人信息的网络服务提供者协助执法义务边界》,载《网络信息法学研究》2018年第1期,第21—56页。

化司法协助手续、缩短流程和提高效率,具体措施则多种多样。这些措施多可以与其他方案嵌套,也可以单独作为强化域外数据取证的策略。

(一)代表性改良建议

早在 2012 年,国际商会(International Chamber of Commerce)就已经意识到犯罪跨境侦查的发展趋势,以及由此可能对国际经济带来的深刻影响,针对传统司法协助协议机制提出了 10 条改革建议:(1)各国应扩张多边和双边协助协议的地域覆盖范围;(2)协助协议应当明确规定沟通的方式,并且该方式应当与信息网络技术的发展相适应;(3)国际和国内组织应当协助建立国际司法协助的示范性框架并推动其适用;(4)协议应当针对政府部门和通信服务提供者设置明确的合作和回应期限;(5)为确定信息来源或目的地,协议应当就相关核心数据的交换设置简易程序;(6)信息网络服务提供者等主体应当设立相应的联系人以便于执行合法监听;(7)协议应当与其他程序相结合以便于执法合作;(8)协议应当明确规定费用分配和报销程序;(9)政府应当为执法人员、网络服务提供者等就协助协议提供培训;(10)国际商会应当为网络服务提供者、执法人员和公众建立公开和在线的司法协助协议及配套资源目录。[1]

联合国在其 2013 年联合国网络犯罪政府间专家组会议发表的《网络犯罪综合研究(草案)》中也提出,应当针对犯罪中的电子证据建立国际合作的多重机制,并就修订联合国《刑事司法协助示范条约》(Model Treaty on Mutual Assistance in Criminal Matters)[2]提出了多项建议,特别强调加强实践合作机制以及时保全和提供电子数据,建

---

[1] See ICC, "Using mutual legal assistance treaties (MLATs) to improve cross-border lawful intercept procedures", available at https://cdn.iccwbo.org/content/uploads/sites/3/2012/09/ICC-policy-statement-on-Using-Mutual-Legal-Assistance-Treaties-MLATs-To-Improve-Cross-Border-Lawful-Intercept-Procedures.pdf. Accessed September 14, 2018.

[2] See UN, "Model Treaty on Mutual Assistance in Criminal Matters", adopted on 14 December 1990, available at https://www.unodc.org/pdf/model_treaty_mutual_assistance_criminal_matters.pdf. Accessed 31 May 2022.

立电子证据快速响应时限和联络机制等。[1]

2021年联合国网络犯罪政府间专家组会议(IEG)在总结以往7次会议共识的基础上形成建议文件,其中多项涉及改良国际刑事司法协助[2],主要包括:(1)在正式启动司法协助机制之前先行适用警务合作等非正式的合作机制(第23项);(2)通过电子传输和接收等方式减少司法协助请求中的程序延误(第25项);(3)在尊重主权和互惠原则下设置快速高效的电子证据保全和提供协助(第30项);(4)充分利用联合国毒罪办提供的"司法协助请求撰写工具"(Mutual Legal Assistance Request Writer Tool)[3]和《跨境请求电子证据实务指南》(The Practical Guide for Requesting Electronic Evidence Across Borders)以提升协助效率(第32项)[4];(5)针对网络犯罪建立专门且专业性的司法协助主管机关以推动个案协助和日常能力建设(第35项);(6)针对涉电子证据司法协助建立专门数据库以便评估和确保相关机制的有效性(第36项)。上述建议大部分被《联合国打击网络犯罪公约》吸收。

(二)总体改良思路

总体而言,从目前已经在推动中的立法和司法实践来看,简化现有刑事司法协助程序主要呈现出两种思路:

---

[1] See UNODC, "Comprehensive Study on Cybercrime (Draft)", issued in February 2013, available at https://www.unodc.org/documents/organized-crime/UNODC_CCPCJ_EG.4_2013/CYBERCRIME_STUDY_210213.pdf. Accessed 21 June 2021.

[2] See UNODC, "Conclusions and Recommendations Agreed upon by the Expert Group for Consideration by the Commission on Crime Prevention and Criminal Justice", issued on 19 April 2021, available at https://documents-dds-ny.un.org/doc/UNDOC/GEN/V21/025/95/PDF/V2102595.pdf?OpenElement. Accessed 8 May 2022.

[3] See UNODC, "Mutual Legal Assistance Request Writer Tool", available at https://www.unodc.org/mla/en/index.html. Accessed 31 May 2022.

[4] See UNODC, "The Practical Guide for Requesting Electronic Evidence Across Borders", available at http://luts.oka.airlinemeals.net/content-https-sherloc.unodc.org/cld/en/st/evidence/practical-guide.html#:~:text=The%20Practical%20Guide%20for%20Requesting%20Electronic%20Evidence%20Across, and%20produce%20the%20electronic%20evidence%20needed%20for%20trial. Accessed 31 May 2022.

第一，集中关注刑事司法协助的辅助和配套措施的改进，更多的是从工具和技术层面提升程序效率。例如，欧盟在2017年针对电子数据证据跨境获取的报告中提出了一系列改进措施，包括流程的电子化、令状格式和内容的标准化、建立欧盟境内统一的电子数据传输平台等等。[1] 该报告中的绝大多数建议都已经被《刑事电子证据条例》采纳。同时，该条例也要求网络服务提供者在欧盟境内设立代表处，以便于相关命令的传达、沟通和执行。

第二，对刑事司法协助请求进行分类区别对待，其分类方式又大致可以分为两种：一种是以请求的事项为标准进行分类，另一种则是以请求的主体为标准进行分类。

第一种分类的核心是对本国案件与涉外案件进行区分。[2] 所谓"本国案件"，即指从属人、属地等基本的管辖权划分标准来看，案件完全应当由申请国管辖，唯一涉外的因素只是证据。前文提及的微软爱尔兰案就是一个典型例证。与之相对应的，"涉外案件"则是根据基本的管辖权划分标准存在管辖权交叉情形的案件。这种区分的核心在于，对于本国案件建议设置更为便宜和优先的协作机制，背后的考量仍然在于此类案件对于被请求国主权的弱侵犯性，这也是美国《云法》修订之时扩张本国管辖权的基本思路。

第二种分类是以请求国是否满足特定要求为标准。该思路以互惠原则为基础，通过设置一系列评价标准，对特定国家进行资质评定，进而为符合要求的请求国提供刑事司法协助的快速通道。有学者将这种改革方式与一国签证制度中的免签程序进行类比，通过制定本国法明确相应的选择标准，并允许符合要求的请求国直接向本国网络

---

[1] See European Commission, "Improving cross-border access to electronic evidence: findings from the expert process and suggested way forward", available at https://ec.europa.eu/home-affairs/sites/homeaffairs/files/docs/pages/20170522_non-paper_electronic_evidence_en.pdf. Accessed September 14, 2018.

[2] See Greg Nojeim, "MLAT reform: a straw man proposal", available at https://cdt.org/files/2015/09/2015-09-03-MLAT-Reform-Post_Final-1.pdf. Accessed September 28, 2018.

服务提供者取证。[1]这类思路往往涉及对协议国司法状况、法治程度、人权保障等因素的整体评价,而正如学者指出的那样,这种整体评价不可避免地渗入政治因素或其他因素。[2]

2016年美国司法部专门针对国际司法协助提出的立法草案,集中体现了这一改革思路。[3]该草案计划以双边行政性协议的形式推进司法协助程序的简化,并且对协议方的资质提出了一系列筛选标准:一是,协议国已经就网络犯罪和电子证据制定相应的实体法和程序法;二是,协议国遵守法治原则和不歧视原则,并且遵守国际人权法相关义务;三是,协议国已建立相应机制,以确保数据收集和使用过程中的责任分配和程序透明;四是,协议国针对数据的收集、存储、使用、分享等行为和主体,已经建立明确的规则、程序和监控机制;五是,协议国保障信息的自由流通,并尊重开放式的互联网理念。[4] 根据该草案,美国在与符合条件的国家签署行政性协议之后,协议国则可以直接向美国公司就特定数据进行取证。而对于不符合简化条件的国家,传统的司法协助程序仍然适用。可以看到,《云法》正是延续了这一思路。

---

[1] See Peter Swire & Justin D. Hemmings, Mutual legal assistance in an era of globalized communications: the analogy to the visa waiver program, 71 NYU Annual Survey of American Law 687(2017): pp.731-737.

[2] 冯俊伟:《刑事司法协助所获证据的可采性审查:原则与方法》,载《中国刑事法杂志》2017年第6期,第75页。

[3] 草案文本参见 https://assets.documentcloud.org/documents/2994379/2016-7-15-US-UK-Biden-With-Enclosures.pdf,访问日期2018年9月28日。

[4] Tiffany Lin & Mailyn Fidler, "Cross-border data access reform: a primer on the proposed U.S.-U. K. agreement", A Berklett Cybersecurity Publication, Berkman Klein Center for Internet & Society, Research Publication No. 2017-7, issued in September 2017, available at https://dash.harvard.edu/bitstream/handle/1/33867385/2017-09_berklett.pdf? sequence = 1. Accessed July 11, 2018.

第五章
突破司法协助：跨境直接取证

法国互联网专家贝特朗·拉·沙佩勒（Bertrand La Chapelle）曾说，如果世界上的190个国家都需要签署双边司法协助协议，则协议数量将超过17000多份，且其内容不尽相同。在新冠疫情的影响下，全球数字化的发展进程被大大提速，网络空间犯罪治理中的时间需求与理论和制度供给之间的矛盾空前凸显。如果仍然固守传统的刑事司法协助模式，那么刑事侦查活动将面临重大挑战。在尊重各国国家主权、安全，保障其社会公共利益和人权的前提下，改革当前的刑事司法协助制度以建立更为高效的和多元化的跨境数据取证模式，不仅必要而且紧迫。如果将当前国际网络治理秩序重构考虑在内，则这种制度建构的紧迫性更为明显。可以确定的是，在刑事跨境数据取证问题上，关键不在于网络信息革命提出了全新的命题，而在于原先作为例外处理的刑事司法协助机制因新型网络信息技术的介入而逐步转变为刑事侦查活动的普遍状况。在例外与普遍的转化过程中，无论是传统法律规定还是与之相匹配的运行机制均显得举步维艰、力不从心。制度的改革一方面需要以我国当前网络信息革命发展状况为依托，另一方面也需要充分考量中国在国际规则制定过程中所应当承担的角色和职能。唯有两者结合，才能在国际层面真正建构中国话语权，也才能实现全球网络命运共同体的题中应有之义。

一、跨境取证机制创新的时代契机

（一）数字时代犯罪与犯罪治理的错位

传统刑事管辖权制度与当前网络空间刑事司法特别是犯罪侦查所产生的诸多紧张关系主要源于二者的逻辑起点不同。前者的强地域属性与后者的弱地域属性之间的矛盾日益凸显，不仅会限制一国打击犯罪的实际能力，还会一定程度上促进犯罪活动的转型升级，向国际层面的能力洼地扩散和转移。从前文的论述可以看到，为应对这一趋势，实践中已然创造出一系列创新做法，但是在缺少必要的理论支撑和制度转型的情况下，这些创新做法或者对他国主权形成干预，或者对本国措施合法性形成挑战甚至突破，进而造成减损本国犯罪治理效能、降低本国刑事诉讼公民权利保障等一系列副作用。在这一过程中，多个层面的实践需求亟待刑事司法理论与制度的创新。

当前世界各国和地区正在普遍开展对跨境数据取证新模式的立法和司法实践探索，这一发展状况并非巧合，其反映出的是网络信息革命对于犯罪治理深刻而全面的冲击。在这一背景下，刑事诉讼制度不可能置身事外。伴随着社会生活的数字化，即便是最为传统的犯罪类型，也将不可避免地触及电子数据证据，而数据的全球流动又必将引发电子数据证据的国际化。面对这一现实，重新解读主权之内涵，重新定义刑事司法的管辖权，重新建构多重利益之间的平衡关系，并在此基础上建立起多元化、层次化的刑事跨境数据取证机制，不仅必要，而且紧迫。

近些年来，网络信息技术已经深刻转变了一国刑事司法活动的外部生态和内部逻辑，社会生活的整体数字化已然全面映射在犯罪领域：一方面，典型的网络犯罪依旧呈现出不断进化升级的趋势；另一方面，传统犯罪与网络信息技术的结合也日益紧密，犯罪工具、手段、途径等均发生变异。在此背景下，网络犯罪与传统犯罪的界限逐渐弱化,而电子数据也成为各类犯罪中广泛存在甚至关键的证据类型。原先基于物理场域系统建构的针对传统犯罪的刑事诉讼制度难以及时有效地应对如此大规模的犯罪转型,犯罪与犯罪治理之间错位日益明显。

刑事跨境数据取证是这一错位关系的直接体现。一方面,网络空间的典型特征是弱地域性,数据的全球高速流动和碎片化分散存储是互联网的本质特征,可能作为刑事诉讼关键证据的电子数据同样呈现出这一特征。另一方面,刑事司法作为国家主权最集中体现的领域,其基本制度架构具有强烈的地域特征,刑事执法活动受到严格的地理边界限制。两相对比之下,电子数据证据的弱地域性和刑事取证措施的强地域性之间形成鲜明反差,并且这种反差并非仅出现于个案,而是已经演变为刑事司法的新常态,不仅阻碍正常的犯罪侦破,还为犯罪分子逃避本国刑事执法活动的创造了制度漏洞。前者例如微软爱尔兰案件[1],后者例如在过去几年针对网络电信诈骗案件的刑事执法活动中,一个典型的特征是犯罪分子多使用境外服务器作案,需要通过多国执法配合才能顺利侦破。[2]

诚然,跨境取证并非刑事司法领域的全新议题。如前所述,在过去,其在刑事司法制度中长期通过国际司法协助机制予以解决,但该机制在应对网络空间犯罪治理时存在诸多缺陷,例如流程漫长、手续繁冗、强地域性要求等,不仅使得司法协助的成功率较低,还形成了较高的关键数据证据灭失或损害扩大等风险。如果说这些缺陷在一般犯罪中的危害性还相对较小,那么对于恐怖主义犯罪或其他可能危及生命财产和公共安全的重大犯罪而言,无法及时收集证据侦破案件可能产生的后果则更为严重。

---

[1] United States v. Microsoft Corp.,No.17-2,584 U.S.(2018).
[2] 参见《公安机关加强国际执法合作深入推进打击治理电信网络诈骗犯罪》,载公安部官网,https://www.mps.gov.cn/n2255079/n6865805/n7355741/n7912601/c8690096/content.html,访问日期2022年9月12日。

（二）跨境数据取证的创新思路

在此背景下，探索新的高效、及时的刑事跨境数据取证手段不仅必要，而且急迫。这种新型手段一方面需要在遵守网络空间一般规律的前提下满足打击犯罪的现实需求，另一方面则需要建立在尊重他国主权的基础之上，综合考虑和平衡网络安全、个人信息保护等多重权益。如前所述，近些年来，世界许多国家和地区已经认识到这项任务的必要性和复杂性，并积极开展理论和实践探索，其共通性在于，试图在传统的刑事司法协助机制之外，寻找到更为高效的刑事跨境数据取证模式。鉴于网络信息业者已经构成数据占有和控制的主要主体，同时基于其所掌握的技术和资源优势，刑事侦查取证越来越多地依赖于网络信息业者的配合，这一趋势同样反映在跨境取证方面；而通过寻找新的管辖权连接点，以期绕过刑事司法协助机制，对本国或外国的网络信息业者直接调取电子数据证据，已然成为世界多个国家或地区创新跨境刑事执法规则的重要探索方向。

毫无疑问，相对于传统刑事司法协助机制而言，这种以网络信息业者为取证对象的直接跨境取证方式效率更高。但是，这种制度创新面临三方面的困境：第一是管辖权冲突问题，各国均希望扩张本国刑事管辖权，从而不可避免地导致管辖权的冲突，其背后是国家主权的直接交锋；第二是刑事诉讼规则冲突问题，不同国家或地区的刑事司法制度架构和规范体系存在差异，使得判断刑事执法行为合法性和合理性的标准不同，进而可能同时损及打击犯罪和保障人权两项价值；第三是协助取证义务冲突问题，不同国家或地区的网络安全、数据安全、个人信息保护等制度存在差异，网络信息业者在协助刑事侦查取证过程中可能面临较大的法律义务冲突。

在刑事跨境数据取证规则革新势在必行的基本前提之下，如何建构合理有序的刑事跨境数据直接取证规则，以尽可能平衡主权、安全和人权等多项价值，是当前亟待分析和探索的重要议题。从我国当前的学术研究积累来看，已有研究成果主要集中于国际法视角，规则制定也反映出鲜明的国际法学思维，但是另一与该问题紧密联系的刑事诉讼法学则对这一领域关注较少,从而一定程度上导致了现实执法需求与现有规则设计的偏差。这种偏差尤为明显地体现在2018年10月出台的《国际刑事司法协助法》之中。2019年乌镇举办的第六届世界互联网大会发布了概念文件《携手构建网络空间命运共同体》,提出在尊重网络主权的前提下,"实现网络空间资源共享、责任共担、合作共治,建立公平正义的网络空间秩序"。在联合国启动犯罪治理国际新规则体系建构的背景之下,能否及时进行相关议题的理论和规则探讨,以形成充分的理论准备和智力支持,是践行概念文件"积极推进全球互联网治理体系变革"的关键,也是"扩大发展中国家参与网络空间国际治理的代表性和发言权"的现实体现。[1]

通过观察联合国、欧盟、美国和网络犯罪《布达佩斯公约》等相关制度的最新进展可以看到,目前在国际层面形成了两种国际刑事司法协助以外的跨境取证方案:其一是取证国执法机关直接收集提取数据的网络远程提取模式;二是与网络服务提供者等数据控制者合作取证的远程调取令模式。

二、跨境取证的创新模式

(一)网络远程提取

执法管辖权的强地域性意味着一国侦查机关不能自行跨越地域边界,在他国主权辖区内开展侦查取证活动,否则将直接构成对他国主权的侵犯。但在地域边界不甚清晰的网络空间,无论基于目标数据地域模糊性抑或犯罪追查的紧迫性,侦查人员不可避免地会在具体案件中跨境直接开展数据取证活动。如前所述,我国2016年《电子数据规定》中的网络在线提取和远程勘验措施即典型例证,即便前者在

---

[1] 概念文件参见:《携手构建网络空间命运共同体》,载世界互联网大会官网,https://www.wic-wuzhen.cn/web19/release/release/201910/t20191016_11198729.shtml,访问日期2020年2月3日。

2019 年的《电子取证规则》中进行了地域限缩,后者仍然呈现出强烈的跨境取证特征。此时的关键问题在于,这种对于执法管辖权地域限制的直接突破是基于何种理由而具有正当性的,以及在该正当性基础上这种直接取证措施的边界。

1. 网络远程提取的制度探索

网络远程提取模式是由取证国侦查机关直接就境外数据存储或交互介质进行勘验、搜查和数据提取。这种模式更多地存在于司法实践而非明确的法律规定之中,是数据弱地域性、脆弱性、高速流动性等特征的直接结果。

在欧盟,《欧盟侦查令指令》允许取证国侦查人员在通知其他成员国的条件下,对位于该国的侦查对象的电子通信进行直接监听,该通知原则上应当在事前作出,但如果侦查对象的位置无法提前获知,则应当在获知位置之后及时通知,此时侦查对象所在国有 96 小时的时间予以拒绝。

比利时在 2000 年修订其《刑事程序法典》[Wetboek van Strafvordering (Belgie)]时授权其侦查人员基于调查法官的命令,对全部或部分位于其他地方的计算机系统进行远程搜查(第 88 条),并允许侦查人员在发现目标数据位于境外时对该数据进行复制,此时调查法官仅负有及时通知检察官办公室的义务,由后者通过司法部联络目标数据所在国有权机关,复制的数据在法庭上具有与原始数据相同的证明力。[1] 这一条文被视为是比利时侦查人员进行跨境直接数据取证的法律依据,反映出的基本观点是相对于数据本身的位置,更为关键的是从何处获取数据。

荷兰《刑事诉讼法典》针对计算机远程搜查进行了专门规定,但并未将其效力扩展至境外(第 125i、125j、125o 条)。荷兰分别在 1993 年、2006 年和 2019 年制定了三部《计算机犯罪法》(Wet Computercriminaliteit I, II, & III),逐步扩大了侦查机关的措施范围和种类,特别是

---

[1] See the Dutch version at https://www.ejustice.just.fgov.be/eli/wet/1808/11/17/1808111701/justel. Accessed 20 July 2022.

在第三部中增设了侦查机关采用技术性措施秘密侵入自动化系统的特殊措施。实践中,荷兰2010年的Bredolab案和Descartes案具有一定的代表性。Bredolab案涉及针对境外僵尸网站的侦查活动,该僵尸网站使用了荷兰境内服务提供者控制的143个服务器,但网站自身以及利用的绝大多数僵尸程序源自荷兰境外,并感染了超过3000万台计算机。本案中荷兰警方并未请求网站所在国司法协助,而是直接远程控制了该僵尸网站,并向所有被感染的计算机发送了通知信息。[1] 在Descartes案中,警方在侦查儿童性虐待图片传播犯罪时,追踪到这些图片的存储服务器极可能位于美国,为了及时阻止这些图片进一步传播扩散,荷兰警方没有请求美国刑事司法协助,而是直接进入该服务器移除了相关图片。[2]

挪威《1981年刑事诉讼法》仅就侦查机关获取包括电子证据在内的各类证据进行了概括性规定。司法实践中,挪威最高法院在2019年3月的Tidal数据诈骗案件中,就侦查机关搜查Tidal境外服务器的行为作出许可,并认为绝大多数欧盟国家的侦查人员事实上有机会直接抓取境外服务器上的数据。[3]

美国FBI自2002年起开始通过使用类似黑客技术和恶意软件技

---

[1] See T-CY, "Transborder Access and Jurisdiction: What are the Options?", issued on 6 December 2012, available at https://www.google.com.hk/url? sa=t&rct=j&q=&esrc=s&source=web&cd=&ved=2ahUKEwiv-oDVsIb5AhUUR8AKHWjACYsQFnoECBsQAQ &url=https%3A%2F%2Frm.coe.int%2F16802e79e8&usg=AOvVaw0bxwKqlmpl894lkbGbw-Sc. Accessed 20 July 2022.
[2] 事后荷兰警方及时将相关侦查行为通知了美国,后者并未反对。关于该案介绍,参见Bert-Jaap Koops & Morag Goodwin, "Cyberspace, the cloud, and cross-border criminal investigation", 2016 Tilburg Law School Legal Studies Research Paper Series No. 05/2016, available at https://papers.ssrn.com/sol3/papers.cfm? abstract_id=2698263. Accessed July 11, 2018.
[3] Tidal是一家挪威网络音乐流服务提供者,自2018年起Tidal因涉嫌数据诈骗而被调查,而相关电子数据存储于挪威境外的服务器之上。相关案件报道参见"Norwegian Supreme Court accepts trans-border search of data stored 'in the cloud'", Cyber Digest CPROC 2019-03, available at https://www.coe.int/documents/9252320/43971234/Cyber+Digest+CPROC+2019-03-01.pdf/5edb0cb4-4888-3aa2-126a-a0da126d398b. Accessed April 10, 2019.

术的 NIT 技术对所在地不明的数据进行收集提取。[1] 由于采取 NIT 措施时数据所在地无法确定,因此此类措施的使用往往超出本国范围,而此时侦查行为的合法性则存疑。基于此,美国在 2016 年年底修订了《联邦刑事诉讼规则》第 41 条。修订后的条文正式确认了远程搜查令(remote search warrant)的合法地位,允许侦查机关在目标数据或存储介质所在地不明或因技术原因无法阐明的情况下,对该数据或存储介质进行远程搜查。尽管美国政府声称如果在执行过程中发现目标数据处于境外,则该搜查令失效[2],但学者多认为令状失效仅是事后补救,该条文的修订是在实质上确认了跨境数据搜查行为的合法性。[3]

《布达佩斯公约》原则上禁止执法机关针对境外数据直接执行跨国执法,但在该公约第 32 条设置了两项例外:一是针对公开来源的公共数据;二是针对境外存储的数据,执法机关已经获得有公开权限的人员的合法和自愿的同意。但是需要注意的是,根据《布达佩斯公约》委员会 2012 年的调查报告,大多数接受调查的国家,其国内法允许本国侦查机关在不知晓数据具体管辖位置时,通过犯罪嫌疑人的计算机设备直接获取目标数据;即便是在明确知晓数据位置的情况下,仍有部分被调查国家允许侦查机关直接跨境取证;在侦查人员合法获取了相关密码的情况下,无论是否知晓数据所在地,绝大多数被调查国家允许侦查人员从自身设备直接获取目标数据;针对采用特殊软件或技术方式远程直接取证的做法,部分被调查国家允许在数据位置不明的情况下予以实施,但几乎所有被调查国家禁止在数据明确位于境外时

---

[1] See ACLU, EFF & NACDL, "Challenging government hacking in criminal cases", available at https://www.nacdl.org/uploadedFiles/files/criminal_defense/national_security/Malware-Guide-3.29.2017.pdf. Accessed February 14, 2019.

[2] See Letter from Mythili Raman, Acting Assistant Attorney Gen., Criminal Div., U.S. Dep't of Justice, to Reena Raggi, Chair, Advisory Comm. On the Criminal Rules 2 (Sept. 18, 2013), available at www.justsecurity.org/wp-content/uploads/2014/09/Raman-letter-to-committee-pdf. Accessed February 14, 2019.

[3] See, e.g., Ahmed Ghappour, Searching places unknown: law enforcement jurisdiction on the dark web, 69 Stan. L. Rev.1075(2017): p.1081.

适用。[1]《布达佩斯公约》云证据小组在其2016年的报告中已经指出,现有数据取证方式的限制导致取证国不断采用单边执法方式。[2]基于此,该小组建议拓展远程取证模式的例外情形,即允许基于善意或极端紧急情况下不经同意地直接获取数据。

就我国关于电子数据的证据规则而言,如上文所述,其建构经历了一个限缩的过程,即由《电子数据规定》中的允许对境外存储数据进行直接提取,限缩至《电子取证规则》中的境外在线提取仅限于公开发布的数据。对于这一限缩应当从两个角度予以理解。一是相较于国际层面的立法与实践探索,《电子取证规则》在网络在线提取的问题上相对保守,规则设置也较为简单,缺少必要的分场景、分对象、分主体等细化的制度和机制考量,这一定程度上会限制我国侦查机关开展跨境数据取证活动。二是网络在线提取境外适用的规则局限与实践需求之间的反差,一定程度上导致了该项措施的"场景化",既非侦查措施也非侦查技术,而是变成了跨境数字侦查取证的外部环境,出现其中嵌套远程勘验、技术侦查等措施的现象,其后果是一方面打破了传统刑事诉讼法中建立起的侦查措施结构体系,另一方面是扰乱了侦查措施强制性与任意性分野的标准。

2. 善意原则:网络远程提取的正当性基础

如前文所述,基于传统的纯粹主权理念下执法管辖权的强地域限制,一国侦查机关未经他国同意不得在他国境内直接开展侦查取证活动,无论该活动如何轻微。[3] 如果说国际刑事司法协助机制是在最

---

[1] See T-CY, "Transborder Access and Jurisdiction: What are the Options?", issued on 6 December 2012, available at https://www. google. com. hk/url? sa = t&rct = j&q = &esrc = s&source = web&cd = &ved = 2ahUKEwiv - oDVsIb5AhUUR8AKHWjACYsQFnoECBs QAQ&url = https% 3A% 2F% 2Frm. coe. int% 2F16802e79e8&usg = AOvVaw0bxwK qlmpl894lkbGbw-Sc July Accessed 2022.

[2] See T-CY Cloud Evidence Group, "Criminal justice access to electronic evidence in the cloud: recommendations for consideration by the T-CY", issued on 16 September 2016, available at http://rm. coe. int/CoERMPublicCommonSearchServices/DisplayDCTMContent? documentId=09000016806a495e. Accessed February 18, 2019.

[3] See Kevin John Heller, In Defense of Pure Sovereignty in Cyberspace, 97 Unt'l L. Stud. 1432(2021): p.1464.

大限度尊重他国主权的基础上,为跨境取证提供的狭窄通道;那么网络远程提取模式则是在将取证通道大幅度拓宽的同时,极大增强了对他国主权的干预程度。对此,理论界进行了一系列探索,例如有学者提出在传统的立法管辖权、司法管辖权和执法管辖权分野之外,创设专门针对跨境取证的第四种管辖权即"侦查管辖权"(investigative jurisdiction)[1];也有学者就设置统一的域外执法管辖权规则(universal extraterritorial jurisdiction to enforce)的可行性进行了分析。[2] 无论持何种观点,其核心问题仍然涉及网络远程取证这一跨境数据取证措施是否能够寻找到正当性基础,从而有其存在的空间。

  这就涉及善意原则(bona fides)在跨境取证中的引入。《联合国宪章》(Charter of the United Nations)第 2 条明确规定,"各会员国应一秉善意,履行其依本宪章所担负之义务,以保证全体会员国由加入本组织而发生之权益。"作为一项传统的国际法原则,善意原则强调的是国际关系的双方应当诚实和公正地交往,真实地表达其行为的动机和目的,并且在对双方协议进行解释时避免不当获利。[3] 正如国际法院(International Court of Justice, ICJ)在"核试验案"(Nuclear Tests Case)中表述的那样,"善意原则是规制法律义务创设和实施的基本原则之一。信任(trust)与信用(confidence)内嵌于国际合作之中,这在多领域合作愈发重要的年代尤为关键。'条约必须遵守'这一规则本身即以善意为基石,而国际义务的约束力亦然。"[4] 从这个角度来讲,善意原则一方面支撑国际法义务的现实效力,另一方面也支撑着

---

[1] See Dan Jerker B. Svantesson, Solving the Internet Jurisdiction Puzzle, Oxford University Press, 2017, pp.165-168.

[2] See Mireille Hildebrandt, Extraterritorial Jurisdiction to Enforce in Cyberspace? Bodin, Schmitt, Grotius in Cyberspace, 63 Uni. Toronto L. J. 196 (2013): p.223.

[3] See Anthony D'Amato, Good Faith, in Max Planck Encyclopedia of Public International Law, vol.7 (History of International Law, Foundations and Principles of International Law, Sources of International Law, Law of Treaties) (R. Bernhardt ed.), North-Holland, 1984, pp. 107-109.

[4] Nuclear Tests Case I.C.J. Reports (1974), p.253 para 46.

对该义务的具体解释。[1]

在跨境数据取证的语境下,善意原则往往适用于数据位置不明的情况下侦查人员在追踪数据过程中非故意地造成跨境取证事实中。如前所述,网络空间的犯罪活动由表层网向下深潜是世界范围内的普遍趋势,犯罪分子利用 Tor 等技术层层隐藏地理位置已经成为新常态。在此背景下,侦查机关在实施数据取证措施前就查明目标数据地理位置的难度和成本均大幅度提升,并且数据地理位置的发现本身就可能需要采取一系列前置的侦查措施,而在这一过程中刑事司法协助机制因相对国不明根本无法启动。《布达佩斯公约》云证据工作组(Cloud Evidence Group)在起草《〈布约〉第二附加议定书》时就对这一情况表达了担忧,即"国际规则的缺失导致各国分别启用单边措施,这种情况对国际关系和个人权利均造成威胁。对此需要建立起合法跨境获取数据的国际普遍适用的规则。"[2]可以看到的是,无论是美国 NIT 措施和与之配套的《联邦刑事诉讼规则》第 41 条的远程搜查令(remote search warrant),还是《〈布约〉第二附加议定书》,均是对于地理位置不明的目标数据扩大侦查人员数据取证的能力。

就我国当前的数据取证规则而言,《电子取证规则》将网络在线提取措施限缩在公开数据和境内存储的数据。问题在于,判断数据是否存储于我国境内,进而判断能否对其采用网络在线提取措施,本身就需要先行查明,而这恰恰是网络远程勘验措施所应当发挥的功能,即查明目标数据及数据所处网络空间的特征。在这一查明过程中,由于目标数据位置不明,远程勘验措施本身不应当被视为违反执法管辖权的地域限制,善意原则可以作为采用该措施的正当性依据。但是这也意味着侦查人员应当承担两方面的义务:一是尽职尽责查明目标数据

---

[1] See Talya Uçaryılmaz, The Principle of Good Faith in Public International Law. 68(1) Estudios de Deusto 43 (2020): p.53.

[2] T-CY (2016) Criminal Justice Access to Electronic Evidence in the Cloud - Informal Summary of Issues and Options Under Consideration by the Cloud Evidence Group. Available at https://rm. coe. int/CoERMPublicCommonSearchServices/DisplayDCTMContent? documentId=09000016805a53c8. Accessed 3 July 2021.

位置,远程勘验措施不应当实质性地代替网络在线提取;二是地理位置查明后及时转变侦查取证措施,并在数据位于境外时按照刑事司法协助机制的相关要求启动相应的数据调取申请程序。

(二)向第三方主体调取

《网络行动国际法塔林手册(2.0 版)》(下文简称《塔林手册 2.0 版》)在涉及针对网络及数据判断执法管辖权时,特别强调其重点应当在于"可以接触数据的位置"而非"数据的实际位置"。[1] 换言之,相对于数据位置而言,数据控制权是网络空间执法更为关键的要素。网络远程提取措施尽管直接,但一方面因其与主权原则的激烈冲突而限制了其适用范围,另一方面并未完全解决数据控制权的问题,特别是在目标数据非公开发布且为境外网络信息业者合法控制或占有的情况下,侦查机关直接进入计算机信息系统进行数据提取可能形成网络及数据安全风险,并可能违反他国关于个人信息保护的相关规定。基于此,相较于激进的直接提取,当前国际层面更为普遍和可行的替代性模式是向第三方远程调取数据。

向第三方调取模式是由取证国相关机关针对境外存储的数据直接向数据控制者发出调取命令或请求,这里的数据控制者主要指向的是网络信息业者。相对于直接跨境取证措施与执法管辖权的激烈冲突而言,向占有或控制目标数据的第三方远程调取较为缓和。[2] 从当前国际层面的立法与实践探索来看,能否向第三方调取数据与该第三方的国籍其实并无直接关系;之所以会关注国籍,在于对单位而言国籍直接对应着注册地或住所地,进而对应着执法管辖权的地域性要求。这里主要针对的是目标数据位于境外的情形,如果该数据原本就位于本国境内,则本国侦查机关当然地对其享有执法管辖权。

---

[1] See Michael N. Schmitt (ed.), Tallinn Manual 2.0 on the International Law Applicable to Cyber Operations, prepared by the international groups of experts at the invitation of the NATO Cooperative Cyber Defense Centre of Excellence, Cambridge University Press, 2017, pp.69-70.

[2] 参见裴炜:《向网络信息业者取证:跨境数据侦查新模式的源起、障碍与建构》,载《河北法学》2021 年第 4 期,第 56—81 页。

比较复杂的情形是,当目标数据与其控制者或占有者分属不同国家时的执法管辖权问题。在物理场域中,证据材料地理位置往往与其控制者或占有者的地理位置高度重合;或者说当二者的地理位置分离时,一方面其控制者或占有者即丧失控制能力或占有,另一方面侦查机关可以独立地对证据材料进行收集提取。网络空间这一虚拟场域转变了这种地域重合以及其上建立起的占有权或控制权,即在证据材料与相关主体地理位置分离的情况下,后者仍然能完整地保持对前者的控制或占有,进而使侦查机关难以绕开该主体单独对该数据取证。甚至在更多情况下,向数据占有者或控制者调取是侦查机关获取目标数据的唯一方式。

这种创新模式的特征是主要以数据控制者是否为本国相关企业而非数据是否存储于本地作为评价能否直接取证的标准。网络信息技术在世界范围内发展和应用不平衡,尽管扩张本国既有管辖权是普遍意图,但向网络信息业者跨境取证存在多种制度样态。根据执法管辖权与网络信息业者的连接点不同,这些样态主要可以划分为两种模式:一是网络信息业者的实体本国模式;二是网络信息业者的虚拟本国模式。

实体本国模式,即向本国网络信息业者直接调取案件所需境外数据。此时,作为取证对象的网络信息业者的注册地或者主要运营地在本国,因此从法律上可以将其视为本国公民,故其本质仍然是属人管辖权。

实体本国模式的优势在于,仍然将侦查取证行为从形式上收归到本国既有的执法管辖权之下。至于该模式下,侦查机关具体能够通过何种程序向数据控制者获取何种类型的数据,则取决于其本国法的具体规定。例如美国未修改前的《存储通信法》(Stored Communication Act)允许本国刑事执法机关基于行政令状向本国注册的企业收集其用户的非内容信息。如果取证对象是内容信息,则需要司法令状予以许可,同时该令状不具有域外效力。正是由于针对不同数据类型制定了不同的取证程序、划定了不同范围的效力,才引发了微软公司与美国执法机关之间旷日持久的争议,进而促进了《云法》的制定。

虚拟本国模式，主要针对的是网络信息业者非本国机构的情形，核心是以行为界定主体之管辖，即前文提及的"虚拟存在"（virtual presence）。[1] 在该模式下，侦查行为通过网络信息业者在该国境内实施的业务行为而形成地域上的管辖连接点。相关业务行为大致可以划分为两类：一是在取证国设立代表机构或拥有其他设施；二是服务于取证国市场或在取证国开展活动。其中，前者介乎于实体本国模式和行为本国模式之间，相对容易确定其地域管辖；相比之下，后者则语义模糊。例如欧盟 GDPR 采用的表述是在欧盟境内"有效且真实开展活动"，包括但不限于设立地方网站、投放广告、支持当地货币、市场或用户调查等行为。[2] 此一行为范围涵盖之广，以至于有学者将其描述为"全覆盖"模式（just-about-anything-is-covered）[3]。例如在雅虎比利时案中[4]，比利时最高法院认为，尽管雅虎未在比利时境内设置任何机构，但该国法律规定的数据披露义务适用于"任何积极向比利时用户开展经济活动的网络运营者或服务提供者"。

向网络信息业者跨境取证的具体模式因地而变，尤其表现为美国和欧盟的差异。其中，美国围绕《云法》推进的主要是实体本国模式，而欧盟地区在主体本国模式之外，更多强调了虚拟本国模式的应用。为提升本区域内部网络空间刑事执法效能，促进刑事电子取证活动，欧盟《刑事电子证据条例》的核心措施是在特定条件下，由请求国的适格机关直接向相关信息或网络服务提供者或其在欧盟境内的代理人发出针对特定数据的"欧盟调取令"或"欧盟保全令"（European Preservation Order, EPO）。根据欧盟《刑事电子证据条例》，只要网络服务提供者在欧盟内提供服务，成员国相关机关可以直接向其发出电

---

[1] See Johan Vandendriessche, The effect of "virtual presence" in Belgium on the duty to co-operate with criminal investigators, 8 Digital Evidence and Electronic Signature Law Review 194(2011): pp.194-195.

[2] 参见 CJEU, Case C-230/14 Weltimmo, 2015; C-131/12 Google Spain, 2014.

[3] See Jennifer Daskal, "Borders and bits", 71(1) Vanderbilt Law 179(2018): p.187.

[4] 关于该案案情，参见 Johan Vandendriessche, The effect of 'virtual presence' in Belgium on the duty to cooperate with criminal investigations, 8 Digital Evidence and Electronic Signature Law Review 194(2011): pp.194-195。

子证据提取和存留命令,无论该服务提供者是否位于欧盟境内。

此外,《布达佩斯公约》自 2014 年专门成立云证据研究组(Cloud Evidence Group),以完善跨境云数据取证的相关规则。该研究组针对《布达佩斯公约》第 18 条所设定的网络信息服务提供者信息披露义务的域外效力予以进一步明确。根据该条之规定,公约成员国应当设置相应的机制以命令在其境内提供服务的网络服务提供者向执法机关提供用户注册信息。公约委员会制定的第十号指导文件中进一步明确了该条文的域外效力:一方面,网络服务提供者的数据披露义务与数据所在地无关;另一方面,该义务也与服务提供者所在地或国籍无关,仅以其是否向成员国提供服务为标准。[1] 2021 年 11 月《〈布约〉第二附加议定书》正式获得通过,其中重要的改革措施即强化向其他成员国境内第三方主体跨境调取电子证据的机制。该机制不以存在双边司法协助协议为前提,主要涉及两类境外第三方主体的直接信息调取:一类是针对在本国境内提供域名注册服务的主体,直接向其调取域名注册者的识别或联系信息(第 6 条);另一类是向境外第三方主体调取其控制或占有的特定涉案注册人信息(第 7 条)。

之所以形成两种模式在美欧之间的不同取舍,是因为在当前互联网经济格局下,网络信息业者在世界范围内的分布相对集中,特别是大型互联网企业,多集中于美国,这也构成美国强推《云法》体系的重要基石。在此背景下,对于互联网经济相对较弱的国家和地区而言,采用实体本国模式进行侦查取证无疑具有局限性,而虚拟本国模式则提供了更为宽泛的管辖权扩展空间。

向第三方远程调取数据的模式尽管与主权的冲突相对较弱,但是侦查机关仍然会面临执法管辖权的新挑战。理论上,目标数据如果位于本国境内,那么无论其占有者或控制者位于何处,侦查机关自然有权对其进行收集提取;而如果目标数据占有者或控制者位于本国境内,那么无论数据位于何处,侦查机关同样有权向该数据占有者或控制者进行调

---

[1] See Cybercrime Convention Committee (T-CY), "T-CY guidance note #10 production orders for subscriber information", issued on 1 March 2017, available at https://rm.coe.int/16806f943e. Accessed February 14, 2019.

取。但在实践中,上述两种情形均会引发不同国家或地区的执法管辖权冲突,并集中体现为该数据控制者或占有者的协助执法义务困境之上。[1]

三、我国跨境数据取证的整体策略

我国当前相关规定仅涉及远程直接取证模式,由于《刑事诉讼法》和《国际刑事司法协助法》未做相应调整,我国侦查机关向他国网络信息企业获取位于境外的数据仍处于效力不明状态。此外,《电子数据规定》和《电子取证规则》在境外数据取证的范围上存在巨大差异,参照对比其他国家和地区的立法探索可以看出,前者较为激进,而后者则相对保守。同时,两者的规定均过于原则化,在跨境场景中缺乏细化的可操作的规则。结合我国当前社会网络信息化程度和相关产业的发展状况,构建我国的跨境数据直接取证制度,需要从数据供给和数据需求双方面考虑执法的现实需求,一方面在相关规则的设计上秉持必要的谦抑性,另一方面也需要充分利用我国网络信息产业高速发展所形成的数据优势。

首先,应当明确直接取证的适用范围。考虑到直接取证与他国主权之间的激烈冲突,其适用范围不宜过宽。从当前跨境数据取证的现实需求来看,更多涉及的是前文论及的"本国案件",此时所有的涉外因素仅在于作为案件证据的数据所在地。就取证活动的重要性而言,取证国无疑享有重大利益,而案件本身与数据所在国并无实质性联系,允许取证国直接进行取证在提升犯罪治理效率的同时,并不会对被请求国的刑事管辖权形成过分侵蚀。同时,如果涉案数据的数据主体为取证国公民或居民,则对数据所在国的影响会进一步弱化。基于此,笔者认为在符合以下两个条件时,应当允许侦查机关直接取证:一是案件为本书定义的"本国案件";二是涉案数据是我国公民或在我国境内人员的个人数据。

---

[1] 关于协助义务的制度困境的具体论述参见本书制度篇第九章。

其次,应当建立起我国侦查机关向数据控制者或占有者就境外存储数据的取证令制度。该制度以数据控制者或占有者所在地而非数据所在地作为侦查效力范围的评价标准。由于这里主要考虑的数据控制者和占有者是网络信息企业,因此我们着重分析与之相关的直接取证制度,具体而言涉及两种情形。第一种情形是该网络信息企业为中国企业,则无论其具体处理数据的行为在何处发生,也无论涉案数据具体位于何地,我国侦查人员有权直接就特定数据进行取证。第二种情形是该网络信息企业为外国企业,此时如果该企业在我国境内有代理机构或联系机构,并且向我国用户提供或营销网络信息服务,则我国侦查人员仍然可以直接就特定数据进行取证。

最后,应当适当放宽远程直接取证制度的适用范围。如前所述,《电子取证规则》对《电子数据规定》中的境外数据网络在线提取和远程勘验的适用范围限缩于公开数据。此类数据往往仅占刑事案件电子数据证据的很小部分,多数关键数据或因涉个人隐私、商业秘密,或由于犯罪嫌疑人的隐匿等原因而处于非公开状态。此外,由于数据高速流转、分散存储等所造成的数据所在地或控制该数据的网络服务提供者所在地无法提前确知,使刑事司法协助机制和取证令制度也无法启动。

对此,笔者认为应当设置以下两种适用远程直接取证的情形。第一种情形是在事前无法确知数据所在地的情形下,我国侦查机关在追踪数据的过程中"善意跨境",在此情况下,侦查机关应当在确知数据所在地之后即刻通过刑事司法协助机制或其他约定的方式,将跨境取证行为告知数据所在国主管机关。第二种情形是在确知数据所在地的情况下,又可以设置两种远程直接取证的情形:一是涉及重大、紧急犯罪案件的情形,此时不及时采取措施或造成严重的后续影响,或关键证据可能灭失;二是侦查机关已经获得数据主体或者其他对该数据合法享有公开披露权利的主体的同意。此两种情形应当建立在我国与其他国家或地区事前达成的协议的基础之上,并且应当辅之以对数据所在国的相应的告知程序。

第六章
跨境数据取证中的公私合作

在网络远程提取和第三方远程调取两种创新模式中,前者的适用范围受到较大限制,难以对原有刑事司法协助机制形成实质意义上的改造。相对而言,后者在当前打击网络犯罪过程中的普遍化程度不断提升,并且也越来越多地呈现在各类国际规则或其草案之中。在这一模式下,犯罪侦查取证由国家机关垄断向公私合作方向转变;网络信息业者作为主要的数据占有者或控制者,基于其所掌握的技术和资源优势,越来越多地介入到跨境取证的过程之中,其身份甚至逐渐从执法机关调取数据的对象转变为侦查活动的主导方之一。这种跨境取证创新模式的优势在于高效,但同时也会面临制度和实践障碍,例如管辖权冲突、诉讼规则冲突、数据控制者合规冲突等。如何建构正当合理有序的刑事跨境数据取证规则,在平衡主权、安全和人权等多项价值的基础上,形成侦查机关与数据控制者之间的良性互动,是当前亟待分析和探索的重要议题。

一、跨境取证公私合作的动因

网络空间的去地域性特征、电子数据证据成为新的"证据之王"、传统国际刑事司法协助机制的固有缺陷,三者相结合,使刑事侦查面临巨大挑战。2018年的微软爱尔兰案已经充分表明,即便针对各类管辖权连接点均在本国境内的纯"本国案件",由于电子数据证据位于境外,普通侦查也进而转变为跨境执法。[1] 该案仅涉及静态数据。如果针对动态数据,那么执法管辖权与证据材料分布在地域上的错配将更为明显,国际刑事司法协助机制的"短板"亦将愈加凸显。对于数据而言,以证据材料本身的地域性来划定执法管辖权,难以有效回应网络执法现实需求。因此越来越多的国家和地区开始转变思维,试图从控制或占有数据的网络信息业者入手,来建立执法管辖权的连接点。

以网络信息业者为取证对象的跨境取证主要涉及两种情形:一种是网络信息业者位于境外;另一种是目标数据位于境外。就第一种情形而言,又可以进一步划分为两种具体类型:一是数据位于本国境内,此时执法机关明确享有执法管辖权,但由于执法能力不足,需要通过境外网络信息业者进行取证;二是侦查人员无法确知数据所在地,或者探明其所在地的成本过高,从而需要依靠境外网络信息业者协助取证。就数据位于境外的情形而言,又可以进一步划分为网络信息业者为本国机构和外国机构两种类型。当网络信息业者为外国机构时,向其调取境外数据取证则存在双重跨境。此外,在实践中,侦查取证可能涉及多种数据,这些数据的存储或处理位置可能分散位于不同国家或地区,此时跨境执法活动面临的问题将更为复杂。

跨境取证的管辖连接点之所以从数据所在地转向网络信息业者所在地,是建立在网络信息业者两方面的优势之上:一方面源于技术便宜性,即相较于侦查机关而言,网络信息业者在数据控制和处理能力方面的显著优势;另一方面也源自规则便宜性,即通过向网络信息业者调取证据可以规避其他取证方式中可能面临的法律障碍。

(一)技术便宜性

向网络信息业者调取数据首先源自其技术便宜性,其背后反映出的是网络信息技术与社会生活深度融合背景下的数据分布和控制特

---

[1] United States v. Microsoft Corp., No. 17-2, 584 U.S. (2018).

征。具体而言，这种便宜性主要体现在信息控制和信息应用两个层面。

就信息控制层面而言，社会整体数字化使数据向网络信息业者汇聚，并形成网络信息业者的信息占有优势。当前社会的一个显著特征是，无论是私人生活还是国家治理，其数字化、智能化的演进均与各种类型的网络信息服务紧密相连，后者已然嵌入现代社会的基因之中。在此背景下，信息与信息主体相分离，信息控制权由信息主体向网络信息业者转移，个人对于自身信息的控制能力持续弱化。

这种转移呈现出以下两个方面的特征。第一个特征是非结构化数据的汇集。网络信息服务的多样化和数据交换关系的复杂化产生大量非结构化数据，在大数据分析的驱动下这些非结构化的数据被网络信息业者广泛收集、分析和利用，从而可以解释信息主体的自身特征、行为模式和社会关系。第二个特征是动态数据的持续汇集。依托网络信息服务本身的持续性和用户黏合度，网络信息业者对用户信息进行持续收集和获取是开展业务、满足用户需求和提高服务成本效益比的重要途径，[1]在此基础上形成"历史数据溯源——即时数据追踪——未来数据预测"为一体的数据占有和分析链条。

就信息应用层面而言，正如国际刑警组织长期观察到的那样，"打击网络犯罪中的公私合作之所以重要，在于专家往往源于外部"。[2]网络信息服务与新兴技术的黏合度较高，从而形成网络信息业者的数据分析、应用方面的优势。相对于侦查机关，网络信息业者更了解自身业务所采用的技术特点、占用或控制的用户数据类型、分布状况和数据状态，进而能够更为高效和准确地收集相关数据。同时，网络信息业者基于其采用的技术架构，更容易确定与案件相关的数据类型和体量。实践中，有些数据甚至只能通过网络信息业者获取，例如在犯

---

[1] APEC, "Privacy Framework", available at https://cbprs.blob.core.windows.net/files/2015%20APEC%20Privacy%20Framework.pdf. Accessed September 17, 2019.
[2] See Interpol, "Partnerships are essential in fighting cybercrime since the expertise often lies in other sectors", available at https://www.interpol.int/Crimes/Cybercrime/Public–private–partnerships. Accessed July 26, 2022.

罪嫌疑人身份不明的情况下,唯有网络信息业者能够掌握注册人信息、IP地址等可以用于识别身份的数据。这在涉及网络电信诈骗等案件中尤为常见,而我国国内网络信息业者愈发强化的协助执法义务,同样反映出这一趋势。[1]

(二)规则便宜性

传统刑事诉讼法体系的规制重心主要在于公权力行为,在保障公民基本权利的底线之上设置合比例的打击犯罪措施,其遵循的物理场域的规则设计思路与网络空间和数据执法存在错位。执法机关通过向网络信息业者调取数据,一定程度上可以规避这种错位所造成的执法障碍,具体体现在以下三个方面。

首先,通过向网络信息业者取证化解管辖权障碍。在物理场域,传统犯罪往往具有明确的发生地,犯罪分子多需要出现在犯罪现场,相关证据也围绕犯罪行为形成地域上的集中分布。[2]但在网络空间,犯罪分子与犯罪行为、犯罪结果之间高度分散,执法机关限于地域管辖权难以有效开展犯罪追踪和证据收集。

相对于执法机关,网络信息业者基于其所开展的业务活动,具有三个方面的信息地域优势。第一,网络信息服务和其所依托的技术多具有明显的全球化特征,例如微软在全球100多个国家和地区设置了云服务器,用以提升网络信息服务质量和效率。第二,为适应互联网经济发展的内在需求,相对于执法行为面临的严格地域限制,商业行为往往在规范层面较为灵活,例如欧盟GDPR、亚太经合组织的《隐私保护框架》(Privacy Protection Framework)和《跨境隐私规则》(Cross Border Privacy Rules)等区域性数据和隐私保护机制均在开篇即强调,其目的是促进而非限制数据的健康流动。第三,基于多地区开展业务的需要,网络信息业者往往对于调和不同国家或地区之间法律冲

---

[1] 裴炜:《针对用户个人信息的网络服务提供者协助执法义务边界》,载《网络信息法学研究》2018年第1期,第21—56页。
[2] 冯俊伟:《刑事证据分布理论及其运用》,载《法学研究》2019年第4期,第174—190页。

突更为敏感,较于执法机关在设计合规策略方面有较强的动力和灵活性。特别是在网络空间治理过程中不断强化网络信息业者法律责任的背景下,合规要求已经逐步深入刑事司法领域,形成网络信息业者整体合规框架的重要组成部分。

其次,通过向网络信息业者取证化解强制侦查措施障碍。强制侦查与任意侦查的分野,其核心在于对公民基本权利的处分是否基于同意。强制侦查因其实施对于公民意愿的违反程度高,立法往往对其设置更为严格的限制。就信息而言,信息主体在其上享有的个人信息受法律保护等相关利益,可能会因侦查人员直接向其调取而受到干预,从而使侦查措施本身具有强制性,进而需要满足相应的实体和程序要件。相反地,如果向网络信息业者取证,则有可能绕开信息主体的许可而获取信息,从而规避掉强制性侦查措施的限制条件。近些年来美国围绕宪法第四修正案中隐私权保护的"第三人例外"条款的争议,反映出的就是这种侦查策略,即以信息主体将数据自愿披露给网络服务提供者为由,启动第三人例外条款,从而避免令状制度对于取证行为的限制。[1] 某种程度上,《电子数据规定》和《电子取证规则》将向网络信息业者取证定义为"调取数据"这一任意性侦查措施,也同样反映出类似的思路。[2]

最后,通过向网络信息业者取证化解强迫自证其罪障碍。尽管在网络信息环境下,信息主体对于数据的垄断控制被削弱,但其仍然是主要的数据占有者之一,这一点对于个人信息而言尤为明显。例如在针对手机取证的场景中,被指控人往往控制着手机及其内部应用软件的账户和密码,通过获取该账户信息侦查人员可以进一步获取手机内

---

[1] See, e.g., Eunice Park, Objects, places and cyber-spaces post-Carpenter: extending the third-party doctrine beyond CSLI, 21 Yale J. L. & Tech 1(2019): pp.1-58; Neil Richards, The third-party doctrine and the future of the cloud, 94 Wash. U. L. Rev. 1441(2016): pp.1441-1492; Rebecca Lipman, The third party exception: reshaping an imperfect doctrine for the digital age, Harvard Law & Policy Review 471(2014): pp.471-490; Orin S. Kerr, The case for the third-party doctrine, 107 Michigan Law Review 561(2009): pp.561-601.

[2] 梁坤:《论初查中收集电子数据的法律规制——兼与龙宗智、谢登科商榷》,载《中国刑事法杂志》2020第1期,第39—57页。

的相关电子数据。问题在于,在刑事诉讼中,被指控人一方面在实践中存在不配合刑事侦查的动力,另一方面立法者囿于不得强迫自证其罪原则,亦不应对被指控人强加配合义务。[1] 此时,通过向网络信息业者调取数据,实际上绕开了被指控人不受强迫自证其罪的法律障碍,并同时能够保证取证效果。

二、现实障碍:主权冲突与认知错配

实体本国模式和虚拟本国模式均能够为一国侦查机关向网络信息业者调取数据提供本国法意义上的形式正当性和合法性基础。问题在于,扩张执法管辖权并不等同于实质上可以获取到证据;相反地,借由私主体参与跨境执法以扩张执法管辖权会产生并激化一系列制度冲突,进而阻碍侦查取证活动。具体而言,这些障碍集中体现在三个方面:一是主权冲突问题,二是认知错配问题,三是合规困境问题。其中,第三方面的冲突主要依赖于法律制度层面的协调与改革,同时涉及数据主体及网络信息业者等第三方主体的合法权益的保障,本书集中在制度篇部分予以详细探讨。此处主要关注前两个方面的障碍。

(一)障碍一:主权冲突

当谈及跨境取证时,相关争论往往首先指向主权冲突,即以主权边界的地域性和侦查行为的跨地域性之间的错位为出发点,探讨数据是否构成主权地域性的例外,进而分析跨境取证是否构成对他国主权的侵犯。即便在具体案件中外化为网络信息业者与侦查机关之间的争议,其实质仍然是主权国家的主权冲突。如前所述,强调尊重主权并非排斥任何形式的跨境侦查取证,重点在于避免跨境侦查不当干预其他主权者对网络空间的管制。更进一步讲,争议重心不在于跨境取

---

[1] David Rassoul Rangaviz, Compelled Description & State Constitutional Protection against Self-Incrimination, 57 American Criminal Law Review 157 (2020): pp.157-206.

证是否会侵犯他国主权,而是判断何种跨境取证行为构成对他国主权的侵犯。一直以来,"主权"始终是一个模糊概念,并且其内涵和外延在网络空间中被进一步复杂化。但正如德国前总理默克尔所言,"当我们还在争论数据主权的哲学问题时,世界已经从我们身上碾压而过"。[1] 因此,更为关键的问题是,主权这一概念为跨境执法设置了哪些底线性要求。

无论采用何种定义,主权一般包含三个共通要素:一是主权的至高性;二是主权的独立性;三是主权的地域性。[2] 主权的这些要素一方面构成现代国际交往以及国际规则体系的静态基准,另一方面也催生出主权冲突语境下的动态协调机制。这些动态协调机制既可以建立在统一的国际规则基础上,又可以依赖于国际礼让原则而具体适用。无论通过何种方式,主权冲突的解决均应建立在主权者同意的基础之上,刑事司法协助机制正是典型例证。主权者在特定地域范围内的自决权和排除外部干预的权力,这种权力自然延伸至本国境内的数据。[3]

需要说明的是,关于数据主权与主权地域性之间的关系,一直存在争议,核心问题在于一国对于数据的主权是否可以突破主权地域性的限制。对此,主要存在数据例外和数据非例外两种观点,[4] 其背后是对于网络空间整体治理秩序的不同认知,是对网络空间地域性的不

---

[1] See Guy Chazan, "Merkel urges EU to seize control of data from US tech titans", Financial Review, issued on Nov. 13, 2019. Available at https://www.afr.com/world/europe/merkel-urges-eu-to-seize-control-of-data-from-us-tech-titans-20191113-p53a5v. Accessed February 17, 2020.

[2] See Andrew Keane Woods, Litigating data sovereignty, 128 The Yale Law Journal 328 (2019): p.360.

[3] 至于本书着重探讨的境外数据,有学者认为其主权享有者未必是国家,而可能是大量占有和使用数据的"跨国互联网信息巨头"。笔者认为,从国家权力的行使角度来看,将网络信息业者等数据控制者列为主权者没有实际意义;相反地,一国主权借由网络信息业者进行延伸,其本质仍然可以归属到该国的属人管辖之上。相关探讨参见翟志勇:《数据主权的兴起及其双重属性》,载《中国法律评论》2018年第6期,第196—202页。

[4] 对于这两方观点的探讨,参见梁坤:《基于数据主权的国家刑事取证管辖模式》,载《法学研究》2019年第2期,第198—199页。

同假设。然而正如米尔顿·穆勒(Milton Mueller)在其著作中指出的那样,网络空间是整体化还是碎片化,一方面固然取决于技术因素,但另一方面更多取决于制度因素。[1] 可以观察到的是,随着近些年世界不同国家和地区纷纷制定各自的网络治理政策和法律,早先对于全球网络一体化和超地域性整体治理体系的预测已经逐渐被打破,2019年俄罗斯实施的"断网"测试就是典型例证,而为世界多国采用的数据本地化政策也使得网络分割更为明显。

在此背景下,网络空间及数据的地域性特征非但不会消除,反而会通过其他方式建立起来,代表性做法就是将数据的地域性转移到数据控制者的地域性上去。从跨境取证的执法管辖权来看,这里只是发生了域外取证传统连接点的重心转移:针对境内数据仍然可以适用属地管辖;而针对境外数据的属地管辖则转换为了针对数据控制者的属人管辖,并且就属人的含义进行了扩充。从这个角度来讲,当前对于跨境数据取证的主权性争议并非要求突破基于主权的管辖权的基本理论,而是源于连接点重心移转后,细化规则的缺失和调整不及时。

基于以上认知,从主权概念的要素出发,在尊重一国主权基本原则之下,我们至少可以推演出两项底线性规则:一是干预他国主权的行为应当具备国际法意义上的正当性基础,其对应的消极要求是禁止不具有正当性基础的跨境执法行为;二是干预他国主权的行为应当遵守他国法律,对应的消极要求是禁止违反他国法律实施跨境执法行为。

1. 跨境取证的正当性基础

之所以强调国际法意义上的正当性基础,是因为一国本国的法律规定并不足以成为本国干预他国主权有效的法律依据。一般而言,这种正当性基础指向的是国际条约、国际习惯、各国普遍承认的一般法律原则等国际法渊源,其效力根据源自以主权国家为主的国际社会行为体的意志协调,例如我国与他国司法机关开展刑事司法协助的基础是国际条约或者互惠原则;具体到调查取证,则一般需要通过有关国际条约、协议规

---

[1] See Milton Mueller, Will the Internet Fragment?: Sovereignty, Globalization and Cyberspace, Polity, 2017, pp.42-70.

定的联系途径、外交途径或者国际刑事警察组织渠道开展。[1]

在认同一国对本国境内数据的属地管辖的前提下,在未经主权国家任何形式同意的情况下,他国侦查机关直接跨境收集该数据原则上构成对数据所在国主权的违反,违反的严重性则取决于该数据与数据所在国的国家安全、公民基本权利、社会公共利益等因素的联系程度。从这个角度来讲,在我国《电子数据规定》中,针对境外存储介质或远程计算机信息系统进行直接网络在线提取数据的规定,本身即有干预他国主权之嫌,也与《刑事诉讼法》的相关规定存在张力。《国际刑事司法协助法》第 4 条第 3 款禁止外国机构、组织和个人在我国境内进行包括调查取证在内的刑事诉讼行为,两个规定之间的冲突尤为明显,这也进一步促成了公安部在制定《电子取证规则》时的立场转变。

未经数据所在国许可进行的直接跨境数据取证尽管触犯他国主权,但基于国际法既有理论和规则,并结合当前跨境数据取证的一些实际做法,这种触犯通常存在三种例外免责情形:一是危难或危急情况;二是无主观过错或善意;三是合比例性。

第一,危难或危急情况。当犯罪行为危及国家和社会公共安全、公民重大人身财产利益、未成年被害人等时,调查取证的紧迫性使未经数据所在国许可的跨境取证被正当化。例如在荷兰的 Descartes 案中,警方在侦查儿童性虐待图片传播犯罪时,追踪到这些图片的存储服务器极可能位于美国,为了及时阻止这些图片进一步传播扩散,荷兰警方没有请求美国刑事司法协助,而是直接进入该服务器移除了相关图片。[2]

第二,善意或无主观过错。该情形主要指向的是在数据位置不明的情况下侦查人员在追踪数据过程中非故意地造成跨境取证事实,其目前主要适用于网络远程提取这种创新模式之中。

---

[1] 公安部《刑事程序规定》第 374 条。
[2] 事后荷兰警方及时将相关侦查行为通知了美国,后者并未反对。关于该案介绍,参见 Bert-Jaap Koops & Morag Goodwin, "Cyberspace, the cloud, and cross-border criminal investigation", 2016 Tilburg Law School Legal Studies Research Paper Series No. 05/2016, available at https://papers.ssrn.com/sol3/papers.cfm? abstract_id=2698263. Accessed July 11, 2018。

第三,涉及比例原则的应用,即对于执法行为的必要性与可能造成的损害之间进行衡量,在必要性重大而损害微小的情况下,也可以允许不经同意的跨境直接取证。对此,典型的情形是针对已经在互联网上公开的公共数据,因其公开性而对国家安全、公共利益和公民权益的干预甚微,侦查机关可以直接调取数据,而无须考虑其实际存储地是否位于境外。我国公安部《电子取证规则》第 23 条就将网络在线提取的范围限定于"公开发布的电子数据"和"境内远程计算机信息系统上的电子数据"[1];而《布达佩斯公约》第 32 条也允许执法机关直接调取"公开来源的公共数据"。《塔林手册 2.0 版》则将这种情形视为行使域内管辖权的情形。[2]

三种例外情形一般仅限于侦查取证行为实施当时的合法性判断,并不具有延续性,也并不免除侦查机关通过正当途径获取数据所在国同意的义务。例如上文提及的美国新修订的《联邦刑事诉讼规则》第 41 条规定,侦查过程中如果发现目标数据处于境外,则该条项下的搜查令即时失效。[3] 与之相类似的,欧盟《侦查令指令》也要求对位于他国的侦查对象进行电子通信监听时应当及时通知该国;监听时无法获知相对人具体位置的,应当在获知位置之后立即通知,此时相对人所在国有 96 个小时时间予以拒绝。

总结以上分析,在尚未就数据主权的属地属性进行变革的前提下,我们可以形成三项基本结论。首先,未经该数据所在国的同意,侦查机关原则上不应当直接跨境收集提取该数据。其次,尽管在特殊情形下允许基于善意或紧急情况的跨境执法行为,但这些情形应当进行

---

[1] 需要注意的是,在《电子取证规则》中,对于网络勘验行为并未作此类限制。鉴于网络勘验行为本身仍然可能进入他国主权范围之内,而网络勘验和网络在线提取数据之间的联系紧密且边界模糊,该规则仍然可能与他国主权之间存在紧张关系。

[2] [美]迈克尔·施密特主编:《网络行动国际法塔林手册 2.0 版》,黄志雄等译,社会科学文献出版社 2017 年版,第 107 页。

[3] See Letter from Mythili Raman, Acting Assistant Attorney Gen., Criminal Div., U.S. Dep't of Justice, to Reena Raggi, Chair, Advisory Comm. On the Criminal Rules 2 (Sept. 18, 2013), available at https:// www.justsecurity.org/wp-content/uploads/2014/09/Raman-letter-to-committee-.pdf. Accessed February 14, 2019. See also Ahmed Ghappour, Searching places unknown: law enforcement jurisdiction on the dark web, 69 Stan. L. Rev.1075(2017): p.1081.

个案评价,并且需要后续措施加以补救。最后,向网络信息业者跨境取证一定程度上能够弱化跨境直接取证对他国主权的不当干预,转移管辖权连接点的制度设计本身已经在调和数据的弱地域性和主权的强地域性之间的冲突。

2. 跨境取证对他国法律的遵守

在向网络信息业者跨境取证的制度设计中,存在多种形态的法律冲突。部分冲突属于一国内部不同法律规定之间的协调问题,另一部分冲突则与他国的法律自治相关,由此再次上升至主权层面。就后者而言,最为典型和激烈的冲突源自一国对本国主体自愿协助外国执法的禁止性规定。

从当前世界各国的立法来看,限制或者禁止本国企业基于自愿向外国执法机关提供数据是普遍做法。例如美国《存储通信法》原则上禁止美国网络服务提供者向国外执法机关提供通信内容数据和用户记录,除非两国之间存在依据《云法》签署的行政协议。与之相类似的,欧盟国家普遍存在类似的对数据控制者自愿配合的禁止,并且其禁止范围不相一致;[1]在我国,《国际刑事司法协助法》第4条第3款也设置了类似的禁止性规定;欧盟2018年生效的《关于适格机关为预防、侦查、调查、起诉犯罪或执行刑罚的目的处理个人数据中对自然人进行保护,以及此类数据自由流转的指令》(Directive (EU) 2016/680 of the European Parliament and of the Council of 27 April 2016 on the Protection of Natural Persons with regard to the Processing of Personal Data by Competent Authorities for the Purposes of the Prevention, Investigation, Detection or Prosecution of Criminal Offences or the Execution of Criminal Penalties, and on the Free Movement of Such Data, and Repealing Council Framework Decision 2008/977/JHA)(下文简称《刑事司法个人数据保护指令》)采用了类似立场,但是同时设置了紧急威胁的例

---

[1] See Council of European Union, "Non paper: progress report following the conclusions of the Council of the European Union on improving criminal justice in cyberspace", available at http://data.consilium.europa.eu/doc/document/ST-15072-2016-INIT/en/pdf. Accessed February 24, 2020.

外,即当成员国或第三国面临现实且紧迫的公共安全或重大利益威胁,而无法及时获得数据所在国授权时,允许数据控制者直接向第三国或国际组织传输个人数据。

由于不同国家基于不同连接点划定网络信息业者的"本国"属性,针对同一取证对象,一国禁止自愿协作的规定直接会与他国的刑事取证规则相冲突,在协调失败时更有可能演变为国家强制力的施加。例如在2015年,微软员工为遵守美国禁止合作的规定,拒绝遵守巴西执法机关的数据披露要求,进而被巴西政府逮捕。[1] 2019年我国招商银行、交通银行和浦发银行在美国面临了类似的困境。在该案中,美国法院基于犯罪侦查需求,要求三家中资银行提供指定客户的账户资金材料,三家银行以该协助违反中国法律为由拒绝合作,美国法院认定该行为构成藐视法庭罪,进而对三家银行施加高达每日5万美元的罚金。[2]

以上案件中的共性在于,侦查机关试图基于本国法要求网络信息业者协助,但该协助违反网络信息业者所在国法律。此时,主权冲突被强行转移到网络信息业者身上,本质上是通过间接方式干预他国主权。对此,美国司法实践中向刑事司法领域扩展适用的"长臂管辖权"即典型例证。如果美国执法机关的管辖权与他国法律相冲突,则可能触发美国法院基于礼让原则(principle of comity)的评价机制。[3] 通过该机制,美国实际上将他国法律是否适用纳入本国的执法裁量之中,而上文提及的中国三家银行被罚案也正是在此背景下发生的。

我国现有法律规定对此不甚明确。一方面,《刑事诉讼法》第54条规定,公检法机关有权"向有关单位和个人收集、调取证据。有关单位和个

---

[1] See Brad Smith, "In the cloud we trust", available at https://news.microsoft.com/stories/inthecloudwetrust/. Accessed February 24, 2020.

[2] In re: sealed case, available at https://www.cadc.uscourts.gov/internet/opinions.nsf/6E2FAD8DB7F6B3568525844E004D7A26/$file/19-5068-1800815.pdf. Accessed February 24, 2020.

[3] 根据美国《第三次对外关系法重述》第442条,礼让原则在五种情形下适用:其一是行为发生在美国境内;其二是行为人或物品位于美国境内;其三是域外行为在美国境内形成实质影响,或以形成实质影响为目的;其四是美国公民实施的行为;其五是域外行为威胁美国国家或州的安全。其中,与本文当前问题联系紧密的是第三种和第五种情形。

人应当如实提供证据"。这里既未明确"有关单位和个人"的本国属性,也未提及相关证据材料的本国属性,并且这种执法活动也并不考虑是否与他国法律规定相冲突的问题,采用的是与美国类似的一元化视角。结合《电子数据规定》第13条[1]和《电子取证规则》第41条的规定,执法管辖权似乎并不受取证对象和取证材料的地域限制,例如在传播淫秽物品牟利案中大量存在租用境外服务器的情况,而该情况并不妨碍侦查机关进行网络远程勘验。[2] 此外,根据《网络安全法》第28条的规定,网络运营者应当为侦查犯罪的活动提供技术支持和协助,该法对于"网络运营者"的概念解释也并未就其所在地予以限制。

另一方面,《国际刑事司法协助法》第25条在规定向国外请求调查取证时,并未涉及证据材料来源的地域性。如前所述,该法第4条第3款已经明确禁止非经我国同意的数据控制者自愿协助外国执法机关,基于对等原则,中国执法机关也不应当在未经他国同意的情况下向他国数据控制者取证。因此进一步推断,第25条的适用仍然以证据材料自身的地域性为标准。此时,该规定便对《刑事诉讼法》的规定形成大幅度限缩。

事实上,通过分析国际主要互联网公司的透明度报告可以看出,我国执法机关在实践中确实存在直接向境外公司调取数据的情形。[3]《刑事诉讼法》及相关法律规定的模糊性处理,恰恰反映出了司法实践中的现实需求,也同时反映出了《国际刑事司法协助法》与刑事诉讼法律制度体系的脱节。这种脱节一定程度上也形成了中国执法要求与外国自愿合作禁止规定之间相冲突的风险。

基于此,在主权国家之间达成协议的前提下,对一国国内法进行

---

[1] 《电子数据规定》第13条规定:"调取电子数据,应当制作调取证据通知书,注明需要调取电子数据的相关信息,通知电子数据持有人、网络服务提供者或者有关部门执行。"

[2] 例如陈小杰传播淫秽物品牟利案,浙江省杭州市中级人民法院(2017)浙01刑终723号刑事裁定书;王丹传播淫秽物品牟利案,浙江省建德市人民法院(2017)浙0182刑初225号刑事判决书;王某某传播淫秽物品牟利案,湖北省钟祥市人民法院(2017)鄂0881刑初84号刑事判决书。

[3] 参见裴炜:《针对用户个人信息的网络服务提供者协助执法义务边界》,载《网络信息法研究》2018年第1期,第48—49页。

调整,往往成为调和此类法律冲突的方法。例如《〈布约〉第二附加议定书(草案)》在规定向网络服务提供者直接跨境调取注册人信息时,明确要求成员国修订国内立法并采取相应措施,以确保本国境内网络服务提供者依法可以向他国适格执法人员披露相关数据。与之相类似的,在英国与美国基于《云法》框架达成的《为打击严重犯罪获取电子数据的协议》中,也设立了专门条款,要求协议双方调整各自国内有关电子数据存储、验真、披露和提供的相关法律规定,确保协议涉及的服务提供者能够遵守协议项下的数据提供命令。

总结以上分析,我们可以得出以下结论。首先,就网络信息业者自愿协助域外刑事执法而言,各国的普遍做法是予以禁止或严格限制。其次,在缺乏协议基础的情况下,强行要求他国网络信息业者协助执法,其实质仍然构成对他国主权的干预。最后,对于此种情形下的主权冲突调和,一方面仍然需要回归到国与国之间的协议上去,另一方面也意味着一国需要相应地调整国内法以转化协议规则。

(二)障碍二:认知错位

向网络信息业者跨境取证的高效率建立在一个前提之上,即侦查机关与网络信息业者就数据类型、数据状态、收集程序、取证范围、取证目的与手段的契合性等问题达成基本共识。但在司法实践中,两者对于法律和技术的认知并非完全匹配,以至于双方无法有效判断和评估取证的实际要求和效果。研究表明,网络信息业者是否协助执法机关提取数据,往往取决于多个因素,例如这种披露是强制性的还是基于自愿的、服务是否面向公众、服务的类型是电子通信服务还是远程计算服务、要求提供的数据是静态存储的还是动态传输中的,以及收集对象是内容数据还是非内容数据。[1] 具体而言,双方的认知错位集中体现在三个方面:一是对基本概念的认知错位;二是对相关技术要求的认知错位;三是对各自内部分工和衔接机制的认知错位。

---

[1] See Omer Tene, "What Google Knows: Privacy and Internet Search Engines", Utah. L. Rev. 1(2007), pp.1-72.

1. 概念认知错位

侦查机关与网络信息业者的概念认知错位体现在诸多方面,例如数据控制者是否属于法律规定所表述的对象,典型的例子是云服务提供者是否属于"电子通信服务提供者"抑或"信息社会服务提供者";又如关于"相关涉案数据"的定义,网络信息业者也多与执法机关存在不同理解,导致双方往往在目标数据的范围和类型描述上不相一致。从数据取证可能干预个人信息相关权利来看,双方认知错位尤其典型地体现在对个人数据分类之上。

个人信息保护法律制度多将个人信息划分为内容数据和非内容数据;非内容数据又可以进一步划分为不同种类,例如《布达佩斯公约》将非内容信息划分为流量数据(traffic data)和注册人信息(subscriber information);欧盟《刑事电子证据条例》采用了类似《布达佩斯公约》的分类,但是将流量数据进一步划分为了"仅为身份识别目的的数据"和"其他流量数据",前者适用类似注册人数据的规则,后者则适用类似内容数据的规则。从我国的相关立法来看,这种分类的复杂性存在于不同位阶的法律制度之中。其中,《宪法》确立了通信信息的特殊保护地位;《民法典》建立起隐私信息和个人信息的二元保护模式,其区分标准主要在于"私人生活安宁"与"不愿为他人知晓"这两项要素之上,二者存在重合的部分;《个人信息保护法》则以泄露或非法使用的危害后果为界分标准,区分了一般个人信息和敏感个人信息。

个人信息类型划分之所以重要,在于不同类型的个人信息匹配不同类型和强度的处理行为。具体到侦查领域,当侦查行为干预的是构成公民重大基本权利的数据时,基于比例原则的基本要求,立法应当对其设置更为严格的限制。基于此,立法者在规制数据取证时,便捷性的措施多针对敏感性较低的非内容数据。例如欧洲刑警组织等在2019年的SIRIUS项目调研报告中指出,在针对网络服务提供者的直接取证过程中,以及在紧急情况下要求网络服务提供者自愿披露数据的过程中,执法机关最常调取的是基本的注册人数据,其次是交互数据,最少调取的是内容数据。[1] 根据该项目2022年发布的报告,在向网络服务提供者跨境调取数据的场景中,需求量最高的依次是连接日志(connection logs,占58%)、姓名(name,占40%)、注册IP地址(registration IP address,占38%)、电话号码(telephone number,占32%)、账单和支付数据(billing and payment data,占28%)、电子邮件、内容数据和生日(e-mail address, content data and date of birth,占17%),以及设备位置(location of device,占12%)。[2]

由此延伸分析,数据类型的划分将直接影响数据控制者协助执法义务的范围,以及与他国法律制度之间的冲突激烈程度。例如《〈布约〉第二附加议定书》授权执法机关直接向网络服务提供者调取境外存储的注册人信息,并将IP地址纳入其范围。在该议定书起草过程中,欧盟网络服务提供者协会等组织曾提出反对意见,认为相对于基本的注册人信息,IP地址对于公民基本权利的干预性更强。[3] 基于类似的理由,欧洲人权法院曾在2018年的Benedik v. Slovenia案[4]中明确要求区分注册人信息和动态IP地址,并要求警察在获取后者时必须有法院的令状许可。

2. 技术认知错位

在向网络信息业者调取数据的过程中,侦查机关容易形成一种认识倾向,即认为企业能够直接获取各种类型的数据,并且其协助执法成本较低。但在实践中,取证对象可能因为提供服务的具体形式和运营模式所限,而无法按照执法机关的要求调取相关数据。

---

[1] See Europol, Eurojust, and European Judicial Network, "SIRIUS EU Digital Evidence Situation Report 2019: Cross-border Access to Electronic Evidence", issued on 20 December 2019, available at https://www.europol.europa.eu/sites/default/files/documents/sirius_eu_digital_evidence_report.pdf. Accessed 2 March 2023.

[2] See Europol, Eurojust, and European Judicial Network, "SIRIUS EU Digital Evidence Situation Report 2022", issued 22 December 2022, available at https://www.europol.europa.eu/cms/sites/default/files/documents/SIRIUS_DESR_2022.pdf. Accessed 27 November 2023.

[3] See "EuroISPA's Comments on the Provisional Text of the 2nd Additional Protocol to the Budapest Convention on Cybercrime", available at https://rm.coe.int/euroispa-s-comments-to-draft-provisions-2nd-add-protocol-final/168098bcab. Accessed 3 March 2023.

[4] Benedik v. Slovenia, app.no 62357/14 (ECtHR 24 April 2018).

以云服务为例,其服务类型可以大致划分为三类:第一类是云软件服务(Cloud Software as a Service, SaaS);第二类是云平台服务(Cloud Platform as a Service, PaaS);第三类是云架构服务(Cloud Infrastructure as a Service, IaaS)。在不同的服务架构之下,同一网络信息业者的数据控制能力存在差异,更毋庸提实践中存在的多种服务架构相混合的情形。[1]

此外,在各类网络服务特别是通信服务中,通过加密和定期销毁保护用户通信秘密和隐私是常规做法,而不同网络信息业者对用户数据的加密强弱或存储时间长短差异较大,意味着即便针对同类数据,不同信息业者协助执法的程度亦会有所不同。例如即时通信服务提供者WhatsApp采用的是用户端对用户端的通信加密模式,其自身无法直接获取和对外提供相关内容数据。[2] 与之相类似的,推特由于其服务性质,对于数据的存储期限不一,自发布《透明度报告》以来,其对于执法机关调取账户信息请求的执行率始终在50%-60%之间。[3] 苹果公司对iOS 8.0及之后的版本提高了保密层级,而苹果公司本身不持有加密密钥,因此无法应执法机关要求提供加密数据。2020年年初,苹果公司再次拒绝在个案中就其加密服务为刑事执法机关开设后门,一方面这种后门设置需要调整iOS系统进而影响所有用户,另一方面后门一旦存在,将不可避免地为犯罪分子所利用。[4]

3. 机制认知错位

在实操层面,由于缺乏统一的规则或指引,网络信息业者配合跨

---

[1] See T-CY, "Criminal Justice Access to electronic evidence in the cloud: recommendations for consideration by the T-CY", available at https://rm.coe.int/CoERMPublicCommon-SearchServices/DisplayDCTMContent? documentId=09000016806a495e. Accessed March 4, 2020.
[2] See e.g., James Titcomb, "WhatsApp's encryption keeps us safe: attacking it is wrong", The Telegraph, March 27, 2017, available at https://www.telegraph.co.uk/technology/2017/03/27/whatsapps-encryption-keeps-us-safe-attacking-wrong/. Accessed March 4, 2020.
[3] 相关数据引自https://transparency.twitter.com/en/information-requests.html#information-requests-jul-dec-2016,访问日期2020年3月8日。
[4] See Daniel Howley, "Apple's Tim Cook defends decision to fight DOJ on iPhone 'backdoor'", Yahoo Finance, February 27, 2020, available at https://finance.yahoo.com/news/apple-tim-cook-doj-backdoor-iphone-214520728.html. Accessed March 4, 2020.

境侦查取证的机制差异较大,尤其典型地反映在三个方面:一是可获取的数据和协助范围;二是联络机制和申请方式;三是数据控制者的内部审查机制。

首先,就可获取的数据和协助范围而言,侦查机关是否确知网络信息业者实际掌握的数据类型和数量,将直接影响调取数据命令的执行率。以微软公司为例,在微软公司收到的所有数据调取请求中,"未找到相关数据"的比例一直徘徊在15%—18%之间,2021年下半年这一数字更是高达18.97%(参见图6.1)。[1] 这一比率也受到数据控制者对请求的合理性和合法性评估的影响,例如2021年上半年,苹果公司全部或部分拒绝了来自全球711项关于用户账户的执法请求,原因之一在于这些请求不够明确或涉及数据范围过广。[2]

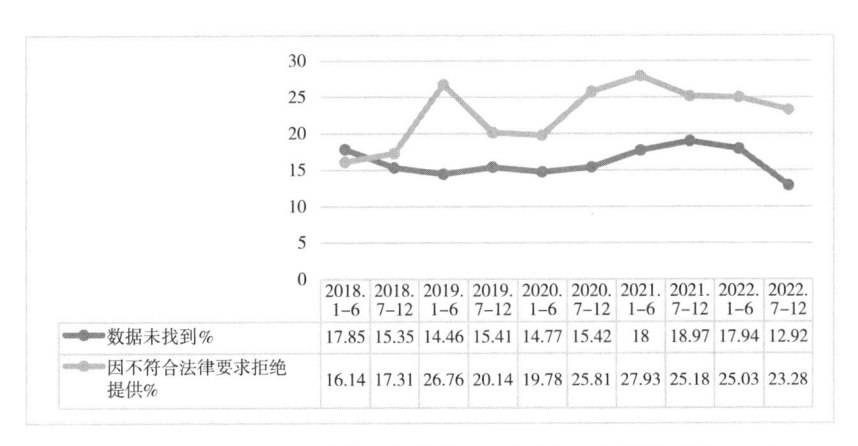

	2018.1-6	2018.7-12	2019.1-6	2019.7-12	2020.1-6	2020.7-12	2021.1-6	2021.7-12	2022.1-6	2022.7-12
数据未找到%	17.85	15.35	14.46	15.41	14.77	15.42	18	18.97	17.94	12.92
因不符合法律要求拒绝提供%	16.14	17.31	26.76	20.14	19.78	25.81	27.93	25.18	25.03	23.28

图6.1　2018-2022年:微软未向境外刑事执法机关提供数据情况[3]

其次,就双方的联络机制和申请方式而言,并非所有的网络信息

---

[1] See "Microsoft Law Enforcement Requests Report", available at https://www.microsoft.com/en-us/corporate-responsibility/law-enforcement-requests-report. Accessed 26 July 2022.

[2] See "Apple transparency report: government and private party requests, January 1-June 30, 2021", available at https://www.apple.com/legal/transparency/pdf/requests-2021-H1-en.pdf. Accessed 26 July 2022.

[3] 数据来源:微软《执法请求报告》,https://www.microsoft.com/en-us/corporate-responsibility/law-enforcement-requests-report。

业者均设立统一的面向执法机关的联络点,具体联络方式也多种多样。根据欧洲刑警组织的调研报告,多数网络服务提供者倾向于通过电子邮件方式接受和处理执法协助请求。[1] 少数公司建立起了统一的在线申请系统,例如谷歌和推特都提供此种方式。即便统一使用电子邮件,不同数据控制者的具体要求也存在差异,例如苹果公司针对美国以外的政府和执法机关的信息请求设置了统一的联络邮箱,制定了《政府和执法机构信息请求模板》,并要求相关请求必须通过政府或执法机构的官方电子邮箱发送。[2]

最后,就配合数据执法的内部审查机制而言,数据控制者多制定各自的内部审查标准和规则,这些规则在不相一致的情况下也有可能降低协助程度。例如苹果公司针对美国境外的政府和执法机构的《法律程序指南》提出了请求是否有效的法律依据,请求是否不明确、不恰当或过于宽泛等审查标准。[3] 推特则详细列举了执法机关调取数据提供令状所应当包含的多项内容。[4] 在执法机构所在国有明确法律依据,或者执法机构所在国与网络信息业者所在国有明确的互助协议的情况下,这种内部审查相对容易;但在缺乏此类依据的情况下,则会降低内部审查的效率。此外,是否具备有效且明确的法律依据,不仅影响数据控制者的配合率,还会影响后续具体的执行方式,例如微软公司和苹果公司原则上都会将协助执法的事实通知相关用户,除非有合法依据禁止通知,或此类通知可能造成严重后果。

---

[1] See Europol, "SIRIUS EU digital evidence situation report 2019: cross-border access to electronic evidence", https://www.europol.europa.eu/sites/default/files/documents/sirius_eu_digital_evidence_report.pdf. Accessed March 6, 2022.

[2] 参见苹果官网公布的《法律程序指南:美国境外的政府和执法机构》,引自 https://www.apple.com/legal/privacy/law-enforcement-guidelines-outside-us-cn.pdf,访问日期2020年3月6日。

[3] 参见苹果官网公布的《法律程序指南:美国境外的政府和执法机构》,引自 https://www.apple.com/legal/privacy/law-enforcement-guidelines-outside-us-cn.pdf,访问日期2020年3月12日。

[4] 参加推特官网的执法机关支持指引,引自 https://help.twitter.com/en/rules-and-policies/twitter-law-enforcement-support,访问日期2020年3月12日。

（三）障碍三：取证成本

侦查取证存在执法成本，不仅关系到单个证据的及时保全和获取，还直接影响打击犯罪的最终成效。在向网络信息业者调取用户个人信息的过程中，侦查机关和企业双方均面临着较高的执法和协助执法成本，进一步构成调取的实际障碍。

从侦查机关的角度来看，这种执法成本一方面源于信息取证的范围判断，其与上文提及的侦查取证行为相关性在数字语境下的评价困境紧密相关，这也一定程度上促使侦查机关向网络信息业者寻求信息收集和分析支持。另一方面，信息调取的高成本也源于物理逻辑基础上建构的取证规则无法适应数字取证的需求。这种规则与实践之间的错位关系主要由于以下两个原因产生：

第一，网络空间的弱地域性使跨区域信息调取成为常态。公安机关对犯罪案件的管辖以犯罪地管辖为主，辅之以其他补充标准。根据我国公安部《刑事程序规定》，当案件涉及向本辖区外单位或个人取证时，主要通过办案协作的方式进行，或者由本机关进行、当地公安机关协助，或者直接委托当地公安机关代为执行（第346条）。涉网案件的协助程序涉及多项审批环节，往往还需要当地网安部门的协助，整体耗时较长。在侦查人员需要亲赴外地取证的场合，还会产生至少两名侦查人员的差旅费用和时间成本。传统物理场域中，犯罪证据材料的分布与犯罪地通常高度重合，[1]因此需要跨区域取证的情形相对较少，异地协作的成本尚处于可接受的范围。但在网络空间中，这种重合度被打破，数据的异地分布越来越频繁地出现在普通案件之中，并且伴随数据资源向几大互联网企业巨头的汇集而进一步凸显。此时，传统异地协作机制的复杂性就难以有效应对网络数据取证的效率需求。

第二，调取方式和途径障碍。尽管线上调取证据能够提高调取效率，但当前信息取证仍然主要通过线下方式进行，这主要因为线上调

---

[1] 冯俊伟：《刑事证据分布理论及其运用》，载《法学研究》2019年第4期，第174—190页。

取存在以下两个方面的困难:一方面,线上调取难以准确识别侦查人员身份,即侦查人员如果直接通过网络向企业发送调取通知书,则无论该侦查人员身份的真实性抑或调取文书的真实性,企业均难以准确、高效判断。此时如果出现伪造情形,则可能造成用户个人信息泄露,同时也可能造成犯罪证据损毁、侦查秘密泄露等妨碍犯罪侦查的情况出现。另一方面,在线调取的网络和数据安全性存在隐忧,这不仅在于信息网络基础设施安全情况,还在于调取数据涉及公安机关内外网衔接问题。在调取数据对象是中小型互联网企业时,以上两个方面困难则更为突出。

从网络信息业者的角度来看,协助侦查机关调取用户个人信息本身也会给网络信息业者形成相应的负担。这种负担一方面源自网络信息技术在犯罪中的广泛应用,进而导致侦查调取信息需求的大幅度提升;[1]另一方面则来自侦查机关对于所需调取信息的范围的不确定,即双方在能够证明案件事实的信息这一问题上可能存在认知差异。大型互联网企业在汇集信息的同时,也成为侦查调取信息的重要对象,单纯应对调取请求、进行数据筛选和反馈本身就已经形成一定的运营成本。对中小型网络信息企业而言,其协助执法的成本不仅源于调取请求本身,还在于其内部协助执法的机制和规则不成熟。正是基于该考量,当网络犯罪《〈布约〉第二附加议定书(草案)》对外征求意见时,欧洲网络服务提供者协会、奥地利网络服务者协会等组织均提出应当对中小型网络服务提供者设置协助义务的例外或予以限缩。[2]

三、回归本土:立法与实践的双重思考

化解跨境取证新模式的诸多障碍,依赖于立法者、刑事执法者和网络信息业者的共同努力,其核心在于在多节点协同治理的框架

---

[1] 裴炜:《针对用户个人信息的网络服务提供者协助执法义务边界》,载《网络信息法学研究》2018 年第 1 期,第 21—56 页。

[2] 相关评论引自 https://www.coe.int/en/web/cybercrime/protocol-consultations,访问日期 2020 年 3 月 4 日。

下,推进认知协同、技术协同、资源协同、制度协同。[1] 聚焦于跨境数据取证这一具体的犯罪治理场景,则需要回归中国当前的立法与司法实践,从立法和实践两个视角探索相应的制度建设路径。

(一)立法者视角

在向网络信息业者跨境取证的制度建构中,立法者的核心功能在于在协调和平衡多方利益的基础上,形成对外基本立场一致、对内自身逻辑自洽的规则体系。随着我国执法机关不断重视和强化对网络空间国际治理的参与度,体系化的规则建设将不仅为其提供法律依据,也将从刑事司法角度提升本国的网络信息业的营商环境,并且有助于在建构网络空间国际治理规则中发声。

1. 规则的基本立场一致

如前所述,向网络信息业者跨境取证面临刑事诉讼规则与《国际刑事司法协助法》的冲突。尽管有观点认为《国际刑事司法协助法》第 4 条第 3 款的功能在于对冲美国的长臂管辖,[2] 但不可否认的是,作为法律规定,该条文不仅仅是政策宣言,更具有对司法实践的现实约束力。事实上,刑事诉讼与国际司法协助之间的规则冲突反映出的是我国的立法立场的矛盾:一方面希望借由数据属地管辖来限缩他国的执法空间,另一方面又希望突破数据属地管辖来扩张本国的执法空间。这种矛盾进一步体现在后续的规则设计之中,典型的是在强化网络信息业者协助本国执法义务的同时,又试图以其为屏障来阻断他国的直接跨境取证。近些年来,中国代表团在参与联合国网络犯罪政府间专家组会议和《联合国打击网络犯罪公约》特委会会议的过程中,这种立场冲突也时常引发质疑;而前文提及的中国三个银行美国被罚案件也进一步反映出单纯的政策宣言的执行障碍。

---

[1] 参见裴炜:《信息革命下犯罪的多主体协同治理:以节点治理理论为框架》,载《暨南学报(哲学社会科学版)》2019 年第 6 期,第 82—96 页。
[2] 梁坤:《基于数据主权的国家刑事取证管辖模式》,载《法学研究》2019 年第 2 期,第 206 页。

在此背景下,构建起立场一致的法律框架不仅必要,而且急迫。从当前已有的法律框架,并且基于对世界其他主要国家立法和司法实践的观察,数据属地管辖的标准不仅不会被废除,还有进一步强化的趋势,因此协调立场冲突的核心在于为数据属地管辖权以外的跨境取证方式寻求立法上的正当化基础。从前文分析可以看出,这种正当化基础需要回归到国际协议上去,而我国立法需要在国际刑事司法协助机制之外,为其他类型的跨境取证协议建构起相应的规则体系。

在协议框架下,具体规则的设计应当充分考量网络空间的特性,特别是从数据高速流动的角度出发,应当考虑两个方面的规则:一是区分数据存留规则和数据调取规则,前者由于对数据安全和国家主权的干预程度较低,因此可以设置较低的门槛,以便于在尊重他国主权的同时及时保全刑事诉讼证据;二是对紧急情况设置快速便捷的跨境取证通道,在此种情况下赋予数据控制者一定的自愿协助空间,并对相应的法律责任进行减免。

2. 规则的内部逻辑自洽

向网络信息业者跨境取证牵涉的法律关系复杂,但其重心在于规制刑事侦查取证行为。尽管涉及数据和网络治理的诸多其他法律规定,基本规则框架仍然应当以刑事诉讼的基本要求为出发点和落脚点:一方面,针对相关领域的规则需要为刑事诉讼活动留下必要的空间;另一方面,刑事诉讼规则自身应当考量相关领域的规制需求。两个方面之间应当形成互动协作的关系。

从近些年来我国有关网络和数据治理的探讨来看,刑事诉讼法学的声音相对微弱,例如关于个人信息保护的分析罕见对于刑事被害人、证人等的特殊保护;关于数据安全出境的规则探索少有涉及对打击犯罪效率的支撑;关于网络犯罪管辖权的理论建构亦较少关注到执法管辖权的规则缺位。反之亦然,例如刑事诉讼法学领域对于电子数据取证规则的分析较少涉及与其他法律制度的结合,对于网络信息业者的协助义务也往往过于笼统,而网络信息业者面临的合规困境也多起源于此。

需要看到的是,随着网络信息技术与犯罪及犯罪治理的结合持续深入,未来刑事跨境取证成为常规操作,而刑事执法活动自身的特殊性需要与网络及数据治理的一般规律相结合。这种结合表现在立法工作中,则应当由两个步骤构成:第一个步骤是将刑事诉讼规则与网络空间一般治理规则适当分离,例如前文论及的个人信息保护制度,就应当在正当性基础、数据及数据主体分类、数据一般规则等方面为刑事诉讼活动设置例外;而"双重犯罪原则"是否需要适用于刑事执法管辖领域,也存在进一步探讨的空间。第二个步骤是从"国家权力——公民权利"的二元互动视角出发,建构刑事诉讼法律体系内部的网络及数据相关规则。[1] 以数据质量规则为例,其在个人信息保护和数据安全制度方面主要以被动方式规定,但从刑事诉讼打击犯罪的基本任务出发,则应当以公安司法机关的主动保障义务为主要形态。

(二)司法实践视角

从司法实践的角度来看,法律规则的有效实施依赖于执法者和网络信息业者双方的共识。基于上文中的分析可以看到,在跨越立法中存在的冲突之后,仍然需要在机制层面建立起执法者与数据控制者的衔接路径,这种衔接需要建立在双方协同各项认知的基础之上。

1. 概念与规则协同

侦查机关与网络信息业者的合作首先应当建立在概念和规则的认知协同的基础之上。如前所述,基于当前复杂的网络信息规制体系,无论对于侦查执法机关还是网络信息业者,准确理解立法中采用的概念的内涵和外延,并明确适用的规则,是实现有效执法的前提,而消除概念和规则的认知障碍,依赖于概念和规则自身的明确化、精细化和场景化。

就概念认知协同而言,需要双方分别就不同场景下的数据需求和

---

[1] 参见裴炜:《个人信息大数据与刑事正当程序的冲突及其调和》,载《法学研究》2018年第2期,第42—61页。

数据供给进行匹配。从侦查机关的角度来看，有必要对其常见的刑事跨境数据取证的案件进行类型化分析，特别是将典型犯罪类型与所需的数据类型进行对应匹配，并形成较为明确的内部行为规范，以便于跨境取证过程中数据控制者以及涉及的第三方国家进行审查评估。从网络信息业者的角度而言，则需要尽可能地将其所掌握的数据类型与执法机关的场景进行匹配，形成动态性的表格式列举，从而提升双方的协作效率。

就规则认知而言，关键在于尽可能调和不同网络信息业者的规则差异。实现这一目标，一方面依赖于网络信息业者建立针对执法机关的明确指引，其中既包括程序方面的指引，也包括对相关材料、格式的指引，例如前文论及的微软、苹果、谷歌等大型互联网企业均公布了针对执法机关的数据执法指南；另一方面也依赖于网络信息业者共同体的规则标准化。需要注意到的是，这种规则标准化应当辅之以数据控制者的类型化，特别针对中小型网络信息业者，需要进行区别对待，并尽可能降低其协助执法成本。

近年来，我国的一些大型互联网企业也开始逐步形成配合执法活动的指引体系，例如抖音调证与协同中心持续更新《抖音调证与协助执行指引》，2023年8月发布3.1版本。[1] 此类指引无疑有助于理顺公私方在执法合作中的路径，从而减少合作障碍，提高合作效率。但需要注意的是，目前我国大型互联网企业的协助指引存在以下问题：一是主要集中于民事领域，对于刑事调证的公开指引较少；二是相关指引公开程度较低，更多地依靠实务人员的总结归纳；三是指引的详细程度有限。这些问题均需要在实践过程中进一步解决。

在概念和规则认知协同的过程中，尤其需要促进双方在三个事项上达成共识：一是对侦查取证措施的认知，其中主要涉及的是针对静态数据的侦查措施和针对动态数据的侦查措施，后者由于可能落入技术侦查的范畴，而需要设置更为严格的限制条件。二是对数据类型的

---

[1] 参见《抖音调证与协助执行指引3.1》，引自 https://www.douyin.com/user/MS4wLjABAAAATq1UrGvUxT7o_4h09KzGyrt9hDERyR1J6nB3OI0iZl8?modal_id=7273364345747148084，访问日期2023年12月1日。

认知,其区分应当以对公民基本权利的干预程度为准,并在此基础上进行侦查取证措施的匹配。三是对数据鉴真的认知。执法机关从数据控制者调取的数据能否作为证据使用,很大程度上取决于数据自身的可靠性。以数据控制者为取证媒介,意味着需要建立起双方认可的数据可靠性规则,特别是在数据主要通过电子形式传输的背景下,关于鉴真规则的细化就变得尤为关键。

2. 协作机制协同

在推进概念和规则认知协同的基础上,向网络信息业者跨境取证依赖于具体便宜的操作机制。当前双方均呈现出各自机制多种多样、方式各异的情况,从而为个案审查造成了障碍。对此,双方有必要从联络机制和审查监督机制两个方面进行改进。

第一,联络机制的关键在于联络方式、途径、要求的明确化和规范化。通过观察世界几大互联网企业的透明度报告可以看出,目前执法机关与数据控制者进行联络的途径主要有两种:第一种是通过官方电子邮件;第二种是通过网上在线申请。除联络途径以外,一些大型互联网企业还制定了相应的执法请求模板和材料要求清单,以方便执法机关提交特定申请。此外,明确执法机关具体的联络点和负责部门也是各大互联网企业的普遍做法。

可以预见的是,随着跨境数据取证的普遍化,这种常规化、专业化的联络机制将成为高效侦查的关键,其应当至少包含以下五项措施:一是网络信息业者和执法机关均针对跨境取证建立明确且统一的联络机构,该机构可以考虑与国内执法请求相区别;二是推动申请过程的全程电子化和申请材料的格式化;三是建立各类清单制度,典型的是数据控制者可提供数据的清单、特定侦查措施的法律依据清单、特定类型案件涉及的数据类型清单等;四是针对紧急情况建立简化版的快速联络通道,并同步触发目标数据的自动存留机制;五是将网络信息业者协助执法的成本纳入考量因素,并在可能的范围内建立报销或补偿机制。

第二,侦查机关与网络信息业者就取证方面的协作应当以动态形式呈现,并在动态过程中不断就相关利益进行平衡,对相关规则进行校正,同时也促进外部对于跨境数据取证进行监督。从当前已有的实践做法来看,网络信息业者发布的《透明度报告》为实现这种动态的监督提供了有效的思路。一方面,细化的《透明度报告》可以揭示出取证效率,并推动相关规则的适时调整;另一方面,《透明度报告》也为提升执法行为合法性、协调跨境数据取证行为与个人信息保护、数据安全等利益提供了观察、监督和评判的依据。

《透明度报告》仅仅是从数据角度观察双方刑事侦查协作的一种途径。事实上,双方之间合法高效的动态协作依赖于数据分析和共享的进一步细化。具体而言,主要涉及以下两个方面的细化:一是执法请求的类型需要进一步细化,特别是需要识别跨境请求,以便于协调不同国家之间可能存在的法律冲突。二是数据控制者部分或全部拒绝配合执法的理由需要进一步明确和细化,通过对这些理由的跟踪和总结,可以进一步提升执法机关调取数据的精确性。

制度篇：
跨境取证与数字法的衔接

【核心观点】

◎ 跨境数据取证并非单纯的刑事诉讼法问题，其具有强烈的多部门法交叉的性质，需要与相关新兴数字立法相衔接。

◎ 跨境数据取证是数据出境的特殊场景，基于数据安全考量所建立起的数据跨境流动机制需要考虑到刑事司法涉数据跨境活动的特殊性，并区分取证场景设置数据出境安全审查要求。

◎ 刑事司法框架下的数据侦查取证不可避免地会牵涉多种类型的个人信息，跨境取证使这一状况愈加复杂，个人信息保护制度应当在整体上为刑事司法设置例外条款，并由刑事诉讼法进一步明确相关规则。

◎ 传统刑事诉讼法中已经就隐私信息和通信信息建立起一套程序保障机制，个人信息保护与刑事司法的衔接应当尽可能在已有框架下进行。

◎ 犯罪治理中公私合作的普遍化不断强化和扩张网络信息业者为代表的第三方主体的协助义务，这一趋势同样反映在跨境数据取证过程中，并与其所承担的其他国内或国外数字法治义务之间存在紧张关系，进而形成第三方主体的协助义务困境。

◎ 跨境数据取证的具体制度建设需要以国际合作为基础，特别是在数字法治呈现出明显的涉外性质的背景下，在联合国框架下建立起协调各国刑事司法与数字法的规则体系，对于规范跨境数据取证活动、提升网络犯罪治理效能具有重要意义。

第七章
数据取证与数据安全

在网络信息时代,数据作为国家的基础性战略资源,其保障程度直接关涉国家整体安全。相对于传统资源,数据的安全风险不仅存在于静态存储和管理,更存在于动态传输和使用。特别是在网络空间弱地域性特征的作用下,数据跨境传输成为常态,进一步提升了数据安全风险的管控难度和急迫性。在此背景下,我国2021年正式出台的《数据安全法》明确了重要数据出境安全管理的法律依据(第31条),并对违反相关规定的数据出境活动设置了相应的法律责任(第46条)。上述条文基本上延续了《网络安全法》的规定,但除此以外,《数据安全法》还专门关注了国际司法协助或执法合作中的数据提供场景(第36条),特别强调禁止非经我国主管机关批准的跨境提供数据行为。

可以看到的是,《数据安全法》第36条与2018年出台的《国际刑事司法协助法》第4条第3款可谓异曲同工,某种程度上是对近年来美国等国家或地区域外管辖权扩张趋势的应对与防御。问题在于,该条文在回应他国法律挑战之时,未能充分考量本国法律规定以及司法实践需求,一方面与《刑事诉讼法》《国际刑事司法协助法》等相关规定存在兼容困难的问题,另一方面则未能就司法实践中的一些新做法可能产生的数据安全风险予以规制。从这个角度来讲,《数据安全法》第36条不仅在规制重点上未免顾此失彼,且在适用不当时可能减损网络信息时代犯罪治理的实际效能。

本章从数据安全的角度出发,试图理顺《数据安全法》第36条与刑事跨境数据取证现有法律规定和实践需求之间的关系,明确该场景中数据安全的主要风险来源,并在此基础上探索合理、有效的跨境取证数据安全规则和保障机制。

一、数据跨境中的安全风险本质

(一)现有法律框架下数据安全的界定

探讨跨境数据取证中的数据安全保障问题,首先需要明确的是数据安全的含义。《数据安全法》将"数据安全"定义为"通过采取必要措施,确保数据处于有效保护和合法利用的状态,以及具备保障持续安全状态的能力"(第 3 条第 3 款)。该定义一方面涉及数据安全的静态状态,另一方面涉及数据安全的动态能力[1],结合数据处理的含义,其描述的是在数据全生命周期中对数据安全的全面保障。可以看到,该定义主要从数据安全保障的效果角度进行定义,我们需要进一步分析"安全状态"和"安全能力"的具体评价要素。考察本法出台之前的一些规范性法律文件,可以看到"数据安全"这一概念主要沿用的是信息安全的"保密性、完整性、可用性"标准[2],例如《网络安全法》中将"网络安全"定义为"通过采取必要措施,防范对网络的攻击、侵入、干扰、破坏和非法使用以及意外事故,使网络处于稳定可靠运行的状态,以及保障网络数据的完整性、保密性、可用性的能力"(第 76 条),其中典型地将"网络数据安全"的保障重点界定在"三性"能力之上;类似地,《中国银保监会监管数据安全管理办法(试行)》将数据安全描述为"可用、完整和可审计状态"(第 3 条)。具体而言,"保密性",是指信息对未授权的个人、实体或过程不可用或不泄露的性质;

---

[1] 根据国标《信息安全技术 数据安全能力成熟度模型》(GB/T 37988-2019),"数据安全",是指通过管理和技术措施,确保数据有效保护和合规使用的状态;而"数据安全能力",是指组织在组织建设、制度流程、技术工具以及人员能力等方面对数据的安全保障。《数据安全法》第 3 条的定义实际上是整合了国标中的"数据安全"与"数据安全能力"两个部分。

[2] 根据国标 2022 年制定的《信息安全技术 术语》(GB/T 25069-2022),"信息安全",是指对某一系统,据以获得保密性、完整性、可核查性、真实性以及可靠性的性质。

"完整性",是指准确和完备的性质;"可用性",是指经授权实体按需访问和使用的性质。[1] 2023 年发布的国标《信息安全技术 数据安全风险评估办法(征求意见稿)》将"数据安全"定义为"通过采取必要措施,确保数据处于有效保护和合法利用的状态,以及具备保障持续安全状态的能力。"此外,国际刑警组织(Interpol)制定的《数据处理规则》(Interpol's Rules on the Processing of Data)中对于"数据安全"的规定同样是建立在保密性、完整性和可用性的"三性"基础之上,[2]是典型的数据安全"三性"在国际刑事司法层面的适用。

在数据安全的"三性"框架下,基于我国目前已经建立起的网络信息法律框架,我们可以进一步在两个方面对数据安全概念进行明晰。

一方面,数据安全强调的对象是数据,而非基于数据挖掘、分析之后形成的信息。之所以进行这一区分,主要在于我国当前立法已然形成了"数据"与"信息"概念二分的局面,而《数据安全法》也直接在定义中将数据与信息进行了区分,即将"数据"定义为"以电子或者其他方式对信息的记录"(第 3 条)。在现有立法中,"信息更加贴近于对事物本身的描述,数据则侧重于表达信息的数字状态。"[3]在大数据和人工智能发展迅猛的背景下,通过数据聚合和挖掘可以获取哪些信息,本身难以在事前予以明确,这也使数据和信息进一步分离。此时如果以信息可能涉及国家安全来规制其底层数据,则任何数据均可能因此落入到强监管的语境中去,进而使数据分类分级不再具有实际意义。从这个角度来讲,"数据安全"与"信息安全"并非相同概念,前者主要指向的是数据载体及数据本身的安全,根据 2023 年国标《信息安全技术 网络安全事件分类分级指南》(GB/T 20986-2023),数据安全事件包括 12 个子类,即数据篡改事件、数据假冒事件、数据泄露事件、社会工程事件、数据窃取事

---

[1] 参见国标《信息安全技术 术语》(GB/T 25069-2022)第 3.41 条、第 3.612 条、第 3.345 条。

[2] See Interpol, "Interpol's Rules on the Processing of Data", revised in 2019, available at https://www.interpol.int/content/download/5694/file/INTERPOL%20Rules%20on%20the%20Processing%20of%20Data-EN.pdf. Accessed 20 August 2021.

[3] 参见马宇飞:《企业数据权利与用户信息权利的冲突与协调——以数据安全保护为背景》,《法学杂志》2021 年第 7 期,第 160—172 页。

件、数据拦截事件、位置检测事件、数据投毒事件、数据滥用事件、隐私侵犯事件、数据损失事件，以及其他数据安全事件；而信息安全不仅包含信息本身及作为其载体的数据安全，还包含信息所传达的内容之于国家安全、社会稳定和公共利益等的影响，即国标《信息安全技术 网络安全事件分类分级指南》(GB/T 20986-2023)中所述的"信息内容安全"。[1]

　　需要注意的是，区分数据安全和信息安全并非意味着法律不保护后者；相反地，这些基于数据分析和挖掘而产生的信息及其安全保障往往落入其他法律的规制框架之下，例如如果基于数据挖掘形成个人信息，则其属于《个人信息保护法》及相关法律制度的保护范围，与之类似的，涉及国家秘密或情报的信息可能落入《国家安全法》《反恐怖主义法》《国家情报法》等相关法律的保护范围。做此种区分的重要性在于，《数据安全法》的制定并不消解已有的信息安全与保障法律制度的功能，而是需要形成法律规定之间的合理、有效衔接，而这种衔接需要以明确《数据安全法》的功能定位为前提，其背后必然推导至数据安全与信息安全的关系问题。

　　另一方面，数据安全首要保护的是作为资源的数据聚合体。这一点在《数据安全法》起草过程中已经有充分表述。根据全国人大法工委2020年对该法立法必要性的说明，数据安全的立法基础首先在于"数据是国家基础性战略资源"，其保障机制是建立在国家安全总体框架之下，其目的是"发挥数据的基础资源作用和创新引擎作用。"基于数据安全保护客体的基础资源属性，可以判断的是，单个或少量数据并非《数据安全法》关注的重点。这一特征在涉及个人信息的场景中尤为明显，例如，国家互联网信息办公室2021年12月发布的《网络安全审查办法》中特别强调对掌握超过100万名用户个人信息的运营

---

[1] 国标《信息安全技术：网络安全事件分类分级指南》将网络安全事件归纳为10种基本类型，即恶意程序事件、网络攻击事件、数据安全事件、信息内容安全事件、设备设施故障事件、违规操作事件、安全隐患事件、异常行为事件、不可抗力事件，以及其他信息安全事件等。其中除信息内容安全事件外，其他几种类型基本上针对的是系统和设备的安全性。其中，"信息内容安全事件"主要包含8个子类，即反动宣传事件、暴恐宣扬事件、色情传播事件、虚假信息传播事件、权益侵害事件、信息滥发事件、网络欺诈事件，以及其他信息内容安全事件(第5.2.4条)。

者的国外上市加强网络安全审查(第7条)。

我们可以从两个层面进一步理解资源型数据聚合体这一数据安全法律制度的客体。一是数据安全保障的重点在于数据的资源属性,这是相关安全保障制度建立的前提;二是数据的资源属性往往以数据聚合为前提,即单个数据难以具有资源意义上的重要性。但是需要注意的是,上述两个方面的含义并不意味着将数据体量与资源属性等同;亦不意味着大体量数据的资源属性更强;同时,数据的资源属性首先是在国家整体层面,这也是将数据安全纳入总体国家安全观框架之下的前提。这一点在2023年《反间谍法》的修订中体现得尤为明显,数据成为国家安全防范间谍风险和行为的重要抓手。[1]

(二)基于数据安全概念的主要安全风险类型

从数据安全的概念出发,破坏数据安全的活动大致可以划分为两类:一是直接针对数据本身的干扰或破坏;二是通过干扰或破坏数据载体而间接干扰或破坏数据。前者例如数据篡改、假冒、泄露、丢失等,对应的主要是数据处理者的安全保障义务;后者例如设备故障、网络攻击等,其风险防范主要围绕关键信息基础设施安全展开。数据安全保障的核心在于防范数据安全风险,而风险主要集中于两个维度:一是技术维度,二是机制维度。前者主要指向的是数据处理活动所采用的技术的可靠性,后者则主要指向的是数据处理活动的管理机制。从法律层面来看,规制的重点主要在后者,特别是从数据作为资源进行利用的目的出发,对数据处理者进行严格控制就变得格外重要。基于此,从保障数据安全的角度出发,一般认为数据处理者需要具备"AAA"要素:一是身份真实(authentication),二是行为授权(authorization),三是可追责(accountability)。[2] 缺少上述要素的处理机制不

---

[1] 例如在《反间谍法》第4条规定,提供关系国家安全和利益的数据构成间谍行为;第14条强调任何个人和组织都不得非法获取、持有属于国家秘密的数据;等等。
[2] See Sovoska Snezana, et al., Design of Cross Border Healthcare Integrated System and Its Privacy and Security Issues, 13(2) Computer and Communications Engineering 58 (2019): pp.58-63.

仅无助于数据安全保障,同时其本身即构成数据安全的风险漏洞。

将数据安全的法律概念与技术风险相结合,就形成了数据安全保障机制的整体框架,即破坏数据安全行为的法律性质在于对数据处理权限的违反,在技术层面表现为针对数据本身和数据载体的干扰或破坏,损害结果的评价标准是对数据保密性、完整性、可用性的减损,相关机制保障的利益主要是聚合性数据资源承载的国家安全。

数据安全风险可能发生于数据生命周期中的产生、存储、使用、分享、归档和销毁等各个环节。整体而言,不同生命周期环节中的数据状态大致可以分为四类:休止中的数据(data-at-rest)、使用中的数据(data-in-use)、传输中的数据(data-in-transit),以及销毁后的数据(data-after-delete)。[1] 不同数据状态面临的具体安全风险亦存在差异,这是构建全面系统数据安全保障体系的认知前提。基于上述数据安全分析框架,具体到跨境数据这一场景,其主要针对的是"传输中的数据"和"使用中的数据"这两种数据状态,此时该场景中的数据安全风险主要源于以下两个方面:一是数据传输和使用中的技术安全风险,既源于作为数据载体的软硬件系统自身的漏洞或缺陷,也源于人为对数据安全保障系统或机制的规避或破坏。二是数据传输和使用中的机制漏洞风险,尤为典型地体现为不同法域之间对于数据权限的规定存在差异,在缺少必要的法律衔接机制的情况下,在一个法域内享有权限的数据处理行为在另一法域中就可能转变为无权或越权的行为。

在上述两种数据安全风险中,前者普遍存在于各类数据安全场景之中,而后者是跨境数据场景所面临的重要数据安全风险之一。同时需要注意的是,跨境数据场景使前者的防范与治理变得更为困难:一方面,不同法域之间的技术安全标准和保障机制之间存在差异,进而形成跨境数据过程中的安全落差;另一方面,网络空间的弱地域性与执法行为的强地域性之间存在张力,意味着数据安全执法行为难以跟上跨境数据的速度。

---

[1] See P. Ravi Kumar, Exploring Data Security Issues and Solutions in Cloud Computing, 125 Procedia Computer Science 691 (2018): p.693.

二、跨境取证的主要场景及数据安全风险

刑事跨境数据取证是数据跨境的情形之一，不可避免地会牵涉数据安全问题。如前所述，数据安全风险及其应对与数据应用场景和具体所处状态紧密相关。因此，要准确识别刑事跨境数据取证中的数据安全风险，首先需要对这一活动的具体场景进行分析，在此基础上建设相应的安全规则和机制，这也与《数据安全法》所承载的数据分级分类的基本思路相一致。从前文的分析可以看出，当前刑事跨境数据取证已经逐渐衍生出三种模式：一是传统的刑事司法协助或执法协作模式，二是以前文论述的特殊侦查措施为代表的直接取证模式，三是向网络信息业者等占有或控制目标数据的第三方跨境调取数据模式。这三种模式分别对应不同的取证场景，并进而对应不同层级和类型的数据安全要求。

（一）场景一：传统的刑事司法协助

刑事司法协助是跨境取证的传统途径，同时也是跨境数据取证的典型场景。也正是在这个意义上，《数据安全法》第36条主要关注的是这一场景。该场景具有以下三个典型特征。第一，刑事司法协助机制对于取证主体和活动有着最为严格的限制和审查机制，与数据安全的"AAA"机制要素具有较高的契合度。第二，刑事司法协助中的目标数据往往在体量、范围和指向性上均相对明确、具体和有限，这就区别于《数据安全法》保护客体的"资源性"属性。第三，刑事司法协助机制具有较强的双向性，并且跨境数据取证的长期开展本身就具有一定的双向性；即便在单次的跨境取证流程中，请求国同样需要提供辅助数据，从而使该单次取证仍然具有双向性的特征。例如，根据《国际刑事司法协助法》的规定，外国向我国提出刑事司法协助请求的，原则上需要在请求书中载明"案件性质、涉案人员基本信息及犯罪事实"（第13条）。这与《数据安全法》主要采取的单向性视角存在较大差

异,由此也使尽管《数据安全法》第36条基本上照搬了《国际刑事司法协助法》第4条第3款的表述,但二者呈现出迥异的立法旨趣。

结合上述两个特征可以看到,传统刑事司法协助与《数据安全法》第36条存在以下两个方面的紧张关系。

一方面:《数据安全法》第36条与《国际刑事司法协助法》第4条已经建立的主管机关同意机制之间的关系不明,即前者是否设置了独立于后者的数据安全审查批准程序。根据《国际刑事司法协助法》第4条第2款的规定,国际刑事司法协助不得损害我国国家主权、安全和社会公共利益。《数据安全法》在起草过程中一再强调"没有数据安全就没有国家安全",据此,《数据安全法》框架下的安全机制主要是以国家安全作为上位概念。尽管《国际刑事司法协助法》第14条列举的可以拒绝提供协助的情形并未直接提及国家安全,但从已有的双边刑事司法协助条约可以看到,损害被请求国国家安全和社会公共利益等往往构成具体文本中的规定[1],这种规定也符合《国际刑事司法协助法》第4条第2款的立法精神。沿着这一思路分析,《数据安全法》第36条的规定事实上并未超出《国际刑事司法协助法》第4条第3款所确立的主管机关同意机制,前者更多的是对后者的重申,而非重新设置一套独立的数据安全主管机关审查批准机制。[2]

另一方面,《数据安全法》的立法目的与跨境数据取证中的数据特征不相符。如前所述,《数据安全法》核心关注的是作为资源的数据聚合体,这恰恰不是跨境数据取证过程中的常见情形。事实上,越来越多的国家或地区将刑事侦查机关大规模、不加区分的数据收集活动定

---

[1] 例如《中华人民共和国政府和美利坚合众国政府关于刑事司法协助的协定》第3条第1款第3项规定,"执行请求将会损害被请求方的主权、安全、公共秩序、重大公共政策和其他根本利益"的,被请求国中央机关可以拒绝提供协助。
[2] 这里需要注意的是,《数据安全法》第36条中采用的是"批准"的表述,而《国际刑事司法协助法》第4条第3款采用的是"同意"的表述,前者看似强度比后者更强,但从主管机关不同意即不得提供相关材料和协助的规定来看,该"同意"实际上已经具有类似"批准"的效力。

性为违法。[1] 在何种情形下针对何种性质和规模的数据跨境收集提取需要主管机关启动数据安全审查,《数据安全法》第 36 条规定的并不明确,同时该法的其他条文也未能提供明确的指引。如果过于宽泛地解释数据安全审查的范围,则有可能导致跨境数据取证的程序复杂性的普遍提升,降低犯罪侦查取证效率,进而损及打击犯罪这一现实需求。对此,需要结合《数据安全法》第 21 条规定的数据分类分级保护制度,在具体划分标准上考虑刑事司法这一特殊场景。

(二)场景二:网络远程提取

如果说《数据安全法》第 36 条更多针对的是传统的刑事司法协助机制下的取证措施,那么当前网络空间犯罪治理的实际执法需求已经远远超出该传统机制的能力范围,并由此在实践中衍生出网络远程提取模式,其中一些具体做法会涉及特殊技术应用,前述美国《联邦刑事诉讼规则》第 41 条的变革,荷兰、挪威等国在具体案件中的技术操作均属于这一类型。我国《电子数据规定》中的网络远程勘验和在线提取措施,同样是侦查机关试图在网络空间直接获取数据的立法探索。尽管《电子取证规则》将网络在线提取限定于公开数据和境内计算机信息系统,但网络远程勘验并不受此限制;相反地,远程勘验恰恰是判断目标数据是否位于境内的先行措施。

根据《电子数据规定》,网络远程勘验,是指"通过网络对远程计算机信息系统实施勘验,发现、提取与犯罪有关的电子数据,记录计算机信息系统状态,判断案件性质,分析犯罪过程,确定侦查方向和

---

[1] See, e.g., Ira S. Rubinstein et al., Systematic Government Access to Private-Sector Data: A Comparative Analysis, in Bulk Collection: Systematic Government Access to Private-Sector Data (Fed H. Cate and James X. Dempsey eds.), Oxford University Press, 2017, pp.5-46; 欧洲人权法院(ECtHR)也在 Centrum För Rättvis v. Sweden (application no. 35252/08)、Szabó and Vissy v. Hungary (application no. 37138/14)等案件中对大规模无区分的数据监控和收集作出了否定评价;欧洲法院(CJEU)的一系列案件判决也表达类似观点,参见 Case C-623/17, Privacy International; in Joined Cases C-511/18, La Quadrature du Net and Others; C-512/18, French Data Network and Others; C-520/18, Ordre des barreaux francophones et germanophone and Others。

范围,为侦查破案、刑事诉讼提供线索和证据的侦查活动"(第29条)。可以看到,这里的"勘验"不仅包含勘查计算机信息系统情况,还包含直接的数据取证活动,其措施不仅限于查看,还包括安装新应用程序、使远程系统产生新电子数据、展示电子数据内容或状态等积极措施。[1] 同时,网络远程勘验在必要时还可以匹配技术侦查措施。

在国际层面,此类侦查机关直接侵入计算机信息系统开展取证活动的措施具有较强的侵入性,以至于有些学者将其表述为"政府黑客"(government hacking)。[2] 此类措施和网络空间犯罪活动与数字技术深度融合后形成的对抗失衡密切相关,[3]但其可能引发的数据安全风险要远远大于传统措施。一方面,通过特殊网络技术开展数据取证一定程度上绕开了传统基于国家主权和管辖权建立起的审批制度,是对一国侦查取证权限的重大突破,本身与前述提及的控制数据处理行为的"AAA"要素存在张力;同时基于此类场景的单方性特征,其数据安全保障更依赖于刑事司法程序的内部规制建设。另一方面,特殊网络技术的使用也对数据安全本身的防护技术形成冲击,例如艾哈迈德·加普尔(Ahmed Ghappour)在观察刑事侦查机关对"零日漏洞"(zero-day vulnerability)[4]的发掘和使用时发现,鉴于此类安全漏洞对于侵入远程计算机信息系统的便利性,侦查机关有强烈的收集"零

---

[1] 2019年公安部《电子取证规则》第27条。

[2] See, e.g., Jennifer Daskal, Transnational Government Hacking, 10(3) Journal of National Security Law and Policy 677 (2020): pp.677-700; Jonathan Mayer, Government Hacking, 127 The Yale Law Journal 570 (2018): pp.570-662; Orin S. Kerr & Sean D. Murphy, Government Hacking to Light the Dark Web: What Risks to International Relations and International Law?, 70 Stanford Law Review Online 58 (2017): pp.58-69; American Civil Liberties Union (ACLU) et al, "Challenging Government Hacking in Criminal Cases", available at https://www.aclu.org/sites/default/files/field_document/malware_guide_3-30-17-v2.pdf. Accessed 11 August 2021.

[3] See Carlos Liguori, Exploring Lawful Hacking as a Possible Answer to the "Going Dark" Debate, 26 Michigan Technology Law Review 317 (2020): 317-345.

[4] "零日漏洞",是指发现后立即被恶意利用的安全漏洞,由于发现与恶意使用之间的时间间隔较短,又称为"零时差漏洞",并且在恶意利用时没有安全补丁。关于"零日漏洞"的原理介绍,参见李岱:《基于零日漏洞攻击的原理与防范》,《电脑知识与技术》2009年第33期,第9394—9395+9408页。

日漏洞"的动力,[1]但使用此类漏洞存在诸多安全风险。首先,不当使用此类安全漏洞可能导致漏洞信息泄露,甚至被犯罪分子利用,从而危及目标信息系统的整体性安全。其次,使用此类漏洞侵入计算机信息系统后,加大了其中数据遭受泄露、篡改的风险。最后,基于公正审判原则和控辩平等对抗原则,使用此类安全漏洞进行远程跨境网络侦查的措施可能面临向辩方开示的法律要求,从而进一步提升目标系统及数据安全的"三性"风险。就最后一项而言,其不仅仅是技术问题,更与一国的刑事诉讼法律制度紧密相关。从我国当前刑事诉讼相关规定来看,使用此类漏洞的措施的定性并不明确,因此尚无法直接照搬技术侦查措施中对于技术手段保密且不向辩方披露的相关规定。

(三)场景三:向第三方主体调取

第三种场景涉及一国侦查机关向他国第三方主体调取数据,其中又以向占有或控制数据的网络信息业者调取为典型情形。如前所述,我国当前立法对于此种跨境数据取证措施采取了对内对外的两种不同态度。一方面,当我国作为被取证国时,《国际刑事司法协助法》原则上禁止非经我国同意的数据控制者自愿协助外国执法机关;《数据安全法》第36条的后半段采用了与《国际刑事司法协助法》类似的规制思路。另一方面,当我国作为取证国时,我国《刑事诉讼法》及相关司法解释并不禁止侦查机关向外国网络信息业者调取数据,[2]同时此种做法也在一些国际互联网企业披露的《透明度报告》中有所体现,例如图7.1显示了2013年1月至2021年6月苹果公司收到中国执法机关的数据调取申请类型和数量。

---

[1] See Ahmed Ghappour, Searching Places Unknown: Law Enforcement Jurisdiction on the Dark Web, 69 Stanford Law Review,1075 (2017): p.1110.
[2] 参见裴炜:《向网络信息业者取证:跨境数据侦查新模式的源起、障碍与建构》,《河北法学》2021年第4期,第56—81页。

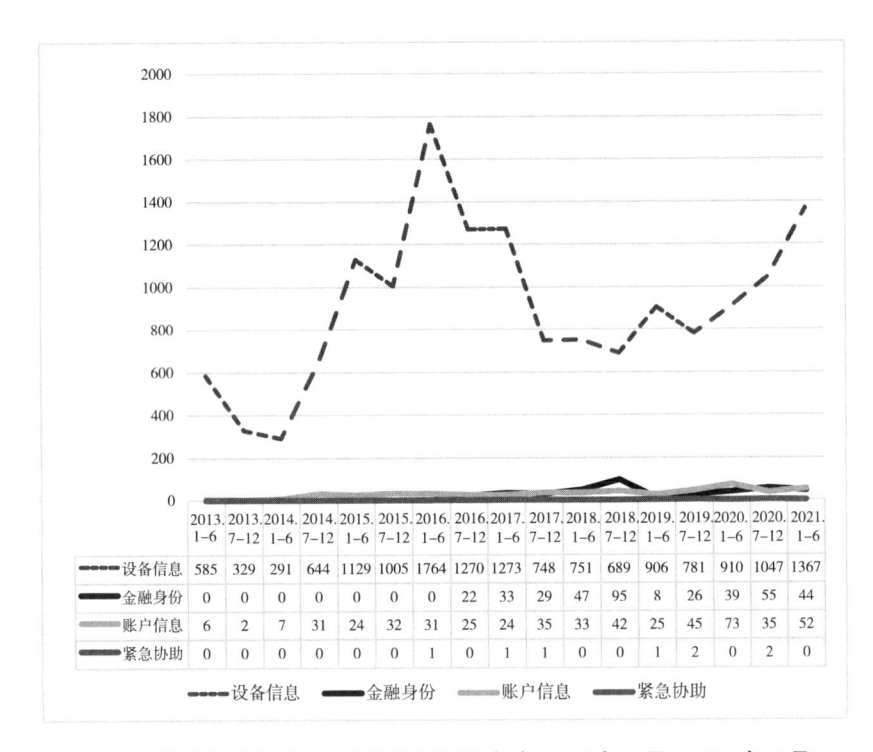

	2013.1-6	2013.7-12	2014.1-6	2014.7-12	2015.1-6	2015.7-12	2016.1-6	2016.7-12	2017.1-6	2017.7-12	2018.1-6	2018.7-12	2019.1-6	2019.7-12	2020.1-6	2020.7-12	2021.1-6
设备信息	585	329	291	644	1129	1005	1764	1270	1273	748	751	689	906	781	910	1047	1367
金融身份	0	0	0	0	0	0	22	33	29	47	95	8	26	39	55	44	
账户信息	6	2	7	31	24	32	31	25	24	35	33	42	25	45	73	35	52
紧急协助	0	0	0	0	0	0	1	0	1	1	0	0	1	2	0	2	0

图 7.1　苹果公司收到中国大陆数据调取申请（2013 年 1 月—2021 年 6 月）

注：数据来源于苹果《透明度报告》（transparency report）[1]

尽管我国立法上对于此种跨境取证模式的规制思路存在矛盾之处，但可以看到的是，无论是网络犯罪《布达佩斯公约》及其《〈布约〉第二附加议定书》，还是欧盟《刑事电子证据条例》，抑或美国的《云法》及该框架下的双边行政协议体系，均在不断推进和拓宽一国侦查机关与他国网络信息业者直接开展取证合作的通道，结合我国司法实践的现实需求，这种场景未来具有进一步拓展和规范的空间。在此背景下聚焦该场景的数据安全，其在一定程度上是将数据安全审查和保障的义务与法律责任转移给了协助数据侦查取证的网络信息业者，此时相对于技术层面的安全保障，网络信息业者面临的挑战主要源于法

---

[1] Apple Transparency Report: China Mainland, available at https://www.apple.com/legal/transparency/cn.html. Accessed 21 August 2024.

律层面,并集中体现在以下两个方面:

第一,挑战涉及数据出境安全管理义务与高效协助执法义务之间的矛盾。根据《网络安全法》第37条的规定,关键信息基础设施运营者在因业务需要向境外提供中国境内收集和产生的个人信息和重要数据时,需要对该数据出境进行安全评估;《数据安全法》第31条在延续《网络安全法》有关关键信息基础设施运营者的规定的同时,进一步将重要数据的出境安全审查义务扩展至其他数据处理者。

总体来看,当前关于数据出境安全评估的规定主要存在以下三个问题。首先,在数据出境安全评估的事由方面,《网络安全法》第37条并未明确规定运营者因协助侦查取证需要向境外提供个人信息和重要数据时是否需要进行安全评估,进而导致《数据安全法》第31条所适用的数据出境事由范围不明。[1] 其次,在数据出境安全评估的主体方面,在主管机关批准向外国司法或执法机构提供数据的情况下,协助执法的网络信息业者是否仍然需要开展独立的数据出境安全评估,当前规定同样语焉不详。最后,在数据出境安全评估的流程方面,通过参考2022年国家互联网信息办公室发布的《数据出境安全评估办法》和《数据出境安全评估申报指南》可以看到,该流程除包含特定情形下数据处理者的出境风险自评估以外,还可能需要通过所在地省级网信部门向国家网信部门申报数据出境安全评估,这一流程本身相对复杂和繁冗,如果适用于刑事诉讼的个案追诉,则可能产生与传统刑事司法协助机制类似的阻碍高效跨境数据取证的弊端。从《数据出境安全评估办法》对于评估结果有效期的规定来看,相关规定主要针对的是常规化、业务化、批量化的数据出境情形,从这个角度来讲,其似乎并不适用于刑事司法的场景。

---

[1] 值得参考的是,2017年发布的《信息安全技术 数据出境安全评估指南(征求意见稿)》中关于"出境目的"的合法性、正当性和必要性进行了列举,其中"必要性"涉及的情况包括了"我国政府部门履行公务所必需""履行我国政府与其他国家和地区、国际组织签署的条约、协议所必需"等,其并不限于《网络安全法》第37条限定的"业务需求"。从这个角度来讲,数据出境的安全评估事实上可以拓展到各种出境事由。

第二，挑战源自不同国家或地区的法律义务冲突。可以看到的是，一国网络信息业者以遵守本国数据安全保障规定为由，拒绝协助执行他国刑事司法机关取证命令时，该事由往往难以成为有效的外国法免责事由。这意味着当我国网络信息业者以《数据安全法》第36条之规定为由拒绝向外国侦查机关提供数据时，仍然可能因拒不合作而引发外国法律责任；而外国网络信息业者同样可能面临类似的风险，例如根据我国《数据安全法》第35条的规定，有关组织、个人有义务配合公安机关侦查犯罪的调取数据活动，该义务主体并不限于我国组织或个人，而拒不配合数据调取可能进一步引发该法第48条项下的行政处罚。[1]

三、回归数据安全逻辑起点的跨境取证

基于数据安全"三性"的分析可以看出，刑事跨境数据取证并非不会引发数据安全的风险，但此类风险的来源和性质多元，同时其规制涉及多个部门法，这就使该领域的规则体系相对复杂，一方面需要在数据安全的总体价值和概念框架下进行规则设计，另一方面这种设计也应当遵循刑事司法的基本逻辑，在数据安全风险规制与犯罪侦查取证实效之间形成平衡。

（一）建立两个逻辑起点

刑事跨境数据取证的数据安全保障规则体系的具体建设，需要以明确数据安全制度的逻辑起点为前提。基于前文分析，我们可以总结出以下两个重要的逻辑起点，作为后续场景划分和配套机制建设的基础。

第一，数据安全立法的逻辑起点是数据聚合的资源性，而非直接

---

[1] 根据《数据安全法》第48条的规定，有关组织和个人违反本法第35条的规定拒不配合数据调取的，单位可能面临最高50万元的罚款，直接负责的主管人员和其他直接责任人员可能面临最高10万元的罚款。

与对该资源利用、挖掘之后所形成的信息相对应。在刑事司法的语境下,侦查取证行为需要遵循比例原则的限制,这就意味着数据取证不仅需要服务于打击特定犯罪之目的,同时也需要将其体量控制在合理范围内。可以看到的是,一些国家或地区已经在立法中对刑事司法过程中的大规模数据传输进行限制,例如网络犯罪《布达佩斯公约》及其于2021年通过的《〈布约〉第二附加议定书》均强调相关跨境侦查取证措施不能要求进行大规模(mass)或批量性质(bulk)的数据提供[1];而欧盟《刑事司法个人数据保护指令》也明确要求严格遵守必要性原则,避免频繁的(frequent)、大规模的(massive)和结构化的(structural)个人数据传输。[2] 此外,从国际上一些大型互联网企业披露的《透明度报告》中也可以看出,侦查机关调取数据范围过广往往成为其拒绝或部分拒绝协助的原因之一。[3]

我国《刑事诉讼法》仅在第52条原则性地规定了收集证据的相关性要求[4],相关规范性法律文件并未就收集、提取电子数据的范围和比例原则进行明确规定。但是结合《国际刑事司法协助法》的相关规定,以及参考我国已经签署的多个刑事司法协助双边条约,跨境取证本身需要明确请求事项与案件之间的关联性,因此过于宽泛的数据取证请求可能导致请求本身被拒绝。从这一逻辑起点出发,在刑事跨境

---

[1] See T-CY, Second Additional Protocol to the Convention on Cybercrime on Enhanced Co-operation and Disclosure of Electronic Evidence, Draft Protocol Version 3, approved by the T-CY at its 24th Plenary (28 May 2021), available at https://rm.coe.int/0900001680a2aa1c. Accessed 11 August 2021.
[2] See Directive (EU) 2016/680 of the European Parliament and of the Council of 27 April 2016 on the protection of natural persons with regard to the processing of personal data by competent authorities for the purposes of the prevention, investigation, detection or prosecution of criminal offences or the execution of criminal penalties, and on the free movement of such data, and repealing Council Framework Decision 2008/977/JHA, available at https://eur-lex.europa.eu/legal-content/EN/TXT/?uri=CELEX%3A32016L0680. Accessed 22 August 2024.
[3] 参见裴炜:《针对用户个人信息的网络服务提供者协助执法义务边界》,《网络信息法研究》2018年第1期,第21—56页。
[4] 这种相关性判断在数据取证领域实际上难以控制,参见裴炜:《数据侦查的程序法规制——基于侦查行为相关性的考察》,载《法律科学(西北政法大学学报)》2019年第6期,第43—54页。

数据取证的场景中,数据安全审查与保障机制的建构不宜以数据本身的大量聚合作为数据安全风险评判的标准之一。

第二,刑事跨境数据取证的数据安全保障体系需要考虑到国际执法和司法活动的双边性特征,这与一国境内数据安全审查的单边性特征存在差异。换言之,在刑事跨境数据取证的场景中,一国侦查机关采取的措施能否顺利进行,不仅取决于该措施本身,更取决于请求国与被请求国之间基于平衡和互惠原则所依据的国际多边或双边条约等制度安排。考虑到伴随着网络信息技术与犯罪融合的不断深化,跨境数据取证已然成为打击各类犯罪活动的新常态,侦查活动的普遍国际化意味着平等互惠原则的普遍化。

从双边性的特征出发,我们至少可以推演出跨境数据取证场景中数据安全机制的两个限制。

第一个限制是数据安全审查机制不应当不当阻碍侦查取证的顺利进行。在可能作为犯罪证据的数据在全球范围内高速流动和分散分布的背景下,考虑到高效侦查取证和电子数据证据快速保全的现实需求,数据安全审查机制不宜不加区分地全面嵌入国际刑事司法协助的主管机关审查机制之中。事实上,结合第一个逻辑起点进行分析,在绝大多数仅涉及有限和特定数据的案件中,并无必要启动数据安全的专门审查。

第二个限制针对的是使用网络信息技术开展的特殊类型侦查措施,这些措施本身具有较强的单方性,尽管会绕开传统的国际刑事司法协助机制,但其本身是对涉网络信息技术犯罪侦查取证现实需求的回应,也因此为越来越多的国家或地区所采用。但是如前所述,此种措施往往会形成更为紧迫且现实的数据安全系统性风险,同时由于其单边性,不仅可能直接与他国主权相冲突,也可能触发其他国家或地区的数据安全保障机制,进而导致侦查取证人员可能面临现实的法律责任。上述困境的化解一方面依赖于国内法对于此类措施施加必要的限制,另一方面也需要达成国际层面的共识,在认可其必要性的前提下,对此类措施划定必要的边界,明确其适用的具体案件类型或情形,并在此基础上建立起相应的数据安全保障机制。

（二）根据场景设置数据安全保障机制

如前所述,跨境数据取证中的三个主要场景分别面临不同类型和程度的数据安全风险,这意味着需要设置对应的数据安全保障机制。

1. 刑事司法协助场景

针对传统刑事司法协助机制,此种场景中可能产生的数据资源性和系统性安全风险相对较低,因此其审查机制可以相对简化。结合《刑事诉讼法》与《国际刑事司法协助法》等相关法律规定,可以看到的是,刑事司法协助仍然是当前刑事跨境数据取证的主要场景,考虑到该机制本身的复杂性与数据取证高效性之间的矛盾,可以考虑从以下方面划定该场景中的数据安全审查的适用范围:一是限定犯罪类型,主要针对危害国家安全犯罪、涉恐怖主义犯罪等严重犯罪;二是限定取证对象,至少将安全审查机制限定于涉及关键信息基础设施运营者收集或生产的重要数据的情形;三是限定数据体量,避免针对仅涉及个别、具体数据的案件启动数据安全审查机制;四是审查程序与取证程序适当分离,允许在有初步材料的情况下对目标数据进行先行冻结,从而避免数据安全审查流程过长而导致数据损毁、灭失,进而妨碍后续的刑事诉讼程序和犯罪打击目的。

需要注意的是,在传统刑事司法协助场景下,被请求国除考虑数据出境可能对本国造成的安全风险外,有时也会将请求国的数据安全保障水平作为评估是否予以合作时的重要考量因素,例如《〈布约〉第二附加议定书》中多处条文授权被请求成员国对协助他国侦查取证活动增设加密等额外的安全保障要求。[1] 基于这一考量因素,为促进跨境数据取证的顺利进行,进而有效打击犯罪,就需要在国际层面建立起相对统一的数据安全规则,其中核心是就数据安全保障机制的最低标准达成共识。

---

[1] See T-CY, Second Additional Protocol to the Convention on Cybercrime on Enhanced Co-operation and Disclosure of Electronic Evidence, Draft Protocol Version 3, approved by the T-CY at its 24th Plenary (28 May 2021), available at https://rm.coe.int/0900001680a2aa1c . Accessed 20 August 2021.

2. 网络直接跨境取证场景

针对使用特殊网络侦查技术进行直接跨境取证的场景而言,该场景以一国侦查机关的单方措施为特征,其参与主体和程序相对简单,但可能引发的数据安全风险更为严重。如前所述,在我国当前法律框架下,此类措施主要被纳入远程勘验项下。与美国 NIT 等侦查措施类似的是,此类措施主要适用于目标数据或系统所处地理位置不明的情况,特别是针对利用 Tor 等技术的暗网进行侦查取证时,需要采取相应的技术措施进行网络追踪。基于此类场景的单方性特征,其数据安全保障更依赖于刑事司法程序的内部规制建设。

结合我国既有法律规定,针对该场景的数据安全审查机制应当至少符合以下条件。首先,技术性数据取证措施的适用本身应当遵循国际法的对等原则和及时告知义务;[1]特别是在采取此类措施造成相关国家数据安全风险时,应当及时将该风险告知对方。之所以强调上述原则和义务,在于尽管该场景表现为单边措施,但其可能在现实操作中超出一国边境进而侵犯他国刑事管辖权;同时针对他国计算机信息系统采取的侵入性措施可能违反他国法律而引发相应的法律责任。例如在我国,外国侦查机关或人员针对我国计算机信息系统采取侵入性数据取证措施的,可能落入《刑法》第 285 条规定的非法侵入计算机信息系统罪、非法获取计算机信息系统数据罪、非法控制计算机信息系统罪,第 186 条规定的破坏计算机信息系统罪等罪名,这些犯罪成立与否与侵入行为是否具有外国法依据或授权无关,同时我国刑事司法机关对采取此类措施的境外单位或个人享有保护管辖权。类似地,《美国对外关系法重述(第三次)》中也明确表示,"一个行为在其实施国合法并不妨碍美国法的适用,即便该国采取强势政策允许甚至鼓励该行为。"[2]而俄罗斯联邦安全局早在 2002 年就曾对美国联邦调查局探员提起刑事诉讼,指控其远程进入俄罗斯境内服务器并获取

---

[1] 参见梁坤:《跨境远程电子取证制度之重塑》,载《环球法律评论》2019 年第 2 期,第 132—146 页。

[2] Restatement (Third) of the Foreign Relations Law of the United States § 415 cmt. j (AM. LAW INST.1987).

数据。[1]

其次，应当区分一般性勘验和侵入性勘验，后者主要是针对已经采取防护措施或权属明确的网络信息系统，[2]其具有更强的侵入性特征，同时更容易对数据安全构成威胁，因此数据安全审查和保障机制应当主要针对后一种类型。需要注意的是，当前《电子数据规定》和《电子取证规则》对于远程勘验措施的类型划分和程序设计主要以是否采取技术侦查措施为标准。问题在于，无论从措施本身还是适用案件的类型来看，具有系统侵入性的勘验措施并不必然落入传统技术侦查措施的范围之中，从而导致部分侵入性的勘验措施反而受到较低的程序性限制。也正是基于此，笔者认为相较于技术侦查措施的采用与否，以措施对网络信息系统的侵入性作为是否启动数据安全审查机制的标准更为适宜。

最后，考虑到部分远程勘验措施本身具有较强的计算机信息系统的侵入性，以及该措施可能导致跨境取证并引发后续的管辖权冲突，此类措施的适用不仅应当像技术侦查措施一样设置较高的程序性门槛；同时针对侵入性较强且数据安全风险较高的远程勘验措施，宜由检察机关进行审查批准，一方面有助于强化其数据安全保障，另一方面也有助于确保目标数据在后续诉讼程序中的证据资格。

3. 向网络信息业者调取场景

针对第三种场景中面临的上述两个层面的数据安全保障挑战，其应对思路需要回归到跨境数据取证的双边性这一重要的逻辑起点，以推进数据安全保障的国际共识作为前提，从以下几个层面探索相关机制。

首先，需要化解国内法层面的立场矛盾，从国际合作的角度审视国内刑事司法实践需求，可以看到网络信息业者不断深入参与跨境数

---

[1] 相关报道参见 Robert Lemos, "Russia Accuses FBI Agent of Hacking", issued on CNET, 19 August 2002, available at https://www.cnet.com/news/russia-accuses-fbi-agent-of-hacking/. Accessed 16 August 2021.

[2] 参见龙宗智：《寻求有效取证与保证权利的平衡——评"两高一部"电子数据证据规定》，载《法学》2016年第11期，第7—14页。

据取证这一现实趋势。其次,需要看到在此种场景中数据跨境传输安全保障义务向第三方的转移,以及该义务转移可能与其他国内法层面的法律义务形成的冲突,这种冲突的化解需要加强不同部门法之间的沟通和衔接。再次,针对不同国家或地区法律义务冲突而言,其所形成的法律风险难以通过调整一国法律予以实现,需要通过国际条约或协议等方式,化解网络信息业者可能面临的数据安全合规困境。最后,针对公私合作跨境取证的场景,面对数据安全保障的现实需求以及相关安全义务向网络信息业者传递的特征,需要促进全球互联网产业的数据安全共识和标准制定,发挥行业组织和标准组织在推进该场景数据安全保障机制建设的积极作用。

(三)设置两项配套机制

不同场景存在的数据安全风险类型及其来源有所差异,对于上述风险的防控一方面需要结合该场景的特征,另一方面也需要建立起必要的安全保障配套机制。从我国《数据安全法》第 36 条的规定来看,其关注点主要在于数据出境的端口控制,缺少对于跨境侦查取证全流程的安全风险防控。对此,应当至少建立起跨境数据取证中两方面的配套机制,以形成完整的数据安全保障机制:一是取证措施的安全评估机制;二是安全风险的跨境预警机制。

1. 取证措施的安全评估机制

数据安全的保障重点在预防,因此可以看到的是,安全评估机制是我国《数据安全法》确立的保障数据安全的重要措施之一,具体内容涉及建设安全标准体系(第 17 条)、发展安全检测评估认证服务(第 18 条)、建立统一高效权威的安全风险评估机制(第 22 条)、针对重要数据开展定期风险评估和报告(第 30 条)等。在刑事跨境数据取证过程中,不同场景均可能面临不同程度的数据安全风险,这就需要在这一过程中适当引入数据安全评估机制,尽可能避免或降低数据跨境传输风险。如前所述,在刑事侦查取证中,极少以资源性的数据聚合体作为取证对象,因此这一场景中数据安全评估的重点不应当放置在数据体量之上,而是需要重点关注侦查措施本身,其中又主要涉及两种侦查措施。

第一种措施是采用特殊技术侵入计算机信息系统。这类措施的本质即在于利用网络信息系统的安全弱点或漏洞,[1]因此首先需要达成共识的是,使用此类措施不可避免地会引发数据安全风险。对此,需要建立起针对该技术的强制性的事前数据安全审查机制,尽可能明确该措施针对不同系统可能形成的干扰乃至破坏,一方面引入技术专家对相关措施进行安全评估,并尽可能选择安全风险性较低的措施;另一方面应当遵循比例原则的要求,所采取的特殊侦查措施应当与具体的犯罪性质、情节等相称,并将采用该措施可能导致的对普通公民数据安全的潜在威胁等因素考虑在内。

此外,有学者研究指出,侦查机关可能会收集和存储系统漏洞以备未来侦查取证不时之需,[2]同时我国2021年7月12日由工业和信息化部、国家互联网信息办公室以及公安部联合出台的《网络产品安全漏洞管理规定》初步建立起网络产品安全漏洞的发现、收集和报告制度,这些安全漏洞的收集行为本身是打击犯罪、防控网络和数据安全风险的重要措施,但需要看到的是,这种漏洞汇集本身也提高了网络和数据安全的系统性风险,一旦泄露可能波及数个网络信息系统。因此,如果侦查机关进行此类漏洞收集,那么也需要针对漏洞集合本身建立起常规化的安全评估和保障机制,提高整体漏洞集合的安全保障程度,避免形成漏洞泄露事件。

第二种措施是要求网络信息业者提供解锁设备、系统解密等技术支持,其可能同时出现在三种场景之中。此时,数据安全风险并

---

[1] See Johathan Mayer, Government Hacking, 127 The Yale Law Journal 570 (2018): pp.570–662; Stephanie K. Pell, You Can't Always Get What You Want: How Will Law Enforcement Get What It needs in a Post-CALEA, Cybersecurity-Centric Encryption Era?, 17 N. C. J. L. & Tech. 599 (2016): pp.599–643.

[2] See Ahmed Ghappour, Searching Places Unknown: Law Enforcement Jurisdiction on the Dark Web, 69 Stanford Law Review 1075 (2017): pp. 1075 – 1136; Shaun Waterman, "Should the Government Stockpole Zero- Day Software Vulnerabilities?", issued on Cyberscoop, 19 May 2017, available at https://cyberscoop.com/should-the-government-stockpile-zero-day-software-vulnerabilities/. Accessed 22 August 2024.

非直接源于侦查机关自身,而是产生于网络信息业者协助执法的行为。但需要看到的是,要求网络信息业者提供特定技术支持,从可能引发的数据安全风险的性质和程度而言,与侦查机关直接采取特殊侦查措施无异,只是此时出现了安全责任的转移。对此,典型的例证是 2015 年美国联邦调查局要求苹果公司解锁用户手机设备,在后者提出的多项反对观点中就曾提到,该措施可能系统性威胁苹果手机用户数据安全。[1] 此时,网络信息业者实际上面临着数据安全的困境:一方面,基于一般性的数据安全要求,其有义务采取措施保障其信息系统及数据用户安全;另一方面,进行设备解锁、系统后门提供等技术支持又不可避免地会暴露或形成系统漏洞、提升整体性的数据安全风险。侦查机关在提出此类协助要求时,需要考虑到网络信息业者执行该命令可能对其服务系统及用户数据安全等造成的潜在风险,并在程序设计上允许网络信息业者基于该安全风险全部或部分拒绝协助。此外,有必要针对网络信息业者等第三方提供技术支持和提供数据这两项协助方式设置不同的申请程序,其中对于数据安全可能造成系统性风险的技术支持,应当设置更高的启动门槛,例如可以考虑引入同级人民检察院的审查批准。

2. 安全风险事件的跨境预警机制

跨境数据取证中重要的第二项数据安全保障配套机制是安全预警机制。与安全评估机制类似,我国《数据安全法》同样将安全风险的监测预警机制列为重要的数据安全制度(第 22 条),并要求数据处理者加强风险监测和应急处置(第 29 条)。可以看到的是,现有预警机制主要涉及的是境内数据处理活动,但对于数据跨境场景的安全风险监测、预警和应急处置则关注较少,其背后体现的仍然是对于数据跨境安全管理的端口控制而非过程控制思路。然而,对于刑事跨境数据取证而言,其数据安全风险恰恰主要来自侦查取证过程中技术和法律

---

[1] See Rafita Ahlam, Apple, The Government, and You: Security and Privacy Implications of the Global Encryption Debate, 44(3) Fordham International Law Journal 771 (2021): pp.771-846.

的衔接不畅,同时基于国际法层面的对等原则和互惠原则,一国也有义务保障其跨境取证行为不损及被请求国或第三国的数据安全利益。

基于此,在刑事跨境数据取证中,有必要建立起国际数据安全风险预警机制。对此,当前世界范围内一些关于跨境数据取证的立法探索已经关注到这一点,例如《〈布约〉第二附加议定书》要求在发现出现数据安全事件,可能对个人或其他成员国造成物理或非物理损害时,接收数据的成员国有义务立即评估损害的可能性和范围,及时将事件通知数据传输方,并立即采取恰当措施以降低损害。[1] 与前述安全评估机制类似,国际层面的数据安全风险预警机制需要以共同适用的国际规则为其有效运行的前提,既可以借用国际刑警组织、计算机安全突发事件响应组(CSIRTs)[2]等已有机制,也可以考虑针对跨境数据取证制定专门的数据安全风险国际预警机制。

需要注意的是,区别于其他领域的预警机制,刑事侦查取证本身有着较高的保密性要求,不当的信息披露可能妨碍侦查取证的顺利进行。在发生数据安全风险事件时,其风险可能不仅限于申请国与被申请国,还有可能波及位于世界其他国家或地区的网络信息系统及数据安全;然而,如果此时立即进行全面预警,则又有可能导致侦查措施暴露等后果,有损犯罪侦查的有效开展,进而可能妨碍打击犯罪的目的;在目标犯罪涉及国家安全、社会公共安全或公民的重大人身财产权利时,全面预警可能造成更为严重的损害结果。基于此,刑事跨境数据取证过程中的数据安全风险预警应当考量多方面利益,特别是需要基于比例原则在保障数据安全与打击犯罪之间寻求平衡,在安全预警可能损及犯罪侦查取证时,应当允许对预警采取必要且合理的限制,例如进行部分风险预警、对通知对象的范围进行限缩、临时禁止或推迟向第三方扩散预警等。

---

[1] See T-CY, Second Additional Protocol to the Convention on Cybercrime on Enhanced Co-operation and Disclosure of Electronic Evidence, Draft Protocol Version 3, approved by the T-CY at its 24th Plenary (28 May 2021), available at https://rm.coe.int/0900001680a2aa1c. Accessed 20 August 2021.

[2] See ENISA, "Cooperation between CSIRTs and Law Enforcement", available at https://www.enisa.europa.eu/publications/csirts-le-cooperation. Accessed 30 July 2021.

第八章
数据取证与个人信息保护

从国内外的立法探索来看,数字法治建设的重点之一是个人信息保护,这也是跨境数据取证过程中需要刑事诉讼法予以调整和应对的事项。近年来,我国不断强化个人信息保护的立法工作,逐步建立起法律法规、行业规范、技术标准为一体的多层次、综合性个人信息保护制度框架。但是该框架并未予以刑事诉讼足够的关注,刑事司法已经成为个人信息保护理论探讨和制度建构的"短板"。[1] 从域外立法来看,在一般性的个人信息保护制度中排除刑事诉讼活动的适用并不少见,但是这种排除并不意味着刑事诉讼活动不需要保障个人信息;相反,刑事诉讼需要匹配相对独立的个人信息保护框架。[2] 从《〈布约〉第二附加议定书》、美国的《云法》等相关域外立法探索可以看出,该框架无论对于传统刑事司法协助机制还是跨境取证创新模式而言均至关重要,特别是在向第三方主体调取模式中,个人信息保护的制度碰撞尤为明显。《联合国打击网络犯罪公约》也特别强调了对隐私和个人数据的保护。基于此,如何在遵循刑事司法内在价值和逻辑的基础上,将个人信息保护制度融入刑事诉讼程序规则,进而确保打击犯罪和保障人权在网络信息时代的动态平衡,是我国刑事诉讼法律制度不应回避且亟待回应的问题,也是跨境取证中可能面临的重要挑战。[3]

---

[1] 参见程雷:《刑事司法中的公民个人信息保护》,载《中国人民大学学报》2019年第1期,第104—113页。

[2] 对于刑事诉讼中个人信息保护的特殊性的探讨,参见裴炜:《个人信息保护法与刑事司法的分离与融合》,载《中国政法大学学报》2020年第5期,第149—160页。

[3] 参见郑曦:《作为刑事诉讼权利的个人信息权》,载《政法论坛》2020年第5期,第133—144页。

应对这一挑战不应脱离我国刑事诉讼制度已有的公民信息保障的整体机制,而是需要明确个人信息在其中的定位,形成新旧制度间的合理衔接和有效融合,并在此基础上规范推进我国侦查机关的境外取证活动。

一、国家机关处理个人信息的制度框架

2021年8月《个人信息保护法》正式出台,该法延续了之前各个版本所建立起来的公私一体的立法框架,在以私领域为规制重心的同时,也适当关注了国家机关处理个人信息的特殊性。刑事侦查取证是国家机关处理个人信息的典型场景,也是当前世界不同国家或地区之间数字法治交锋、碰撞较为激烈的领域之一。鉴于我国现行刑事诉讼法尚未就个人信息保护作出特殊规定,有必要先行明确《个人信息保护法》建立起的国家机关处理个人信息的一般性制度。

(一)立法依据的公法属性

《个人信息保护法》在第1条中明确"根据宪法,制定本法",这是最终版本中重要的修订之一。可以看到,此前《网络安全法》《数据安全法》等关于网络空间治理的重要法律文件均未采用此种表述。该表述明确了《个人信息保护法》中各项权利的宪法依据,尤其是与宪法中规定的人格尊严不受侵犯、通信自由和通信秘密受法律保护等紧密相关,是基于宪法中基本权利的衍生权利。从宪法调整国家权力与公民权利基本关系的角度来看,这一表述也意味着《个人信息保护法》不仅调整私主体之间的法律关系,同时也必然涉及公法领域,规范公权力对公民个人信息的干预活动。更进一步讲,将本法的依据提升至宪法高度,意味着就个人信息保护而言,至少应当是私领域和公领域并重。始于《网络安全法》后以《民法典》为核心的法律规定已经搭建起私主体处理个人信息的法律框架;相对而言,国家机关处理个人信息的规定始终较为模糊和分散。《个人信息保护法》的立法定位一定程度上

建立起公领域个人信息处理的规制基础,但尚未形成完整的规制结构,同时条文相对较少和简单,与相关法律规定的衔接仍显不足。从这个角度来讲,未来个人信息保护制度需要提升对国家机关处理个人信息的关注度,尽快建立起与本法的立法定位和依据相匹配的公领域个人信息保护制度体系。

(二)国家机关处理个人信息的特殊规定

《个人信息保护法》针对国家机关处理个人信息设置专节。就这一部分而言,其突出的是公领域与私领域在处理个人信息时的关键差异。其中,《个人信息保护法》有几点值得注意:

第一,国家机关的范围。总体而言,国家机关应当包含各种承担国家治理和管理职能的机构,例如立法机关、行政机关、司法机关、监察机关、安全机关、军事机关等。国家机关的核心在于履行社会公共管理职能,也正是在这个意义上,该法第 37 条将特殊规则的适用对象扩展到"法律、法规授权的具有管理公共事务职能的组织"之上。第 34 条和第 37 条真正发挥作用,是需要大量的相关法律和行政法规的支撑,以明确国家机关处理个人信息的职权、程序以及限度。同时需要注意的是,《个人信息保护法》第 37 条采用的表述是"法律、法规授权",这里的"法规"既可以指向行政法规,又可以指向地方性法规。其他条文[1]均以"法律、行政法规"为依据。第 37 条的依据范围相对更广,因此在其适用时需要同时关注地方立法活动。

第二,国家机关处理个人信息的原则。《个人信息保护法》第 34 条确立了两项基本原则:一是法定原则,二是比例原则。

法定原则强调的是国家机关职权和履行法定职责的程序均需要有法律、行政法规的明确规定。观察当前我国已有个人信息保护相关

---

[1] 例如《个人信息保护法》第 3 条(境外适用)、第 13 条(处理情形)、第 14 条(单独或书面同意)、第 17 条(告知事项)、第 18 条(告知例外)、第 19 条(保存期限)、第 29 条(敏感信息书面同意)、第 32 条(敏感信息处理许可)、第 34 条(国家机关权限和履行法定职责的程序)、第 38 条(境外提供)、第 40 条(安全评估免除)、第 44 条(信息主体权利)、第 47 条(删除权)、第 51 条(保护措施)、第 54 条(合规审计)、第 58 条(守门人义务)、第 59 条(委托处理)、第 60 条(监管部门)、第 61 条(职责范围)、第 67 条(信用档案)等。

规定可以看到,前期立法的重心主要围绕私领域开展,例如《网络安全法》所确立的各项个人信息保护制度主要针对的是网络运营者而非国家机关。从这一角度来看,关于国家机关处理个人信息的立法亟待跟进,意味着未来将有大量的立法工作需要完成。

比例原则强调的是国家机关干预个人信息与履行法定职责之间的均衡关系。在法律、行政法规赋予国家机关处理行为正当性的前提下,比例原则需要进一步在三个层面对国家机关处理个人信息的行为进行衡量:一是适当性要求,二是必要性要求,三是均衡性要求。其中,适当性要求意味着具体干预措施与正当目的之间应当合理匹配,以手段能够达到目的为要求;必要性要求意味着干预公民权利的最小化,体现在个人信息保护领域,例如对最少收集原则的贯彻和落实;均衡性要求强调的是干预公民权利与该手段所保护的权益之间形成狭义比例关系,反映的是不同价值之间可能存在的冲突,例如保护个人信息就有可能与公众知情权之间存在冲突,这个时候需要进一步的细致衡量。

第三,限缩知情同意原则的适用。相对于之前的各个版本,《个人信息保护法》最终版本中第 35 条的修订应当是变动较大的一处。之前的版本均要求国家机关在处理个人信息时也应当适用知情同意原则,即不仅应当告知信息主体,还需要征得信息主体的同意。这与公权力行为本身内在的强制性之间存在明显冲突。强制性意味着不以相对人主观意愿为前提,如果在公领域也强调同意原则的普遍适用,将极大降低公共管理活动的效率和质量,或者反过来造成大量的事实上的执法者违法。笔者长期以来始终强调,公领域与私领域在处理个人信息时一个重要的区别就在于,同意原则并不能概括适用于前者。最终文本中第 35 条的修订可以说是对这一观点的积极回应。

单就知情而言,其同样并非国家机关处理个人信息的铁则。这在《个人信息保护法》起草过程中始终有所体现。从最终版本来看,该法对于国家机关的告知义务设置了法定例外和酌定例外。其中,法定例外强调的是法律、行政法规明确要求保密或免除告知义务。酌定例外主要涉及两种情形:一是第 18 条第 2 款规定的紧急情况;二是第 35 条规定的妨碍履行法定职责的情况。从当前已有立法来看,目前尚未形成国家机关处理个人信息方面明确的法定例外的相关规定,因此后续仍然需要进行大量的规则补充。就酌定的两种情形来看,《个人信息保护法》事实上采取了两种不同的思路。第18条规定的紧急情况例外本质是暂缓告知而非不告知,即要求在紧急情况消除后及时告知;而第35条规定的妨碍公务例外则并未明确方式和限度,本身需要交由法律或行政法规从以下几个方面进行进一步的细化规定:一是就妨碍公务这一告知例外提供法律依据;二是明确"妨碍公务"的判断标准并尽可能具体化其适用情形;三是从比例原则出发,区分不同形式的告知例外,以暂缓告知为主要形式,尽可能避免完全不告知,同时在妨碍情形消除后应当及时告知。

这里需要注意的是,当前国家机关在处理个人信息时,时常需要网络信息业者进行配合,例如国家机关为犯罪侦查向网络信息业者调取犯罪嫌疑人个人信息时,牵涉限制告知的具体履行问题。在这一场景中,对告知的限制往往需要通过网络信息业者予以实现,这一方面要求国家机关在调取公民个人信息时,将限制告知的要求和法律依据一并告知协助执法的网络信息业者;另一方面也需要在规范层面协调该场景中限制告知与信息主体相关权益之间的关系,例如在限制告知的情况下如何处理信息主体信息删除权的问题。

第四,数据本地化要求。《个人信息保护法》第36条要求,国家机关处理的个人信息在境内存储,凡向境外提供必须经安全评估。关于数据本地化的规定最早出现在《网络安全法》中,第37条规定关键信息基础设施的运营者在中国境内运营中收集和产生的个人信息和重要数据应当在境内存储。2021年通过的《数据安全法》第31条延续了《网络安全法》的立法思路,仍然将规制重点放置在关键信息基础设施运营者身上。相较而言,《个人信息保护法》将数据本地化义务的主体扩展为三类:一是关键信息基础设施运营者,二是处理个人信息达到国家网信部门规定数量的个人信息处理者,三是国家机关。前两者规定在《个人信息保护法》第40条之中,其规则基本上与《网络安全法》和《数据安全法》相一致。

相对而言,国家机关作为个人信息处理者的数据本地化义务具有如下特殊之处：一是从义务主体而言，由于划分标准不统一，三类主体之间实则存在交叉重叠，同一个人信息可能同时落入三类本地化义务之中；二是就作为客体的个人信息而言，前两类主体的本地化义务限定于"在中华人民共和国境内收集和产生的个人信息"，但对于国家机关而言并无此类限制；三是针对跨境提供个人信息时的告知同意规则，原则上三类主体均应当适用《个人信息保护法》第39条的规定，不仅需要就境外接收方的相关情况进行具体告知，还需要获得信息主体的单独同意。由于第39条与第35条的国家机关处理个人信息无须征得同意且可免除告知义务的规定分属不同章节，第35条的规定是否适用于国家机关向境外传输个人信息的情形即存在疑问。需要看到的是，国家机关处理个人信息的行为是否涉及信息出境，均不改变其强制性的内在特征；同时，因告知而妨碍公务的风险同样与信息出境与否无涉。因此从这个角度来讲，第35条中对同意的免除和对告知的限制同样应当适用于国家机关跨境提供个人信息的情形。

（三）公共职能中的公私合作

网络空间治理需要多主体协同，这一点在《个人信息保护法》中体现得尤为明显。国家机关在处理个人信息以履行公共管理职能的过程中，不可避免地需要与私主体特别是大型网络信息业者合作，这已成为跨境犯罪侦查中的主流模式之一。具体而言，《个人信息保护法》中这种合作主要涉及三种身份的网络信息业者。

第一，作为"守门人"的网络信息业者，主要规定在《个人信息保护法》第58条之中。根据该条文，提供重要互联网平台服务、用户数量巨大、业务类型复杂的个人信息处理者，除履行常规化的个人信息保护义务以外，还需要承担起一定的公共管理职能，例如要求其"对严重违反法律、行政法规处理个人信息的平台内的产品或者服务提供者，停止提供服务"。这里涉及"严重违反法律、行政法规"的判断和决策问题，即符合条件的个人信息处理者是否可以自行评价并作出处理，还是需要以前置的国家机关决定作为依据。如果是前者，那么这些具有"守门人"身份的个人信息处理者无疑已然承担起实质上的行政执法职能。

第二，作为具有管理公共事务职能的组织的网络信息业者，主要规定在《个人信息保护法》第37条之中。这种身份实际上与守门人身份具有一定的义务重合，例如上述提及的对严重违法的判断和处理，其本质已经具有一定的公共事务管理性质。但是需要注意的是，一旦被认定为具有管理公共事务职能的组织，即意味着适用国家机关处理个人信息的一系列特殊规则。尤为典型的是处理个人信息不再需要获得信息主体的同意，是对个人信息保护原则和规则的重要突破。从这个角度来讲，需要对"具有管理公共事务职能"进行严格且谨慎地判断，至少"守门人"身份并不必然属于"管理公共事务职能"。

第三，作为个人信息处理受托方的网络信息业者。在个人信息主要由网络信息业者控制或占有的背景下，当前国家机关开展网络信息执法活动往往需要委托网络信息业者开展，此时就涉及作为委托方的国家机关和作为受托方的网络信息业者之间的权责分配问题。《个人信息保护法》并未像欧盟GDPR等域外立法那样区分信息控制者与信息处理者，而是统一采用了"信息处理者"的表述，这一概念不仅适用于私主体，同时也适用于国家机关。对此，需要特别注意两点：

其一，"处理行为"涵盖的范围较广，一个行为只要作用于个人信息即可能落入该法规定的范围，而是否造成个人信息的变动或产生后续影响则在所不论。换言之，即便是单纯的个人信息存储行为，亦可能构成对个人信息的不当干预，进而引发相应的法律责任。需要注意的是，该法着重关注了个人信息收集、使用、加工、传输、买卖、提供或公开行为的合法性（第10条）。这一规定主要沿用了《民法典》第111条的表述，但需要看到的是，《个人信息保护法》所涉及的信息处理行为并不限于上述几种，特别是在最终正式公布的文本中增加了"删除"这一行为（第4条第2款），反映出立法者对于个人信息处理全方位、全流程、全环节的保护思路。从这个角度来讲，不应当认为第10条限缩了该法规制的行为范围。其二，如前所述，该法并不区分信息控制者与信息处理者，而是统一采用了信息处理者的概念，这是该法与欧盟GDPR等域外立法的重要区别，其反映的是对于行为本身而非行为目的的关注,即只要出现了信息处理行为,不论该行为基于何种目的、是否为自己之利益而实施,均承担本法规定的各项个人信息保护义务。同时,该法进一步加强了对委托处理个人信息的规制(第21条)。从这个角度来看,受托处理个人信息的主体将受到两方面的规制:一是其仍然构成信息处理者,因此承担《个人信息保护法》规定的各项个人信息保护义务;二是作为受托者,其同时受到委托合同的限制,并需要接受作为委托方的数据处理者的监督。

二、刑事诉讼中的公民信息保护体系

刑事诉讼究其本质是一个收集信息、分析信息、根据信息还原案件事实,并在此基础上适用法律定罪量刑的过程。即便在传统刑事诉讼法律框架下,已有制度已然关注到特殊类型公民信息的保护问题,并根据不同类型的信息作出相应的制度安排,其中现行法律主要关注的是隐私信息和通信信息。

(一)针对隐私信息的程序设计

隐私信息作为公民隐私权的下位概念,其保护依托于隐私权保护框架。《民法典》第1032条第2款将隐私定义为"自然人的私人生活安宁和不愿为他人知晓的私密空间、私密活动、私密信息"。该规定尤其强调了隐私的"私密性"属性,并进一步体现在两个要素之上:一是关涉私人生活安宁;二是不愿为他人知晓。《刑事诉讼法》针对隐私的重点保护主要体现在三个方面:

第一,在侦查取证过程中,对于可能侵犯公民隐私的侦查措施予以限制。以搜查为例,搜查对象的隐匿性是该措施的核心特征之一,该特征反映出搜查措施对公民私人领域的强干预性,并匹配高于任意性措施的强程序规制。

第二,对应强制措施的分层。例如相对于取保候审,执行机关可以在适用监视居住时对相对人采取电子监控、不定期检查等措施,这些监控措施均可指向相对人的住所和行踪;而指定居所监视居住的隐私干预性又强于住所监视居住。在采取拘留和逮捕措施时,看守所针对相对人生活场所的监控则进一步强化。

第三,对隐私设置保密义务,例如《刑事诉讼法》第54条第3款在一般意义上规定了公检法机关对收集、调取证据过程中获知的个人隐私的保密义务;第152条第2款专门就技术侦查措施进一步强调了侦查人员对个人隐私的保密义务。除侦查取证外,隐私信息保护同时也限制审判公开原则,涉及个人隐私的案件属于法定不公开的情形。同时,当裁判文书涉及隐私信息时,其公开也会受到限制,例如进行隐名处理、删除特定信息,甚至整体不公开。[1]

(二)针对通信信息的程序设计

《宪法》第40条规定,公民的通信自由和通信秘密受法律保护。该条同时设置了犯罪侦查活动的例外,并以此构成刑事诉讼法中相关措施的实施依据。刑事诉讼中对公民通信权的干预集中于两个方面:一是为收集证据之目的进行的专门性通信监控,典型的是技术侦查措施;二是为保证诉讼顺利进行的一般性通信监控,例如取保候审和监视居住措施均包含对公民通信自由的限制,而当相对人被采取刑事拘留或逮捕措施时,根据《看守所条例》,犯罪嫌疑人、被告人的通信自由和通信秘密受到普遍性限制。

当前刑事诉讼法主要从三个方面制约公权力干预公民通信权:

第一,嵌套于强制措施的分类体系,对通信权干预强度进行层级划分,从而形成干预措施与具体涉案情形之间的比例关系,例如通信禁止在取保候审中是酌定条件,但在监视居住中则是法定条件。

第二,区分通信信息的非内容信息和内容信息,例如通过强制措施的条件加以传递,针对内容信息的监控往往适用于更为严重的犯罪类型。

---

[1] 参见罗书臻:《扩大裁判文书公开范围 健全裁判文书公开机制——〈最高人民法院关于人民法院在互联网公布裁判文书的规定〉亮点解读》,载中国法院网,https://www.chinacourt.org/article/detail/2016/08/id/2071761.shtml,访问日期2020年7月22日。

第三,对辩护人与其被代理人之间的通信进行保护,例如辩护律师在会见被羁押或监视居住的犯罪嫌疑人、被告人时,其会见不受监听。

三、公民信息保护中的个人信息定位

刑事诉讼法对于隐私信息和通信信息的特别保护,反映的是不同信息所承载公民权益的差异性。在判断是否需要保护以及如何保护个人信息之前,首先需要在现有信息保护框架内定位个人信息,特别是需要明确其与隐私信息和通信信息的关系。

(一)个人信息与隐私信息

隐私信息保护建立在两个前提之上:一是存在隐匿的可能性,二是存在公领域与私领域的大致界分。若所隐之事无关个人,或者个人之事无须隐匿的,均不构成隐私。相对而言,个人信息并非以"隐"为前提。《个人信息保护法》在延续《网络安全法》《民法典》"识别说"[1]的同时,融入了"相关说"。根据其定义,个人信息不仅指向具有识别功能的信息,同时还指向识别自然人之后与该自然人有关的信息,其涵盖范围要广于《网络安全法》和《民法典》的定义。

1. 个人私密信息

通过观察当前立法可以看出,个人信息与隐私信息之间存在交叉地带,重合部分是"有关私生活秘密"的信息,即《民法典》第1034条第3款所规定的个人私密信息。有学者指出,这种交叉关系将导致在私密信息上出现隐私法和个人信息保护法的适用竞合。[2]

需要看到的是,隐私信息与个人信息尽管均承载的是信息主体对信息的自主决定和控制,但隐私保护的前提是隐匿性,是对私领域的

---

[1] 《网络安全法》第76条将个人信息定义为"以电子或者其他方式记录的能够单独或者与其他信息结合识别自然人个人身份的各种信息,"该定义为《民法典》第1034条所采纳。
[2] 参见张新宝:《从隐私到个人信息:利益再衡量的理论与制度安排》,载《中国法学》2015年第3期,第51页。

控制和对外部干预的自动排斥。个人信息并不天然承载这种公私界分;相反,个人信息本身是各种社会关系建构的基础,其保护的前提在于使用,因此在以《个人信息保护法》为代表的个人信息保护法律制度中,知情同意、最少收集、合目的性等原则的确立和具体制度的建构均是围绕"合理使用"这一逻辑起点展开的。

有鉴于此,隐私信息和个人信息在对公权力的排斥性上存在根本差异:针对隐私信息的干预思路是以禁止为原则,以干预为例外;而针对个人信息的干预思路则是以许可干预为原则,以限制干预为例外。进一步讲,判断公权力对公民信息的干预是"侵犯"还是"限制"[1],隐私信息的审查重点在于干预行为是否属于法律明确许可的情形,而个人信息则在于干预行为是否必要且合比例。在此基础上,公权力之于隐私信息的干预门槛实际上是高于个人信息的,因此就二者交叉地带的个人私密信息,其在适用法律保护框架时,应当遵循的是隐私保护的路径。

2. 敏感个人信息

敏感个人信息作为个人信息的子概念,其范围和对应的法律效果往往与不同国家或地区的公民信息立法整体框架密切相关[2],特别是在隐私信息与个人信息的"一元化"保护模式下,敏感个人信息很大程度上承担了隐私信息的角色。[3] 在我国,敏感个人信息一般被定义为一旦泄露或者非法使用,容易导致自然人的人格尊严受到侵害或者人身、财产安全受到危害的个人信息[4];《个人信息保护法》第28条中规定的敏感个人信息包括但不限于生物识别、宗教信仰、特定身份、医疗健康、金融账户、行踪轨迹等信息,以及不满14周岁未成年人

---

[1] 关于基本权利保护范围与公权力干预性质的论述,参见王锴:《基本权利保护范围的界定》,载《法学研究》2020年第5期,第105—121页。

[2] 相关比较法探讨参见王怀勇、常宇豪:《个人信息保护的理念嬗变与制度变革》,载《法制与社会发展》2020年第6期,第149页。

[3] 关于不同国家和地区隐私和个人信息的保护模式的讨论,参见李永军:《论〈民法总则〉中个人隐私与信息的"二元制"保护及请求权基础》,载《浙江工商大学学报》2017年第3期,第11—16页。

[4] 2020年发布的《个人信息安全规范》和2021年发布的《个人信息保护法》均采用了这一定义。

的个人信息。该列举并未提及性生活这一通常被认定为隐私的信息,反映出立法者对于敏感信息和隐私信息的刻意区分。鉴于《民法典》已然确定了个人信息与隐私信息的二分框架,那么敏感个人信息的界分实则应当是在个人信息的整体概念之下进行。

如前所述,个人信息保护的关注点并非信息是否为他人知晓,而是是否为他人正当、合理地收集、使用,该逻辑起点同样应当适用于作为其子概念的"敏感个人信息"。"敏感信息"之所以敏感,不在于是否私密和不愿为他人知晓,而在于对其收集、处理时需更加谨慎,避免泄露之后可能引发的社会负面评价或损害个人重要权益。这构成敏感个人信息与隐私信息的实质区别。也正是在这个意义上,欧洲法院(CJEU)通过一系列判例形成一个观点,即对公民隐私的干预不以信息是否为敏感信息为判断标准。[1] 敏感个人信息的特殊性在于需要更为强调其收集、处理中的信息安全,例如英国 2018 年《数据保护法》在规定执法机关调取敏感数据时,依然以必要性作为其正当性依据,但相对于非敏感数据,附加了"数据控制者建立适当安全保障政策"这一条件。[2]

3. 公开后的隐私信息

隐私信息的核心在于不愿为他人所知。当信息主体主动、自愿对外披露隐私信息时,则丧失了"不愿为他人知晓"这一私密性属性,此时便不再适用关于隐私保护的相关规定,对此类信息的收集、处理行为原则上也不构成对隐私权的侵犯。相反,如果这种披露非经信息主体主动、自愿进行披露,则隐私保护仍然可能延续。从当前刑事诉讼法相关规定可以看出,公检法机关对于已收集的隐私信息仍然承担保密义务,其本身反映出信息主体非自愿披露隐私信息时隐私权保护的延续性。

当信息主体主动、自愿公开披露隐私信息时,该信息尽管不再受隐私权保护,但仍有可能落入个人信息的保护范围。例如根据《个人

---

[1] See e.g., CJEU, Cases C-465/00, C-138/01 and C-139/01 Österreichischer Rundfunk and Others, paragraph 75 and Digital Rights Ireland, paragraph 33.
[2] UK Data Protection Act, Part 3, Chapter 2, Article 35 (5).

信息保护法(草案)》第 28 条的规定,个人信息公开之后,对于有明确公开用途的,处理者仍然应当确保处理符合该用途,超出用途的处理须经信息主体同意;公开用途不明的,处理者原则上仍然应当保持合理、谨慎的处理方式,特别是对个人有重大影响时,应当告知信息主体并取得同意。该条文在之后的正式版本中进行了调整,第 27 条降低了公开个人信息的处理标准,即"个人信息处理者可以在合理的范围内处理个人自行公开或者其他已经合法公开的个人信息;个人明确拒绝的除外。个人信息处理者处理已公开的个人信息,对个人权益有重大影响的,应当依照本法规定取得个人同意"。

司法实践中也可以观察到类似思路,例如在"刘某周等非法获取、出售、提供工商、税务登记信息侵犯公民个人信息案"中,江苏省南京市中级人民法院明确认为,识别性是个人信息的根本属性,并不要求具有个人隐私的特征,即便是已经公开的公民个人信息,也应属于刑法所保护的"公民个人信息"。[1] 也有法院在相关案例中表明,对于已公开个人信息的处理是否侵害信息主体的相关权益,需要在个案中进行审查,例如在"梁某冰与北京汇法正信科技有限公司网络侵权责任纠纷案"中,原告梁某冰主张被告北京汇法正信科技有限公司转载北京法院审判信息网上已公开的判决书构成侵权,北京互联网法院则认为,生效裁判文书"一般容许人们基于社会征信和司法监督的需要,在一定范围内通过披露的方式正当利用……单纯披露本身不会直接引致人格利益的重大损失"。最终根据案件的具体场景和信息内容,认定被告的转载行为不构成对原告个人信息权益的侵害。[2]

(二)个人信息与通信信息

通信的核心在于信息在不同特定主体之间的点对点交流[3];在信息交流涉及多人参与的情形下,该信息交流是否属于法律保护的通

---

[1] 江苏省南京市中级人民法院(2017)苏 01 刑终 870 号二审刑事裁定书。
[2] 北京市第四中级人民法院(2021)京 04 民终 71 号二审民事判决书。
[3] 参见王锴:《调取查阅通话(讯)记录中的基本权利保护》,载《政治与法律》2020 年第 8 期,第 109 页。

信行为,则往往取决于参与主体是否为特定多数人。[1] 因此对于通信而言,"可识别的主体"是其有效运行的必须条件,进而不可避免地会涉及个人信息。

通信信息可以分为内容信息和非内容信息,其中前者是信息主体自由表达意愿的集中体现,也是通信权保护的主要客体;后者主要用于辅助通信活动的开展,例如通信主体、对象、行为、过程、方式等方面的信息。刑事诉讼中实质上对于以上两类信息存在着划分,当干预对象涉及内容信息时,无论侦查措施还是强制措施在实施门槛上均会有所提升;而非内容的通信信息是否仍然属于通信秘密、受《宪法》第40条的保护,存在争议。[2] 但这并非意味着非内容的通信信息不受法律保护。事实上,相对于内容信息,通信中的特定主体识别首先并主要通过非内容信息实现,因此非内容的通信信息在关于已识别或可识别的个人时,会落入个人信息的保护范围。

如果仅从信息内容来看,通信信息与个人信息、隐私信息可能存在交叉关系。但是通信权与后两者所保护的信息状态存在差异。通信权主要保护的是处于传输状态中的动态信息,其所防范的是传输中的不当干预。也正是基于此,我国刑事诉讼法在限制干预通信权时,主要针对的是监听、监控或通信拦截等行为。类似的,欧盟在《隐私和电子通信保护条例(草案)》中,原则上将已经被通信主体接收的通信信息排除出保护范围。[3] 相对而言,个人信息权与隐私权所保

---

[1] 例如欧盟正在起草中的《隐私和电子通信保护条例(草案)》明确将"通信"的含义限定于有限人数之间进行的人与人直接的信息交换。See Proposal for a Regulation on Privacy and Electronic Communications, available at https://eur-lex.europa.eu/legal-content/EN/TXT/? uri=CELEX:52017PC0010, Accessed 24 August 2024.

[2] 相关探讨参见全国人大常委会法制工作委员会编:《法律询问答复(2000—2005)》,中国民主法制出版社2006年版,第129页;杜强强:《法院调取通话记录不属于宪法上的通信检查》,载《法学》2019年第12期,第78—79页;王锴:《调取查阅通话(讯)记录中的基本权利保护》,载《政治与法律》2020年第8期,第113—114页。

[3] See Proposal for a Regulation of the European Parliament and of the Council concerning the respect for private life and the protection of personal data in electronic communications and repealing Directive 2002/58/EC (Regulation on Privacy and Electronic Communications), issued on 10 February 2021, available data.consilium.europa.eu/doc/document/ST-6087-2021-INIT/en. Accessed 24 December 2023.

护的是处于静态的信息,即当信息处于传输主体控制之下而非处于传输过程中时,对该信息的干预应当适用个人信息或隐私信息的保护规定。

(三)信息类型间的动态转换

在刑事诉讼中,一起案件往往涉及身份信息、地址信息、财产信息、通信信息、行踪轨迹信息等多种公民信息;同时随着侦查活动的不断深入,线索信息通过交叉碰撞可能进一步指向其他信息,进而需要进行多次调取,以形成侦查取证的信息链条。在这一过程中,非个人信息可能通过汇集、整合转化为个人信息,进而转化为隐私信息。在不同信息对应不同公权力干预门槛的规则框架下,如果以聚合后的信息所适用的保护规则来规制单个信息的获取,则有可能导致信息获取的门槛普遍过高,从而阻碍正常的刑事司法活动;反之,如果采用聚合前的信息所适用的规则进行规制,则又有可能减损对隐私信息的等高位阶信息保护程度,规避刑事司法关于公权力干预高位阶信息的相关限制规则。

近些年来,以上情形已然影响到域外司法实践。以美国近年来司法实践中关于镶嵌论的探讨为例,其核心争议点在于,侦查人员多次针对单个个人信息的收集是否构成美国宪法第四修正案的搜查,进而是否需要事先获取令状。该争论显著爆发于 2012 年的 United States v. Jones 案[1],并在 2018 年的 Carpenter v. United States 案[2]中被推升至一个新的高度。这些案件的共通性在于,无论是 GPS 定位信息还是手机基站定位信息,作为取证对象的单个电子数据均不构成隐私信息,但在数据聚合之后则形成对公民私生活的深度画像,从而使相应的侦查行为构成对隐私权的干预。

---

[1] United States v. Jones, 132 S. Ct. 945 (2012)。关于 Jones 案的案情和镶嵌论争议,参见 Orin S. Kerr, The Mosaic Theory of the Fourth Amendment, 111(3) Michigan Law Review 311(2012): pp.311-354。

[2] Carpenter v. United States, 585 U.S. (2018)。关于 Carpenter 案的案情以及其对美国宪法第四修正案的冲击,参见 Matthew Tokson, The Next Wave of Fourth Amendment Challenges after Carpenter, 59(1) Washburn Law Journal 1(2020): pp.1-22。

虽然欧洲与美国对于隐私和个人信息的定义和保护思路存在差异,但其近些年来关于信息类型转化的观点与美国异曲同工。以欧洲人权法院为例,其相关案例主要围绕《欧洲人权公约》第 8 条所保护的隐私生活展开。在 2010 年的 Uzun v. Germany 案[1]等案件中,法院确认对 GPS 的监控以及使用监控获得的数据构成对监控对象私生活的干预。

信息的动态转换主要涉及信息收集行为的叠加和大数据的运用。就信息收集行为叠加而言,规制的挑战在于多个取证行为所获取的个人信息可能最终聚合为隐私信息。在此种情形下,除非能够从外部判断这些取证行为是为了规避隐私保护规则,那么即便结果上确实形成了隐私信息,从取证行为规制上仍然应当适用个人信息保护规则。毕竟,通过信息聚合以揭示案件事实是刑事诉讼程序的本质属性。但是这并不意味着刑事司法机关因此免除对隐私信息的后续保密义务。

就大数据分析而言,问题的核心在于这种大规模数据收集存在干预隐私信息的风险,而究竟是否确实会从大量个人信息中挖掘出隐私信息,则难以事前判断。从基本权利保护的角度来看,其保护范围的界定已经不仅仅局限于实际损害,同时还不断扩展至对基本权利行使的威胁。[2]正如美国最高法院在 Carpenter 案中表述的那样,手机基站定位信息记录尽管并不必然揭露个人隐私,但是通过这些信息警方可以"细致、全面和毫不费力地收集大量信息",而这些信息"提供了一个窥视他人生活的便捷渠道"。基于此,当一项侦查措施收集的信息规模达到一定程度时,其本身即构成对于公民隐私的现实威胁,进而应当适用隐私信息保护的相关规定。

四、国际立法中跨境数据取证的数据分类

在跨境数据取证的场景下,国内个人信息概念的复杂性会因侦查行为的国际化而进一步复杂化。系统构建个人信息保护体系是

---

[1] Uzun v. Germany, app.no. 35623/05 (ECHR 2010).欧洲人权法院关于 GPS 定位数据的相关案例参见 Ben Faiza v. France, app.no. 31446/12 (ECHR 2018).
[2] 参见王锴:《基本权利保护范围的界定》,载《法学研究》2020 年第 5 期,第 106—107 页。

当前世界各国数字化立法的重点之一,以个人信息为基础的权益保障开始嵌入多个法治领域和执法场景之中。在这一趋势下,国际层面涉及跨境数据取证的立法探索均在不约而同地强调对个人信息的保护,例如《〈布约〉第二附加议定书》在前言部分强调:"(本附加议定书)考虑到刑事侦查中电子证据的收集通常关涉个人数据,众多成员国基于其本国宪法和国际法义务,有保护隐私和个人数据的需求。"欧盟于2016年制定的《刑事司法个人数据保护指令》专门针对的是犯罪预防、侦查、追诉、执行等各个环节中的个人数据保护需求,其后在2023年通过的《刑事电子证据条例》中进一步表示:"电子证据的高效获取机制对于打击犯罪至关重要,这些机制应当遵循《欧洲联盟条约》第6条和《欧洲联盟基本权利宪章》确认的基本权利和原则以及由此形成的条件和保障,特别是遵循必要性、合比例性,以及正当程序原则,保障隐私、个人数据和通信秘密。"美国《云法》同样强调,依其建立起的旨在协调法律义务冲突的国际协议,需要"美国和相关外国政府共同致力于法治,以及保障隐私和公民自由",并在具体条文中要求协议方的本国法及相关执法在收集数据等活动中,"为隐私和公民自由提供充分的实体和程序保障"[Sec.105,§2523(b)(1)]。在以往国际立法探索的基础上,《联合国打击网络犯罪公约》在前言部分提出:"承认保护个人隐私不受任意或非法干涉的权利,以及保护个人数据的重要性。"

从个人信息保护的原则出发,上述国际探索均试图在个人信息类型化的基础上,构建与之相适应的跨境数据取证规则,这也就意味着数据分类成为规则制定的关键要素之一(参见表8.1)。

表8.1:国际主要跨境数据取证规则中涉及的数据类型及对应措施

规范名称	数据类型	对应跨境数据取证措施
《布达佩斯公约》	注册人信息(subscriber information)	向境内服务提供者调取与该服务相关的数据

（续表）

规范名称	数据类型	对应跨境数据取证措施
《布达佩斯公约》	流量数据（traffic data）	1.在保全已存储流量数据时,快速向请求国提供其中仅用于识别服务提供者和通信路径的流量数据 2.要求其他成员国实时收集数据
	内容数据（content data）	基于司法协助和本国法请求其他成员国监听数据
	已存储的计算机数据（stored computer data）*	1.通过司法协助获取他国数据 2.请求其他成员国快速保全已存储数据 3.命令境内**服务提供者提供已存储数据 4.直接获取他国境内可公开获得或者获得同意的数据
《布约(第二附加议定书)》	域名注册信息（domain name registration information）	请求其他成员国境内的服务提供者提供
	注册人信息（subscriber information）	1.命令位于其他成员国境内的服务提供者提供 2.请求其他成员国命令其境内服务提供者快速存留数据 3.紧急情况下通过24/7联络点要求其他成员国境内服务提供者提供数据
	流量数据（traffic data）	请求其他成员国命令其境内服务提供者快速存留数据
	已存储的计算机数据（stored computer data）	1.紧急情况下通过24/7联络点要求其他成员国境内服务提供者提供数据 2.通过刑事司法协助获取

(续表)

规范名称	数据类型	对应跨境数据取证措施
欧盟《刑事电子证据条例》	注册人数据（subscriber data）	1.向欧盟境内***服务提供者发布欧洲调取令 2.向欧盟境内服务提供者发布欧洲保全令
	仅用于身份识别的流量数据（traffic data solely for identification）	1.向欧盟境内服务提供者发布欧洲调取令 2.向欧盟境内服务提供者发布欧洲保全令
	流量数据（traffic data）	1.向欧盟境内服务提供者发布欧洲调取令 2.向欧盟境内服务提供者发布欧洲保全令
	内容数据（content data）	1.向欧盟境内服务提供者发布欧洲调取令 2.向欧盟境内服务提供者发布欧洲保全令
《联合国打击网络犯罪公约》	注册人信息（subscriber information）	1.请求其他缔约国快速保全存储的电子数据 2.请求其他缔约国访问存储的电子数据 3.要求本国境内的服务提供者提交与该服务相关的电子数据
	流量数据（traffic data）	1.请求其他缔约国快速保全存储的电子数据 2.请求其他缔约国访问存储的电子数据 3.请求其他缔约国披露所保全的电子数据以识别服务提供者和通信传输路径 4.请求其他缔约国实时收集

(续表)

规范名称	数据类型	对应跨境数据取证措施
	内容数据(content data)	1.请求其他缔约国快速保全存储的电子数据 2.请求其他缔约国访问存储的电子数据 3.请求其他缔约国监听
美国《云法》	电子数据(electronic data)	请求协议国服务提供者直接提供****

注：
* 《布达佩斯公约》中的"计算机数据"包含数字化的"注册人信息""流量数据""内容数据"，但不包含以其他形式存储的注册人信息，例如纸质存储的注册人信息。

** 这里的"境内"包含两种情形：(1)服务提供者位于成员国境内；(2)服务提供者在成员国境内没有机构，但是向该成员国提供服务。

*** 这里的"境内"是指向欧盟境内提供服务，并不要求该服务提供者在欧盟境内有实体设置。

**** 《云法》并未直接限定数据类型，更多地交由双边行政协议具体规定，例如美国与英国的协议将调取的适用范围主要限定于"注册人信息"(subscriber information)。

但是，当前世界范围内的数据分类体系差异较大，例如根据欧洲刑警组织 SIRIUS 项目 2023 年的报告指出，"难以识别数据类型"仍然是当前欧盟境内跨境数据取证的主要挑战之一。[1] 此外，不同立法进程也表现出不同的数据分类思路，例如欧盟在制定《刑事电子证据条例》过程中，曾探讨过将数据划分为四类：注册人数据(subscriber data)、接入数据(access data)、交易数据(transactional data)及内容数据(content data)。[2] 尽管该条例最终仍然采用了与《布达佩斯公约》

---

[1] See "SIRIUS EU Electronic Evidence Situation Report 2023", issued on 19 December 2023, available at https://www.europol.europa.eu/publications-events/publications/sirius-eu-electronic-evidence-situation-report-2023, Accessed 26 December 2023.

[2] See European Parliament, "Electronic Evidence in Criminal Matters", available at https://www.europarl.europa.eu/RegData/etudes/BRIE/2021/690522/EPRS_BRI(2021)690522_EN.pdf, Accessed 4 January 2024.

类似的数据分类思路,但就某些具体数据的类型归属做出了一些调整,例如IP地址尽管常被定义为"流量数据"(traffic data),但从其之于案件侦查的功能上看,更类似于注册人数据(subscriber data),主要用于识别犯罪嫌疑人身份,因而在《刑事电子证据条例》中适用与注册人数据类似的规则。

从世界范围内主要立法探索来看,关于数据的分类主要采用了以下三套标准:一是数据指向的对象,常见的分类是区分为内容数据和非内容数据,而前者又主要区分为注册人信息(数据)(subscriber data)和流量数据(traffic data),这一分类也被《联合国打击网络犯罪公约》所采纳;二是数据的状态,包括已经存储的静态数据和实时处理中的动态数据;三是数据的功能,主要考察的是特定类型数据在犯罪跨境追诉中的具体作用,例如前述论及的欧盟《刑事电子证据条例》关于"流量数据"的再分类。

可以看到的是,上述数据分类并不必然与个人信息完全契合,例如"域名注册信息",既可能指向作为信息主体的自然人,也有可能指向其他域名注册主体。同时,各种分类之间也并非全然周延,某些数据在不同国家认知中可能归属于不同类型,同样如"域名注册信息",某些国家将其视为"注册人信息"的下属概念。也正是在这个意义上,欧盟在制定《刑事电子证据条例》时也提到,各个类型的数据均有可能涉及个人数据,从而适用欧盟关于个人数据的保护制度。[1]

总结已有立法,不同国家或地区对于数据分类的理解差异往往与以下四个因素有关:

第一,特定法域下已经建立的传统侦查取证措施,例如针对通过网络技术开展的通信,往往参照适用传统刑事侦查中关于通信信息的规则,"内容数据"与"非内容数据"的划分正是由此得出。类似的如"IP地址",一些国家将其视为通信信息的下属类型,从而适用较为严格的程序保障规则;基于此,《〈布约〉第二附加议定书》一方面将"IP

---

[1] See European Parliament, "Electronic Evidence in Criminal Matters", available at https://www.europarl.europa.eu/RegData/etudes/BRIE/2021/690522/EPRS_BRI(2021)690522_EN.pdf, Accessed 4 January 2024.

地址"规定在"注册人信息"项下,另一方面则允许成员国基于国内法分类,对该类数据的调取措施做出保留。

第二,对于数据所承载的公民基本权益的认知,例如在《布达佩斯公约》起草过程中,关于实时收集流量数据的措施就存在较大争议,部分国家认为流量数据所承载的隐私利益及对其进行实时收集的措施的强制性不低于内容数据,最终《布达佩斯公约》允许成员国就实时收集流量数据的规定予以保留。[1] 类似地,欧盟《刑事电子证据条例》也关注到不同成员国对于流量数据的认知差异,从而将其划分为两部分,一部分为仅用于身份识别的流量数据,另一部分为其他流量数据,前者采用与注册人信息类似的规则,后者则多与内容数据一同规制,这一思路也体现在《联合国打击网络犯罪公约》之中。

第三,司法实践中的现实需求,特别是关注不同类型数据在跨境侦查取证场景中的需求差异,尽可能在不同类型数据中划分取证措施的层级,同时为需求量最高的数据类型提供必要的制度便利。例如《〈布约〉第二附加议定书》在起草过程中就特别关注到,相对于其他数据类型,"注册人信息"是跨境犯罪侦查中需求量最高的类型,而"域名注册信息"和"流量数据"对于识别犯罪嫌疑人则至关重要。[2]

第四,协助跨境数据调取的第三方与实施调取措施的国家的联系。这一点虽然并不直接对应数据的具体分类方式,但是会影响相关措施可以针对的数据类型。对此,一个基本的规则是,第三方主体与调取措施实施国的联系越薄弱,则可调取的数据所承载的公民基本权益越弱,同时调取措施的强制性亦越弱。例如《〈布约〉第二附加议定书》在授权一国直接向其他成员国境内服务提供者调取数据的同时,将服务提供者区分为"向成员国境内提供服务"和"在成员国境内设立实体"两种类型,在数据类型上分别对应"域名注册信息"和"注册

---

[1] See "Explanatory Report to the Convention on Cybercrime", available at https://rm.coe.int/16800cce5b, Accessed 27 December 2023.

[2] See "Explanatory Report to the Second Additional Protocol to the Convention on Cybercrime on Enhanced Co-operation and Disclosure of Electronic Evidence", available at https://rm.coe.int/1680a49c9d, Accessed 2 January 2024.

人信息、流量数据",在调取措施强度上分别对应"请求"(request)和"命令"(order)。

五、个人信息保护在我国刑事诉讼中的嵌入

回归我国刑事诉讼制度可以看到,目前尚未形成针对数据及个人信息的一般化的规定,因而也难以直接与国际层面的立法探索相对照。这在一定程度上会形成后续跨境数据取证实践中面临的主要障碍之一。特别是在《联合国打击网络犯罪公约》通过后,这种障碍变得现实且紧迫。对此,首先需要做的是梳理我国刑事诉讼制度已有的针对公民信息的保护体系,并在此基础上理顺各个相关概念之间的关系,以此为后续跨境取证场景中个人信息概念和类型对接奠定基础。

基于前文分析,在我国当前法律框架下,个人信息与隐私信息、通信信息三者间的关系可以总结如下:第一,个人信息与隐私是交叉关系,交叉部分是隐私信息,其等同于个人私密信息,交叉部分适用隐私保护规则。第二,个人信息与敏感个人信息是包含关系,二者核心区别在于对后者的信息安全要求高于前者。第三,敏感个人信息与隐私信息是交叉关系,交叉部分在规制干预方面适用隐私保护规则,在信息安全保障方面高于一般个人信息。第四,非内容通信信息包含交互信息和通信终端信息,前者属于通信信息的保护范围,但保护强度低于内容信息;后者典型的属于个人信息,适用个人信息保护规则。第五,通信内容信息与个人信息、隐私信息的区别在于信息状态,动态传输中的信息适用通信信息保护规则,静态信息且在主体控制下时适用个人信息或隐私信息保护规则。第六,低权益位阶的信息经汇聚转化为高位阶信息时,原则上适用低位阶信息的保护规则,除非经过综合考量干预对象、干预手段、干预目的等因素后能够将系列干预措施视为整体针对高位阶信息的措施。

在以上认知的基础上,并结合刑事司法过程中公私合作的三类具体场景,我们进一步探讨刑事诉讼中个人信息保护的基本逻辑、框架和规则。

（一）正当目的：刑事诉讼个人信息保护的逻辑起点

个人信息保护的前提是使用，这是其区别于隐私信息和通信信息的核心特征。刑事诉讼中基于打击犯罪的目的干预个人信息，本身也是对个人信息的使用。但个人信息作为公民人格利益的载体，其使用并非毫无限制，而是需要具备正当性基础。目的正当性要求国家权力在干预公民基本权利时，其所遵循的是"宪法或合宪的法律所限定的或自始未为宪法或合宪的法律所禁止的目的"[1]。在刑事诉讼中，干预公民个人信息的活动应当为实现打击犯罪所必须，服务于犯罪的侦查、起诉、审判和刑罚执行。

强调目的正当性主要在于限制个人信息的他用，特别是在其他公权力领域的他用。对此，域外存在不同做法。例如欧盟《刑事司法个人数据保护指令》允许在合法、必要、合比例的基础上进行此类他用；英国 2018 年《数据保护法》允许执法机关之间基于明确法律授权的数据他用，前提是这种他用是实现其他执法目的所必须且正当的。相反，在 2019 年美国与英国基于《云法》签署的协议中，为确保数据获取的最小化原则，该协议特别要求为刑事司法之目的获取的数据不应他用。欧洲人权法院在 2016 年 Karabeyoğlu 诉土耳其案[2]中认为，在刑事侦查中针对犯罪嫌疑人采用电子监听措施没有问题，但将该监听获取的个人信息用于刑事司法以外的纪律处分，则违反了《欧洲人权公约》第 8 条所保护的隐私权。

尽管做法不同，但上述探索均对于个人信息在刑事诉讼外的他用进行了不同程度的限制。原则上，刑事诉讼中收集的个人信息不应当直接服务于其他公权力目的，而是需要根据"刑事他案他用——执法机关他用——非执法机关他用"的阶层，逐级提升他用门槛和审查、限制的严格程度。同时，他用限制也意味着需要对三对具体目的进行区分：一是区分犯罪预防与犯罪打击，前者主要涉及行政执法，后者是刑

---

[1] 杨登杰：《执中行权的宪法比例原则 兼与美国多元审查基准比较》，载《中外法学》2015 年第 2 期，第 371 页。
[2] ECtHR, Karabeyoğlu v. Turkey, application no. 30083/10.

事诉讼的核心功能,二者一方面在个人信息收集适用规则上需要加以区分,另一方面则需要立法进一步明确行刑衔接。二是区分立案前与立案后,在个人信息尚未转化为隐私信息或通信信息时,将立案前的调查核实拓展到一般个人信息并不违反适当性要求;但在后续的必要性和均衡性衡量时需要与个人信息的分层分类相适应。三是区分此罪与彼罪,即除非善意,针对甲罪收集的个人信息原则上不应直接用于乙罪。但即便在善意的情形下,侦查人员也有义务毫不延误地根据刑事诉讼法补齐涉及乙罪的相关手续,从而确保获取证据的合法性。

(二)合比例:个人信息保护的核心原则

刑事诉讼中个人信息保护的核心在于避免不当使用,即要求干预手段与正当目的之间形成"合理的、平衡的、成比例的关系"[1]。个人信息内涵与外延的复杂性,以及该信息所承载的公民权益的复杂性,使比例原则越来越成为个人信息保护过程中的核心原则。[2]

首先,从适当性原则出发,刑事诉讼中的个人信息保护要求至少延伸出两项要求:第一,干预个人信息的具体措施的范围不应当超出其所针对的目的。这意味着一方面应当禁止不加区分地大规模的个人信息收集,另一方面应当禁止没有明确期限的动态个人信息收集。第二,在目的已经达成、不复存在或失去正当性基础的情况下,应当及时停止个人信息的收集和处理;已经收集的个人信息应当及时删除、销毁或做去识别化处理。

其次,从必要性原则出发,在实现目的同样有效的手段中,该手段对于基本权利的干预程度最低。[3] 在评价干预个人信息措施的强度时,我们至少可以总结出五项指标:一是相较于信息收集行为,信息处

---

[1] 杨登杰:《执中行权的宪法比例原则 兼与美国多元审查基准比较》,载《中外法学》2015年第2期,第370页。

[2] See Lee A. Bygrave, Data Privacy Law: An International Perspective, Oxford University Press, 2014, p.147.

[3] 关于必要性原则下手段有效性与最小损害之间的匹配关系,有学者提出"相对最小损害原则",以调和不同手段在有效性和损害性均存在差异时必要性的判断。参见刘权:《论必要性原则的客观化》,载《中国法学》2016年第5期,第178—195页。

理行为的强度更高;二是动态个人信息的收集往往构成监听、监控,其强度一般高于对过往静态个人信息的收集;三是就持续性干预行为而言,期限越长则手段强度越强;四是干预一种类型的个人信息通常比干预多种个人信息的手段强度更弱;五是针对被害人和其他诉讼参与人的干预强度一般应低于犯罪嫌疑人、被告人。

最后,从均衡性原则出发,需要在干预个人信息所侵犯的公民基本权利与该干预手段所保护的权益之间形成狭义比例关系,同时国家负有义务将这种对公民基本权利的侵害降到最低,避免这种干预实质性地否定被干预的基本权利。[1] 这主要涉及三个方面考量因素:一是区分轻罪和重罪,并允许针对重罪适用干预公民个人信息强度更高的措施;二是区分干预措施所欲保护的利益的重要性,将保护国家安全、公共安全和公民重大人身财产利益作为允许更高强度干预个人信息的事由;三是区分干预措施所保护的主体,特别是当犯罪侵犯对象是儿童等弱势群体时,允许为保护此类主体的利益而采取必要强度的干预个人信息的措施。

(三)可控性:个人信息保护的配套机制

刑事诉讼法对于个人信息保护的整体效果外部依赖于个人信息相关权益的明晰,内部依赖于刑事诉讼制度自身配套保障机制的建立。这些配套机制的总体思路在于保障信息收集和处理行为的可控性,具体体现在信息公正机制和影响评估机制之中。

第一,就信息公正机制而言,强调的是信息处理的公正性和信息本身的完整性与安全性。我国《个人信息保护法》强调了个人信息处理应当遵循公开、透明原则并明示处理规则(第7条)、确保信息准确并及时更新(第8条)、保障信息安全(第9条),这本身就是对信息公正原则的体现。鉴于该法采用的是公私法合体规制的立法框架,以上规则同样会影响公检法等国家机关对于个人信息的收集和处理行为。

---

[1] See Aharon Barak, Proportionality: Constitutional Rights and Their Limitations, translated by Doron Kalir, Cambridge University Press, 2012, pp.342-343.

从刑事诉讼的角度出发,保障信息公正应当从两个维度进行。其一,在个人信息收集过程中的公正性保障。在干预措施严重影响公民基本权利的情形下,刑事诉讼可以采取变通式的告知方式,形成不妨碍诉讼顺利进行的"告知——延后告知——不告知"的阶层化制度设计。其二,在个人信息使用过程中的公正性保障。考虑到人工智能和自动化决策在这一过程中的应用,为确保犯罪嫌疑人、被告人不因信息处理不当而遭受不公正的措施,刑事诉讼法的辩方权利体系需要回归数字时代的特征,从事前控制机制、推论效力评价机制和事后救济机制三个层面建立起犯罪嫌疑人、被告人获得合理数据推论的权利。[1]

第二,就影响评估机制而言,我国《个人信息保护法》最终版建立起了影响评估机制,明确评估情形(第55条)和具体内容(第56条)。尽管没有直接规定建立个人信息影响评估机制,但对于该影响的认知和衡量要求出现在多个条文之中,例如信息主体要求处理者予以说明的权利(第24条)、已公开个人信息的利用(第27条)、敏感个人信息的处理(第30条)、个人信息处理者的义务(第51条)等。

近年来,域外立法探索也已经关注到影响评估机制在刑事司法领域的运用[2],例如英国2018年《数据保护法》要求在数据处理行为可能导致公民权利和自由遭受严重威胁时必须进行数据保护影响评估。英国国家执法部门数据项目(National Law Enforcement Data Programme, NLEDP)中的执法部门数据服务(Law Enforcement Data Service, LEDS)在为警察提供打击犯罪的数据支持的同时,也面临严重干预公民个人数据的风险。基于此,LEDS进行了全方位个人数据影响评估,并于2020年发布了评估报告,该报告详细分析了LEDS个人数

---

[1] 参见裴炜:《论刑事数字辩护:以有效辩护为视角》,载《法治现代化研究》2020年第4期,第124—142页。

[2] See M. Bas Seyyar and Z.J.M.H. Geradts, Privacy Impact Assessment in Large-Scale Digital Forensic Investigations, 33 Forensic Science International: Digital Investigation 1 (2020): p.2; see also, Charles Raab and David Wright, Surveillance: Extending the Limits of Privacy Impact Assessment, in Privacy Impact Assessment (David Wright and Paul De Hert eds.), Springer, 2012, pp.363-383.

据处理活动的性质、规模、场景、目的等事项。[1]

结合个人信息保护要求在国家整体法律制度中的不断强化,在刑事诉讼中探索个人信息的系统保护的重要时期,于整体保护架构中引入个人信息影响评估机制势在必行。整体而言,该评估应当具备以下要素:一是由专业且中立的评估主体进行;二是以全方位的刑事司法个人信息应用场景描述为基础;三是从干预措施的规模、范围、强度等维度考察不同措施对个人信息的影响;四是综合考察干预措施对相对人、第三方以及社会公众的影响,特别是需要关注某些措施尽管对个人的影响甚微,但可能在社会整体层面产生重大效果。

(四)刑事诉讼中个人信息保护的特殊要求

目前我国刑事诉讼法中尚未形成专门针对个人信息的专门性规定,但应当关注到个人信息保护制度在刑事执法过程中的特殊性,主要体现在三个方面:一是知情同意要求;二是合目的性要求;三是特殊群体保护要求。

1. 知情同意要求

个人信息保护制度的核心在于规制此类信息合理合法地收集、占有、流转、使用等行为。所谓"合理合法",一方面以信息主体的知情同意为干预个人信息行为的正当性依据,另一方面则以干预最小原则为基础将个人信息的收集和使用限定在符合特定目的的范围内。当前世界各国的个人信息保护制度多围绕以上两方面进行建构。但是,在刑事司法领域,这两方面均有可能对刑事司法行为的合法性形成挑战。

就"知情"而言,由于打击犯罪、保证诉讼程序顺利进行的需要,一些侦查取证活动需要在秘密的情况下进行。例如公安机关依法采取技术侦查措施,有关单位和个人应当配合,并对有关情况予以保密

---

[1] See Home Office and National Police Chiefs' Council (NPCC), "Law Enforcement Data Service: Data Protection Impact Assessment", issued in October 2020, Available at https://www.gov.uk/government/publications/law-enforcement-data-service-data-protection-impact-assessment/law-enforcement-data-service-data-protection-impact-assessment-accessible-version. Accessed 25 August 2024.

(《刑事诉讼法》第152条第4款)。当这些活动涉及个人信息时,不仅事前不会告知信息主体,在刑事诉讼终结之后也不一定告知,并且为不妨碍侦查之目的,也会要求控制或占有个人信息的第三方不予告知,由此与"知情"这一制度要求相冲突。

就"同意"而言,信息主体的同意往往不构成执法的正当性基础。鉴于刑事司法行为的强制性,能否调取信息往往与信息主体的主观意愿无关;不仅无关,有关单位和个人还有如实提供的义务(《刑事程序规定》第61条、《电子数据规定》第3条),"同意"之要求也就无从谈起。对此,比较典型的是两份文件:一是2019年公安部网络安全保卫局、北京网络行业协会、公安部第三研究所联合制定的《互联网个保指南》,在第6.7条"公开披露"中明确将"与犯罪侦查、起诉、审判和判决执行等直接相关的情形"排除出"知情同意"的适用范围;二是2020年修订的《信息安全技术 个人信息安全规范》(GB/T 35273-2020),在第5.6条所列举的"征得授权同意的例外"中明确包含了"与刑事侦查、起诉、审判和判决执行等直接相关的"情形。

在前述立法探索的基础上,2021年颁布的《个人信息保护法》关注到国家机关处理个人信息在知情同意方面的特殊性,并作出了相应调整。但是这一规定仅完成了国家机关处理个人信息规则建设的第一步;《个人信息保护法》中针对国家机关的特殊规定如何对接转化为刑事诉讼程序规则,仍然需要《刑事诉讼法》予以明确回应。

2. 合目的性要求

非刑事领域的个人信息保护制度往往强调个人信息收集、处理的合目的性,《网络安全法》明确规定网络运营者不得收集与其提供的服务无关的个人信息(第41条第2款),类似规定也可参见2013年修正的《消费者权益保护法》以及包括2019年颁布的《儿童个人信息网络保护规定》《互联网个人信息安全保护指南》、2022年修订的《互联网跟帖评论服务管理规定》、2016年颁布的《移动智能终端应用软件预置和分发管理暂行规定》、2022年修正的《网约车办法》、2022年修订的《移动互联网应用程序信息服务管理规定》等在内的一系列规范互联网行业的部门规章。但是,现有规则并未对刑事领域的个人信息收集与处理的合目的性进行进一步解释和说明,而刑事执法活动往往偏离一般意义上的合目的性要求。

第一,就个人信息收集的合目的性而言,原则上,刑事司法权力机关收集个人信息,也应当遵守合目的性要求,即所收集的个人信息应当与特定案件的侦查、起诉、审判、执行等活动直接相关。在此基础上,在两项制度的衔接过程中,主要面临两个方面的问题:一是刑事司法权力机关自行超范围收集个人信息的合法性问题;二是刑事司法权力机关使用技术侦查措施,要求网络信息业者收集并提供相关用户信息的合法性。

第二,就个人信息使用的合目的性而言,放置在刑事司法的语境下,主要涉及四种特殊场景:一是网络信息业者以经营为目的收集和处理的个人信息,能否为刑事司法之目的使用;二是行政机关为一般执法活动收集和处理的个人信息,能否为刑事司法之目的使用;三是为特定犯罪收集和处理的个人信息,能否为打击其他犯罪、一般性犯罪预防或行政执法之目的使用;四是在本案中收集和处理的个人信息,能否为他案之刑事诉讼程序使用。

针对以上两个方面,当前法律规定主要集中关注通过技术侦查措施获得的证据材料的专用性上,并且规定的内容相对粗糙和宽泛,例如《刑事诉讼法》第152条第3款规定,采取技术侦查措施获取的材料,只能用于对犯罪的侦查、起诉和审判,不得用于其他用途;《反恐怖主义法》第45条规定,公安机关、国家安全机关、军事机关在其职责范围内通过技术侦察措施获取的材料,只能用于反恐怖主义应对处置和对恐怖活动犯罪、极端主义犯罪的侦查、起诉和审判,不得用于其他用途;《网络安全法》对于信息专用的规定更为宽泛,规定对有关部门在履行网络安全保护职责中获取的信息,限于"用于维护网络安全的需要"(第30条)。

3. 特殊群体保护要求

从信息主体的自身特征出发,个人信息保护制度往往要求区分一般主体和特殊主体,对于其中的敏感或特别脆弱群体予以特殊保护,比较典型的是对未成年人予以特别关注,例如《网络安全法》特别关注涉及未成年人健康成长的网络产品和服务(第 13 条),2019 年颁布的《儿童个人信息网络保护规定》为保护未满 14 周岁的未成年人的个人信息安全提供了较为完整的法律框架。

在刑事司法领域,尽管也需要对未成年人进行专门保护,但由于诉讼程序涉及的参与主体众多,侦查措施针对不同诉讼参与人可能造成的权利干预程度亦有所区别。从已有刑事诉讼法的规定来看,侦查措施一般会对犯罪嫌疑人和被告人进行区别对待,例如强制措施仅能适用于这两类主体;人身检查措施尽管可以适用于犯罪嫌疑人和被害人,但仅能对犯罪嫌疑人进行强制适用;等等。

就个人信息保护而言,将被指控人与其他诉讼参与人进行区分,并就后者配置相对较弱的侦查措施,已经在域外立法中频繁出现,但我国刑事诉讼制度尚未反映出此类区别。例如《刑事诉讼法》规定的技术侦查措施,既可以针对犯罪嫌疑人,也可以针对其他与案件有直接联系的人,但就后者而言,其并非刑事执法活动的核心对象,同时其身份也属于确属无罪而非推定无罪的状态,因此对后者应当采取干预个人信息较弱的措施。

第九章
数据取证与企业数字协助义务

　　网络空间治理的一大特征是多主体协同,其中网络信息业者已经成为参与治理活动、维护网络空间安全与秩序的重要主体。这种特征在跨境数据取证场景中尤为明显,在传统国际刑事司法协助机制难以有效应对犯罪治理现实需求的背景下,催生出第三方远程调取数据这一跨境取证新模式。但是现有规则体系在不断从多个维度强化网络信息业者等第三方主体参与社会治理义务的同时,并未就其可能形成的价值和义务冲突予以足够关注。特别是在刑事司法领域,网络信息业者所承担的协助犯罪治理义务往往具有较强的刚性,其与数字法治体系下新设义务之间的冲突更加激烈。

　　刑事程序法在与数字法治衔接不当的情况下,亦可能在反面形成企业三个方面的协助执法困境:一是国内法之间不同法律义务相冲突所引发的困境,集中体现在刑事诉讼协助义务优先性不明、企业内部审查机制免责效力缺失方面;二是域内法与域外法相冲突所引发的困境,集中体现在各国延伸网络空间刑事跨境数字侦查取证中的规则冲突;三是刑事诉讼协助义务与商业利益相冲突所引发的困境,集中体现在协助执法义务与经济成本、网络与数据安全以及以算法模型为代表的商业秘密保护之间的矛盾。上述困境无法通过企业自身设置内部机制予以解决,而是依赖于立法层面的协调。

　　本章正是由此出发,以网络信息业者为研究对象,基于其在刑事诉讼中所承担的典型协助义务,观察这些义务与新型网络信息法律义务之间的冲突并进行类型化,分析其背后的成因,进而探索化解企业履行协助义务时面临的困境的立法思路。

一、刑事诉讼中的企业协助义务

刑事程序法是企业一项重要的法律义务来源,违反相关义务亦可能引发多重法律责任。当前立法与相关研究对于刑事诉讼过程中企业协助义务的关注不足,其在深层上反映出程序法长期以来的边缘地位的同时,也与传统刑事诉讼法律义务的四个主要特性相关。第一,刑事诉讼相关措施的高强制性使义务主体不予遵守相应义务进而引发后续法律责任的情形相对较少,这一点在各类强制性侦查措施方面体现得尤为明显。第二,刑事诉讼法律义务的优先性使其与其他法律义务发生冲突的情形也相对较少,典型体现在相关法律在进行权利保障时往往为刑事司法活动设置例外。第三,刑事诉讼程序的强主权属性使其与域外法律规定的冲突相对较少,极少数需要协调的情形主要通过刑事司法协助机制予以解决,这也可以在一定程度上解释为什么《刑事诉讼法》只用一个条文规定该机制(第18条),并且该条文自1996年以来从未进行过任何修订。第四,刑事诉讼中的协助或配合义务多具有个案性,并且受到严格的正当程序和比例原则限制,其经济成本在规则设计中多被忽略不计。

问题在于,在网络信息技术的冲击之下,上述特征已经开始发生变化。首先,一些传统刑事诉讼措施如特别侦查取证措施在与网络信息技术融合后,其强制性属性发生变化,如侦查机关向网络信息业者调取数据。[1] 其次,刑事诉讼义务之于新建立的网络信息法律义务的优先性规定不明,这一点在个人信息保护领域尤为明显。再次,网络空间的弱地域性打破了传统刑事诉讼活动的本国壁垒,执法义务和协助执法义务的域外溢出效应日益明显,进而使本国法与外国法的义务冲突激烈。最后,网络信息业者协助犯罪风险一般性防控和个案打击的义务不断强化和普遍化,使得其协助成本不仅加重并且多样化。

---

[1] 参见裴炜:《论个人信息的刑事调取——以网络信息业者协助刑事侦查为视角》,载《法律科学(西北政法大学学报)》2021年第3期,第80—95页。

在此背景下，遵守和履行刑事诉讼法律义务可能导致企业违反其他法律规定或承受不当损失。换言之，刑事程序法语境下"企业"面临的现实且急迫的挑战并不在于因违法违规行为触发刑责的风险，而在于规则本身因缺位、错位等使企业面临进退维谷的多重法律义务冲突，由此形成的制度困境可能产生多重消极后果，既可能妨碍刑事诉讼顺利进行，亦有可能损及数字治理中的其他价值。

网络信息业者在协助犯罪追诉方面面临的困境在跨境取证方面体现得尤为明显，特别是在一国执法机关向网络信息业者调取境外数据的场景下，实践需求与法律限制之间的张力更加突出。如前所述，向网络信息业者等第三方主体远程调取数据是传统刑事司法协助机制难以适应网络空间侦查取证需求的实践产物。这一取证模式的实质是将侦查任务下移给数据控制者，是规制对象的转移，而非法律规则冲突的实质性解决。网络空间治理本就涉及多种法律关系，在各国普遍扩张网络管辖权的背景下，网络信息业者往往被置于多重互异甚至彼此冲突的规则之下，进而形成其协助困境。

二、犯罪治理中第三方协助的主要场景

网络空间的犯罪治理对于控制或占有大量数据的第三方主体的依赖程度不断提升，也由此催生出跨境取证中向网络信息业者等第三方主体调取数据这种公私合作的创新模式。如前所述，该模式并非不牵涉个人信息及数据保护问题；相反地，第三方主体的介入一定程度上使保护的难度和必要性均有所提升。从犯罪系统治理的角度来看，公私主体间的数据合作存在于多个场景之中，由此形成了不同场景下个人信息及数据保护的特殊需求。

（一）场景一：预测警务

预测警务阶段的执法活动，究其本质而言仍然属于行政执法行为，适用行政法的相关规定。预测警务针对的情形较为广泛，既包括

违反社会治安的一般违法行为,也涉及可能构成犯罪的严重违法行为,同时还包括涉及国家安全、社会公共安全等的特殊违法犯罪活动。

在预测警务中,公安机关兼具行政执法和刑事司法的双重身份,承担犯罪风险事前防控和犯罪活动事后打击的双重任务,是犯罪综合治理各个阶段主要的主导机关。已有法律规定多数并非直接针对网络信息业者,但从其已经设定的一般规则和权利义务规定来看,不可避免地会影响到相关规则在网络空间的应用。由于预测警务主要目的是犯罪风险防控,所以其与行政管理中的国家和社会公共安全相关制度有紧密联系,同时也与为行政处罚之目的而采取的强制性措施相关。

1. 行政执法的基本原则

第一,行政执法权力原则上应当由法律规定的行政机关实施,能否以及在何种范围内向其他主体委托,需要有明确的法律授权。例如行政强制措施只能由行政机关在法定职权范围内实施,不得对外委托(《行政强制法》第17条)。

第二,就执法行为的限度而言,应当保持在行政执法目的所划定的必要范围内,遵守必要性原则,特别是在干预公民基本权利的情况下,行政执法应当遵循比例原则。例如《国家安全法》第83条规定,在国家安全工作中,需要采取限制公民权利和自由的特别措施时,应当依法进行,并以维护国家安全的实际需要为限度。根据《行政强制法》相关规定,行政机关在行政管理过程中,可以为制止违法行为、防止证据损毁、避免危害发生、控制危险扩大等情形,依法对公民的人身自由实施暂时性限制,或者对公民、法人或者其他组织的财物实施暂时性控制(第2条)。为实现以上目的,行政机关可以采取限制人身自由、查封扣押、冻结等措施(第9条),这些措施的设定和实施应当遵守明确的权限、范围、条件和程序(第4条)。行政强制措施应当适当,采用非强制手段可以达到行政管理目的的,不得设定和实施行政强制(第5条)。原则上,行政强制的设立遵循法律保留原则,法律未规定的,行政法规、地方性法规不得设定;法律规定了的,行政法规、地方性法规不得作出扩大规定(第11条)。

第三,就执法的公开透明而言,2019年修订的《政府信息公开条例》强调提高政府工作的透明度,对于行政机关在履行行政管理职能过程中制作或获取的信息,应当以公开为常态、不公开为例外。其中,不公开的信息主要包括依法确定为国家秘密的政府信息,法律、行政法规禁止公开的政府信息,公开后可能危及国家安全、公共安全、经济安全、社会稳定的政府信息(第14条),以及涉及商业秘密、个人隐私等公开会对第三方合法权益造成损害的政府信息(第15条)。此外,行政机关在履行行政管理职能过程中形成的讨论记录、过程稿、磋商信函、请示报告等过程性信息以及行政执法案卷信息,可以不予公开(第16条)。

第四,就执法过程中获取材料的用途而言,原则上应当遵守合目的性和专用义务。例如《网络安全法》第30条规定,网信部门和有关部门在履行网络安全保护职责中获取的信息,只能用于维护网络安全的需要,不得用于其他用途;《公安机关互联网安全监督检查规定》第5条规定,公安机关及其工作人员在履行互联网安全监督检查职责中获取的信息,只能用于维护网络安全的需要,不得用于其他用途;《社区矫正法》第29条规定,社区矫正机构对通过电子定位装置获得的信息应当严格保密,有关信息只能用于社区矫正工作,不得用于其他用途;《反恐怖主义法》第45条规定,公安机关、国家安全机关、军事机关在其职责范围内通过技术侦察措施获取的材料,只能用于反恐怖主义应对处置和对恐怖活动犯罪、极端主义犯罪的侦查、起诉和审判,不得用于其他用途。

2. 行政执法中的数据协助义务

网络信息业者协助执法的具体形式大致可以分为两类:一类是在日常经营过程中的主动协助;另一类是在具体执法活动中应执法机关要求进行的被动协助。其中,预测警务主要涉及前者,后者则适用于刑事立案前初查和具体行政执法活动的交叉地带。此处主要针对第一类型的协助执法义务,具体可以划分为以下两种主要类型:一是数据存留义务;二是举报、报告义务。

(1) 数据存留义务

一般而言,网络服务提供者收集存储用户数据特别是个人信息时,在遵循合法性、正当性、必要性的原则下,须同时满足以下三个条件:①明确收集、适用的目的、方式和范围;②经被收集者同意;③为服务经营所必须。在此范围内,网络服务提供者的信息收集存储行为与协助执法并无直接关联,而是直接服务于其日常经营活动。

为协助执法之目的,网络服务提供者所承担的信息收集与存储义务通常不受该三个条件的限制。此时,基于启动依据不同,可以将该义务区分为一般收集存储义务和特殊收集存储义务。

第一,就信息的一般收集存储义务而言,典型的文件是2011年修订的《互联网信息服务管理办法》,其第14条规定,互联网信息服务提供者应当记录提供的信息内容及其发布时间、互联网地址或者域名;互联网接入服务提供者应当记录上网用户的上网时间、用户账号、互联网地址或者域名、主叫电话号码等信息。此项信息收集存储义务的功能主要在于为日后执法过程中的信息获取提供便利,区别于网络服务提供者基于日常经营活动所进行的信息收集存储,因此一般指向特定信息,并存在一定的期限限制。尽管绝大多数规范性法律文件对于一般收集存储义务进行了规定,但针对的服务主体、信息类型和存储期间不尽相同。

第二,网络服务提供者针对信息的特殊收集存储义务的启动基于个案,即执法机关针对特定违法犯罪嫌疑展开调查时,要求网络服务提供商就该案件之相关信息进行收集存储。我国当前相关法律规定大致包括两种类型。

其一,由主管机关发现特定嫌疑后,网络服务提供者针对该嫌疑所承担的信息收集和存储义务,例如在国家安全领域,2015年《反恐怖主义法》第19条第2款规定,特定主管部门发现含有恐怖主义、极端主义内容的信息,责令有关单位停止传输、删除相关信息,或者关闭相关网站、关停相关服务时,这些单位不仅应当立即执行,还负有保存相关记录以协助调查的义务。类似地,2023年修订的《反间谍法》第

36条第1款规定,国家安全机关发现涉及间谍行为的网络信息内容或者网络攻击等风险时,应当及时通报有关部门,由其依法处置或者责令电信业务经营者、互联网服务提供者及时采取修复漏洞、加固网络防护、停止传输、消除程序和内容、暂停相关服务、下架相关应用、关闭相关网站等措施,保存相关记录;情况紧急,不立即采取措施将对国家安全造成严重危害的,由国家安全机关责令有关单位修复漏洞、停止相关传输、暂停相关服务,并通报有关部门。

从普通犯罪的预防和治理角度来看,上述义务同样适用,例如《网络安全法》第50条同样规定,网络运营者在收到有关部门就违法信息停止传输的命令后,除采取消除该信息等处置措施,还要保存有关记录。《电子数据规定》第12条明确规定了冻结电子数据过程中网络服务提供者所应承担的协助义务。

其二,网络服务提供者自己发现违规信息之后,在向有关机关进行报告的同时,主动保存相关记录,例如《网络安全法》第47条和《互联网群组信息服务管理规定》第11条均属于这一类型。总体而言,这些禁止发布的信息主要涉及国家秩序、社会秩序和公民合法权益三个部分,但不同规定在划定禁止内容的范围时,表述上存在细微差异。

(2)举报、报告义务

网络信息业者承担的举报、报告义务通常作为原则加以规定。例如建设、运营网络或通过网络提供服务,有义务防范网络违法犯罪活动(《网络安全法》第10条);同时,针对危害网络安全的行为,网络信息业者有权向网信、电信、公安等部门举报(《网络安全法》第14条);网络服务提供者发现法律、法规禁止发布或传输的信息,应当立即停止传输该信息,采取消除等处置措施,保存有关记录,并向有关主管部门报告(全国人民代表大会常务委员会《关于加强网络信息保护的决定》第5条)。

网络信息业者所承担的举报、报告义务既指向信息监管,又指向特定的危害网络安全行为。其中,就信息监管而言,根据网信办2019年公布的《网络信息内容生态治理规定》,该措施主要指向以下11种情形:①反对宪法确定的基本原则的;②危害国家安全,泄露国家秘密,颠覆国家政权、破坏国家统一的;③损害国家荣誉和利益的;④歪曲、丑化、亵渎、否定英雄烈士事迹和精神,以侮辱、诽谤或者其他方式侵害英雄烈士的姓名、肖像、名誉、荣誉的;⑤宣扬恐怖主义、极端主义或者煽动实施恐怖活动、极端主义活动的;⑥煽动民族仇恨、民族歧视,破坏民族团结的;⑦破坏国家宗教政策,宣扬邪教和封建迷信的;⑧散布谣言,扰乱经济秩序和社会秩序的;⑨散布淫秽、色情、赌博、暴力、凶杀、恐怖或者教唆犯罪的;⑩侮辱或者诽谤他人,侵害他人名誉、隐私和其他合法权益的;⑪法律、行政法规禁止的其他内容。就危害网络安全行为而言,主要涉及以下四种行为:①未经允许,进入计算机信息网络或者使用计算机信息网络资源的;②未经允许,对计算机信息网络功能进行删除、修改或者增加的;③未经允许,对计算机信息网络中存储、处理或者传输的数据和应用程序进行删除、修改或者增加的;④故意制作、传播计算机病毒等破坏性程序的。

其中,就危害国家安全的活动而言,公民和组织承担及时报告危害国家安全活动线索的义务、如实提供所知悉的涉及危害国家安全活动的证据的义务、为国家安全工作和有关机关提供便利条件和协助的义务等(《国家安全法》第77条)。针对其中的恐怖主义组织和活动,《反恐怖主义法》明确要求任何单位和个人应当及时向公安机关或者有关部门报告(第9条)。网络信息业者应当落实网络安全、信息内容监督制度和安全技术防范措施,防止含有恐怖主义、极端主义内容的信息传播;发现含有恐怖主义、极端主义内容的信息的,应当立即停止传输,保存相关记录,删除相关信息,并向公安机关或者有关部门报告(第19条);发现宣扬极端主义的物品、资料、信息的,也应当立即报告公安机关(第28条)。

此外,就可能损害社会公共安全的活动,相关法律同样规定了单位和个人的协助义务。例如针对突发公共事件,《突发事件应对法》强调了公民和社会组织的参与义务(第23条),获悉突发事件信息的公民、法人或者其他组织,应当立即向所在地人民政府、有关主管部门或者指定的专业机构报告(第60条)。其中,针对网络安全突发事件,基础电信企业、域名机构、互联网企业、网络安全专业机构、网络安全企业应当通过多种途径监测、收集漏洞、病毒、网络攻击最新动向等网络安全隐患和预警信息,对发生突发事件的可能性及其可能造成的影响进行分析评估;认为可能发生特别重大或重大突发事件的,应当立即向部应急办报告;认为可能发生较大或一般突发事件的,应当立即向相关省(自治区、直辖市)通信管理局报告(《公共互联网网络安全突发事件应急预案》第4.2条)。

针对其他领域的网络信息业者的举报、报告义务,多散见于法规、规章等规范性法律文件中,其往往伴随着保留相关记录、采取相关制止违法行为或避免损害扩大等方面的义务。

(3)及时处置义务

随着网络信息业者等第三方主体在犯罪防治中的作用不断强化,其协助执法义务类型在主动性和能动性上也在同步强化,尤为典型地体现在一系列处置措施的配置之上,这些处置措施一定程度上具有了行政监管性质。这种处置措施既可能基于网络信息业者日常的监测识别活动,也有可能基于行政机关在具体个案执法过程中的要求。例如《个人信息保护法》授权具有"守门人"资质的个人信息处理者,对严重违反法律、行政法规处理个人信息的平台内的产品或服务提供者,采取停止服务的处置措施(第58条);2022年制定的《反电信网络诈骗法》要求互联网服务提供者对监测识别的涉诈异常账号进行重新核验,并根据国家有关规定采取限制功能、暂停服务等处置措施(第22条第1款)。

从当前处置义务的规定来看,主要面临着网络信息业者的处置行为与行政执法的关系问题,一些处置行为是基于行政机关的要求,但其性质难以直接归属到行政执法措施之中,例如《反电信网络诈骗法》要求互联网服务提供者根据公安机关、电信主管部门要求,对涉案电话卡、涉诈异常电话卡所关联注册的有关互联网账号进行核验,根据风险情况,采取限期改正、限制功能、暂停使用、关闭账号、禁止重新注册等处置措施(第22条第2款)。上述措施是否属于行政执法措施,还是互联网服务提供者自行采取的处置措施,二者在性质划分上并不清晰。更为典型的是2023年公安部公布的《电信网络诈骗及其关联犯罪的联合惩治办法(征求意见稿)》,其中授权工业和信息化部、公安部"组织"电信业务经营者、互联网服务提供者"落实"具体电信网络惩戒措施,相关措施的"惩戒"属性已然具有了一定的行政执法意味,但其性质上很难界定为行政处罚或行政强制措施。

(二)场景二:初查阶段

《刑事诉讼法》中没有就初查阶段作出详细的法律规定,仅规定公检法机关对于立案材料应当按照管辖范围及时迅速进行审查(第112条)。初查阶段之所以必要,在于我国刑事诉讼程序的立案是一个独立的程序,需要满足特定条件,即有犯罪事实并且需要追究刑事责任。从这个角度来讲,初查的主要任务即在于确定是否存在需要通过启动刑事诉讼程序来追究刑事责任的犯罪事实。需要注意的是,2019年最高人民检察院修订《人民检察院刑事诉讼规则》(下文简称《刑诉规则》)、2020年公安部修订《刑事程序规定》之后,检察系统和公安系统不再采用"初查"这一表述,而是修改为与《刑事诉讼法》表述相一致的"调查核实";2018年最高人民检察院和公安部制定的《公安机关办理经济犯罪案件的若干规定》(下文简称《经济犯罪案件规定》)采取的是"立案审查"。就制度内涵而言,"调查核实""调查"或"立案审查"与"初查"无论在制度目的、措施类型、措施强度等方面均相似,因此此处仍然沿用"初查"的表述。此外,涉及国家安全的相关规定在立案前可适用的措施尽管在强度上高于一般犯罪案件的"初查",但由于其针对的是犯罪立案前的调查核实阶段,因此也纳入讨论范围。

一般认为,初查阶段刑事诉讼程序尚未正式启动,执法机关无权采取限制或剥夺公民人身自由、财产权利的强制性侦查措施,仅能采用任意性的调查措施。具体而言,初查阶段执法机关可以采用的措施主要包括询问、查询、勘验、鉴定和调取证据材料等不限制被调查对象人身、财产权利的措施(公安部《刑事程序规定》第174条第2款、最高检《刑诉规则》第169条)。

就初查阶段可以采用的措施而言,主要争议点涉及两项:一是技术侦查措施的适用;二是提取、调取证据的适用。

1. 技术侦查措施

《刑事诉讼法》自 2012 年起确认了技术侦查措施的合法性基础。由于技术侦查措施对公民基本权利的严重侵犯性，刑事诉讼法律规定对其设置了较为严格的限制，主要体现在以下三个方面：

首先，就技术侦查措施可以适用的阶段而言，根据《刑事诉讼法》的规定，技术侦查措施应当在公安机关、人民检察院立案之后才能采取（第 150 条）。最高检《刑诉规则》进一步明确禁止在立案前的调查核实阶段采用该措施（第 169 条）。

其次，就技术侦查措施可以适用的案件而言，技术侦查措施仅适用于严重犯罪。根据公安部《刑事程序规定》规定，严重犯罪主要包括以下类型（第 254 条）："（一）危害国家安全犯罪、恐怖活动犯罪、黑社会性质的组织犯罪、重大毒品犯罪案件；（二）故意杀人、故意伤害致人重伤或者死亡、强奸、抢劫、绑架、放火、爆炸、投放危险物质等严重暴力犯罪案件；（三）集团性、系列性、跨区域性重大犯罪案件；（四）利用电信、计算机网络、寄递渠道等实施的重大犯罪案件，以及针对计算机网络实施的重大犯罪案件；（五）其他严重危害社会的犯罪案件，依法可能判处七年以上有期徒刑的案件。"同时，根据最高检《刑诉规则》，"严重犯罪"还包括利用职权实施的严重侵犯公民人身权利的重大犯罪案件（第 227 条）。

最后，就技术侦查措施的审批程序而言，无论法律表述的是"技术侦查""技术调查"还是"技术侦察"，无一例外地要求经过严格的审批手续（《刑事诉讼法》第 150 条、《监察法》第 28 条、《人民警察法》第 16 条、《国家情报法》第 15 条、《反恐怖主义法》第 45 条、《反间谍法》第 37 条）。所谓"严格的审批手续"，从相关法律规定来看，主要是提升审批机构的层级，例如针对刑事诉讼中的技术侦查措施，其审批权归属于设区的市一级以上公安机关负责技术侦查的部门（《刑事程序规定》第 264 条第 1 款），这一规定也适用于恐怖主义和极端主义犯罪的技术侦查（《恐怖极端案件意见》第 2 节第（4）条）。

总结现有法律规定，可以看到原则上技术侦查的应用并不涉及立案前的犯罪初查阶段,但这一原则存在诸多模糊不清的情形,这种模糊性主要源于两方面:其一是涉及专门领域犯罪的法律规定对技术侦查措施适用的规定不清,这一点在涉及国家安全犯罪方面尤为明显;其二是新型网络信息侦查技术是否属于技术侦查的界定不清。此处首先探讨前一方面,后一方面由于与电子数据调取措施的关系更为密切,因此放置在后一部分进行探讨。

从当前涉及刑事案件执法的相关法律规定来看,《监察法》规定了类似的"技术调查措施"(第28条),《警察法》《国家安全法》《国家情报法》《反恐怖主义法》《反间谍法》等涉及国家安全的法律则采用了"技术侦察措施"的表述。其中,就监察机关的"技术调查措施"而言,由于监察执法的立案门槛远低于刑事诉讼,而监察案件转入刑事诉讼时,直接对接的是审查起诉阶段,因此监察机关的"技术调查措施"似乎可以运用于刑事立案之前。就涉及国家安全的法律规定而言,"技术侦察措施"的适用时点更早,例如根据《反恐怖主义法》,公安机关接到恐怖活动嫌疑的报告或者发现恐怖活动嫌疑,需要调查核实的,应当迅速进行调查(第49条),此时可以采取电子监控等措施对恐怖活动嫌疑人进行监督(第53条);国家情报机构则在日常情报工作中即可采用技术侦察措施,而无须以刑事立案为前提(《国家情报法》第15条、《反间谍法》第12条),同时根据《反间谍法》的规定,国家安全机关可以查验有关组织和个人的电子通信工具、器材等设备、设施(第13条)。

2. 提取、调取证据材料

初查阶段可以采用措施的第二项争议源于对"调取证据材料"性质的认定,其又涉及两个方面的事项:一方面是对网络远程提取与技术侦查关系的界定;另一方面是向网络信息业者等第三方数据控制者或占有者取证的性质界定。

(1)网络远程提取与技术侦查的关系

如前所述,原则上技术侦查不能在刑事立案前使用。关于技术侦查的具体范围,根据立法解释,主要包括"电子侦听、电话监听、电子监控、秘密拍照或秘密录像、秘密获取某些物证、邮件检查等专门技术手段"。根据公安部《刑事程序规定》，技术侦查措施主要包括记录监控、行踪监控、通信监控、场所监控等（第264条第1款）。

技术侦查之所以需要进行严格限制，在于此类措施对于公民基本权利造成的严重侵害，主要体现在四个方面：一是监控对象的广泛性，尤其表现为监控录像可能涉及犯罪嫌疑人、被告人，也可能涉及与犯罪活动直接关联的其他公民；二是监控内容的广泛性，既可能监控涉案行为，又可能涉及日常社会活动；三是监控措施的持续性，我国《刑事诉讼法》规定了3个月的基本时长，并且该期间可以反复延长；四是监控措施的隐蔽性，即基于侦查秘密的考量，侦查人员可能不会事前将监控措施告知监控对象，从而使监控对象无法自行进行监督和获得救济。

在网络信息技术广泛应用的背景下，对于技术侦查措施的认定主要集中于对"监控"措施的理解。例如根据《反恐怖主义法》的规定，立案之前可以采用电子监控措施（第53条），但《恐怖极端案件意见》又规定技术侦查措施仅能在立案之后实施（第2节第（4）条），两项结合分析，立法者似乎认为"电子监控措施"不属于技术侦查措施。

与《反恐怖主义法》相类似，《电子数据规定》和《电子取证规则》均规定了"网络在线提取电子数据"措施，其中既包括对远程计算机信息系统的电子数据在线提取，也包括对远程计算机信息系统进行远程勘验，该措施区别于现场提取电子数据。根据公安部《电子取证规则》的规定，针对境内的远程计算机信息系统，网络在线提取可以不限于公开发布的电子数据（第23条），其意味着在线提取数据的对象可能涵盖非公开的电子数据。就远程勘验措施而言，则不区分境内或境外，并且其适用情形较广（第27条），包括但不限于："（一）分析、判断提取的电子数据范围；（二）展示或者描述电子数据内容或者状态；（三）在远程计算机信息系统中安装新的应用程序；（四）通过勘验行为让远程计算机信息系统生成新的除正常运行数据外的电子数据；（五）收集远程计算机信息系统状态信息、系统架构、内部系统关系、文件目录结构、系统工作方式等电子数据相关信息。"

从当前电子数据在线提取和远程勘验的相关法律规定来看,尽管两者都会涉及隐蔽技术的使用,覆盖的数据范围均较为广泛,并且可能牵涉公民的隐私等较为敏感的个人信息,但立法并未将此类措施一并视为技术侦查措施,例如公安部《电子取证规则》第33条规定,"网络在线提取或者网络远程勘验时,应当使用电子数据持有人、网络服务提供者提供的用户名、密码等远程计算机信息系统访问权限。采用技术侦查措施收集电子数据的,应当严格依照有关规定办理批准手续。"类似地,最高检2018年《电网诈指引》规定,"通过技术侦查措施,利用远程计算机信息系统进行网络远程勘验收集到电子数据,作为证据使用的,是否随案移送批准采取技术侦查措施的法律文书和所收集的证据材料,是否对其来源等作出书面说明。"

基于此,立法者似在说明,针对远程计算机信息系统而言,仅有部分的网络在线提取和远程勘验需要用到技术侦查措施,对于这部分措施应当仅能在刑事立案之后适用,例如《恐怖极端案件意见》规定,"恐怖活动和极端主义犯罪案件初查过程中收集提取的电子数据,以及通过网络在线提取的电子数据,可以作为证据使用。对于原始存储介质位于境外或者远程计算机信息系统上的恐怖活动和极端主义犯罪电子数据,可以通过网络在线提取。必要时,可以对远程计算机信息系统进行网络远程勘验。立案后,经设区的市一级以上公安机关负责人批准,可以采取技术侦查措施。"

问题在于,究竟哪些网络在线提取和远程勘验措施属于技术侦查措施,目前尚无明确的法律规定,其背后反映出的是传统侦查措施体系长期存在的内部逻辑不一的情况,对此本书将在机制篇部分进一步详述。如果结合技术侦查措施的特性,那么我们似乎可以得出一个推论,即凡在事实上形成对公民的隐蔽性监控的行为,均应当被视为是技术侦查措施,其中就可能涉及针对公民的位置监控、行踪监控、网络活动监控等。

(2)向第三方调取证据的性质界定

如前所述,鉴于网络信息业者等第三方主体掌握和占有庞大的用户数据,相对于直接向数据主体取证,向第三方调取相关数据更为便宜。原则上，这种调取证据材料的措施并不必然视为是刑事侦查取证行为，公安机关等执法机关在办理行政案件过程中，也可以向有关单位和个人收集、调取证据(公安部《公安机关办理行政案件程序规定》第 28 条，下文简称《行政程序规定》)；类似地，在初查阶段，为调查核实立案线索，公安机关也可采取调取证据材料的措施(《刑事程序规定》第 174 条、《经济犯罪案件规定》第 18 条)。在此基础上，公安部《电子取证规则》将向网络信息业者等第三方主体取证界定为"调取"措施。

总结当前已有法律规定，立法者似认为向第三方调取证据总体上是任意性措施，并且可以适用于预测警务、初查和犯罪侦查的各个阶段。问题在于，在涉及公民个人信息特别是敏感信息的情况下，向数据主体取证还是向第三方取证，并不会改变取证措施的强制性，因此一概将调取措施视为是任意性措施并广泛适用并不具有合理性。对此，本书将在机制篇予以进一步探讨。

3. 个案中的第三方协助执法义务

针对网络信息业者在个案执法活动中的协助义务，相关行政法律一般规定了执法对象的配合义务，这种协助义务主要包括以下两种形式：一种是根据执法机关要求提供相关材料的义务；另一种是为执法机关获取相关数据材料提供技术支持和便利的义务。

(1)提供数据材料义务

就提供数据材料义务而言，主要针对的是执法机关的取证行为。例如行政机关为行政处罚进行调查或检查时，当事人或有关人员应当如实回答询问，并协助调查或检查(《行政处罚法》第 55 条)。其中，公安机关向有关单位和个人收集、调取证据时，须经公安机关办案部门负责人批准，开具调取证据通知书，明确调取的证据和提供时限。此时，被调取人负有如实提供证据的义务(公安部《行政程序规定》第 28 条)。

类似地，《电子商务法》规定"有关主管部门依照法律、行政法规的规定要求电子商务经营者提供有关电子商务数据信息的，电子商经营者应当提供"(第 25 条);针对涉及电信诈骗等新型网络违法犯罪活动,对于公安机关通过管理平台发起的涉案账户查询、止付和冻结业务,符合法律法规和相关规定的,银行和支付机构应当立即办理、及时反馈,并建立涉案账户查询、止付、冻结 7×24 小时紧急联系人机制(中国人民银行《关于进一步加强支付结算管理防范电信网络新型违法犯罪有关事项的通知》第 1 条);针对恐怖主义活动等涉及国家安全的违法犯罪活动,公安机关调查恐怖活动嫌疑,有权向有关单位和个人收集、调取相关信息和材料,有关单位和个人应当如实提供(《反恐怖主义法》第 51 条)。

(2)提供技术支持义务

就提供技术支持和便利义务而言,主要针对的是调取材料过程中对技术障碍的排除。例如全国人大常委会《关于加强网络信息保护的决定》要求当有关主管部门依法履行职责,防范、制止和查处网络信息违法犯罪行为时,网络服务提供者应当予以配合,提供技术支持。网络运营者针对已经开展的涉及国家安全和犯罪侦查的活动,承担提供技术支持和协助的义务(《网络安全法》第 28 条);网约车平台公司应当依照法律规定,为公安机关依法开展国家安全工作,防范、调查违法犯罪活动提供必要的技术支持与协助(《网络预约出租汽车经营服务管理暂行办法》第 27 条,下文简称《网约车办法》);网络音视频信息服务提供者应当遵守相关法律法规规定,依法留存网络日志,配合网信、文化和旅游、广播电视等部门开展监督管理执法工作,并提供必要的技术、数据支持和协助(《网络音视频信息服务管理规定》第 17 条);针对国家安全、反恐怖主义执法活动,任何单位和个人都有协助、配合的义务(《反恐怖主义法》第 9 条);特别是网络信息业者,针对公安机关、国家安全机关防范、调查恐怖的执法活动有义务提供技术接口和解密等技术支持和协助(《反恐怖主义法》第 18 条)。

(三)场景三:侦查阶段

案件进入侦查阶段,在遵循各自适用条件的前提下,各种调查取证措施均可以适用。其中涉及侦查措施的层级性问题,其中,针对强制性侦查措施的限制强度要高于任意性侦查措施,而在强制性侦查措施中,针对技术侦查措施的规制强度要高于其他强制性措施。就调查取证的对象而言,侦查阶段可以收集、提取的数据范围同样涵盖广泛,既涉及一般公民个人信息,也涉及敏感类信息。正是由于刑事侦查阶段取证措施的多样性和高强度,域外立法在保障个人信息时,多将刑事领域进行剥离,典型的例证是欧盟 2016 年 GDPR。

三、数字协助义务困境主要成因

(一)国内法律义务冲突

基于刑事诉讼法律义务所形成的协助义务困境首先源于国内法冲突,典型的例证是 2018 年的滴滴顺风车司机杀人案。该案中,被害人乘坐滴滴顺风车后被杀害,案情本身较为清晰,[1]舆论争议焦点主要在于滴滴平台以保护平台用户隐私为由,在被害人亲友及警方要求提供涉事司机相关信息时延迟回应。滴滴平台的处理方式暴露出其在应急处置机制方面的缺陷,同时也反映出两种法律义务之间的冲突:一是企业的用户个人信息及隐私保护义务;二是企业协助犯罪治理特别是刑事侦查的义务。诚然,遵守其中一种义务并不应当成为逃避另一义务的借口,但正如滴滴公司在之后的声明中表达的诉求,两项义务的协同需要平台"与警方以及社会各界探讨更高效可行的合作方案……如何在保护用户隐私的同时,避免延误破案的时机。"[2]

该案实际上涉及当前企业特别是网络信息业者普遍面临的两个义务协同问题:一是刑事诉讼中的协助义务是否优先于用户个人信息保护等义务;二是企业内部针对信息披露的审核机制能否以及在何种程度上可以作为后续法律责任豁免的依据。以下分别予以分析。

---

[1] 具体案情,参见《人民法院报发布 2019 年度人民法院十大刑事案件之六:浙江乐清滴滴顺风车司机杀人案》,载《人民法院报》2020 年 1 月 12 日,第 4 版。
[2] 相关新闻报道,参见《滴滴:27 日起全国下线顺风车 免去顺风车总经理职务》,载凤凰网,https://tech.ifeng.com/c/7fg8ZpPypXc,访问日期 2021 年 12 月 23 日。

(二)刑事诉讼协助义务优先性

犯罪之于国家、社会与个人的权益侵犯的严重性往往使打击犯罪相较于其他社会价值具有优先性,但是这种优先性并非自然获得,一则需要以明确的法律规定为依据;二则需要控制在比例原则的框架下;三则需要遵循正当程序的要求。例如针对公民的通信权,刑事司法权力机关并非天然地可以进行干预,而是以《宪法》第 40 条的明确授权为前提条件,[1]同时在具体的干预措施上基于比例原则进行分层设计。[2]

从立法之于刑事诉讼协助义务的优先性规定来看,早期一些域外案件体现出此种规定的模糊性,较为典型的案件是欧洲人权法院 2008 年的 K.U. v Finland 案,[3]其争议焦点在于警方能否为打击网络儿童色情犯罪案件之目的,要求网络服务提供者披露发布涉案内容的用户的身份信息。彼时芬兰相关法律规定禁止网络信息业者非经用户同意对外提供用户身份信息,并且未就该个人信息保护义务设置刑事司法例外。基于此,芬兰国内法院支持了网络服务提供者不予配合警方信息调取活动的做法。欧洲人权法院并未认可这一主张,并特别提及"立法者负有(积极的)义务协调彼此冲突的权利保护需求"。[4] 与之类似,欧盟 GDPR 在严格规制企业处理用户个人信息的同时,也极

---

[1] 正是由于该条仅授权公安机关和检察机关进行通信检查,因此存在着法院是否有权检查公民通信的争议。相关探讨参见:全国人大常委会法制工作委员会编:《法律问答复(2000—2005)》,中国民主法制出版社 2006 年版,第 129 页;杜强强:《法院调取通话记录不属于宪法上的通信检查》,载《法学》2019 年第 12 期,第 78—87 页;王锴:《调查查阅通话(讯)记录中的基本权利保护》,载《政治与法律》2020 年第 8 期,第 107—119 页。

[2] 关于我国刑事诉讼制度中针对通信权的分层干预机制,参见裴炜:《刑事诉讼中的个人信息保护探讨——基于公民信息保护整体框架》,载《人民检察》2021 年第 14 期,第 6—10 页。

[3] K.U. v. Finland, ECtHR, application no. 2872/02.

[4] 关于 K.U.案中立法者积极立法义务的探讨,参见 Laurens Lavrysen, Chapter 4 Protection by the Law: The Positive Obligation to Develop a Legal Framework to Adequately Protect ECHR Rights, in Human Rights and Civil Liberties in the 21st Century (Yves Haeck & Eva Brems eds.), Springer Netherlands, 2014, pp.93-94.

大地限制了其主动监测、发现和报告网络儿童色情的活动,进而减损了网络儿童性犯罪活动的打击效果。考虑到二者之间的冲突,2021年欧盟制定条例授权特定网络信息业者为打击网络儿童色情之目的,主动监测、评估和报告可疑信息或行为,同时规定企业关于此类用户个人信息处理的活动不适用GDPR相关规定。[1]

从我国当前相关立法来看,早先立法并未关注上述义务之间的协调问题,例如《网络安全法》一方面规定了网络运营者协助侦查犯罪活动的义务(第28条),另一方面又为其设置了诸多维护网络安全和用户个人信息的义务,同时二者分别对应不同的法律责任,但缺乏协调上述两种义务的规定。《数据安全法》也存在类似的情形,其在规定有关组织、个人配合公安机关为侦查犯罪之目的调取数据的义务(第35条)并设置相应罚则(第48条)的同时,并未明确其与该组织或个人所承担的其他维护数据安全的义务相冲突时的解决路径。这两种义务平行式的立法模式事实上造成了企业法律适用上的选择困境。相对而言,《个人信息保护法》有所进步,例如针对同意原则规定了"履行法定职责或法定义务"之例外(第13条);针对知情原则规定了法律或行政法规另有规定、紧急情况(第18条)、妨碍国家机关履行法定职责等例外情形(第35条)。

但是,确立形式上的刑事司法义务优先性只是第一步。如前所述,这种优先性并非毫无边界,也并非以泛化的"打击犯罪"目的即可以取得合法性,而是需要针对具体的刑事司法措施进行合比例的规制,并体现为《刑事诉讼法》的明确规定。[2] 例如上文提及的《个人信息保护法》之于知情权的例外规定,放置在刑事司法语境下,不仅需

---

[1] See Regulation (EU) 2021/1232 of the European Parliament and of the Council of 14 July 2021 on a Temporary Derogation from Certain Provisions of Directive 2002/58/EC as regards the Use of Technologies by Providers of Number-Independent Interpersonal Communications Services for the Processing of Personal and Other data for the Purpose of Combating Online Child Sexual Abuse, available at https://eur-lex.europa.eu/legal-content/EN/TXT/? uri=CELEX%3A32021R1232. Accessed 31 December 2021.

[2] See Allison M. Holmes, Citizen Led Policing in the Digital Realm: Paedophile Hunters and Article 8 in the Case of Sutherland v Her Majesty's Advocate, 85(1) The Modern Law Review 219(2022): pp.219-231.

要《刑事诉讼法》明确另行规定,同时需要建立起切实可行的"紧急情况""妨碍履行职责"等的审查判断和运行机制,否则仍然可能在实质上不当干预公民的基本权利。

对此,美国近些年包括琼斯案、[1]卡朋特案[2]等在内的一系列涉及用户信息第三方调取的判例表达了一个清晰的立场,即隐私保护的"第三者条款"并非天然地适用于网络服务提供者;侦查机关向其调取用户数据仍然构成搜查并受到美国宪法第四修正案的限制。欧盟的立法与司法实践表达出类似的态度。欧盟通过2006年的《关于存留公共电子通信服务或网络生成或处理的数据的指令》(下文简称《数据存留指令》)[3]建立起该数据存留规则法律框架,成员国为预防、调查、侦查和起诉严重犯罪之目的,可以通过国内法要求公共电子通信服务提供者将特定类型的非内容数据存留6—24个月,并向适格刑事司法机关提供。该指令从形式上调和了相关网络信息业者协助刑事司法机关义务与保护公民隐私和个人数据义务之间的关系,但由于未能在实质上形成两项义务之间的合比例的平衡,特别是考虑到此类措施不区分具体数据类型、不区分存留期限、措施滥用缺乏有效制约机制等情形,欧盟法院在2014年的裁判中宣布该指令无效。[4] 但是该裁判并非否定数据存留在打击犯罪中的重要性;也正是基于此,欧盟数据存留走向了更为细化的制度设计阶段,此后欧盟法院又通过一系列案件逐步明确刑事司法过程中网络信息业者数据存留义务的具体范围和边界,例如在2020年的La Quadrature du Net and others案中允许在涉及严重危及国家或公共安全的个案中,概括性地要求网络信息业者存留用户的流量数据和位置数据并向有关机关提供

---

[1] United States v. Jones, 132 S. Ct. 945 (2012).
[2] Carpenter v. United States 585 U.S. (2018).
[3] Directive 2006/24/EC of the European Parliament and the Council of 15 March 20006 on the Retention of Data Generated or Processed in Connection with the Provision of Publicly Available Electronic Communications Services or of Public Communications Networks and Amending Directive 2002/58/EC.
[4] See CJEU Judgement of 8 April 2014, Digital Rights Ireland and Seitlinger and Others, in Joined Cases C-293/12 and C-594/12.

该数据。[1]

从我国当前的司法实践来看,主要问题并非缺乏形式上的刑事司法义务优先性的法律确认,而是在于具体机制和规则层面的义务协调问题。以《网络安全法》第 28 条的协助义务为例,尽管该条要求网络运营者为犯罪侦查活动提供技术支持和协助,但是一则未明确该技术支持或协助是否仅指向其自身运营的网络以及基于自身业务控制或处理的数据;二则未明确该协助仅限于个案还是可以常规化;三则未明确侦查机关要求协助所对应的具体程序,使实践中出现了犯罪风险专业数据分析和模型开发企业的协助活动处于法律的灰色地带,并且极有可能侵犯其他网络信息业者的数据安全、网络安全和用户个人信息保护。

随着《个人信息保护法》建立起公私通行且具体的个人信息保护制度,这种数据义务间的规则张力进一步强化。以告知义务为例,在侦查机关向企业调取用户个人信息的场景中,调取方与被调取方均属于"信息处理者";即便将协助执法的企业解释为"受个人信息处理者委托处理个人信息"(第 21 条第 1 款),相关规定也并未免除其作为"信息处理者"所承担的各项义务。从这个角度来讲,在调取过程中,无论是作为调取方的侦查机关还是配合侦查、提供用户个人信息的企业,除例外情形,原则上均应当承担向信息主体的告知义务。个人信息保护法针对国家机关处理者规定了义务豁免的两种情形:一种是基于法律、行政法规规定应予保密或不需要告知(第 18 条第 1 款);另一种是妨碍履行法定职责(第 35 条)。

考虑到《刑事诉讼法》本身没有类似的规定,同时目前尚不存在刑事诉讼相关行政法规,第一种情形难以适用于刑事诉讼措施。后一种情形是在缺少法律、行政法规依据的情况下的补充机制,该机制尽管可以用于刑事诉讼,但是需要满足相应的条件。第一,该机制的适用需要以明确的刑事诉讼法律规定为依据,即刑事诉讼法本身需要授权

---

[1] See CJEU Judgement of 6 October 2020, La Quadrature du Net and Others, in joined Cases C-511/18, C-512/18 and C-520/18.

有关机关以妨碍诉讼为由限制或免除告知义务。可以看到,在刑事诉讼中但凡要以妨碍诉讼为由干预公民的基本权利,均以明确的法律规定为前提,这在侦查中尤为明显,例如拘留之后通知义务的免除(《刑事诉讼法》第85条第2款)、特殊犯罪指定监视居住的适用(《刑事诉讼法》第75条第1款)、技术侦查中的保密(《刑事诉讼法》第154条)等。第二,在具有明确法律依据的前提下,该机制的适用是个案判断,而非概括性地义务豁免,特别是不能以笼统的"侦查秘密原则"限制或免除信息处理者的告知义务。第三,在满足前两个条件时,刑事诉讼法也并不必然"一刀切"式地或终局性地免除告知义务,而是往往在妨碍情形消失后恢复对相对人的权益保障,例如针对前述拘留后通知义务的免除,《刑事诉讼法》明确规定"有碍侦查的情形消失后,应当立即通知被拘留人的家属"(第85条第2款),其立法旨趣实际上与《个人信息保护法》第18条第2款规定的紧急情况暂缓告知相类似。[1]

当前我国刑事诉讼法律规定尚无法满足上述三个条件。首先,《刑事诉讼法》中没有相关条文涉及调取个人信息时限制或免除告知义务的明确授权。其次,在缺少立法授权的情况下,刑事诉讼法中自然也不会形成判断有碍诉讼情形的适用范围和机制。最后,即便上述两个条件都满足,也并不意味着有关机关完全免除了告知义务;相反地,按照刑事诉讼类似规定的一般逻辑,在妨碍因素消失后,有关机关仍然需要履行告知义务。

进一步讲,由于上述两种豁免告知义务的事由均无法适用于刑事诉讼活动,那么意味着有关机关无权要求承担协助处理个人信息义务的企业不予告知或延迟告知。在法律规定不明且侦查机关申请调取内容未做限制时,企业无疑面临着现实的合规困境:不告知信息主体可能违反《个人信息保护法》进而引发相应的民事和行政法律责任;告知信息主体可能造成关键证据灭失等妨碍刑事诉讼顺利进行的危害后果。

---

[1]《个人信息保护法》第18条第2款规定,"紧急情况下为保护自然人的生命健康和财产安全无法及时向个人告知的,个人信息处理者应当在紧急情况消除后及时告知"。

(三)企业内部审查机制的免责效力

企业内部审查机制的免责效力是义务协同问题的延伸。在承担多重义务的情况下,企业需要通过内部机制予以平衡,而这种平衡又必然伴随着企业针对具体案件的自行审查判断。

以调取数据为例,从当前世界范围内头部互联网企业的实践做法可以看到,大多企业会对侦查机关提出一系列具体要求,主要体现在以下三个方面:一是通过特定平台或联系方式获取信息,其中一种主要方式是设立专门的数据调取在线申请平台,微软[1]、谷歌[2]、推特[3]、爱彼迎[4]、脸书[5]均采用了这一方式;除此以外还有电子邮箱、热线电话、纸质信函等方式。无论是何种方式,其均伴随一定的身份确认机制,例如必须通过执法机关的官方邮箱注册并经过身份验证等。二是要求侦查机关提供特定的信息,例如调取请求所依据的法律规定、目标数据的数据主体信息、目标数据类型、调取事由和目的等。三是要求请求具备特定的格式,例如要求申请函需要有官方签章,或者使用格式化的申请模板,苹果公司即制定了《政府和执法机构信息请求模板》以及《紧急政府和执法机构信息请求表》。[6]

总结世界大型互联网企业的通行做法可以看出,对侦查机关调取数据的请求设置条件并进行审查是普遍现象。根据欧盟2021年发布的SIRIUS项目第三次报告,当前欧洲各国向企业调取数据的一大障碍即在于响应时间过长,而企业延迟或拒绝配合的理由主要有以下9种:(1)缺少法律依据或依据不正确;(2)调取请求中的相对人错误;(3)申请不符合企业要求的程序;(4)申请内容过于宽泛;(5)没有相

---

[1] 微软执法机关在线申请门户网站为 https://leportal.microsoft.com/home。
[2] 谷歌执法机关在线申请门户网站为 https://lers.google.com/signup_v2/landing。
[3] 推特执法机关在线申请门户网站为 http://legalrequests.twitter.com。
[4] 爱彼迎执法机关在线申请门户网站为 https://airbnb-legal.force.com/s/login/?language=en_US。
[5] 脸书执法机关在线申请门户网站为 https://www.facebook.com/records/login/。
[6] See "Government / Law Enforcement Information Request", available at https://www.apple.com/legal/privacy/gle-inforequest.pdf. Accessed 20 December 2021.

关数据;(6)申请缺少关于案件性质的必要信息;(7)地域管辖限制;(8)申请缺少有效的身份验证;(9)申请缺少足够信息以确认"紧急情况"。[1]

上述理由典型地反映出企业需要在多重义务之间进行衡量,尽可能避免因协助执法而不当减损用户相关信息权益。这也意味着,当企业因遵循合理的内部审查机制而造成协助延迟甚至拒绝协助时,原则上应当能够产生法律责任豁免的效果。诚然,责任豁免的重点在于如何判断"合理",这也是滴滴案中舆论争议的焦点。

对此需要明确的是,这种协助数据调取义务通常并不指向国家机关以外的主体,其例外需要有相应的法律规定,比较典型的是《个人信息保护法》针对个人信息的提供设置了信息主体同意以外的合法性基础(第13条),允许网络信息业者在"紧急情况下为保护自然人的生命健康和财产安全"时处理个人信息。但是即便在紧急情况下,如果涉及企业对外提供信息,那么接收对象原则上仍然应当是特定国家机关而非个人。这意味着一方面企业必须设置相应机制以判断调取者是否为国家机关,除非双方已经建立起相对稳定、安全、集中的联络和数据传输路径;另一方面企业原则上对个人提出的他人信息调取请求并不承担相应义务。

(四)国际法律义务冲突

尽管说国内法义务冲突造成的合规困境棘手,但仍然可以通过完善国内法予以化解,更具有挑战性的合规困境是源于国际层面的法律义务冲突。当前犯罪治理面临的普遍现象是刑事案件证据的数字化、云端化以及全球化,[2]刑事诉讼特别是侦查取证的跨境需求越来越普遍,在各国或地区强化其国际执法管辖权的背景下,企业面临的国

---

[1] See "SIRIUS EU Digital Evidence Situation Report (3rd Annual Report) 2021", available at https://www.eurojust.europa.eu/sites/default/files/assets/sirius_eu_digital_evidence_situation_report_2021.pdf. Accessed 27 December 2021.

[2] See Andrew Keane Woods, Litigating Data Sovereignty, 128 The Yale Law Journal 328 (2018): p.345.

际层面法律义务冲突亦同步升级,尤为典型地体现在一国刑事诉讼特别是侦查取证措施与另一国相关网络信息法律义务之间的冲突,前文论及的中国三家银行被罚案、微软员工巴西被罚案等均是典型例证。可以看到的是,网络信息技术导致的网络空间弱地域性与刑事管辖强地域性的冲突一方面催生了各国扩张刑事立法、司法与执法管辖权的现实需求,另一方面又不断强化数字国家主义(digital nationalism)在世界范围内的广泛推行,[1]而这种需求和意愿进一步导致企业、组织或者个人越来越多地处于多国法律适用的交叉乃至冲突的范围之中。[2]

总体而言,当前企业在国际层面面临的刑事数字协助义务困境主要集中于犯罪侦查领域,具体体现在三个方面:一是侦查取证活动与企业跨境自愿协助之间的规则冲突;二是侦查取证活动与企业用户个人信息保护之间的规则冲突;三是侦查取证活动与企业跨境数据流动之间的规则冲突。以下分别从这三个方面予以分析。

1. 跨境数字侦查与企业自愿协助

网络犯罪的弱地域性使侦查机关跨越国(边)境收集提取境外数据越来越普遍,而这种收集提取措施的主要实施路径之一是向控制或占有该数据的企业进行调取。[3] 从侦查机关的角度来看,是否允许

---

[1] See Jennifer Daskal & Justin Sherman, "Data Nationalism on the Rise: The Global Push for State Control of Data", issued in June 2020, available at https://datacatalyst.org/wp-content/uploads/2020/06/Data-Nationalism-on-the-Rise.pdf. Accessed 26 August 2024; Nigel Cory, "The False Appeal of Data Nationalism: Why the Value of Data Comes From How It's Used, Not Where It's Stored", issued on 1 April 2019, available at https://www2.itif.org/2019-false-appeal-data-nationalism.pdf. Accessed 26 August 2024; Anupam Chander, Data Nationalism, 64(3) Emory Law Journal 677(2015).

[2] See B. De La Chappelle & L. Porciuncula, "We Need to Talk about Data: Framing the Debate Around Free Flow of Data and Data Sovereignty", Internet and Jurisdiction Policy Network, available at https://www.thedatasphere.org/wp-content/uploads/2022/03/We-Need-to-Talk-About-Data-Framing-the-Debate-Around-the-Free-Flow-of-Data-and-Data-Sovereignty-Report-2021.pdf. Accessed 26 August 2024.

[3] 在传统刑事司法框架下,跨境数据调取的常规机制是国际刑事司法协助,但该机制存在诸多弊端,无法应对网络信息时代数据调取的现实需求,因此催生出向网络信息业者跨境调取数据的新型路径。相关探讨参见裴炜:《向网络信息业者取证:跨境数据侦查新模式的源起、障碍与建构》,载《河北法学》2021年第4期,第56—81页。

该机关直接调取境外数据属于一国国内法规定范围;但作为相对人的企业能否协助调取境外数据,则通常需要通过国际、多边或双边协议等授权,典型的例证是网络犯罪《〈布约〉第二附加议定书》[1]、美国《云法》的配套协议[2]、以及美国与欧盟正在起草中的《跨太平洋数据隐私框架》。[3]

从当前国际实践情况来看,上述机制适用的范围较为有限,跨境数据直接调取更多地依赖于企业的自愿配合。[4] 问题在于,企业对境外执法机关的自愿协助面临着合法性方面的挑战,这背后体现的是以地域性为核心的国家主权体系对于网络空间的适应困难。特别是在一国明令禁止本国企业自愿协助境外执法机关的情况下,该企业直接面临着一方强制协助取证与另一方禁止提供数据的窘境。这也是我国当前在跨境数据直接调取问题上面临的情形。我国《国际刑事司法协助法》明确禁止境内机构、组织和个人未经主管机关许可向外国提供证据材料(第4条第3款)[5],基本上阻断了企业自愿协助境外执法机关的路径。欧盟在SIRIUS项目2021年的报告中特别就成员国相关立法进行了调研,结果表明16.7%的成员国明令禁止线上服务提供者(OSPs)主动配合外国执法机关,同时仅有4.2%的成员国明令允许。在大多数没有明确规定的成员国中(79.2%),45.9%的成员国

---

[1] See Cybercrime Convention Committee (T-CY), Second Additional Protocol to the Convention on Cybercrime on Enhanced Co-operation and Disclosure of Electronic Evidence, approved on 17 November 2021, available at https://search.coe.int/cm/pages/result_details.aspx? objectid=0900001680a48e4d. Accessed 20 December 2021.

[2] 美国分别于2019年和2021年英国、澳大利亚签署《云法》框架下数据跨境执法双边协议。

[3] See "European Commission and United States Joint Statement on Trans-Atlantic Data Privacy Framework", issued on 25 March 2022, available at https://ec.europa.eu/commission/presscorner/detail/en/ip_22_2087. Accessed 31 March 2024.

[4] See "SIRIUS EU Digital Evidence Situation Report (3rd Annual Report) 2021", available at https://www.eurojust.europa.eu/sites/default/files/assets/sirius_eu_digital_evidence_situation_report_2021.pdf. Accessed 27 December 2021.

[5] 需要注意的是,《国际刑事司法协助法》第4条采用的表述是"境内"而非"本国",意味着该规定不仅适用于中国企业,同时也适用于中国境内的境外企业。

表示原则上允许此类自愿协作。[1]

对企业自愿协助境外刑事司法活动特别是侦查取证的禁止,一定程度上削弱了网络犯罪治理的效能。欧盟在制定2021年打击儿童网络色情条例时明确指出,"对个人尊严、身体及精神健全相关基本权利被严重侵犯的被害人而言,网络服务提供者的(自愿监测、评估和报告)行为具有重要的识别和保护功能"。[2] 之所以需要强调企业的自愿协助,重要原因在于一国执法措施即便有国内法授权,但其效力受限于地理边界而无法延伸至境外。在网络犯罪产业化并且其链条向境外扩散的背景下,企业特别是网络信息业者主动、自愿协助是网络犯罪国际协同治理的关键环节之一。

基于该背景,我们可以看到当前国际层面向网络信息业者跨境调取数据的制度发展呈现出两种方向相反甚至彼此冲突的趋势:一方面强化本国刑事司法机关境外执法的能力,典型的方式是创新境外企业在境内的属地连接点,并在此基础上实质性地扩展执法管辖权;[3] 另一方面强化数据分割与控制,特别是通过数据主权、数据本地化等对数据流动设置地域边界。[4] 这种宏观层面的立法趋势冲突直接引发的是微观层面企业在具体案件中的协助执法困境。从前文提及的中国三家银行被罚案可以看出,单纯以国内外法律规定冲突为由已经难以有效阻却后续法律责任的追究。

---

[1] See "SIRIUS EU Digital Evidence Situation Report (3rd Annual Report) 2021", available at https://www.eurojust.europa.eu/sites/default/files/assets/sirius_eu_digital_evidence_situation_report_2021.pdf. Accessed 27 December 2021.

[2] See section 7 of the Regulation (EU) 2021/1232 of the European Parliament and of the Council of 14 July 2021 on a Temporary Derogation from Certain Provisions of Directive 2002/58/EC as regards the Use of Technologies by Providers of Number-Independent Interpersonal Communications Services for the Processing of Personal and Other data for the Purpose of Combating Online Child Sexual Abuse, available at https://eur-lex.europa.eu/legal-content/EN/TXT/? uri=CELEX%3A32021R1232. Accessed 31 December 2021.

[3] 参见裴炜:《论网络犯罪跨境数据取证中的执法管辖权》,载《比较法研究》2021年第6期,第30—45页。

[4] See Dan Svantesson, "Data Localisation Trends and Challenges: Considerations for the Review of the Privacy Guidelines", OECD Digital Economy Papers No. 301, issued in December 2020, available at dx.doi.org/10.1787/7fbaed62-en. Accessed 29 December 2021.

针对上述困境,我们可以看到一些国际规则试图加以调和,分别从国家机关和网络信息业者的双重角度进行规则设计,从而形成二者间的合理配合。具体而言,这种调和主要体现为两种思路。

第一,消除自愿协助的制度障碍。《〈布约〉第二附加议定书》在授权成员国直接向其他成员国境内提供服务的服务提供者调取域名注册信息的同时,强调该规定并没有转变此种措施的"自愿协助"特征,一国可能基于数据保护、国际司法协助等方面的要求,禁止或限制此类"自愿协助"。〔1〕为避免相关服务提供者因国内法原因无法自愿协助,进而削弱该措施的可行性,《〈布约〉第二附加议定书》紧接着要求成员国采取必要的措施以消除制度障碍,确保其境内的域名注册服务提供者能够根据其他成员国的调取请求,直接提供相关域名注册信息。同时,为了确保此类直接调取措施中网络信息业者的"自愿协助"性质,《〈布约〉第二附加议定书》进一步强调该规则并不对域名注册服务提供者施加强制义务,并对调取所需的材料和程序做了最低限度的规定。

第二,将自愿协助转变为法律义务,同样以《〈布约〉第二附加议定书》为例,针对一国有权机关直接向其他成员国境内的网络信息业者调取"注册人信息"的行为,该议定书采用了"命令"(order)这一较之"域名注册信息"更具强制性的表述,〔2〕同时要求成员国采取必要的措施确保命令的顺利执行,包括通过本国法为服务提供者设置法律义务。与之相对应的,义务化的协助意味着需要为服务提供者设置必要的抗辩和救济机制,从而避免在命令的强制执行过程中不当侵犯相对人或第三方的正当权益。基于此,《〈布约〉第二附加议定书》针对此类直接调取措施,规定了向有关成员国告知或咨询的程序。

需要注意的是,即便在一国允许本国企业自愿配合他国执法要求

---

〔1〕 See "Explanatory Report to the Second Additional Protocol to the Convention on Cybercrime on Enhanced Co-operation and Disclosure of Electronic Evidence", available at https://rm.coe.int/1680a49c9d. Accessed 2 January 2024.

〔2〕 《〈布约〉第二附加议定书》中针对"注册人信息"的措施表述为"请求"(request),强调协助行为的自愿性。

的情况下,企业仍然可能面临具体的违法风险,此时其所建立的内部审查机制会发生作用,形成他国执法机关跨境取证的一道屏障。根据欧洲刑警组织2023年SIRIUS项目第四次报告,在自愿协助的场景下,网络信息业者仍然可能基于下述理由拒绝或者延缓协助。一是程序原因,例如协助申请缺少法律依据或形式要件;二是请求不符合紧急情况的定义,这一点主要指向的是基于紧急情况的便宜、快速协助请求;三是请求缺少必要的案件信息,例如涉及的罪名等;四是识别信息错误或者目标不存在,特别是不同的企业可能采用不同方式进行用户身份识别;五是语言障碍,包括不同语种在表述请求时的准确性;六是管辖权障碍,例如某些网络服务提供者仅配合用户和执法机关位于同一法域的请求,从而避免进一步违反第三国的法律规定;七是过于宽泛的请求,例如请求提供的账户过多、涵盖全类型数据等;八是在企业要求提供额外信息时,执法机关没有回复。[1]

2. 跨境数字侦查与个人信息保护

网络信息革命引发的公民权利保障方面的重要发展之一是个人信息保护制度在全球范围内的广泛建立,围绕着个人信息不仅形成了诸如被遗忘权、可携带权等新型权益,同时个人信息受法律保护还在整体位阶上被广泛提升至基本权利的高度。我国在2021年出台的《个人信息保护法》特别提到"根据宪法,制定本法",体现出其区别于《网络安全法》《数据安全法》等主要数字立法的重视程度。在个人信息保护的整体架构中,企业特别是网络信息业者作为用户信息处理者无疑是主要的规制对象,这使个人信息保护的诸多义务直接指向网络信息业者,并且相关保护义务的强度也在不断提升。

如前所述,即便在国内或区域内通行的法律框架下,上述个人信息保护义务与协助刑事司法活动之间也存在着紧张关系,这也是欧盟在制定GDPR时专门针对刑事司法中的个人信息保护制定单独的

---

[1] See "SIRIUS EU Electronic Evidence Situation Report 2023", issued on 18 December 2023, available at https://www.europol.europa.eu/cms/sites/default/files/documents/SIRIUS%20EUEESR%202023.pdf. Accessed 29 August 2024.

2016/680号指令的原因之一;在跨境数字侦查的语境下,这种紧张关系进一步凸显。

首先,不同国家或地区的个人信息保护制度在适用范围、分类标准、义务主体等多方面存在差异,这些差异直接导致即便在相同的概念名称之下,具体协助义务的范围和适用条件亦可能存在差异。[1]

其次,即便在相同的个人信息保护规定之下,不同国家或地区的刑事诉讼制度也存在较大差异。[2] 例如针对个人电子设备内部数据进行收集提取,一些国家或地区将其归入搜查措施并要求提供司法机关出具的令状,另一些国家或地区则允许侦查机关自行决定。事实上,当前跨境数据侦查取证的主要障碍来自刑事程序法而非实体法,欧洲刑警组织 SIRIUS 项目第三次报告也指出,拒绝或延迟提供数据的重要原因之一是法律依据缺失或错误,而错误的主要情形是执法机关仅提供刑事实体法的法律依据,而没有提供侦查机关调取数据所依据的刑事程序法依据。[3]

最后,即便忽略刑事诉讼制度上的差异,不同国家或地区在刑事司法与个人信息保护的制度衔接上亦存在诸多区别之处,例如是否及如何贯彻最少收集原则、是否以及以何种方式对知情原则进行限缩、是否对不同诉讼主体的个人信息处理加以区分、是否允许为预防或打击犯罪之目的大规模数据收集或监控(bulk collection/interception)、是否对个人信息存留设置期限等。

上述国际层面的制度差异造成了企业在平衡用户个人信息保护与协助执法两项义务中的诸多挑战;二者失衡不仅可能降低企业在全球范围内个人信息保护的整体能力和水平,同时可能因不当干预公民

---

[1] 参见本书第八章第四节"国际立法中跨境数据取证的数据分类"。
[2] 关于欧盟与美国相关制度对比,参见 Jessica Shurson, Data Protection and Law Enforcement Access to Digital Evidence: Resolving the Reciprocal Conflicts between EU and US Law, 28 International Journal of Law and Information Technology 167(2020): pp.167-184。
[3] See "SIRIUS EU Digital Evidence Situation Report (3rd Annual Report) 2021", available at https://www.eurojust.europa.eu/sites/default/files/assets/sirius_eu_digital_evidence_situation_report_2021.pdf. Accessed 27 December 2021.

基本权利而减损目标数据的证据能力,[1]最终造成双输的局面。更重要的是,在缺乏必要的国际条约、多边、双边协议等法律依据和机制的情况下,企业无论是否协助一国刑事司法机关获取境外用户个人信息,均有可能引发后续不同类型的法律责任,而一国国内法的禁止性规定并不必然阻却他国的司法活动。

以 2022 年美国 Cadence Design Systems, Inc. v. Syntronic AB 案[2]为例,该案尽管是民事案件,但反映出美国司法关于外国法禁止义务的一贯观点。原告 Cadence Design Systems 起诉被告 Syntronic AB 未经许可使用其软件。在证据开示环节,法官命令被告提交位于中国境内的 24 台计算机,被告以计算机内包含员工个人信息、未经员工单独同意而向境外提供将违反中国《个人信息保护法》第 39 条为由,对该命令发起动议要求复议。对此法院认为,根据《个人信息保护法》第 13 条,处理者为"履行法定职责或者法定义务"处理个人信息时无须获得信息主体的同意,该"法定职责或法定义务"适用于所有依法应当履行的义务,并且不仅限于中国法义务,还适用于外国法律义务,其中就包含依据美国法所应当履行的证据开示义务。

正是由于国际层面数字治理规则的复杂性,一些大型国际互联网企业在面对跨境数据侦查取证时多设置高于国内协助机制的审查门槛,例如 WhatsApp 在其面向执法机关的说明信息中特别提及,针对国际层面提出的数据请求,WhatsApp 除遵守自身服务条款和可适用的法律依据外,还会进一步审查相关请求是否"与国际公认的人权保障、正当程序和法治要求相一致。"[3]

---

[1] 参见冯俊伟:《境外电子数据的取得与运用——基于第 67 号检察指导性案例的展开》,载《国家检察官学院学报》2021 年第 4 期,第 146—160 页;冯俊伟:《跨境取证中非法证据排除规则的适用》,载《暨南学报(哲学社会科学版)》2020 年第 3 期,第 110—120 页。

[2] Cadence Design Systems, Inc. v. Syntronic AB, United States District Court Northern District of California, Case No. 21-cv-03610-SI (JCS), Order Denying Motion for Reconsideration, availalbe at https://tlblog.org/wp-content/uploads/2022/06/Cadence_Design_Systems_Inc_v_16681.pdf. Accessed 23 August 2022.

[3] 参见 WhatsApp,"面相执法部门的信息",引自 https://faq.whatsapp.com/444002211197967。访问日期 2024 年 8 月 29 日。

3. 跨境数字侦查与数据出境

企业在国际层面面临的第三类协助执法困境主要源于数据出境规则的限制,其背后反映的是国家安全框架下数据安全的保障思路。尽管网络空间是弱地域性的,但网络空间的规则体系却是强地域性的,上文提及的数字国家主义即是典型例证。特别是将以地域性为核心属性的主权概念适用于网络空间中的数据流动时,不可避免地会形成一系列制度和机制调和上的挑战,一方面可能通过数据本地化等要求直接阻碍涉犯罪数据向境外执法机关提供,另一方面即便允许数据出境,亦可能因为出境前的安全审查等机制极大延后出境流程,进一步损及打击犯罪的效率。世界经济与合作组织(OECD)在其2019年的调查报告中将数据跨境流动的管制强度由弱到强分为四个层级:第一层级是对数据跨境流动不设任何法律限制,该层级多出现于最不发达国家;第二层级是不对数据跨境做事前限制,但设置事后审查和追责机制;第三层级是规定数据出境条件和情形,并对数据接收国设置资质限制,欧盟GDPR采用的就是这种思路;第四层级是最高限制层级,即数据能否跨境流动需要经过个案审查。[1] OECD在2020年的报告中进一步指出,近年来在全球范围内,数据本地化以及限制数据跨境流动的措施有不断扩张的趋势,而一国推动数据本地化立法的重要动因之一即在于协助执法机关和国家安全机关获取数据,减少网络犯罪并服务于犯罪侦查。[2]

我国《网络安全法》基于保障网络数据安全之考量,明确要求在境内存储"关键信息基础设施的运营者在中华人民共和国境内运营中收集和产生的个人信息和重要数据"。[3] 结合《数据出境安全评

---

[1] See OECD, "Trade and Cross-Border Data Flows", available at https://www.oecd-ilibrary.org/deliver/b2023a47-en.pdf? itemId =% 2Fcontent% 2Fpaper% 2Fb2023a47-en&mimeType = pdf. Accessed 29 August 2024.

[2] See Dan Svantesson, "Data Localisation Trends and Challenges: Considerations for the Review of the Privacy Guidelines", OECD Digital Economy Papers No. 301, available at http://dx.doi.org/10.1787/7fbaed62-en. Accessed 5 January 2022.

[3] 参见全国人大常委会法工委关于《中华人民共和国网络安全法(草案)》的说明,载 http://www.npc.gov.cn/wxzl/gongbao/2017-02/20/content_2007537.htm,访问日期2018年9月4日。

估办法》[1]《信息安全技术 数据出境安全评估指南（草案）》《关键信息基础设施安全保护条例》[2]等文件可以看出，"个人信息"和"重要数据"的范围颇广。

数据跨境流动的限制必然伴随复杂的安全评估和审查程序。例如根据欧盟 GDPR 的规定，在向欧盟境外第三国传输数据时需要经过两个步骤的审查：一是数据传输行为本身是否有合法授权和依据；二是数据接收国是否符合欧盟委员会的相关安全性要求。我国 2022 年制定的《数据出境安全评估办法》同样细化了特定数据出境的评估审查机制，针对特定数据出境情形，[3]既包括数据处理者的事先自评估，又包括自评估之后通过所在地省级网信部门向国家网信部门申报的数据评估。根据该办法，特定情形下数据出境的，省级网信部门应当自收到申报材料之日起 5 个工作日内完成完备性查验，国家网信部门应当自收到材料之日起 7 个工作日内确定是否受理，并应当在发出书面受理通知之日起 45 个工作日内完成评估，情况复杂或需要补充、更正材料的，可以适当延长评估期限。

刑事跨境数据取证不可避免地涉及数据出境和安全审查问题，而网络信息业者往往承担着确保数据出境安全的法律义务，这一点在 2021 年制定的《数据安全法》中进一步明确和明晰。问题在于，网络安全并非刑事司法首要考量因素，侦查取证更关注及时、高效、准确获取数据以有效打击犯罪，这就导致当前的数据出境规则与刑事司法跨

---

[1] 根据《数据出境安全评估办法》"重要数据"指一旦遭到篡改、破坏、泄露或者非法获取、非法利用等，可能危害国家安全、经济运行、社会稳定、公共健康和安全等的数据。
[2] 《关键信息基础设施安全保护条例》对"关键信息基础设施"采用了概括加列举的立法模式，原则上凡"一旦遭到破坏、丧失功能或者数据泄露，可能严重危害国家安全、国计民生、公共利益"的重要网络设施、信息系统等，均属于"关键信息基础设施"。从条例列举的情形来看，其范围不仅涉及公用事业、国防军工等领域，还涉及公共通信和信息服务。
[3] 根据该办法，这些数据出境情形主要指：(1)数据处理者向境外提供重要数据；(2)关键信息基础设施运营者和处理 100 万人以上个人信息的数据处理者向境外提供个人信息；(3)自上年 1 月 1 日起累计向境外提供 10 万人个人信息或者 1 万人敏感个人信息的数据处理者向境外提供个人信息；(4)国家网信部门规定的其他需要申报数据出境安全评估的情形。

境数据取证的现实需求存在紧张关系,可能直接引发承担数据安全保障义务的企业的数字合规困境。

可以看到,与个人信息保护类似地,数据出境安全保障义务与协助跨境数据取证义务之间的冲突如果无法有效调和,不仅可能直接减损犯罪治理效果,例如国际金融协会(Institute of International Finance, IIF)在其2020年的报告中指出"数据本地化可能严重削弱洗钱犯罪的预防和打击";[1]同时上述义务冲突还有可能将企业置于两难境地。如果说在个人信息保护义务方面企业还有更多裁量的空间,那么数据跨境流动相关义务往往因其与国家主权、安全等方面的紧密联系而具有更强的强制性,与跨境取证之间的冲突也愈发激烈,特别是在涉及可能危及个人重大人身、财产权益的紧急情况下,缺乏必要的跨境数据义务协调机制将不可避免地扩大犯罪损害结果。事实上,考虑到刑事诉讼程序中数据出境情形的独特特征,其并不适宜与商业数据等采用同一套数据安全与出入境规则体系。[2]

上述刑事侦查需求与数据安全需求之间的冲突需要在一国数据跨境流动法律框架中为刑事执法开辟特殊通道,以便于为打击犯罪,维护国家、社会和个人重大利益的目的进行跨境数据取证,以此消除网络信息业者因配合执法可能面临的协助执法困境。针对上述冲突,当前国际立法与实践探索主要以三种方式化解合规困境。第一种方式是就特定犯罪中特定类型的个人信息出境设置区域内跨境流动规则,例如欧盟2016年制定的《预防、调查、侦查和起诉恐怖主义犯罪和严重犯罪中适用乘客姓名记录指令》(简称《PNR指令》),[3]在欧盟成员国之间形成乘客姓名记录信息的共享机制,从而简化此类信息

---

[1] See Institute of International Finance, "Data Localization: Costs, Tradeoffs, and Impacts Across the Economy", issued in December 2020, available at https://www.iif.com/Portals/0/Files/content/Innovation/12_22_2020_data_localization.pdf. Accessed 3 January 2022.

[2] 参见裴炜:《刑事跨境取证中的数据安全风险及其应对》,载《国家检察官学院学报》2021年第6期,第37—54页。

[3] Directive (EU) 2016/681 on the use of passenger name record (PNR) data for the prevention, detection, investigation and prosecution of terrorist offences and serious crimes. Available at https://eur-lex.europa.eu/eli/dir/2016/681/oj. Accessed December 7, 2019.

跨境取证的程序。第二种方式是区分信息收集和信息传递,在需要进行审查的情形中,通过前者先行及时固定数据,以待审查通过后向境外提供。对此,典型的例证是欧盟的《刑事电子证据条例》。第三种方式是通过双边协议,对符合条件的协议对象设置跨境数据取证的"绿色通道",2019年美国和英国基于《云法》签订的协议即属于这一类型。

总结以上分析,我们可以得出以下结论。首先,概括性的数据跨境流动限制即便主要针对的是一般社会治理,其效力仍不可避免地波及侦查取证,进而引发网络信息业者的协助义务困境。其次,为化解困境,有必要专门针对侦查取证建立数据跨境规则,关键在于及时保全和调取电子数据证据。最后,制定专门规则并不意味着降低侦查的正当程序要求;相反地,需要同步修改刑事诉讼法律规定,以强化因侦查需要进行数据跨境传输时的必要性和合法性审查。

(五)义务履行成本失衡

上述两个方面的刑事数字协助义务困境的成因主要是从企业作为数字法治义务主体的角度出发,而第三类困境则回归企业的商业主体身份,考察其协助刑事数字执法与司法过程中承担的超出合理范围的经济成本。这一层面困境考察的重心是协助义务成本的合理性与正当性,主要涉及三个事项:一是协助执法的费用及报销或补偿;二是技术支持过程中的网络与数据安全保障;三是关键生产资源或资料的保护。

1. 刑事协助费用的补偿

案外人协助刑事司法权力机关开展诉讼活动,究其本质是其为打击犯罪这一公共事务所承担的在一般纳税负担以外的额外负担,通常其构成国家补偿义务的正当性基础。企业在为刑事司法机关提供数据或技术协助时,无论是建立起常规性的协助机制以及时接收、审查和响应诉讼要求,还是在个案中配合具体诉讼措施,均会引发相应的协助成本。例如面对公安机关的数据冻结措施,网络信息业者需要采取符合特定技术和法律要求的措施以防止电子数据增加、删除或修改，其协助成本包括但不限于存储数据所需占用的数据存储资源、保障数据与网络安全相关措施的额外成本以及冻结数据本身可能对其正常经营服务业务的影响。

世界主要网络服务提供者每年收到大量执法机关调取数据的请求，并且需要对各份请求进行个案判断以确定配合方式和执行程度，这种接受、评估、处理、回应本身就会形成企业负担。[1] 对于中小型网络信息业者而言，这种协助执法所造成的成本将更为沉重。欧洲刑警组织在 2021 年 SIRIUS 项目第三次报告中也指出，尽管费用报销体系对于数据提供的影响尚不明显，但随着数据调取的普遍化，该体系在未来可能深度影响调取措施。[2]

鉴于协助负担可能不断强化的整体趋势，许多世界大型互联网企业明确在其协助执法说明中提及费用报销，例如脸书明确提出可能要求执法机关报销回应信息请求所产生的费用，并且当请求较为特殊和复杂时，有可能收取额外费用；WhatsApp 表明其可能对每一次数据调取请求要求执法机关报销相关费用，并且像脸书一样，可能就特殊或任务繁重的请求加收费用，但是表示可能在涉及危害儿童、自身客户以及紧急情况时免除相关费用等。[3] 与之相对应地，世界许多国家或地区规定或提倡对协助执法的企业予以必要的费用补偿或报销，例如国际商会（International Chamber of Commerce）在 2012 年提出的针对传统司法协助协议机制提出的十条改革建议中就涉及"明确规定费用分配和报销程序"；[4] 欧盟《刑事电子证据条例》第 14 条

---

[1] 参见裴炜：《针对用户个人信息的网络服务提供者协助执法义务边界》，载《网络信息法学研究》2018 年第 1 期，第 21—56 页。

[2] See "SIRIUS EU Digital Evidence Situation Report (3rd Annual Report) 2021", available at https://www.eurojust.europa.eu/sites/default/files/assets/sirius_eu_digital_evidence_situation_report_2021.pdf. Accessed December 27, 2021.

[3] 参见 WhatsApp，"面相执法部门的信息"，引自 https://faq.whatsapp.com/444002211197967，访问日期 2024 年 8 月 29 日。

[4] See ICC, "Using Mutual Legal Assistance Treaties (MLATs) to Improve Cross-Border Lawful Intercept Procedures", available at https://iccwbo.org/publication/icc-policy-statement-on-using-mutual-legal-assistance-treaties-mlats-to-improve-cross-border-lawful-intercept-procedures/. Accessed 29 August 2024.

专门规定网络信息业者可就履行欧洲调取令或欧洲保全令的花费申请费用报销[1];美国联邦法律也规定政府部门在向个人或组织获取通信内容记录或其他特定信息时,应当支付合理的信息搜索、收集、分析等费用。[2]

从我国《刑事诉讼法》相关规定来看,报销或补贴制度的适用范围极其有限,主要针对的是证人因履行作证义务而产生的费用(《刑事诉讼法》第65条)。企业作为协助数据调取的主体,其诉讼身份难以直接归入证人范畴,因此在适用第65条规定时存在困难。在司法实践中,逐渐衍生出一类以服务国家机关数据收集、分析为主营业务的网络信息业者,二者之间通过合同方式确立权利义务并支付相关服务费用,并非典型意义上的刑事诉讼法律关系,其合法性依据需要相关立法进一步予以明确。

我国司法实践主要采取了两种应对方式。第一种是由主要互联网企业所在地网安部门汇集异地数据调取请求,进行审查并对接该企业协助执法部门。这种做法一定程度上降低了分散调取的执法成本,但同时也产生了不同地区或侦查机关异地协助调取请求在排序和执行上的差异。第二种应对方式是以执法机关为核心服务对象的数据中介服务的产生,即一方面有偿汇集其他中小型互联网企业数据,另一方面以业务形式有偿向公安机关等执法部门提供数据和数据分析服务。这种做法事实上将无偿数据调取转变为有偿,是将企业的数据调取负担转移给办案机关。

2. 网络信息安全的保障

《网络安全法》中特别提及网络运营者为公安机关侦查犯罪活动提供技术支持的义务(第28条),这也是除数据调取以外另一项可能加重企业协助负担的义务类型,其核心在于协助义务与企业通过加密等方式保障网络与数据安全之间的冲突。一方面,以加密技术为代表

---

[1] 考虑到不同国家立法上的差异性,《刑事电子证据条例》要求该报销需要以国内法有针对类似情形的类似处理机制为前提。
[2] See 18 U.S.C. §2706.

的安全保障机制在网络信息产业中广泛应用并且不断强化,另一方面该技术不可避免地阻碍刑事案件的侦查取证活动,二者之间的紧张关系日益凸显。[1] 这典型地体现在前述的2016年及2020年苹果公司与美国FBI之间就是否为特定案件侦查取证开设系统后门的争议中。

除加密技术外,网络信息业者也广泛通过限制用户数据的存留期来提升数据的安全性和保障用户的隐私及个人信息,例如钉钉"密聊"、支付宝"悄悄话"等通信应用直接采用阅后即焚模式,苹果手机等则为用户提供了连续错误输入密码后的数据清除功能。同时,一些国家或地区的相关立法严格限制网络信息业者的数据存留目的与期限,上文论及的被欧洲法院宣布无效的数据存留指令即是典型例证,而GDPR生效后的一个附带后果是欧洲公民无法登录美国的一些新闻网站。[2] 在实践中,面对超出其常规数据存留机制的刑事数据调取需求,网络信息业者常见的一种处理方式是直接表明目标数据不存在,[3]例如即时通信服务提供者WhatsApp采用的是用户端对用户端的通信加密模式,其对外表示无法直接获取和对外提供相关内容数据。[4]

这些关于数据获取功能的设置或调整不可避免地与刑事诉讼中证据保全等需求相矛盾。即便不考虑前述两个层面上法律义务冲突可能导致的协助执法困境,单从技术层面而言,企业为协助刑事司法活动之目的存留原本应当被清除或处理的数据,本身就需要在其常规的数据留存及处理机制之外设置例外路径,不仅可能提升其履行刑事诉讼义务的成本,同时也可能对原有机制的技术完整性有所减损。对此,一些国际

---

[1] See Orin S. Kerr & Bruce Schneier, Encryption Workarounds, 106 The Georgetown Law Journal 989(2018): pp.990-991.
[2] See Internet & Jurisdiction Policy Network, "We Need to Talk about Data: Framing the Debate Around Free Flow of Data and Data Sovereignty", available at https://connect.internetjurisdiction.net/zs/WsB8Ty. Accessed 29 August 2024.
[3] See Europol & Eurojust, "First Report of the Observatory Function on Encryption", issued in January 2019, available at https://www.europol.europa.eu/publications-documents/first-report-of-observatory-function-encryption. Accessed 7 January 2022.
[4] See James Titcomb, "WhatsApp's Encryption Keeps Us Safe: Attacking It Is Wrong", The Telegraph, 27 March 2017, available at https://www.telegraph.co.uk/technology/2017/03/27/whatsapps-encryption-keeps-us-safe-attacking-wrong/. Accessed 29 August 2024.

立法探索试图进行必要的调和,例如欧盟《刑事电子证据条例》特别表明,该条例的适用并不会影响服务提供者或其用户对加密技术的应用,欧洲调取令或保全令的适用并不意味着服务提供者承担数据解密的义务。

3. 关键生产资料的保护

如果说前两项成本层面的义务冲突还存在一定程度的调和空间,那么在一些案件中企业可能面临关键生产资料或资源受损甚至危及正常经营的困境。对此,较为典型的两种情形是电子证据载体的扣押封存与商业秘密公开。

第一,针对电子证据载体的扣押封存,当前我国电子证据的取证措施和保全措施往往伴随着载体的同步扣押或封存,这在《电子数据规定》和《电子取证规则》中体现得尤为明显。[1] 对于部分特别是中小型互联网企业而言,作为其主营业务关键资源的服务器一旦被扣押或封存,将可能直接导致其业务中断。在当前的电子证据相关法律框架之下,上述情形可以大致分为两类:一类是针对企业自身占有或控制的数据取证,另一类是针对其他主体占有或控制的数据取证。

就第一类情形而言,企业自身往往是案件的犯罪嫌疑人或被告人,刑事诉讼制度对于此类主体设置的配合义务更重、相关措施的强制性更高,但其配合义务仍应当控制在合理、正当的范围内,而不应当实质性地损害企业的合法权益。以"北京比特时代科技有限公司申请湖南省长沙市望城区公安局刑事违法扣押国家赔偿案"为例,在该案中,公安机关查封扣押了企业用于经营的电脑、服务器等设备物品,范围之广已经"实质上造成比特公司的停产停业",对此公安机关应当就造成的损失承担赔偿责任。[2]

---

[1] 关于我国当前电子证据取证中的载体扣押制度的探讨,参见裴炜:《论刑事电子取证中的载体扣押》,载《中国刑事法杂志》2020年第4期,第120—136页。
[2] 相关案情参见湖南省高级人民法院赔偿委员会(2017)湘委赔提1号国家赔偿决定书。该案为最高人民法院2019年发布的国家赔偿和司法救助10大案例之一。参见《人民法院国家赔偿和司法救助典型案例》,载最高人民法院网,http://www.court.gov.cn/zixun-xiangqing-211061.html,访问日期2020年1月1日。

就第二类情形而言,此时企业实际上承担的是作为第三方协助侦查取证的职能,例如针对开展服务器等网络基础设施租赁业务的企业而言,其本身并非案件当事人,但侦查机关对该服务器中的涉案数据进行收集或保全时,不可避免会需要出租方的配合,包括但不限于禁止清空服务器内存、暂停服务器部分或全部使用、暂停后续出租业务等。如果说前述的协助执法成本尚可以通过费用补偿等方式予以缓解,那么此种情形下对于服务器的使用限制事实上已经实质性地妨碍到企业的正常运营。

第二,针对商业秘密的公开,其主要涉及的是企业在通过算法模型协助刑事司法机关开展犯罪风险或社会危害性预测、线索分析、大数据证据收集提取等活动。一方面,在数字语境下,上述活动越来越多地需要借助企业的数据资源和技术支持,其所牵涉的原始数据和算法尽管对于生成有效的犯罪线索或证据材料、支撑刑事司法机关决策至关重要,但无论是从证据的审查判断还是从辩护权的有效性角度来看,都有公开相关算法以便于外部审查和质证的必要性。另一方面,上述算法可能构成相关企业的商业秘密而需要保密,从而与上述公开需求形成冲突。在国际方面已经出现了一些相关案例,提供技术支撑的企业以涉及商业秘密为由拒绝向辩方进行算法开示。[1]

商业秘密公开与否的矛盾在我国刑事诉讼中尚不明显,并非企业因为提供算法与数据协助不涉及商业秘密;事实上,2019年新修订的《反不正当竞争法》将"商业秘密"的范围从"技术信息、经营信息"扩大到"技术信息、经营信息等商业信息",同时实践中已经有相关案例将数据信息及算法认定为商业秘密并加以保护。[2] 更深层次的原因在于,当前犯罪治理活动在越来越广泛应用第三方算法的同时,刑事诉讼制度尚未形成必要的数字化转型,包括辩护权在内的诉讼程序仍

---

[1] See e.g., Petition for Review Filed by Defendant Michael Robinson at 4, Robinson v. Commonwealth, No. 25 WDM 2016 (Pa. Super. Ct. Mar. 7, 2016).
[2] 例如深圳市理邦精密仪器股份有限公司、深圳迈瑞生物医疗电子股份有限公司侵害技术秘密纠纷二审民事判决书,广东省高级人民法院(2014)粤高法民三终字第831号判决书,该案认定迈瑞生物的心电算法属于商业秘密。

然遵循的是物理场域的规制逻辑,一定程度上形成了相关领域的制度缺位或错位。随着刑事司法体系智慧化、数字化转型的不断深入,上述问题必然逐步凸显出来。

四、数字协助义务困境的出路探寻

当我们识别出上述企业面临的刑事数字协助义务困境类型及其成因时,事实上也已经寻找到了化解困境的大致方向。综合前文分析可以看出,具体的困境化解措施需要建立在三个基本认知的基础之上。

(一)困境化解的基本认知

首先,需要关注数字时代刑事诉讼制度对企业设置的协助义务。在社会整体数字化转型的时代背景之下,新的数字法律关系快速涌现,国内外法律制度因为网络空间的弱地域性而空前交织,一系列长期以来被视为理所当然的刑事程序法律义务无论在其正当性上抑或在必要性或合比例性上均受到冲击,直接表现为义务主体面临的多种义务冲突,进而形成协助执法的现实困境。刑事诉讼法对于这种困境的忽视不仅可能将相关企业逼入普遍性违法的境地,并且最终可能导致企业的内部合规机制陷入劳伦·B.埃德尔曼(Lauren B. Edelman)所称的"符号结构驱动"(mobilization of symbolic structures)路径之中,通过采用符号、流程、程序、政策等方式使合规标准(compliance metric)取代法律程序,进而使法律原先设定的实质目标无法达成。[1] 这恰恰是刑事诉讼制度需要避免的。可以预见的是,企业在犯罪治理中承担的数字协助义务会不断强化,而要真正发挥其预防和打击犯罪的功能,需要避免其因承担刑事司法义务而陷入两难境地。

---

[1] See L. B. Edelman, Working Law: Courts, Corporations, and Symbolic Civil Rights, University of Chicago Press, 2016, p.153.

其次,数字协助义务困境的形成不仅源于刑事诉讼制度自身的应对迟滞,同时也源于新型数字法律制度建设中的视野偏差。正如萨洛梅·维尔霍恩(Salome Viljoen)在其研究中观察到的那样,当前数据治理架构主要是从个人主义(individualism)视角出发,而忽略了其中的社会性问题(sociality problems)。[1] 这种视野上的偏差在刑事司法领域体现得尤为明显。我国网络信息领域的最新立法在不着重区分公私领域的同时,又基本上忽略了犯罪治理的特殊性,二者存在着多重衔接不畅之处。[2] 更重要的是,在个人信息保护等新型权益的法律地位不断抬升的背景下,上述衔接不畅已经开始明显地侵蚀犯罪治理中的公私合作机制,许多数字侦查措施尽管为打击犯罪所必须,但因缺乏与新型数字权益兼容的法律框架而处于灰色地带,不仅无助于刑事司法相关法律规定的数字化转型,同时也可能在实质上减损新型数字权益本身,进而整体性地减损刑事诉讼的数字正义。

最后,刑事数字协助义务困境反映出了网络信息时代国内法的国际溢出效应的不断强化。在地域边界消失的网络空间,我们很难再说某一行为仅适用于某个具体国家或地区的法律;同时一国自身的数字立法也难以将其效力仅及于本国境内,更毋庸提在国际普遍出现的利用网络空间扩展本国立法与执法管辖权的趋势。在此背景下,网络空间的犯罪治理无法忽略其他法域的相关法律制度,国际对话与协作的需求空前高涨。一方面,单向性协助刑事司法义务的设置或强化可能直接与其他国家或地区的法律规定相冲突,增加犯罪治理的制度障碍;另一方面,国际规则特别是权利保障机制的不平衡以及诉讼程序的衔接不畅既可能造就犯罪分子逃避刑事追诉的避风港,同时也可能形成规避公民权利保障机制的正当程序洼地。此外,网络信息产业自

---

[1] See Salome Viljoen, A Relational Theory of Data Governance, 131 The Yale Law Journal 573(2021): pp.573-654.
[2] 例如就个人信息保护制度与刑事诉讼的衔接问题,已经受到越来越多关注,参见郑曦:《刑事诉讼个人信息保护论纲》,载《当代法学》2021年第2期,第115—124页;程雷:《刑事司法中的公民个人信息保护》,载《中国人民大学学报》2019年第1期,第104—113页;裴炜:《个人信息大数据与刑事正当程序的冲突及其调和》,载《法学研究》2018年第2期,第42—61页。

身天然的全球拓展属性意味着国际规则的冲突会不可避免地阻碍本国企业的国际业务拓展和竞争力的提升。

（二）困境化解的突破

基于上述三个方面的基本认知，我们进一步审视当前企业面临的三重困境，其化解需要至少从以下三个方面予以突破。

第一，加强数字法治建设与刑事司法的对话和衔接。之所以强调对话，在于两者间制度衔接的双向性，即不仅强调刑事诉讼制度的数字化转型，同时也需要强调数字法治建设对刑事诉讼价值与目标的适应。在具体的衔接机制尚未成熟之时，至少可以在相关网络信息立法中对刑事司法活动设置必要的例外，缓解义务叠加下企业的合规挑战。

第二，加强网络空间国际治理规则的对接和合作机制的探索。单方刑事诉讼措施的域外适用需要考虑到该措施对于本国网络信息业者可能造成的负面影响，一方面继续积极推进《联合国打击网络犯罪公约》的谈判和落地，尽可能为跨境开展犯罪治理活动寻找国际法依据；另一方面通过借助国际多边、双边等机制，形成国际或区际跨境刑事数据侦查取证的通道。

第三，关注网络信息业者履行法律义务的可行性与合比例性。单位、组织、个人尽管有协助刑事诉讼活动的法律义务，但是这种协助并非没有边界、不计成本。相关义务的设置，一是不应当实质性地损及网络信息业者的正常运营活动；二是需要对超出合理边界的协助义务设置必要的补偿机制；三是需要考虑特殊侦查取证措施与网络和数据安全的协同。

第十章
数据取证与国际合作

网络空间侦查取证的去地域性特征使国际合作之于犯罪治理的重要性空前提升。如果说在物理环境下,侦查取证主要依赖于一国自身的有权机关基于本国刑事司法制度予以实现,那么在网络空间中,无论是取证的主体还是法律依据均呈现出强烈的国际化趋势,以此适应跨境数据取证现实且迫切的需求。在这一转变过程中,无论是改良传统刑事司法协助机制,还是创新远程取证模式,均需要以国际共同认同的规则为基础;跨境取证中可能涉及的个人信息保护、数据安全、企业协助义务等事项同样需要在国际层面以合作协商的方式予以处理;而与侦查取证相关的国内法也需要从国际视角审视其可能产生的效力外溢。换言之,侦查场域由物理转向虚拟,意味着侦查活动与其所依赖的法律依据均需要发生相应的变化。

对此,国际社会不断提升对网络空间犯罪治理国际合作的重视,并逐渐发展出一系列具有代表性的制度和机制。2024年12月,联合国正式通过了《联合国打击网络犯罪公约》,跨境取证与国际合作是其中的重要组成部分。这一公约将有望在世界范围内为成员国开展网络空间侦查取证国际合作搭建起基础性规则框架,并在此基础上整体提升犯罪治理的整体效能。

一、国际合作现有机制

网络信息技术与社会生活的深度融合已经深刻转变了犯罪模式和形态,网络空间的弱地域性与数据的全球分散存储和流动使犯罪活动也呈现出国际化的趋势。在此背景下,国际合作成为网络犯罪治理的内生要求,并由此催生出多种国际或区际网络犯罪协同治理机制。从国际层面来看,主要涉及的是联合国相关决议和网络犯罪《布达佩斯公约》;从区际层面来看,欧盟、亚太经合组织、英联邦、美洲国家组织、非洲联盟等组织分别推进了各自区域内打击网络犯罪、维护网络安全的国际合作。

(一)联合国应对机制

联合国为打击网络犯罪已经开展了多项工作。1990年,在古巴哈瓦那召开的第八届联合国预防犯罪和罪犯待遇大会上,联合国通过了关于计算机犯罪立法的第45/121号决议,并在基础上于1994年制定了《联合国预防和控制计算机相关犯罪手册》(UN Manual on the Prevention and Control of Computer-Related Crime)。[1]

2000年,第十届联合国预防犯罪和罪犯待遇大会在维也纳召开,其中就计算机相关犯罪的影响进行了研讨,特别涉及打击此类犯罪中的犯罪类型、跨国调查等事项。会议形成的《维也纳宣言》呼吁预防犯罪和刑事司法委员会就预防和控制计算机相关犯罪制定着眼于行动的政策建议,并提高预防、调查和起诉高科技及计算机相关犯罪的能力。同年,联合国大会通过了关于滥用信息技术实施犯罪的第55/63号决议,要求成员国避免为犯罪活动提供安全避风港,在调查和起诉此类犯罪中开展执法合作,并对相关执法人员进行培训。

2002年,联合国大会进一步通过了关于打击滥用信息技术犯罪的第56/121号决议,在提出多项打击网络犯罪的国际方案的同时,强调联合国和其他国际和地区组织的作用。此后,在2003年的第57/239号决议和2004年的第58/199号决议中,联合国大会均关注到网络安全的全球文化问题,并进一步强调了在打击网络犯罪方面开展国际合作的必要性。

---

[1] 《联合国预防和控制计算机相关犯罪手册》(UN Manual on the Prevention and Control of Computer-Related Crime),引自 https://www.unodc.org/pdf/Manual_ComputerRelated-Crime.PDF。

2005年在曼谷召开了第十一届联合国预防犯罪和刑事司法大会,会上已经有国家提出就网络犯罪问题制定新的联合国公约,但由于各方未达成一致意见,这一建议未能体现在《曼谷宣言》之中。

2010年,联合国第十二届犯罪预防与刑事司法大会在巴西萨尔瓦多召开,共同探讨新时代如何有效开展犯罪治理国际合作。会议通过了《萨尔瓦多宣言》(即《关于应对全球挑战的综合战略:预防犯罪和刑事司法系统及其在变化世界中的发展的萨尔瓦多宣言》,Salvador Declaration on Comprehensive Strategies for Global Challenges: Crime Prevention and Criminal Justice Systems and Their Development in a Changing World),[1]其中,面对跨国有组织犯罪与非法网络相互交织的状况,《宣言》建议成立政府间专家组并召开会议,以全面研究网络犯罪问题及其对策。该建议为联合国大会第65/230号决议采纳。此后,联合国大会第67/189号决议进一步要求专家组会议对网络犯罪进行综合性研究。

2018年,联合国大会通过第73/27号[2]和第73/266号[3]决议,分别建立起网络空间治理的两个并行机制:政府专家组机制(GGE)和开放成员工作组机制(OEWG)。这两项机制尽管并非专门针对网络犯罪,但均涉及网络及信息安全视角下,网络空间负责任国家行为(responsible state behaviour)的基本原则、规则。其中,GGE在其2015年的报告中特别提到,"各国应考虑如何以最佳方式开展合作,交流信息,互相帮助,起诉利用信通技术的恐怖分子和犯罪

---

[1] 《关于应对全球挑战的综合战略:预防犯罪和刑事司法系统及其在变化世界中的发展的萨尔瓦多宣言》(Salvador Declaration on Comprehensive Strategies for Global Challenges: Crime Prevention and Criminal Justice Systems and Their Development in a Changing World), available at https://www.unodc.org/documents/crime-congress/12th-Crime-Congress/Documents/Salvador_Declaration/Salvador_Declaration_E.pdf. Accessed 31 March 2024。

[2] 联合国大会通过第73/27号决议, available at https://undocs.org/Home/Mobile? FinalSymbol=A%2FRES%2F73%2F27&Language=E&DeviceType=Desktop&LangRequested=False. Accessed 21 August 2022。

[3] 联合国大会通过第73/266号决议, available at https://documents-dds-ny.un.org/doc/UNDOC/GEN/N18/465/00/PDF/N1846500.pdf? OpenElement. Accessed 21 August 2022。

者,并采取其他合作措施对付这种威胁。各国也许需要考虑是否有必要在这方面制定新的措施。"[1]其后在2021年的报告中进一步强调成员国应当加强此类案件中相关证据的及时收集、处理和存储。[2]

2019年12月27日,联合国大会通过第74/247号决议,决定建立一个开放式的政府间专家委员会,针对犯罪目的使用信息和通信技术的行为开展新的国际公约的起草工作。2024年12月,联合国正式通过《联合国打击网络犯罪公约》。公约是第一份由中国、俄罗斯等发展中国家引领推动形成的网络领域首份具有国际法效力的全球性规范性文件,是中国主动引领网络空间国际治理新秩序建构、促进打击网络犯罪国际合作、传播中国式网络治理现代化经验和方案、提升中国网络空间治理国际话语权和影响力的重要机遇。

(二)《布达佩斯公约》体系

与联合国机制同时进行且具有重大影响力的国际规则体系是网络犯罪《布达佩斯公约》。早在1976年,欧洲理事会就已经关注到了计算机相关犯罪的国际特点,并于1985年成立专家委员会来探讨计算机犯罪的相关法律问题。1996年,欧洲犯罪问题委员会成立专门负责应对网络犯罪问题的专家委员会,并同时提出建立相应公约的意见。1997年至2000年,该委员会承担起新公约的起草工作,并于2001年形成了《布达佩斯公约》。该公约于2001年11月23日开放签约,并于2004年7月1日正式生效,加拿大、日本、美国和南非作为欧盟以外国家签署了该公约。2006年,美国正式批准该《布达佩斯公约》,进一步拓展了公约在世界范围内的适用。截至2024年8月,已

---

[1] See "Report of the Group of Governmental Experts on Developments in the Field of Information and Telecommunications in the Context of International Security", issued on 22 July 2015, available at https://daccess-ods.un.org/tmp/2825493.51453781.html. Accessed 21 August 2022.

[2] See "Report of the Group of Governmental Experts on Advancing Responsible State Behaviour in Cyberspace in the Context of International Security", issued in 14 July 2021, available at https://front.un-arm.org/wp-content/uploads/2021/08/A_76_135-2104030E-1.pdf. Accessed 21 August 2022.

经有76个国家加入了该公约。[1]《布达佩斯公约》可以说是第一部专门针对网络犯罪的国际法律规范,其目标在于形成打击网络犯罪的共同政策,推动成员国的适当立法,并促进打击网络犯罪的国际合作。这些目标进一步反映在公约的具体条文之中,既包括实体法层面对网络犯罪的定义和类型化,也包括程序法层面的诉讼和取证事项,还包括国际司法执法合作的相关内容。

《布达佩斯公约》自生效之后,一直保持着规范内容和运行机制的动态演进。2006年《〈布约〉第一附加议定书》生效,针对通过网络实施的种族主义和仇恨言论犯罪加以规制。2018年,《布达佩斯公约》委员会启动《〈布约〉第二附加议定书》的起草工作,核心任务在于推进成员国之间在跨境取证和司法协助方面的程序规则衔接。2021年11月,《〈布约〉第二附加议定书》正式通过并面向成员国开放签署。该议定书主要包括前言、第一章"一般条款"、第二章"提升合作的具体措施"、第三章"条件与保障"、第四章"其他条款"五个部分组成。其中,第二章针对当前主要的取证合作模式进行了规定,包括(1)与其他成员国服务提供者或主体的直接合作程序;(2)有权机关之间就披露已存储的计算机数据开展快捷国际合作;(3)紧急情况中的司法协助程序;(4)无国际协议时开展国际合作的程序。这些模式既涉及对传统国际刑事司法协助机制的改良,同时也着重规定了一国国家机关与境外网络信息业者等第三方主体开展合作的具体程序。针对跨境取证过程中可能产生的对公民基本权利的冲击,该议定书在第三章重点就个人数据保护进行了细化规定。

由于成员国覆盖世界多个区域,《布达佩斯公约》也在全球范围内形成了一定的辐射效力,特别是与欧盟相关政策和立法之间相互交叉、支撑和配合,并且其法律框架也深刻影响了世界不同区域的打击网络犯罪的规范体系。

---

[1] See "Chart of signatures and ratifications of Treaty 185", available at https://www.coe.int/en/web/conventions/full-list/-/conventions/treaty/185/signatures. Accessed 21 August 2022.

（三）网络犯罪的区际应对机制

欧盟始终在推进本区域内的立法和政策协同。1999年,欧洲议会和理事会通过了《促进更加安全地使用互联网并打击全球网络中非法和有害内容的行动计划》(Multiannual Community Action Plan on Promoting Safer Use of the Internet by Combating Illegal and Harmful Content on Global Networks, Decision No. 276/1999/EC),[1]并于同年推出"电子欧洲"举措,但二者主要关注网络犯罪预防,并未过多涉及定罪问题。2001年欧盟通过了第一个直接针对网络犯罪问题的法律框架(Recommendation on the Strategy for Creating a Safer information Society by Improving the Security of Information Infrastructures and Combating Computer-related Crime),[2]针对计算机欺诈等问题推动成员国刑法的一致化。2005年,欧洲理事会通过针对攻击计算机信息系统的框架性决定(Council Framework Decision of 24 February 2005 on Attacks against Information Systems, 2005/222/JHA),[3]主要侧重于定罪问题,对于国际合作等内容未能整合进去。该框架决定于2013年被《关于攻击信息系统指令》取代,通过加强成员国刑事立法并提升刑罚,以应对大规模网络袭击。2011年,欧盟制定了《打击网络儿童性剥削和儿童色情指令》(Directive on Combating the Sexual Exploitation

---

[1] See "Decision No 276/1999/EC of the European Parliament and of the Council of 25 January 1999 adopting a multiannual Community action plan on promoting safer use of the Internet by combating illegal and harmful content on global networks" available at https://eur-lex.europa.eu/LexUriServ/LexUriServ.do? uri=CELEX:31999D0276:EN:HTML. Accessed 21 August 2022.

[2] See "Recommendation on the Strategy for Creating a Safer information Society by Improving the Security of Information Infrastructures and Combating Computer-related Crime" available at https://www.europarl.europa.eu/sides/getDoc.do? reference=P5-TA-2001-0453&type=TA&language=EN&redirect. Accessed 21 August 2022.

[3] Council Framework Decision 2005/222/JHA of 24 February 2005 on attacks against information systems, available at https://eur-lex.europa.eu/legal-content/EN/ALL/? uri=CELEX%3A32005F0222. Accessed 31 March 2024.

of Children Online and Child Pornography),[1]以提升欧盟区域内网络空间儿童权益保护。为促进跨境数据取证中的国际合作,欧盟委员会于2018年起草了刑事侦查目的的促进跨境电子证据取证的条例和指令,拟建立欧盟数据调取令和欧盟数据存留令来提升跨境取证效率,并强化网络信息业者在取证过程中的协助义务。2019年欧盟针对非现金支付手段出台了新指令(Directive on Combating Fraud and Counterfeiting of Non-Cash Means of Payment),[2]从支付层面提升执法机关打击网络犯罪并协助网络诈骗等犯罪案件被害人的能力。此外,欧洲刑警组织中的欧盟网络犯罪中心(European Cybercrime Centre, EC3)承担着统筹欧盟境内网络犯罪信息和技术共享、促进联合执法和犯罪预防等功能。

英联邦(Commonwealth of Nations)在网络犯罪治理领域的立法探索受网络犯罪《布达佩斯公约》的影响较大。2000年,英联邦成立专家组以推动成员国打击网络犯罪合作和法律框架的起草,该小组于2002年起草了《计算机和计算机犯罪示范法》(Model Law on Computer and Computer Related Crime),[3]主要内容包括定罪和程序性权力两大部分。自2017年起,英联邦启动对该示范法的修订工作。2011

---

[1] Directive 2011/93/EU of the European Parliament and of the Council of 13 December 2011 on combating the sexual abuse and sexual exploitation of children and child pornography, and replacing Council Framework Decision 2004/68/JHA, available at https://eur-lex.europa.eu/legal-content/EN/TXT/? uri=celex%3A32011L0093. Accessed 31 March 2024.

[2] Directive (EU) 2019/713 of the European Parliament and of the Council of 17 April 2019 on combating fraud and counterfeiting of non-cash means of payment and replacing Council Framework Decision 2001/413/JHA, available at https://eur-lex.europa.eu/legal-content/EN/TXT/? uri=uriserv:OJ.L_.2019.123.01.0018.01.ENG. Accessed 31 March 2024.

[3] See Office of Civil and Criminal Justice Reform, "Model Law on Computer and Computer Related Crime", available at https://thecommonwealth.org/sites/default/files/key_reform_pdfs/P15370_11_ROL_Model_Law_Computer_Related_Crime.pdf? __cf_chl_jschl_tk__=fd05c212dfb73f5022ca68e93e83c1faedfc3ef5-1612837387-0-ARYrKmCujilYHDOgk8H9M33VG5gQrXhzEOH7TIEgWnZ6JxGkHQGGPydMz3-o4-dXzhQtIUs4tgjspR1aJ_Cpc8D2Zg0nK-M-SFF2QwsqTl_DIVF3aG6210dCImtTGaQmme1126NkA5nxQFLCbb_SjsB8lH9N8Tuje947GCefMsTRR4WWJD4nxYEd2r4yAn1amalIkDrMD8OJx6jpRNOdqmVZvVElvhXzFX5epsA15i6ioRoVRUe_d_hG51aKgyi6JZJk1jcU2EjKDvn3kMKashMaI0EK0jnj_H-aPgTEFF_us-JD_aViOZXuNCi4SIAdvuPvv25XrgjGrzobGAYVsl9MxAUfsJq4YhCWkB3DjeHheXHYg997ZJWoqriVBq8AiXrXApxgIDMLmXM7jglndoEig_JnY_FywmBGrnVC94N7PM4. Accessed 31 March 2024.

年,英联邦提出打击网络犯罪动议(Commonwealth Cybercrime Initiative),推动成员国加强打击网络犯罪的政策、立法、执法和能力建设。面对社会网络信息化程度不断加深,2018年英联邦发布《英联邦网络宣言》(Commonwealth Cyber Declaration),其中强调建立国家网络安全有效响应机制,并推进打击网络犯罪国际协作的稳定合作机制。

在非洲,非洲联盟(African Union)承担着协调和统筹地区打击网络犯罪的重要职能。2009年召开的通信信息技术部长特别大会提出,应当建立区域性的法律框架,以应对包括网络安全在内的问题。2011年,非洲联盟起草了《建立有关非洲网络安全的可靠性法律框架公约(草案)》(Draft African Union Convention on the Establishment of a Credible Legal Framework for Cyber Security in Africa),[1]内容涉及电子商务、数据保护、网络犯罪治理等。在此基础上,非洲联盟于2014年正式通过了《非盟网安公约》,[2]成为非洲各国联合打击网络犯罪、加强国际合作的框架性法律文件。

美洲国家组织(Organization of American States, OAS)同样不断推进区域内联合打击网络犯罪的立法和实践。1999年,美洲国家司法部长或总检察官会议(Reunión de Ministros de Justicia de Ministros o Procuradores Generales de las Américas, REMJA)成立专门工作组,并建立美洲国家网络犯罪合作机制(Inter-American Cooperation Portal on Cyber-Crime),推进成员国联合打击网络犯罪、开展国际合作机制。同时,该组织不断建议成员国加入网络犯罪《布达佩斯公约》。工作组此后召开多次会议,并制定相关指南,推动成员国在定罪、证据、诉讼程序等方面展开合作。

经济合作与发展组织(OECD)是第一个就计算机犯罪制定指南

---

[1] See African Union, "Draft African Union Convention on the Establishment of a Credible Legal Framework for Cyber Security in Africa", available at https://www.ccdcoe.org/uploads/2018/11/AU-120901-DraftCSConvention.pdf. Accessed 31 March 2024.

[2] See African Union, "African Union Convention on Cyber security and Personal Data Protection", available at https://issafrica.org/ctafrica/uploads/AU% 20Convention% 20on% 20Cyber% 20Security% 20and% 20Personal% 20Data% 20Protection.pdf. Accessed 31 March 2024.

的国际组织。早在1983年,OECD就已经开展关于国际协调应对计算机犯罪的研究工作,并于1986年形成《涉计算机犯罪:法律政策分析》(Computer-related Crime: Analysis of Legal Policy),对当前计算机犯罪形势和成员国立法及刑事政策进行分析。1990年,OECD信息、计算机和通信政策委员会着手制定信息安全指导方针,并于2002年进行了进一步更新,形成了《OECD有关信息系统和网络安全的指导方针:着力培育安全文化》(OECD Guidelines for the Security of Information Systems and Networks: Towards a Culture of Security)。[1] 该方针确立了网络与信息安全方面的九项基本原则:意识、责任、响应、道德、民主、风险评估、安全设计与实施、安全管理、再评估。此后,OECD针对垃圾邮件、网络恐怖主义、身份盗用、恶意软件等发布了多项报告。

亚太经济合作组织(APEC)同样将打击网络犯罪作为一项工作重点,并持续推动成员国网络犯罪治理领域的合作。1990年,APEC成立电信和信息工作组(Telecommunications and Information Working Group, TEL),一方面推动信息和通信技术设施和服务建设,另一方面促进相关领域国际合作。2002年,APEC部长及首脑会议发布打击恐怖主义和促进增长的声明,并提出推进综合法律建设和国际合作。2005年,APEC专门组织了网络犯罪立法大会,以促进成员国间提升打击网络犯罪的立法框架。此外,TEL发起多项研究项目,用以提升成员国间就网络安全保障与网络犯罪联合治理的意识,推动国际合作以应对相关威胁,其中又主要关注恐怖主义犯罪问题。2018年,APEC制定《打击恐怖主义工作组战略计划2018-2022》(APEC Counter-Terrorism Working Group Strategic Plan 2018-2022),[2] 其中特别提到协

---

[1] See OECD, "OECD Guidelines for the Security of Information Systems and Networks: Towards a Culture of Security", available at https://www.oecd.org/digital/ieconomy/15582260.pdf.

[2] See APEC, "APEC Counter-Terrorism Working Group Strategic Plan 2018-2022", available at https://www.google.com/url? sa=t&source=web&rct=j&opi=89978449&url=https://www.apec.org/docs/default-source/Groups/CT/18_sce1_006_CTWG-strategic-plan-2018-2022_PRINT.docx%3Fla%3Den%26hash%3DE6099F85D9AF76B96DB0CE768089C03DB592DE6F&ved=2ahUKEwjrhpX-z5yIAxWDS2cHHboaDI0QFnoECAgQAQ&usg=AOvVaw0cRJwS86tOfG4KjHiwf5x4. Accessed 30 August 2024.

助 TEL 推动网络安全、打击网络恐怖主义犯罪。

七国集团(原八国集团,G7)于 1997 年成立"高科技犯罪委员会"以联合成员国力量打击网络犯罪。集团的司法与内政部长在美国峰会期间通过了打击高科技犯罪的《十项原则》和《十点行动计划》。在此后的多次会议上,七国集团均表达了对网络犯罪的关切,特别是对于避免非法数字避风港、打击网络恐怖主义、打击网络儿童色情、提升国际合作和能力建设、提升打击网络犯罪手段和数据保留义务、加强网络服务提供者与执法机关合作等事项进行了充分探讨。七国集团会议也建立起高科技犯罪的 24/7 联络机制,以促进成员国联合打击网络犯罪。鉴于会议成员国均为网络犯罪《布达佩斯公约》成员国,会议也一直推进《公约》规定在成员国间的落实,并致力于扩展《公约》在世界范围内的广泛适用。

(四)国际刑警组织合作

涉网络犯罪的弱地域性特征与单一主权国家的刑事司法地域管辖权之间存在冲突,严重削弱了相关国家预防和打击此类犯罪的能力。对此,国际或区际刑警组织在协同成员国跨境取证活动、提升打击涉网络犯罪能力、加强涉网络犯罪侦查的国际合作、促进犯罪预警和打击工具的共享、提示涉网络犯罪或安全风险等方面发挥着重要作用。其中,最为典型的是国际刑警组织(InterPol)。

国际刑警组织成立于 1923 年,共有 194 个成员国,是联合国以外第二大世界规模国际组织。自成立以来,国际刑警组织旨在就重大跨国犯罪为成员国提供犯罪侦查支持、专业指导和培训,其关注重点主要为三类犯罪:恐怖主义犯罪、有组织犯罪和网络犯罪。为打击涉网络犯罪,国际刑警组织制定了《全球网络犯罪战略(2016—2020)》,从五个维度应对涉网络犯罪威胁:一是威胁评估分析及趋势监测(threat assessment and analysis, trends monitoring);二是原始数据获取和挖掘(access to and exploitation of raw digital data);三是电子证据管理流程(E-evidence management process);四是网络和物理信息印证(correlation of cyber and physical information);五是协同性和互通性(harmonization and interoperability）。

具体而言,国际刑警组织主要在四个方面促进国际合作:

第一,提供执法支持,例如建立网络融合中心(Cyber Fusion Centre),通过联合执法机关和行业专家对网络空间犯罪活动信息进行分析,从而为成员国提供一致、可行的情报支持;[1]建立网络犯罪知识交换工作坊(Cybercrime Knowledge Exchange workplace)和网络犯罪合作平台(Cybercrime Collaborative Platform - Operation),以促进执法机关之间以及与其他利益相关方之间就网络犯罪相关信息和知识进行及时沟通。[2]

第二,推进能力建设,例如推动数字安全挑战项目(Digital Security Challenges)[3]以协助网络侦查人员在虚拟环境中测试相关技能;持续与特定地区开展培训项目合作,例如其在开展美洲地区网络犯罪能力建设项目(2018-2021),为35个国家提供能力培训、技术指南和协作网络建设服务;通过与学术机构、执法机关和社会组织开展合作,推动涉网络犯罪研究和创新。

第三,推进统一化的规则和标准建设,通过对网络治理提出建议、发布网络安全和犯罪全球治理策略发展报告、推动和整合成员国网络报告等方式加强成员国执法机关的认知和行为协同,例如探索制定《网络犯罪和电子证据刑事司法统计指引》(Guide for Criminal Justice Statistics on Cybercrime and Electronic Evidence),以促进不同国家或地区对网络犯罪的本质、规模、类型和影响达成共识,进而化解协作过程

---

[1] See INTERPOL, " Cybercrime threat response: Coordinating a global response to cyberthreats", available at https://www.interpol.int/en/Crimes/Cybercrime/Cybercrime-threat-response. Accessed 21 August 2022.

[2] See INTERPOL, " Cybercrime Collaboration Services: Secure information - sharing platforms for law enforcement and partners", available at https://www.interpol.int/en/Crimes/Cybercrime/Cybercrime-Collaboration-Services. Accessed 21 August 2022.

[3] See INTERPOL, " 'Internet of Things' cyber risks tackled during INTERPOL Digital Security Challenge" available at https://www.interpol.int/en/News-and-Events/News/2018/Internet-of-Things-cyber-risks-tackled-during-INTERPOL-Digital-Security-Challenge. Accessed 21 August 2022.

中可能存在的执法障碍。[1]

第四,推动公私主体间合作,例如与网络安全、信息技术和金融业相关的社会组织和企业建立起正式合作关系,在涉犯罪关键数据共享、专业技能和知识分享、涉网络犯罪情报分析等领域开展合作;[2]发布网络安全与犯罪预警或通告,促进成员国提高本国公民网络犯罪预防意识,例如在 2020 年新冠疫情暴发期间,面对不法分子利用疫情开展网络犯罪活动,国际刑警组织发起"清洗你的网络双手"活动(Wash Your Cyber Hands),提倡成员国向社会公众发出涉疫网络犯罪预警。[3]

二、联合国历次网络犯罪政府间专家组会议核心议题

《联合国打击网络犯罪公约》的起草工作是建立在《萨尔瓦多宣言》以及之后的历次政府间专家组会议的基础上。2011 年 1 月 17 日至 21 日,第一次网络犯罪政府间专家组会议在奥地利维也纳正式召开,会议围绕网络犯罪问题和各国应对策略这两个事项展开,并形成了网络犯罪的 12 个核心议题,涉及网络犯罪问题、法律应对、犯罪预防与刑事司法能力、国际组织、技术协助五个方面的内容。自 2012 年 2 月起,联合国毒品和犯罪问题办公室开展了为期 5 个月的信息收集工作,以明确网络犯罪领域的关键议题,并在此基础上形成了《网络犯罪综合研究(草案)》(Comprehensive Study on Cybercrime, Draft,以下

---

[1] See INTERPOL, "Guide for Criminal Justice Statistics on Cybercrime and Electronic Evidence", available at https://www.interpol.int/en/content/download/15731/file/Guide%20for%20Criminal%20Justice%20Statistics%20on%20Cybercrime%20and%20Electronic%20Evidence.pdf. Accessed 21 August 2021.

[2] See INTERPOL, "Public-private partnerships: Partnerships are essential in fighting cybercrime since the expertise often lies in other sectors", available at https://www.interpol.int/en/Crimes/Cybercrime/Public-private-partnerships. Accessed 21 August 2022.

[3] See INTERPOL, "INTERPOL launches awareness campaign on COVID-19 cyberthreats: Campaign will highlight top threats and offer advice to #WashYourCyberHands", available at https://www.interpol.int/News-and-Events/News/2020/INTERPOL-launches-awareness-campaign-on-COVID-19-cyberthreats. Accessed 21 August 2022.

简称《研究(草案)》)。[1] 2013年2月25日至28日,联合国召开第二次网络犯罪政府间专家组会议,《研究(草案)》被提交各参会国政府专家进行讨论和评议。草案主要包含联通性与网络犯罪、全球图景、立法与法律框架、入罪、执法与侦查、电子证据与刑事司法、国际合作、预防八个章节。这些内容构成专家组会议后续探讨的具体框架。时隔4年之后,第三次联合国网络犯罪专家组会议于2017年4月10日至13日召开。这次会议主要起到了承上启下的作用,一方面就前两次会议情况进行了审议,另一方面决定根据《研究(草案)》的第三章至第八章的主要内容,继续开展后续会议工作。在这一框架下,2018年至2020年连续召开三次专家组会议,每次会议集中探讨《研究(草案)》中的两个议题。在此基础上,2021年召开第7次会议,就以往会议进行梳理和总结,为后续新公约的起草与谈判工作搭建初步议题框架。

(一) 立法与刑事定罪

在立法与法律框架方面,《研究(草案)》开篇即提出,在网络犯罪概念出现初期,各国的主要关注点在于定罪,即将新型网络犯罪行为纳入刑法的规范体系之中。但随着网络信息技术与社会生活结合的不断深化,这一关注点开始逐渐发生变化,具体体现在三个方面:首先,尽管定罪仍然受到关注,但各国对于网络犯罪中具体犯罪类型的定义存在较大差异,并且微观的个罪构成要件方面受限于当地刑法体系和刑事司法整体生态,因此难以达成双重犯罪的有效共识。其次,就网络犯罪的治理而言,需要关注的不仅仅是实体入罪,更需要关注侦查措施、管辖权、电子数据证据规则、国际执法合作等程序性事项。最后,受当地网络信息技术发展的影响,各国或地区在面临的网络犯罪具体问题上存在差异,并且刑事执法能力上对比也较为悬

---

[1] See UNODC, "Comprehensive Study on Cybercrime (Draft)", available at https://www.unodc.org/documents/organized-crime/UNODC_CCPCJ_EG.4_2013/CYBERCRIME_STUDY_210213.pdf. Accessed 21 August 2015.

殊,尽管实体法与程序法的协调对于加强国际合作以打击网络犯罪尤为重要,但这种协调需要与具体国情和执法能力相适应。

对于这一问题,专家组会议达成了一系列共识。第一,技术和网络犯罪的快速演变和扩张规模对各国的立法、执法和司法均形成了挑战,并且这种挑战对于发展中国家而言尤为明显。第二,网络以及借由网络实施的犯罪具有明显的跨国性质,一国执法机关无论在执法范围还是执法能力上均受到限制,需要通过立法与能力建设予以改善。第三,网络犯罪的跨国性质对于传统正规的司法协助渠道提出了挑战,特别是在电子数据取证方面,各国刑事执法机关获取数据的效率被大幅度降低,需要协调高效取证与管辖权之间的冲突。第四,在入罪方面,一方面要尽可能结合现有条款处理犯罪,另一方面须结合数字环境的特殊性以及定罪的实际必要性划定本国刑罚圈的范围。第五,网络犯罪的有效治理依赖相关能力建设机制,包括在推进网络犯罪立法与刑事定罪的过程中,需要综合平衡协调多种利益,在适应数字技术进步的同时,保持立法框架的相对稳定性。一是尽可能保证立法的技术中立性,即关注犯罪行为本身而非其所使用的手段。二是立法应尽可能最大限度地提升各国在犯罪侦查、证据交换等过程中的灵活性,并协调国际证据可采性等证据规则。三是相关政策和法律应当在保护人权、保障国家安全与公共秩序以及保护第三人合法权益之间达成平衡。四是打击网络犯罪需要加强不同主体间合作与信息交流,既包括国际组织合作、政府合作,也包括政府与网络信息业者等私主体之间的合作。

(二)电子证据与刑事司法

是否将特定危害行为入罪,与犯罪行为能否得到有效预防和及时治理,二者虽有联系,但本质上是两个截然不同的问题。《研究(草案)》通过实证调研发现,尽管网络犯罪高度依赖举报或报案,但超过八成的核心网络犯罪中个人受害者不会主动报案;而网络犯罪形式不断翻新、电子数据证据难以获得、内部资源与执法能力较低等现状也严重阻碍网络犯罪的刑事司法活动顺利进行。具体而言,当前世界各国在打击网络犯罪过程中,主要面临以下刑事司法层面的挑战。一是技术能力的挑战,一方面犯罪分子手段不断转型升级,另一方面电子证据极易损毁灭失,侦查机关在取证能力不足的情况下,往往难以及时收集证据并支持犯罪起诉和审判。二是公私合作的挑战,针对网络犯罪的刑事侦查取证需要网络信息业者的配合,但网络信息业者协助刑事数据执法义务的规定因国家、行业和数据类型而不同。三是人权保障挑战,网络空间的取证和执法活动不可避免地会触及隐私问题,在当前个人信息保护制度在世界范围内逐步建构的大背景下,电子取证还可能干预相关个人信息权益。

面对以上挑战,专家组会议形成了以下观点和建议。第一,各国需要加强在跨境调查和起诉网络犯罪方面的国际合作,需要看到传统司法协助机制已经无法满足网络犯罪治理中快速高效取证的现实需求,有必要改革现有机制,并积极探索快速保全、联合调查、电子证据传输、24/7网络联络点等更为灵活的跨境取证机制。第二,刑事侦查与司法活动需要强化与网络信息业者的合作,但同时应当消除彼此相抵触的规定,避免对其造成不当的合规障碍。第三,需要强化侦查取证能力,既包括立法上对于必要的侦查措施予以授权,也包括建立持续性的技术和机制能力建设,形成电子证据的国家标准、程序和要求。第四,就电子数据而言,核心在于维护其完整性,应统筹证据规则以确保其在刑事诉讼中的可采性,同时需要协同特殊侦查手段,以应对暗网、加密技术、电子货币等带来的挑战。第五,针对网络犯罪的电子取证和司法活动应当遵守保密、隐私、人权、正当程序等法律保障,相关执法活动应当遵循比例原则,根据罪行性质、严重程度、侦查手段侵犯性、数据类型、侦查措施可替代性、法律救济等因素分层限制侦查措施。

(三)国际合作与犯罪预防

网络空间的弱地域性特征使相关犯罪活动得以在全球范围内实施,这要求犯罪治理活动必须适应网络空间这一特征,以形成针对网络犯罪的有效对抗。《研究(草案)》指出,网络犯罪的跨国性质产生了跨国侦查、主权、管辖权、域外证据等方面的问题。同时,网络犯罪的复杂性与危害的广泛性和严重性也使犯罪预防更为重要。具体而言,当前世界各国在网络犯罪预防和国际合作中主要面临以下挑战。第一,网络空间刑事执法活动容易与国家主权框架下的一国管辖权冲突,不经数据所在国许可而获取电子证据越来越常见。第二,目前正式司法协助仍然是国际刑事跨境取证的主要方式,但这种方式耗时过长,容易导致电子证据灭失。第三,大部分国家允许通过非正式方式开展合作,但这些方式使用率较低,并且缺少明确、统一的规则框架,往往具有较强的区域性。第四,就网络犯罪预防而言,往往会加强网络信息业者的负担和法律责任,犯罪预测等措施也有可能导致政府滥用监控、企业操作能力或隐私终结等问题,同时情报导向的数据也难以有效转化为刑事证据。

对此,专家组会议提出了诸多应对建议。首先,就传统刑事司法协助机制而言,需要在双方同意的基础上,提升正式合作途径的便捷性,以适应快速收集电子证据和有效打击网络犯罪的目的。其次,优化数据执法合作技术和标准,建立信息请求和验真的标准化程序,建立数据提供或搜索的快捷流程,通过必要的数据便捷先行存留等方式保全电子证据。再次,探索司法协助以外多种方式的国际合作,并强化与网络信息业者的合作;针对特定数据和特定类型的执法请求,建立与网络信息业者直接合作的机制,并匹配标准化的程序性措施。复次,持续性强化立法、执法、司法人员的能力建设,并建立相关信息共享网络和机制。最后,建立犯罪风险预警和快速响应机制,促进网络犯罪情报交流,提升多主体协同合作。

三、《联合国打击网络犯罪公约》核心内容、特点及后续任务

《联合国打击网络犯罪公约》旨在尊重主权和人权的前提下,搭建起应对网络犯罪的全球性刑事司法政策和制度框架,加强国家间协调与合作,强化成员国特别是发展中国家打击网络犯罪的技术支持和能

力建设,保护网络犯罪的受害人,防止网络犯罪违法所得的国际转移,并促进包括政府、非政府组织、民间社会、学术机构、私营部门等的相互合作。

(一)《联合国打击网络犯罪公约》核心内容

《联合国打击网络犯罪公约》共包含以下章节:(一)总则(第1—6条);(二)刑事定罪(第7—21条);(三)管辖权(第22条);(四)程序措施和执法(第23—34条);(五)国际合作(第35—52条);(六)预防措施(第53条);(七)技术援助和信息交流(第54、55条);(八)实施机制(57、58条);以及(九)最后条款(第59—68条)。其中,较为关键的是实体法、程序法以及国际合作这三个部分。

实体法部分在涵盖针对网络信息系统、数据等实施的典型网络犯罪的同时,也关注到传统犯罪网络化的问题,其中前者主要涉及非法访问、非法拦截、干扰电子数据、干扰信息和通信技术系统、滥用网络信息技术以及与网络信息技术相关的造假行为等;后者则着重关注儿童性犯罪、与网络信息技术相关的盗窃或诈骗、未经同意传播私密图像等。此外,针对网络犯罪链条化的特征,公约也将洗钱行为纳入规制范围。

程序法部分旨在丰富各国打击网络犯罪的程序性工具,相关措施的适用范围并不限于实体法部分涉及的行为,还可以拓展至任何涉及收集电子证据的犯罪,但其适用需要建立在正当程序的基础之上。针对涉案数据,公约采用了注册人信息、流量数据和内容数据的分类方式,并在此基础上依据比例原则设置了快速保全、披露、调取、搜查、扣押、实时收集、监听等措施。

国际合作部分旨在调和各国打击网络犯罪的实践做法,在基本原则上一方面弱化了双重犯罪原则的要求和认定门槛,另一方面强调国际合作中的个人数据保护。除传统的刑事司法协助以外,公约也可构成缔约国开展犯罪追诉国际合作的法律依据,并要求缔约国指定24/7的全天候联络点,从而为公约确立的犯罪追诉活动提供即时帮助,合作事项主要包括引渡、移管被判刑人、移交刑事诉讼、侦查取证、财产追回、没收等。

（二）《联合国打击网络犯罪公约》的主要特点

总体而言，《联合国打击网络犯罪公约》集中呈现出以下特点。

第一是坚持尊重主权原则。首先，公约明确要求在跨境执法和数据获取时必须获得相关国家的同意，确保各国主权不受侵犯。其次，公约承认各国法律体系的差异性，允许缔约国根据本国法律对条款进行本土化处理。同时，公约强调国际合作中的互惠原则，确保各国在平等基础上合作。技术援助和能力建设方面，公约遵循自愿原则，尊重发展中国家自主决定权。此外，公约允许各国在特定情况下对部分条款提出保留异议或解释，进一步维护国家主权。

第二是全球性与包容性。如前所述，《布达佩斯公约》主要由欧洲委员会成员国起草，尽管一些非欧洲国家也参与其中，但整体覆盖面有限。相较之下，公约是在联合国框架下，由193个成员国共同参与讨论和制定的，具有更广泛的全球代表性。它考虑到了不同法律体系和文化背景的国家的需求和立场，力图在全球范围内建立一个普遍适用的法律框架。

第三是协商性与多元视角。公约的制定过程充分体现了协商一致的重要性。与《布达佩斯公约》主要由西方国家主导不同，公约在制定过程中吸纳了包括发展中国家、技术公司和民间社会组织在内的多方意见。尤其是在涉及数据隐私和人权保护方面，公约努力在不同利益主体之间达成共识，以平衡打击网络犯罪与保障个人权利之间的关系。

第四是重视隐私与个人信息保护。公约强调在人权框架内开展网络犯罪的打击工作，明确要求各国在实施公约过程中，不得侵犯个人隐私权和其他基本自由。这种对人权的重视，使得公约在全球范围内更具道德正当性，能够更好地平衡执法需求与人权保护之间的关系。

第五是对发展中国家的支持。公约特别关注了发展中国家的需求，明确规定了对这些国家在打击网络犯罪过程中的技术援助和能力建设支持。这一特点反映了公约在全球公平性和包容性上的重视，试图缩小各国在网络安全能力上的差距,推动全球共同进步。

第六是灵活性与动态调适。公约设立了缔约国会议机制,以此确保各国能够及时评估和调整公约的相关条款,以应对新兴的网络安全威胁。同时,各国还同意在公约谈成两年后,也就是2026年启动关于增加定罪的附加议定书谈判。相关机制,特别是议定书谈判将使公约更为灵活和具有前瞻性,能够及时响应技术发展的挑战。

(三)后《联合国打击网络犯罪公约》时代的制度构建

可以看到的是,相较于之前的版本,公约的最终版进行了较大调整,是不同国家或地区寻求网络犯罪治理国际合作最大公约数的必然结果,也因此存在一些不足之处,可能影响其实施效果与长期适用性。例如,公约的定罪范围相对较窄,这种局限性可能导致在实际执行过程中,面对快速发展的技术手段,公约的法律适用性不足,从而难以应对不断变化的网络犯罪手段。又如,公约主要聚焦于对网络犯罪的事后惩罚,而在犯罪预防和风险防控方面着墨不多且多以倡议为主。随着网络犯罪手段的日益复杂和多样化,单纯依赖事后惩罚难以有效遏制网络犯罪的高发态势。此外,公约对于新兴数字权益的保障主要以《布达佩斯公约》体系为基础,未能充分体现当今数字经济时代下的复杂权益关系,有可能成为未来各方合作的实践障碍。

中国作为公约的主要和积极推动国之一,占据了新国际规则制定的先发优势,但完成起草仅仅是公约发挥网络空间犯罪国际治理功能的第一步,未来仍然有一系列工作需要尽快开展,以确保公约的有效实施。

第一是调适国内法律制度。公约的成功与否在很大程度上取决于各缔约国能否有效地将其内容融入国内法律体系中。从现有条文来看,公约与我国法律特别是《刑事诉讼法》之间的差异较大,未来可能构成我国应用公约机制开展国际打击网络犯罪合作的制度障碍。当前我国正在启动《刑事诉讼法》的新一轮修订,此次修订需要建立或强化执法机制,确保能够适应网络空间特点从而有效调查、起诉和审判涉及网络犯罪的案件。此外,《国际刑事司法协助法》也需要进行相应的调整。

第二是完善和落实国际合作机制。国际合作是打击网络犯罪的核心。尽管公约为此奠定了基础,但各国需要通过具体的合作协议和机制来落实这些条款。例如,应尽快建立快速反应机制,确保在发生跨国网络犯罪事件时能够迅速共享信息和协同执法。此外,还需要建立定期的多边或双边会议制度,促进各国在网络犯罪防范与打击上的经验交流与合作。特别是在电子证据的跨境传递与使用方面,需要明确各国的权利与义务,以避免因法律冲突导致的执法困难。

第三是推动能力建设与技术援助。发展中国家在应对网络犯罪方面往往面临技术和能力上的不足。公约通过后,中国可以发挥技术领先优势,在国际技术援助框架中扮演更积极的角色,通过输出技术和经验,帮助其他发展中国家提高网络安全能力,不仅包括提供必要的硬件设备和软件工具,还应包括针对执法人员和司法人员的专业培训,帮助其理解和应用公约的相关内容。此外,还应致力于推动全球范围内的网络安全能力建设,帮助发展中国家提高对网络犯罪的防御能力,从源头上减少网络犯罪的发生。

第四是强化隐私与个人信息保护。在实施公约的过程中,如何在打击网络犯罪与保护个人隐私和人权之间找到平衡,将是一个关键挑战。我国通过制定《民法典》《个人信息保护法》等,建立起了个人信息等数字权益的保障体系,但该体系尚未在刑事司法中充分体现,从而与公约的权益保障要求存在差距。因此,有必要强化我国刑事司法运行过程中的数字权益保护制度,确保打击网络犯罪的工作在合理和合法的范围内进行。

第五是建立动态的公约跟踪和评估机制。公约虽然设立了一个框架,但要应对未来的挑战,各国需要保持对技术趋势的高度敏感,并及时调整国内法律和国际合作策略。因此,定期审查和修订公约中的相关条款,以应对新兴技术带来的挑战,将是公约实施后的一项长期任务。我国应当建立起相对稳定的公约跟踪和评估机制,调动多方利益相关者组成公约研究团队,充分利用缔约国会议等公约机制,持续向国际社会输出中国网络犯罪治理经验。

四、国际层面数据本地化发展趋势

尽管网络信息技术不断促进全球各地互通互联,但各国或地区不但没有放弃地域维度的管控思路,数据治理的地域化反而借由数据本地化等立法而有所强化。如前所述,跨境数据取证是数据出境的典型场景之一,而数据本地化则是数据出境的主要壁垒,因此在考察跨境数据取证的国际合作时,需要将当前世界范围内数据本地化制度的发展状况考虑在内,后者亦是未来国际合作法律框架建构中需要重点关注和协调的事项。

(一)各国或地区关于数据本地化立法现状

关于何为数据本地化,目前存在多种定义。从广义上理解,数据本地化可以视为是任何对数据跨境流动加以限制的制度。全球互联网治理委员会(Global Commission on Internet Governance)在其2015年的报告《数据本地化规则对金融服务的影响》(Addressing the Impact of Data Location Regulation in Financial Services)中,将数据本地化概括为四种类型:一是数据出境的地域限制,即要求数据必须于某一国家或区域境内存储和处理;二是数据位置的地域限制,即允许数据副本出境处理,但在本国或本区域内必须存有副本;三是基于许可制的数据出境限制,即要求数据出境须经有权机关许可;四是基于标准体系的数据出境限制,即要求数据出境必须采取标准化的步骤以确保数据安全和隐私保护。其中,前两种类型会直接限制数据跨境流动,是当前世界数据本地化立法的主要类型。

无论是以上何种类型,均包含对数据出境的限制。如前所述,OECD在其2019年的调查报告《贸易与跨境数据流动》(Trade and Cross-Border Data Flows)中,将数据跨境流动的管制强度由弱到强分为四个层级,反映出数据本地化在形式上和强度上的多样性和复杂性。观察其他国家或地区要求本地化的数据类型,大致可以分为两类;一类针对公民个人信息,例如澳大利亚《由个人控制的电子健康记录法》针对公民健康类数据,[1]而俄罗斯[2]和马来西亚[3]则要求存储本国公民的各类个人数据;另一类则涉及非个人数据,例如德国《电子通信法》对原始数据的本地存储进行规定,[4]印度《国家数据分享和准入政策》(NDSAP)则要求所有通过使用公共基金收集的数据均存储于本国境内,[5]而我国《网络安全法》基于保障网络数据安全的考量,明确要求在境内存储"关键信息基础设施的运营者在中华人民共和国境内运营中收集和产生的个人信息和重要数据"。

除本地化存储要求外,各国的一些配套措施也在不同程度上推进数据本地化,例如越南的《互联网服务和在线信息管理、提供和使用条例》要求信息收集网站、社交网站、移动通信网络服务提供者、在线游戏服务提供者等,至少将一个服务器设置在越南境内;[6]法国也曾建议对收集、管理和商业应用本国境内人员个人数据的行为征税,其中,数据的异地存储有可能因为不完全合规而被征收更高的税额。

数据跨境流动的限制必然伴随复杂的安全评估和审查程序。例如,根据欧盟 GDPR 规定,在向欧盟境外第三国传输数据时需要经过两个步骤的审查:一是数据传输行为本身是否有合法授权和依据;二是数据接收国是否符合欧盟委员会的相关安全性要求。

---

[1] The Australian Personally Controlled Electronic Health Records Act 2012 is available at http://www8.austlii.edu.au/cgi-bin/viewdb/au/legis/cth/num_act/pcehra2012473/. Accessed 30 August 2024.

[2] Federal Law No. 242-FZ, introduction of the law, see Matthew Newton & Julia Summers, "Russian data localization laws: enriching 'security' & the economy", issued on February 28 2018, available at https://jsis.washington.edu/news/russian-data-localization-enriching-security-economy/#_ftn8. Accessed 23 August 2022.

[3] Laws of Malaysia Act 709: Personal Data Protection Act 2010, available at http://www.kkmm.gov.my/pdf/Personal%20Data%20Protection%20Act%202010.pdf. Accessed 23 August 2022.

[4] 英文文本引自 https://www.itu.int/ITU-D/treg/Legislation/Germany/TelecomAct.pdf,访问日期 2022 年 8 月 6 日。

[5] 英文文本引自 https://dst.gov.in/sites/default/files/gazetteNotificationNDSAP.pdf,访问日期 2024 年 8 月 30 日。

[6] 英文文本引自 https://cyrilla.org/en/entity/2lgya2ix2hu?page=1,访问日期 2022 年 8 月 23 日。

（二）数据本地化的立法动因与挑战

数据本地化这种强调数据地域属性的做法，源于国家主权、数据安全、个人信息保护等多种因素。根据 OECD 于 2020 年发布的报告《数据本地化趋势和挑战：基于隐私指南的考量》，数据本地化的立法动因主要集中在九个方面：一是保障网络安全；二是防范外国网络间谍；三是协助执法机关和国家安全机关获取数据；四是减少网络犯罪并服务于其侦查；五是保护个人数据；六是提升网络事件响应能力；七是形成地缘政治优势；八是确保政府获取特定类型数据；九是形成经济竞争优势。[1]

尽管存在上述动因，但需要注意到的是，数据本地化与全球信息网络化大潮之间仍然存在兼容问题。

首先，数据本地化与互联网基本架构和新兴信息技术之间存在技术冲突。在信息网络技术的支撑下，数据本身呈现出去地域化的特征，数据的全球高速流动和分散存储是现代互联网的内在属性，云计算正是这一属性的典型例证。数据存储于何地，以何种方式存储，是以数据高效流动和使用为决定因素，这与当前各国数据本地化立法的出发点存在分歧。从这个角度来看，数据本地化也不可避免地与数字经济发展产生冲突。

其次，数据本地化可能造成不同地域之间新的法律冲突。不同国家和地区对本地化的数据类型和范围要求不尽相同，对数据的分类也存在较大差异，这种差异将直接反映在网络信息业者的合规义务以及可能由此产生的合规冲突之上。应对合规要求以及化解合规冲突需要网络信息企业建立起相应的内部合规机制，而该机制的有效运行又依赖于相应的专业人员和技术支撑，此时，合规义务不可避免地会转化为企业的合规成本，从而加重企业的运营负担。考虑到网络信息业

---

[1] See Dan Svantesson, "Data Localisation Trends and Challenges: Considerations for the Review of the Privacy Guidelines", OECD Digital Economy Papers, No. 301, available at https://www.oecd.org/science/data-localisation-trends-and-challenges-7fbaed62-en.htm. Accessed 24 January 2022.

者自身经营能力差异,这种合规负担对于中小微互联网企业的发展的影响尤为严重。

再次,在数据全球分布和流动成为网络信息产业的基本要求和核心生命力的背景下,数据本地化制度不可避免地会提高网络信息业者的经营成本,一方面体现在网络信息业者需要通过建立当地数据存储中心以符合本地化要求,另一方面,也体现在可能形成新的数据和网络安全风险。这些成本不可避免地会转嫁至消费者,一定程度上可能迫使网络信息业者避免在某些国家或地区开展业务,并可能进一步阻碍新技术和新产品在全球范围内的扩展。

最后,即便以强化数据治理为由,数据本地化亦有可能损及网络空间治理的实际效能。以网络犯罪为例,数据本地化的重要正当性事由之一,在于强化本国侦查机关的数据取证能力,但该事由并非必然成立。一方面,数据本地化制度大多并非针对所有数据,因此,无法确保与具体刑事案件证据材料需求相匹配;另一方面,犯罪分子通常会采取多种方式,利用刑事诉讼的地域管辖权限制,将相关数据转移至境外,从而人为造成取证困难。更重要的是,在跨境数据取证需求普遍化的当下,数据本地化制度对他国取证形成的限制会借由对等和互惠原则传递至本国,反噬本国侦查机关的跨境取证能力。

数据本地化所呈现出的多重弊端也反映在一些国家或地区对该制度的犹疑摇摆态度之上。以欧盟为例,欧盟曾于2013年提出强化对云计算的管理,对欧盟区域内的数据出境设置更高的门槛,并重新审视欧盟与美国之间关于数据跨境流动的"安全港"规则。欧洲法院在2020年的施雷姆斯二号案(Schrems II)中,进一步宣布隐私盾协议无效。

然而,促进形成单一数据市场又是欧盟的一贯目标。在其2018年6月形成的欧美内部政治协议中,欧盟单一数字市场副主席安德鲁斯·安西普(Andrus Ansip)明确表示,"数据本地化是典型的保护主义,它与单一市场不相兼容。在实现人员、货物、服务和资金自由流动后,通过此项协议支持非个人数据的自由流动,以促进技术和商业模式创新。"在此背景下,2018年《欧盟非个人数据自由流动框架条例》,明确要求除非基于公共安全考量,否则禁止针对非个人数据的本地化要求。

(三) 数据本地化立法的未来趋势

从当前世界主要国家和地区的数据政策和立法发展状况来看,以数据本地化为代表的网络和数据的地域性分割趋势非但不会削弱,反而可能在复杂的国际形势下被进一步强化。同时,不同国家或地区对数据本地化的态度往往与所涉视角紧密相关:一方面,针对商业贸易和网络信息产业发展而言,去本地化要求是较为普遍的观点,例如,于2020年7月生效的《美墨加三国协议》(USMCA)也从促进区域贸易的角度,对数据本地化持否定态度;另一方面,从数据主权、国家和公共安全以及个人信息保护角度来看,加强本地化要求又成为重要手段之一,例如,欧盟 GDPR 即反映出此类思路。但是,这些方面的考量因素并非彼此独立,而是在网络信息时代相互交织,共同作用于各个领域的网络和数据治理规则。

在互联互通的网络全球化时代,建构开放、包容的命运共同体更为关键,如何在尊重国家主权和保障公民基本权利的前提下,推动网络空间国际治理整体能力的提升,促进数据资源发挥最大效能,是网络信息时代提出的重大命题。围绕数据本地化的立法争议正是这一重大命题的集中体现。化解该争议、最大限度推动国际共识和规范的形成,需要建立在数据跨境流动的场景化的基础之上,针对不同类型的数据在不同场景下的流动特征,设置不同层级的跨境传输限制规则。

首先,在网络空间治理层面,需要正视数据本地化制度对数据跨境流动在客观上造成的阻碍。从网络信息技术发展的内在属性出发,立法者应当以推动数据合理、高效流动为基本原则,数据本地化规则作为例外情形适用。这一原则需要国际层面的共同推动,促进本地化基本原则和规则体系国际共识的达成。

其次,在需要适用本地化数据治理的情形下,应当进一步区分不同场景,其核心在于,一方面,就不同场景背后所保护的具体权益进行分类、分层,另一方面,对该场景下数据跨境的具体特征加以明晰。特别是需要区分商业场景与社会公共治理场景,以及区分数据跨境传输的常态化场景和个案化场景。

再次,在区分数据本地化适用场景的前提下,应当就本地化措施本身进行细化和阶层化,避免"一刀切"式地采用最为严格的出境限制。具体而言,这种阶层化包含以下两个层面的含义:一是就本地化规则区分严格境内存储、副本境内存储等不同层级;二是就数据出境规则设置审批制、备案制、标准制等不同层级。这意味着,一方面,需要依据比例原则针对特定场景下特定本地化层级的立法设置进行评估,另一方面,需要针对具体的数据跨境活动建立起数据出境的个案影响评估机制。

最后,数据本地化规则不能脱离数据治理体系单独建设,需要将本地化要求放置在网络空间治理的整体框架下,将数据本地化要求与网络安全、个人信息保护、网络空间管辖权等相关领域立法相配合,突破部门法的分割视野,形成数据治理领域法的协同建设。

机制篇：
工具创新与能力建设

【核心观点】

◎ 我国当前刑事侦查措施体系的建构呈现出传统证据与电子数据证据二分的特征，二者之间存在诸多衔接错位的问题；在跨境数据取证越来越成为犯罪治理常态的背景下，一方面需要创新侦查措施，另一方面这些创新的侦查措施需要遵循刑事侦查权的内在逻辑与体系的完整性和一致性。

◎ 跨境数据取证程序的复杂性与电子数据的脆弱性和易变性之间存在紧张关系，有必要回归冻结措施的证据保全属性，通过数据先行冻结予以应对。

◎ 数据先行冻结作为一项临时性证据保全措施，其适用应当以目标数据存在损毁、灭失之现实且紧急的风险为前提，并在风险消失时及时转入常规性的跨境取证机制。

◎ 网络空间的去地域性特征催生了勘验措施由物理场域转向虚拟场域，但现有规则过分扩张了远程勘验的内容，使这一措施与传统侦查措施体系中的勘验出现了"名""实"分离的情形。

◎ 远程勘验措施应当回归勘验措施的本质，在跨境数据取证的情景中，该项措施应当主要适用于目标数据位置不明的情形；在查明目标数据位置后，应当及时转入其他跨境数据取证措施。

◎ 网络信息业者等第三方主体所具有的数据和技术便宜性，使向其调取数据成为跨境数据取证中的主要创新模式，但调取中存在的"两个非自愿性"使该项措施应当被定性为强制性侦查措施，并在此基础上建立相应的程序性规制框架。

第十一章
跨境取证中的数据先行冻结

传统刑事司法协助机制在应对跨境数据取证时的主要缺陷，在于其程序的复杂与冗长难以适应网络空间电子数据快速流转、分散存储和易损毁灭失的特征。二者之间的不相兼容一方面导致了修正传统跨境取证机制的现实需求，另一方面也催生出跨境直接取证的创新模式。

总结我国当前相关规定可以发现，无论采用修正思路还是突破思路，其重点均在于跨境取证的调取环节，对于因跨境取证程序过长可能造成的目标数据灭失风险并无相应对策。尽管《电子数据规定》和《电子取证规则》均规定了电子数据的冻结制度，但主要适用于境内数据取证。就境外取证而言，《国际刑事司法协助法》也涉及冻结制度，但该制度与《刑事诉讼法》第 102 条所规定的保全措施类似，是一种财产保全而非证据保全制度。换言之，就跨境数据取证而言，我国国内法规定的冻结措施尚无法直接服务于境外数据保全需求。

然而，考虑到刑事司法协助等机制自身的复杂性，在数据本身因其脆弱性、碎片化和高速流转等属性而形成的高灭失风险的情形下，数据保全措施的缺位使跨境取证的有效性雪上加霜。近些年一些域外立法探索均关注到了数据保全在跨境取证中的必要性，其中以《联合国打击网络犯罪公约》、网络犯罪《布达佩斯公约》、欧盟《刑事电子证据条例》、美国《云法》及相关协议体系为代表，通过引入数据的先行、快速保全规则，上述立法均试图在尽可能缓和主权冲突的情况下，降低跨境取证程序运行过程中的数据灭失风险。

本章以提升跨境数据取证效率、尽可能化解该过程中程序复杂性与数据高灭失风险性之间的冲突为目标,通过参考其他国家或地区的立法探索和实践经验,探索证据保全框架下跨境取证中的数据先行冻结制度。该探索由以下三个部分构成:第一部分探讨跨境数据取证中引入冻结制度的必要性,该必要性主要源于数据的高灭失风险与跨境取证程序复杂性之间的冲突;第二部分对跨境数据先行冻结措施进行本体分析,基于该措施的特征考察其制度优势;第三部分考察数据冻结与传统冻结规则的错配关系;第四部分结合国际社会已有探索,在我国现有刑事诉讼法律规定基础上,构建具体的跨境取证数据先行冻结程序。

一、跨境数据先行冻结的立法动因

刑事诉讼活动围绕证据展开,能否全面、充分、有效地提取到与案件有关的证据材料,直接决定了案件能否及时侦破,以及法院最终能否正确定罪量刑。基于此,《刑事诉讼法》规定了一系列侦查措施以服务侦查取证的需求,其核心均在于遵守公民基本权利保障底线的前提下,尽可能保证有效开展取证活动。这一方面要求侦查取证措施必须遵循法治原则,依照法律规定的正当程序实施;另一方面也要求在特殊情形下采取必要的证据保全措施,避免因程序拖延而造成证据损毁、灭失。正如学者所言,"证据保全不是必经程序,但是必须存在,并且在有特殊取证要求时发挥关键作用"。[1] 具体而言,这种特殊要求多针对"证据在后续程序中存在灭失、伪造、变造、藏匿或其他难以取得的情形"。[2] 在跨境数据取证的场景下,侦查活动直接面临着数据高灭失风险与取证程序冗长之间的矛盾,该矛盾构成该场景对数据保全的特殊需求。

---

[1] 拜荣静:《构建实效性的刑事证据保全制度——以审判中心主义为视角》,载《中国政法大学学报》2018年第1期,第130页。
[2] 张泽涛:《我国刑诉法应增设证据保全制度》,载《法学研究》2012年第3期,第164页。

(一)跨境取证中的数据灭失风险

跨境数据取证场景中存在多种原因导致可能作为证据使用的数据面临较高的损毁、灭失风险。一方面,该风险与电子数据本身的脆弱性、易变性等特征紧密相关,而这些特征要求"侦查人员在获取相关案件信息后需及时采取保护措施";[1]另一方面,数据灭失风险也与特定的数据存留期限相关,其不仅取决于数据存留的经济成本,更源于法律的明确规定。以个人信息保护为例,在知情同意原则、合目的性原则、最少收集原则的共同作用下,一方面形成数据控制者或处理者在特定情形下删除数据的主动作为义务,另一方面亦形成信息主体申请删除该数据的权利。例如《网络安全法》明确要求网络运营者收集个人信息应当遵循合法、正当、必要的原则(第41条),同时个人有权要求网络运营者删除其违法违约收集的个人信息(第43条)。当网络服务提供者窃取或以其他非法方法获取公民个人信息时,其行为可能触犯《刑法》第253条之一的"侵犯公民个人信息罪"。《个人信息保护法》同样明确将个人信息的收集和存储行为定性为"个人信息的处理"(第4条第2款),原则上要求个人信息保存期限应当为实现处理目的所必要的最短时间(第19条),并要求个人信息处理者在特定情形下主动删除个人信息,个人信息处理者未删除的,个人有权请求删除(第47条)。[2]

总结以上个人信息保护的法律规定,在收集和存储行为本身构成干预个人信息的前提下,如无例外规定,网络信息业者无论基于法律义务抑或信息主体申请,均可能主动或被动地删除个人信息,这就为这类信息在后续刑事诉讼程序中的收集提取提出了挑战。

与基于个人信息保护要求而限缩数据存留期限相反的是,在特定

---

[1] 参见王俊:《网络犯罪取证难、管辖难,张军称检察办案要"道高一丈"》,载新京报,http://www.bjnews.com.cn/news/2020/06/11/737337.html,访问日期2021年2月3日。
[2] 《个人信息保护法》第47条规定的情形包括:(一)处理目的已实现、无法实现或者为实现处理目的不再必要;(二)个人信息处理者停止提供产品或者服务,或者保存期限已届满;(三)个人撤回同意;(四)个人信息处理者违反法律、行政法规或者违反约定处理个人信息;(五)法律、行政法规规定的其他情形。

情形下强制性要求网络信息业者对某些类型的数据进行一定时间的存留是不同国家或地区的常见做法。表面上看,强制数据存留规则可以服务于数据取证的现实需求;但放置在跨境数据取证的语境中时,不同国家或地区在针对的数据类型、适用情形、存留期限、审批程序等方面存在较大差异,[1]这些规则差异本身对于有效取证形成挑战。同时,强制数据存留要求也意味着,在存留期限届满后,除非经法定程序进行必要的延长,否则存留主体同样应当删除相关数据。

从我国当前的相关立法来看,部分规范性法律文件也针对特定数据设置了强制存留期限,[2]这些规定具有两个特征:一是存留期限为一般性存留义务,并不针对具体案件;二是存留期限存在较大差异,其中以 60 日的固定存留期限为主,但也存在类似《网络安全法》的只设最低不设最高期限的规则。就前者而言,意味着在我国当前法律框架下,基于个案需求进行数据存留尚无法律依据和对应程序;就后者而言,60 日的存留期限难以与侦查取证的具体需求相匹配。因此,强制数据存留规则的差异使该规则不一定能有效阻止个案中的电子证据灭失、损毁,同时我国当前相关存留规则无法直接与个案数据保全需求相对应。

(二)跨境取证中的程序复杂性

在跨境数据取证的场景中,与可能作为证据使用的数据自身的高灭失风险形成鲜明反差的是复杂的取证程序,后者进一步妨碍了数据取证的效率。跨境取证的复杂性不仅源于刑事诉讼程序自身,同时也与数据治理的整体法律框架相关,集中体现在以下三个方面。

首先,如前文所述,作为跨境数据取证常规程序的刑事司法协助

---

[1] See Data Retention Law's: Mandatory Data Retention around the World, Privacysniff, 12 July 2019, available at https://privacysniffs.com/data-retention-law/. Accessed 21 January 2021. 关于不同国家数据存留规则的比较探讨,参见裴炜:《犯罪侦查中网络服务提供商的信息披露义务——以比例原则为指导》,载《比较法研究》2016 年第 4 期,第 98—100 页。

[2] 类似存储义务广泛存在于低位阶的行政规章之中,相关列举和探讨参见裴炜:《针对用户个人信息的网络服务提供者协助执法义务边界》,载《网络信息法学研究》2018 年第 1 期,第 24—25 页。

机制本身复杂冗长,不仅需要经过请求国与被请求国办案机关及主管机关的层层呈报,还可能因材料、手续等问题可能出现程序性延迟、反复。除刑事司法协助机制外,我国《刑事诉讼法》及相关法律规定也设置了侦查机关之间基于协议或通过国际刑警组织等方式开展跨境警务合作的机制。该机制尽管可以一定程度上减少刑事司法协助机制的程序,但在司法实践中其适用主要集中于大案要案。笔者通过对基层公安机关的实证调研发现,跨境警务合作很难适用于基层公安机关,当案件涉及境外数据时,往往直接意味着该数据无法及时收集。

其次,跨境数据取证程序的复杂性还源于数据本地化要求和出境审查规则。与早期互联网所呈现出的全球联通和数据自由流动的愿景形成鲜明反差的是,强调国家对数据加强控制的"数据国家主义"不断强化,[1] 数据本地化等措施在世界范围内普遍存在。[2] 数据跨境流动的限制必然伴随复杂的安全评估和审查程序,这一点在《网络安全法》第37条、《数据安全法》第31条,以及《个人信息保护法》第36条中均有所体现。

从表面上看,数据本地化要求和出境许可制度似乎不仅不会妨碍本国刑事数据侦查,反而可以通过这种方式强化本国侦查机关获取犯罪相关数据的能力,这也构成了部分国家或地区支持数据本地化立法的原因之一。[3] 但是该观点在犯罪侦查领域并不必然成立。一方面,数据本地化制度大多并非针对所有数据,因此无法确保与具体刑

---

[1] See Jennifer Daskal and Justin Sherman, "Data Nationalism on the Rise: The Global Push for State Control of Data", Data Catalyst (June 2020), available at https://datacatalyst.org/wp-content/uploads/2020/06/Data-Nationalism-on-the-Rise.pdf. Accessed 22 January 2021.

[2] See Anupam Chander & Uyen P. Le, Breaking the Web: Data Localization vs. the Global Internet, Emory Law Journal, Forthcoming (2014): pp.1–50.

[3] 根据2020年OECD调查报告,数据本地化的制度动因主要包含以下九项:(1)保障网络安全;(2)防范外国网络间谍;(3)协助执法机关和国家安全机关获取数据;(4)减少网络犯罪并服务于其侦查;(5)保护个人数据;(6)提升网络事件响应能力;(7)形成地缘政治优势;(8)确保政府获取特定类型数据;(9)形成经济竞争优势。See Dan Svantesson, "Data Localisation Trends and Challenges: Considerations for the Review of the Privacy Guidelines", OECD Digital Economy Papers, No. 301, available at https://www.oecd.org/science/data-localisation-trends-and-challenges-7fbaed62-en.htm. Accessed January 22, 2021.

事案件证据材料需求相匹配;另一方面,犯罪分子通常会采取多种方式,利用刑事诉讼的地域管辖权限制,将相关数据转移至境外,从而人为造成取证困难。更重要的是,在跨境数据取证需求普遍化的当下,数据本地化制度对他国取证形成的限制会借由对等和互惠原则传递至本国,反噬本国侦查机关的跨境取证能力。

最后,跨境数据取证的复杂性还源自网络信息业者的配合程度。如前所述,在跨境数据取证的语境下,侦查机关的主要措施之一便是向控制或占有数据的网络信息业者调取数据。然而,这一调取过程可能面临三个方面的挑战:一是源自法律规定,即并非所有国家或地区均允许网络信息业者主动或自愿响应他国执法机关的命令;[1]二是源自网络信息业者自身的审查机制,即便取证请求符合法律要求,网络信息业者仍有可能对响应范围进行限制,这种限制既可能基于网络信息业者对于政策及法律法规的解读,亦有可能基于其的商业经营考量;[2]三是源自网络信息业者与侦查机关在数据性质、类型和范围等方面的认知差异。针对上述挑战,我们将在本篇第十三章进行进一步的详细论述。

二、跨境数据先行冻结的本体分析

高效数据取证的现实需求与复杂的跨境取证程序之间的矛盾日益凸显,但基于国家主权的刑事管辖权限制使矛盾的化解不能仅依靠简化跨境取证程序,而是同时需要关注如何在尽可能尊重他国主权的前提下,通过程序设计填补提出取证申请到正式调取数据这一间隙。针对跨境取证的数据先行冻结制度正是为应对这一需求而生,通过在调取数据程序过程中对目标数据进行先行保全,最大限度实现刑事诉讼取证目的。

---

[1] 参见本书第九章。
[2] 不同考量因素背后体现的是网络信息业者在网络空间治理中所承担的三重角色。相关论述参见裴炜:《针对用户个人信息的网络服务提供者协助执法义务边界》,载《网络信息法学研究》2018年第1期,第21—56页。

（一）传统冻结与数据冻结的差异

我国《刑事诉讼法》中规定的冻结措施,究其本质而言是一种针对涉案财物的强制性保全措施。[1] 具体而言,该措施包含四个要素:一是冻结措施的客体仅限于财产及其权益,且指向的是非实体性财产;[2]二是冻结措施仅能针对被指控人的财产,而不能扩展至其他人员;[3]三是被冻结的财产应当与案件相关,无关财产不得冻结;四是冻结措施的相对人往往并非权利人本身,更多的是金融机构等第三方财产占有或控制主体,正是在这个意义上,《刑事诉讼法》也设置了"有关单位和个人"配合冻结的法律义务。可以看出,《刑事诉讼法》所规定的冻结是以财产为核心,同时涉及权力机关、财产权利人和冻结相对人三方主体的措施。

由于该措施客体的特殊财产属性,现有冻结制度往往同时承担着证据保全与财产保全的双重功能。前者例如《刑事诉讼法》第144条中规定的侦查冻结,其核心作用之一在于防止证据转移、赃款转移;后者则以第102条规定的刑事附带民事诉讼案件中的保全措施和第298条第4款规定的没收程序冻结措施为代表,目的在于防止诉讼期间的财产转移、藏匿或灭失,以保证判决的顺利执行。与之相对应的,这两种功能也体现在冻结措施的解除条件之中,例如《刑事诉讼法》第145条规定的无关财产侦查冻结解除主要反映的是证据保全功能;而第300条第1款规定的不应追缴财产的冻结解除则依托的是该措施的财产保全功能。

就冻结措施的这两重保全功能而言,由于财产保全往往意味着需要持续到诉讼程序终结后的执行阶段,其不仅在客体上与证据保全相

---

[1] 参见陈瑞华:《刑事诉讼法》,北京大学出版社2021年版,第376页。
[2] 这里主要是与实体性财产相区分。根据公安部《公安机关办理刑事案件程序规定》第237条,冻结的对象包括存款、汇款、证券交易结算资金、期货保证金等资金、债券、股票、基金份额和其他证券,以及股权、保单权益和其他投资权益等财产。实体性财产则对应查封、扣押措施。
[3] 根据《刑事诉讼法》第196条第2款的规定,法院为调查核实证据也可以采用冻结措施,因此冻结财产的权利人不仅限于犯罪嫌疑人,还包括被告人。

重合,同时在范围和强度上亦能覆盖取证需求,因此当前刑事诉讼法并未明确区分冻结措施的这两重功能,并且在制度设计上和司法实践中也呈现出混同的情形。以 2020 年"袁红、成都市众和联投资有限公司、田园非法吸收公众存款案"为例,该案中,公安机关冻结了上诉人袁红及其家人名下资产,上诉人以该资产并非使用非吸资金购置为由申请解除冻结。二审法院基于三点理由不予采纳该辩护意见:一是该资金追回并用于退赔集资参与人并无不当;二是该资产抵偿追赃不足部分并无不当;三是该资产可以用于执行罚金刑。可以看到,这三点理由均体现出强烈的财产保全特征。[1]

2016 年《电子数据规定》针对电子数据取证设置了冻结措施,并将其与《刑事诉讼法》中相关规定进行衔接。根据该规定及 2019 年《电子取证规则》中的细化规定,数据冻结主要针对的是电子取证过程中数据不便或不能直接提取的情形,通过固定其既有状态以确保其完整性和可靠性,进而服务于后续侦查取证和诉讼程序。[2] 由此可以看出,数据冻结与《刑事诉讼法》中规定的财产冻结最大的区别在于,从保障诉讼顺利进行的角度来看,前者的客体并不以财产属性为核心,关键在于其作为证据使用的功能;后者本质上是一种针对涉案财物的强制性保全措施,[3]往往同时承担着证据保全与财产保全的双重功能。在这个意义上,数据冻结难以具备财产保全以保障执行的功能,而主要服务于及时取证和后续诉讼阶段中的证据使用。

(二)数据先行冻结的概念界定

2016 年《电子数据规定》针对电子数据取证设置了冻结措施,2019 年《电子取证规则》进一步细化了该措施的适用条件和程序。

---

[1] "袁红、成都市众和联投资有限公司、田园非法吸收公众存款案",四川省成都市中级人民法院(2020)川 01 刑终 719 号二审刑事裁定书。
[2] 参见孙明泽:《刑事诉讼电子数据冻结的程序规制研究》,载《中国人民公安大学学报(社会科学版)》2020 年第 1 期,第 58—66 页;周加海、喻海松:《〈关于办理刑事案件收集提取和审查判断电子数据若干问题的规定〉的理解与适用》,载《人民司法(应用)》2017 年第 28 期,第 31—38 页。
[3] 参见陈瑞华:《刑事诉讼法》,北京大学出版社 2021 年版,第 376 页。

我国当前数据冻结措施主要适用于三种情形：一是数据量大，无法或者不便提取；二是通过网络应用可以更为直观地展示电子数据；三是提取时间长，可能造成电子数据被篡改或灭失。上述三种情形实际上分属两类：一类针对的是数据"不便或不宜"直接提取的情形，即上述前两种情形，功能在于服务于后续证据审查和运用，笔者称为数据便宜冻结；另一类是仅作为正式数据收集提取的前置保全措施，即上述第三种情形，功能在于服务后续的证据收集提取，笔者称为数据先行冻结。

数据先行冻结与数据便宜冻结之间存在两大区别。一是措施的功能不同，数据先行冻结措施承担的是与后续取证措施的衔接功能，至于数据收集之后到审判阶段之间的保全，则属于数据便宜冻结关注的领域。二是措施的必要性不同，数据先行冻结针对的是存在紧迫取证需求的情形，应对的是目标数据现实且急迫的损毁、灭失风险，属于"不得不冻"；而数据便宜冻结则主要考量的是取证成本和效率，属于"可冻可不冻"的裁量性冻结。

基于上述分析，本书所指数据先行冻结，是针对可能作为刑事诉讼证据使用的电子数据，在其由于取证程序过长面临灭失、损毁风险的情况下，由数据控制者或占有者将已经处于存储状态的目标数据先行固定，以备后续收集、提取。具体而言，这种灭失、损毁风险具有一定的紧迫性，既可能源自案件所涉数据自身的特性，亦可能源于数据存留期限即将届满。[1] 需要注意的是，有学者研究发现，在当前电子跨境数据取证过程中，存在扩张远程勘验措施以覆盖数据冻结的情形。[2] 这种措施的混用一方面反映出司法实践对于数据保全的现实需求，但另一方面也反映出电子数据取证的概念界定不清、体系逻辑

---

[1] See Sergio Carrera, et al, "Cross-Border Data Access in Criminal Proceedings and the Future of Digital Justice: Navigating the Current Legal Framework and Exploring Ways forward within the UE and Across the Atlantic", Centre for European Policy Studies, October 2020, available at https://www.ceps.eu/wp-content/uploads/2020/10/TFR-Cross-Border-Data-Access.pdf. Accessed February 3, 2021.

[2] 参见梁坤：《跨境远程电子取证制度之重塑》，载《环球法律评论》2019年第2期，第141页。

混乱的问题。鉴于《电子数据规定》和《电子取证规则》已然从证据保全视角创设了冻结措施,那么针对境外数据取证所需完善的是明确冻结措施的域外效力和行使途径,而非混淆冻结和远程勘验措施。

在形成数据先行冻结概念的基础上,有必要将其与一些相关概念予以区分。首先是数据保全。数据保全本身是一个范围较大的概念,强调的是数据处理行为的目的,因此可以对应多种数据处理措施,数据冻结仅是数据保全目的下的一种措施,针对原始数据进行复制同样是保全手段的一种。相较而言,数据冻结的对象主要是原始数据。需要注意的是,数据保全针对的是已经处于存储状态的静态数据,如果涉及对动态数据的实时留存,其行为性质实际上属于数据监听或拦截,进而落入到技术侦查的概念之中去。其次是数据存留。基于数据保全的目的,数据冻结同样是指将已经处于存储状态的数据保全下来,从而避免其现有状态或条件发生变化或损害。而数据存留则是针对正在生成中的数据进行一定时间段内的累积性存储,是数据冻结的前置阶段。相较而言,数据存留对数据处理者提出了更高的积极作为义务,其对于数据所承载权益的干预程度也一般高于数据冻结。数据存留并不考量目标数据的状态,既可能针对的是常规收集的静态数据,也可能是通过监听或拦截手段获取的实时数据,因此也可能会触及技术侦查措施的适用。

(三)数据先行冻结的核心特征

基于数据先行冻结的概念,在跨境取证的场景中,这一措施应当至少包含下列特征。

第一,数据先行冻结是一项刑事侦查取证措施。这一要素将该措施与行政法中规定的一般性数据存留义务相区别。如前所述,许多国家和地区基于行政管理和执法需求,对特定数据类型规定了一定期限的存留义务,我国在行政规章层面也存在大量的类似规则。[1] 作为

---

[1] 参见裴炜:《针对用户个人信息的网络服务提供者协助执法义务边界》,载《网络信息法学研究》2018年第1期,第21—56页。

一项普遍适用的行政法义务,数据存留的对象、范围、期限均以明确的法律规定为前提,而非基于个案需求予以确定。[1] 同时,数据冻结与行政法意义上的数据存留义务的区别也在于前者需要经个案评价予以适用,而后者则一般是不区分数据主体的概括性适用。

数据冻结与行政法中的数据存留的区分并非意味着后者不能服务于刑事诉讼。典型的例证是欧盟 2006 年《数据存留指令》(下文简称《指令》),[2] 其主要目标在于通过数据存留以保障严重犯罪的调查、侦查和起诉。但是,也恰恰因为这种一般化、概括性的数据存留措施对公民基本权利超出比例的强干预性,使得该《指令》于 2014 年被欧洲法院宣布无效。相对而言,数据冻结的个案化审查对于公民个人信息等权益的侵犯性更小,更容易在打击犯罪与保障人权之间实现合比例的平衡。此外,个案中的数据冻结和一般性的数据存留之间也存在一定联系,例如数据冻结措施可能适用于法定数据存留期限届满的情况。此时,是否存在一般性的数据存留规则,以及目标数据是否仍然处于法定存留期限内,可以构成数据冻结措施适用中是否存在数据灭失、损毁风险的判断要素之一。

第二,数据先行冻结的核心功能是保全证据,而非直接收集、调取证据。一方面,先行冻结措施的保全功能意味着其在程序设计上不应当比其他数据取证措施更复杂。另一方面,该保全功能也将其与其他涉及数据存留的侦查措施区分开来。其中,最为关键的是与针对动态数据的持续性收集措施相区别。将数据冻结定位于证据保全制度,意味着其针对的是在侦查机关意图取证时已经处于存储状态的静态数

---

[1] 关于数据冻结与数据存留两个概念的区分,参见 European Commission, "Evidence of Potential Impacts of Options for Revising the Data Retention Directive: Current Approaches to Data Preservation in the EU and in Third Countries", issued in November 2012. Available at https://ec.europa.eu/home-affairs/sites/homeaffairs/files/what-we-do/policies/police-cooperation/data-retention/docs/drd_task_2_report_final_en.pdf. Accessed January 25, 2021。

[2] Directive 2006/24/EC of the European Parliament and of the Council of 15 March 2006 on the Retention of Data Generated or Processed in Connection with the Provision of Publicly Available Electronic Communication Services or of Public Communications Networks and Amending Directive 2002/58/EC (invalid).

据。相对而言,针对未来生成数据的动态收集和存储不仅属于直接的取证措施,并且还以其监控属性受到更严格的程序性限制,例如网络犯罪《布达佩斯公约》仅允许针对交互数据(traffic data)进行实时数据存留;[1]对于内容数据的动态存留则直接被定性为监听(interception),并且仅能适用于严重犯罪。在我国,针对未来生成的动态数据收集在性质上与技术侦查中的监听、监控措施性质类似,原则上也应当适用技术侦查措施的高门槛要求。[2]

第三,数据先行冻结并非侦查取证的必经阶段。该特征与数据冻结的保全本质紧密相连,其适用前提是存在目标数据灭失、损毁的风险,进而可能阻碍后续侦查取证活动。换言之,如果数据本身不存在灭失、损毁风险,或者即便存在该风险,但侦查机关可以快速取证,则无必要采取保全措施。[3] 此外,数据先行冻结的辅助性也意味着在具体案件的取证过程中,即便采取该措施,仍有可能无法避免数据的灭失、损毁;同时,在缺乏必要的数据安全和保密配套机制的情况下,增加该冻结程序有可能形成新的灭失风险,亦有可能不当泄露侦查秘密进而阻碍侦查的顺利进行。有鉴于此,上述情况下也需要在个案中具体判断数据冻结的必要性,例如《布达佩斯公约》第29条规定了在刑事司法协助中,如果快速保全不足以保障未来取证需求,或者采取该措施可能损及申请方的侦查活动,被申请方有义务立即将上述情形及时通知申请方,便于后者决定是否申请保全数据。《联合国打

---

[1] 根据《〈布达佩斯公约〉说明报告》,是否针对未来数据进行收集,也是数据冻结和数据存留的重要区别之一。数据存留指向的是数据收集的过程,而数据冻结针对的则是已经收集的数据的安全。See "Convention on Cybercrime: Explanatory Report", available at https://www.oas.org/juridico/english/cyb_pry_explanatory.pdf. Accessed 25 January 2021.

[2] 需要注意的是,在司法实践中,通过网络技术手段开展的数据动态监控有时被定义为网络监控措施。根据《公安部刑事案件管辖分工规定》,涉网案件属于网络安全保卫局管辖范围,与之相关的网络监控措施是否适用《刑事诉讼法》关于技术侦查的规定,在规范层面存疑。

[3] 有研究报告指出,在存在数据存留规则且目标数据仍在存留期限内的情况时,侦查机关往往更多地适用直接取证措施而非提出数据冻结申请。See European Commission, "Evaluation Report on the Data Retention Directive (Directive 2006/24/EC)", issued on 18 April 2011. Available at https://eur-lex.europa.eu/LexUriServ/LexUriServ.do?uri=COM:2011:0225:FIN:en:PDF. Accessed 25 January 2021.

击网络犯罪公约》第 43 条第 7 款也作了类似规定。

第四,数据先行冻结是一项临时性措施,其功能在于在侦查机关通过其他措施切实调取到目标数据之前,对该数据进行暂时性固定。[1] 换言之,申请方不能仅为存留该数据而申请数据冻结,而是需要表明针对该目标数据正在或即将开展后续取证措施。从临时性特征可以延伸出三个层面的要求:一是数据先行冻结应当有明确的期限,并且该期限的长短和延长的次数取决于后续措施的启动和运行;二是数据先行冻结期间,侦查机关仍有义务积极采取其他必要措施以收集、提取该目标数据;三是目标数据一旦收集、提取完毕,先行冻结的任务即宣告完成,即便冻结期限未满,也已经丧失必要性,应当及时解除。

(四)数据先行冻结的制度优势

引入数据先行冻结制度,不仅在于其能够服务于跨境数据取证的现实需求,还在于其可以起到减少规则冲突的功能。具体而言,其制度优势主要体现在四个方面。

首先,数据先行冻结适用于各种类型的跨境取证机制。如前所述,无论是传统的国际刑事司法协助机制,还是向网络信息业者等第三方取证、国际警务协助等方式,均可能面临跨境取证程序的冗长或反复问题,特别是不同国家或地区在网络信息技术发展不平衡的情况下,这种跨境取证沟通可能遭遇更大的障碍。数据先行冻结的核心功能即在于应对取证程序复杂所形成或加剧的数据灭失风险,特别是在侦查机关知晓数据控制者或占有者的情况下,上述既有跨境取证措施皆可作为先行冻结后的后续措施,从而最大限度保全相关数据,保证后续诉讼程序的顺利进行。

其次,数据先行冻结与国家主权的冲突相对较弱。跨境数据取证

---

[1] See Anna-Maria Osula, "Accessing Extraterritorially Located Data: Options for States", Nato Cooperative Cyber Defense Center of Excellence, 2015, available at https://www.ccdcoe.org/uploads/2018/10/Accessing-extraterritorially-located-data-options-for-States_Anna-Maria_Osula.pdf. Accessed February 2, 2021.

面临的一大挑战源于国家主权限制。区别于取证阶段数据的跨境传输,数据冻结措施并不直接涉及数据本身的转移,无论被申请方是国家、地区抑或网络信息业者等第三方主体,冻结措施并不会导致数据脱离既有控制,增加其他控制者或使控制权发生变化,因此对于以数据控制能力为核心的数据主权的干预性远低于直接取证。也正是在这个意义上,一些传统国际司法协助的原则并不必然适用于冻结措施,例如《布达佩斯公约》第 29 条规定了原则上不以双重犯罪作为拒绝数据保全请求的事由。类似地,在《联合国打击网络犯罪公约》的起草过程中,也有众多成员国支持排除双重犯罪原则在数据保全中的适用。

再次,数据先行冻结对数据权益的干预性同样较弱。以个人信息保护为例,尽管收集、存储此类数据已经构成对个人信息的干预,但在有法律明确规定的前提下,在刑事司法领域对干预公民个人信息予以更大的立法容忍符合比例原则的要求,同时亦是相对于其他数据干预措施更为轻微的取证方式,因此在辅之以必要的程序性保障的情况下,数据冻结措施亦可以更好地与公民个人信息保护要求相兼容。

最后,数据先行冻结可以缓和数据控制者的合规困境,主要针对的是侦查机关绕过刑事司法协助机制,向数据控制者直接跨境调取数据的情形。近年来,国际社会对于该取证模式的关注和探索不断强化,[1] 但也造成不同国家国内法义务向数据控制者集中并产生冲突,进而可能引发相应的法律责任。

三、传统冻结规则与数据冻结的错配

如前所述,刑事诉讼中的传统冻结措施主要承载着证据保全和财产保全的双重功能,且后者有覆盖前者的实践倾向。考察当前数据冻结措施可以看出,一方面,其主要沿用了财产冻结的设计思路,与证据

---

[1] 参见裴炜:《向网络信息业者取证:跨境数据侦查新模式的源起、障碍与建构》,载《河北法学》2021 年第 4 期,第 56—81 页。

保全目的的适应性并不明显;另一方面现有规则并未区分不同功能的数据冻结,进而未能在具体制度设计上加以区分。两方面因素结合,形成了当前数据冻结措施制度中的一系列问题。

（一）先行冻结的后续措施

当前《电子数据规定》和《电子取证规则》所规定的冻结情形可以区分为先行冻结和便宜性冻结两类。这两种类型的区分意味着其与后续侦查措施的关系存在差异。就数据先行冻结而言,其核心在于应对取证需求的紧迫性与取证程序的复杂性之间的矛盾,是为避免因程序拖延导致可能作为证据使用的电子数据损毁灭失而采取的紧急措施。基于该紧急证据保全功能,先行数据冻结仅作为前置程序构成电子数据取证的前半段,唯有与后续电子数据收集提取措施相结合,才能形成一整套完整的程序设计。

基于此,数据先行冻结是一项临时性、辅助性的取证措施,其功能在于在侦查机关通过其他措施切实调取到目标数据之前,对该数据进行暂时性固定。[1] 换言之,侦查机关不应仅为存留该数据而进行冻结,而是需要在事前明确针对该目标数据正在或即将开展后续取证措施。同时,冻结措施的强制性也意味着需要对侦查机关设置及时启动后续取证措施的义务。很明显,当前数据冻结措施并未涉及其与其他取证措施的衔接问题,其背后反映的是立法思路上对两种数据类型的混同。

（二）冻结期限

《电子取证规则》较之于《电子数据规定》的重要进步之处在于明确了数据冻结的期限及其延长规则。基于现有规定,数据冻结的初始期限为 6 个月,之后每次续冻期限不超过 6 个月,续冻次数没有限

---

[1] See Anna-Maria Osula, "Accessing Extraterritorially Located Data: Options for States", Nato Cooperative Cyber Defense Center of Excellence, 2015, available at https://www.ccdcoe.org/uploads/2018/10/Accessing-extraterritorially-located-data-options-for-States_Anna-Maria_Osula.pdf. Accessed February 2, 2021.

制,期限届满不续冻则冻结自动解除。这一规定沿用了财产冻结的思路,但对于不同类型的数据冻结而言,这种统一划定的冻结期限存在缺陷,尤其体现在数据先行冻结这一类型上。

如前所述,数据先行冻结的附属性、临时性的特性决定了该冻结期限的长短取决于启动后续取证措施所需要的时间。需要注意的是,启动取证措施所需时间与取证过程的时长并非同一概念,前者指向的是根据刑事诉讼法规定,启动该侦查措施所需程序性手续耗费的时间,后者则主要是指数据提取过程中基于技术原因所要耗费的时间。在这个意义上,数据的先行冻结期限事实上应当划分为两个阶段:一是数据提取措施启动前阶段;二是数据提取阶段。针对启动前阶段,其冻结期限应当与启动审批程序所需时间相匹配,并且应当起到督促侦查机关尽快进行数据提取的功能。结合相关规定,该期限应当以确保办案人员提出申请并由县级以上公安机关负责人批准为限。数据提取阶段的冻结期限则与数据提取所需时间相关,取决于具体的技术标准和要求。

(三)冻结解除

《电子数据规定》第 12 条第 1 款规定了冻结措施的解除,《电子取证规则》进一步将解除的条件表述为"不需要继续冻结",采用的是与公安部的《刑事程序规定》相同的表述,但并未进一步明确何为"不需要"之具体情形。根据《刑事诉讼法》及相关规定,冻结措施的解除主要指向的是三种情形:一是诉讼程序终结(例如第 177 条第 3 款、第 300 条);二是冻结期限届满未续冻;[1]三是冻结客体与案件无关(第 145 条)。如果说前两种的判断相对明确,那么第三种则依赖于侦查机关的判断,同时也是解除冻结措施的规制难点。数据冻结措施的解除基本上照搬了传统财产冻结的相关规定,但由此形成以下三个方面的现实问题。

---

[1] 这一项规定在公安部《刑事程序规定》第 240 条:"……逾期不办理继续冻结手续的,视为自动解除冻结。"

首先，现有的冻结解除情形无法关照到数据先行冻结的特殊需求。作为冻结对象，数据与财物的一个重要区别在于，其作为证据使用时主要关注的是其状态和承载的内容，并且在遵守相关技术标准的前提下，数据可以复制多份而不减损各个复制件的证据能力和证明力。在这个意义上，《电子数据规定》与《电子取证规则》规定的"提取电子数据"，其本质就是复制数据。如前所述，数据先行冻结是一种临时性措施，其功能在于避免因提取延迟造成数据损毁灭失。当数据已然被提取之后，尽管原始数据仍然与案件"有关"，但损毁灭失之风险随之消失，则该冻结措施丧失其正当性基础。更进一步讲，数据冻结本身会干预到公民的多项基本权利，基于比例原则的要求，在有其他能够实现正当目的但同时弱化权利干预的措施时，原则上应当予以适用。[1] 因此，无论是从先行冻结的必要性还是程序正当性的角度考量，数据提取后不应继续冻结。

其次，基于相关性的冻结解除事由难以有效适用于数据。财产冻结中权利主体和冻结对象均相对明确，因此被冻结的财产是否"相关"更容易判断。但在数据冻结中，目标数据与案件事实之间相关性的判断则相对较难，具体体现在三个方面：一是同一载体中犯罪嫌疑人、被告人的数据可能与其他公民的数据混杂；二是犯罪嫌疑人、被告人的涉案数据可能与其本人的其他无关数据混杂；三是公民的数据可能与控制或占有数据的网络信息业者的运营数据等混杂。[2] 此外，由于数据冻结的具体措施往往不仅仅指向数据本身，还意味着对于原始载体的使用限制，因此冻结措施的具体实施不可避免地会延伸至无关数据；特别是在载体相关性的判断依附于数据的情况下，数据冻结的范围可能进一步扩大，[3] 而以数据无关为由解除冻结的难度则相应提升。

---

[1] 关于电子数据取证与比例原则的关系论述，参见裴炜：《比例原则视域下电子侦查取证程序性规则构建》，载《环球法律评论》2017年第1期，第80—95页。

[2] 参见裴炜：《数据侦查的程序法规制——基于侦查行为相关性的考察》，载《法律科学（西北政法大学学报）》2019年第6期，第43—54页。

[3] 参见裴炜：《论刑事电子取证中的载体扣押》，载《中国刑事法杂志》2020年第4期，第120—136页。

最后，知情权保障的缺失导致申请解除的救济途径被架空。数据冻结相对于财产冻结的重要区别之一体现在权利主体的可感知性上。如前所述，财产冻结主要针对的是未来的财产动态流转和交易，其一旦受限制将直接甚至立即影响权利主体的日常生活或经营活动；相对而言，数据冻结主要针对的是已经处于存储状态的静态数据，其冻结并不必然影响后续网络信息服务等的进行，因此数据主体对冻结措施的可感知性明显低于财产冻结。当前数据冻结沿用的是财产冻结的制度设计思路，因此并未设置相应的冻结措施告知规则。这就意味着即便《刑事诉讼法》针对非法冻结提供了申诉控告途径，权利主体难以知晓冻结措施的存在，更毋庸提申请解除数据冻结。

（四）冻结成本

财产冻结的重点通常并不在于静态财产本身，而在于该财产的动态流转。因此财产冻结对应的具体措施主要涉及对交易、移转等行为的限制。由此形成财产冻结的两个重要特征：一是公安机关事实上无法自行占有和控制相对人财产，必须依赖金融机构等第三方协助执行；二是冻结措施对于协助方而言其成本亦相对较低，并且具有较为成形和固定的流程。在这两个特征的基础上我们可以看到，传统以财产为主要客体的冻结措施，在其具体规则设置上并未考虑冻结执行成本的问题。

但是，当冻结的客体由财产转变为数据，上述两个特征均不复存在。一方面，目标数据的可复制性意味着侦查机关可以独立于原始数据控制方而单独占有或控制目标数据，这也是数据提取措施的题中之义；另一方面，相对于财产冻结的交易控制，协助执行冻结的第三方主体往往需要采取一系列措施进行数据存储、防止数据篡改、保证数据安全，其义务内容更为复杂。可以看到的是，无论是侦查机关提取数据还是委托第三方冻结数据，均可能产生较高的执法成本，这是数据冻结与财产冻结的重要区别之一。

《电子数据规定》和《电子取证规则》在设置数据冻结措施时已经考虑到了取证成本因素，尤为明显地体现在数据便宜冻结的两种情形之中。但问题在于,区别于财产冻结,数据便宜冻结的本质是将侦查机关的取证成本转移给了协助冻结的第三方,这种成本既体现在执行数据冻结时所需的技术、资金、设备和人员等直接成本,同时也体现在因数据冻结后可能对企业等协助主体的正常经营活动产生的间接成本。目前而言,这些协助成本并未反映在冻结措施的具体规则设计之中。这也是当前电子数据取证措施的一个共性,即在强化第三方协助义务的同时,较少地考虑到协助执法可能产生的成本问题。

四、跨境数据先行冻结的制度设计

跨境数据取证的现实需求与数据先行冻结的证据保全功能之间相契合,这为探索网络信息时代跨境数据取证新制度提供了思路。如前所述,一些国家或地区已经开始提出了跨境取证领域数据先行冻结的制度设计方案,其中以网络犯罪《布达佩斯公约》、欧盟《刑事电子证据条例》、美国《云法》为典型代表。我国当前的数据冻结措施一方面遵循的是传统冻结的规制思路,一定程度上难以与证据保全的功能和电子数据的特性相适应;另一方面也主要采用的是国内法视角,未能回应跨境数据取证过程中的现实需求。基于此,建立跨境数据先行冻结制度需要从国内法和国际法两个维度开展工作,并形成两套体系的相互融合。

(一)冻结措施逻辑起点的类型化重塑

面对数据冻结和传统财产冻结的多方差异,以及在此基础上形成的冻结制度缺陷,有必要根据数据冻结的目的和特征来调整传统冻结规则,一方面使其能够符合证据保全的制度需求,另一方面避免对公民基本权利的不当干预。如前所述,数据冻结是众多电子取证措施中的一种,并且区别于电子数据的直接调取,数据冻结更多的是辅助电子数据的收集提取和审查判断,其并非直接获取数据的措施。从电子数据作为证据使用这一最终目的出发,数据冻结并非取证的必经措施;相反地,考虑到冻结措施本身对于公民权利的干预性,该措施在整体电子取证过程中应当非必要不适用。

从前文分析可以看出,我国当前数据冻结制度涉及数据先行冻结和数据便宜冻结两种类型,两者规则设计的逻辑起点不同,难以适用同一套规则体系。其中,数据先行冻结的制度重点在于取证的紧迫性,此时冻结措施是保全电子数据证据的唯一手段。正是在这个意义上,数据先行冻结措施在世界范围内逐渐获得认可,典型的例证是网络犯罪《布达佩斯公约》,其在第16条中要求成员国在有可靠依据认为计算机数据可能被删除或篡改的情况下,通过国内法为迅速保存计算机数据设置保全命令。类似地,《联合国打击网络犯罪公约》第25条也要求缔约国采取必要的立法措施,确保得以快速保全电子数据,"特别是在有理由认为该电子数据极易丢失或被修改的情况下。"相对而言,数据便宜冻结则主要源于数据提取成本的考量。换言之,此时冻结并非电子取证的唯一手段,只是相对于直接提取措施而言,数据冻结之于侦查机关的执法成本更低。通过对比可以看到,两种类型的数据冻结在其必要性评价之初便存在差异,这也决定了立法对于二者在干预公民基本权利方面的容忍度的高低,以及取证程序设计思路上的区别。

第一,就数据先行冻结而言,其属于数据冻结措施着重关注的类型,相关规则设计应当围绕"取证紧迫性"展开,着重考量以下因素:首先,数据先行冻结的启动程序不应过分复杂,其审查主要以形式审查为主,以避免决定冻结程序本身形成的数据损毁灭失风险。其次,冻结启动程序的简便意味着公民合法权益面临更高的受损风险,因此在冻结后的程序设计上需要强化侦查机关的作为义务。具体而言,这种作为义务主要体现在两个方面:一是积极开展数据提取活动的义务,要求侦查机关在采取数据冻结措施之后,应当不加延迟地进行后续取证措施,并设置必要的数据提取启动期限,以防止冻结措施的滥用;二是及时主动解除冻结的义务,明确将数据提取完毕作为区别于"相关性"的"不需要继续冻结"的情形之一,此时侦查机关有义务立即解除冻结,同时相关权利人亦有权对不当持续冻结提出申诉、控告。

最后,先行冻结的高效实施依赖于作为第三方的数据控制者或占有者的快速回应,立法需要建立起侦查机关与协助冻结的第三方主体间的快速机制,特别是考虑到办案机关与第三方主体位于不同辖区的新常态,简化传统公安系统异地办案协作流程。

第二,就数据便宜冻结而言,其制度设计焦点在于侦查成本,并由此形成制度设计的以下二个方面的重点。其一,基于成本考量的数据冻结应当遵循严格必要原则,即并非只要数据量过大或者网络查看方式更便宜,就可以采取冻结措施,而是需要评价该取证成本是否过高以至于可能妨碍侦查的顺利进行或者过分延迟侦查活动。其二,基于取证成本考量的便宜性冻结的启动程序应当较之先行冻结更严格、门槛更高。这主要源于三个方面因素:一是便宜性冻结措施的应用场景并不具有证据保全的紧迫性,这使冻结措施的审批和实施程序实无简化之必要;二是便宜性冻结的严格必要原则要求,以审慎的个案评估为基础对该措施进行实质审查,简化的启动和实施程序可能使这种审查形式化;三是如前所述,数据便宜冻结的实质是执法成本由侦查机关向协助执行的第三方主体的转移,从保障第三方主体合法权益的角度而言,也应当从程序上对便宜性冻结进行严格限制。

(二)数据先行冻结的法律基础

跨境数据取证中的数据先行冻结措施在法律依据上较之国内侦查取证措施更为复杂,其不仅涉及本国法律规定,还牵涉国际条约或规范。最高人民检察院在2020年发布的第67号指导性案例中特别强调,对境外实施犯罪的证据应着重审查合法性,一是审查我国《刑事诉讼法》的相关规定,二是审查有关条约、司法互助协定、两岸司法互助协议等国际法律规定。[1] 与之类似地,跨境取证中的数据先行冻结措施能否合法、有效运行,同样首先取决于国内法与国际法的双重认可和授权。

---

[1] 参见"张开闵等52人电信网络诈骗案"(检例第67号),最高检第18批指导性案例,引自 https://www.spp.gov.cn/spp/jczdal/202004/t20200408_458415.shtml,访问日期2021年2月3日。

第一,从国内法依据来看,跨境数据取证本质是一种侦查取证措施,是一国刑事司法权力在国际层面的延伸,其前提是存在两个层面的国内法授权:一是程序法对该具体侦查措施的确认,即针对相同犯罪存在国内对应的侦查措施;二是从管辖权角度对该措施的域外适用和效力进行授权。前者例如《布达佩斯公约》在第16条和第17条首先要求成员国国内立法应规定数据的快速保全制度,其构成第29条刑事司法协助中数据保全的国内法基础;欧盟《刑事电子证据条例》规定的电子证据保全令仅适用于申请国针对相同犯罪存在类似国内法措施的情形;《联合国打击网络犯罪公约》在第25条和第42条分别规定了快速保全措施的国内立法要求和国际合作规则。后者典型的例证是美国《云法》,试图通过该立法解决《存储通信法》中向第三方调取数据的管辖权限制。

观察我国当前刑事诉讼相关法律规定可以看到上述两个层面均存在缺陷:

其一,就侦查权而言,数据先行冻结仅出现于司法解释和行政法规之中,而《刑事诉讼法》中规定的财产冻结措施难以直接拓展至数据之上。德国、日本、英国等国家的刑事诉讼法多将此类数据保全归属于扣押措施,但从我国电子数据取证规则体系来看,我国的扣押措施仅能及于数据载体而不能延伸至数据本身。[1] 考虑到《电子数据规定》和《电子取证规则》已然使用了"冻结"这一概念,同时数据与无形资产一样具有形态上和规制上的相似性,未来立法可以考虑沿用该概念,在冻结措施的体系下,就证据保全冻结分支设立数据的先行冻结措施。

其二,就侦查措施的管辖权而言,《国际刑事司法协助法》的立法目的之一即在于对刑事诉讼行为的域外效力进行确认,但其关注的主要是传统刑事诉讼领域,与电子数据取证相关的国内法探索并未体现其中,特别是其第4条第3款严格制约了应急性证据保全措施的空间。基于此,如果未来引入数据先行冻结制度,那么《国际刑事司法协助法》一则需要对该措施的域外效力予以明确确认,二则需要细化证

---

[1] 参见裴炜:《论刑事电子取证中的载体扣押》,载《中国刑事法杂志》2020年第4期,第120—136页。

据保全目的下跨境冻结措施的适用条件和程序。

第二,从国际法依据来看,鉴于跨境数据取证本身的涉外性质,其对应的具体侦查措施的顺利运行不仅依赖于国内法的授权,还在于双边、多边国际条约等提供的国际合作和协助基础。我国应当积极提出反映本国跨境数据取证需求的策略和措施,具体到数据先行冻结问题,应当着重关注以下三个事项:一是督促成员国调整国内法,一方面对跨境数据冻结措施提供相对一致的国内法律依据,另一方面免除特定主体协助数据冻结时可能引发的国内法律责任;二是明确跨境数据取证中先行冻结措施的正当程序底线性要求,特别是就其中可能涉及的个人信息保护等事项予以保障和救济;三是推动数据先行冻结具体运行机制在成员国之间的协同。

(三)数据先行冻结的参与主体

跨境取证中的数据先行冻结主要涉及申请人与被申请人两方。

第一,就申请人而言,数据先行冻结作为一项侦查取证措施,主要指向的是侦查机关。根据当前《刑事诉讼法》及相关法律规定,电子数据冻结由县级以上公安机关负责人或者检察长批准,该规定应当同样延伸至数据的先行冻结。问题在于,在涉及跨境取证的领域,是否仅由侦查机关自行启动即可。对此,数据先行冻结的目的在于防止电子数据证据在取证过程中灭失或损毁,如果其启动需要经过类似于刑事司法协助机制这样的层层审批,则难以达到快速保全的目的;但如果过分简化,则又有可能因为与其他国家侦查门槛不相匹配而形成实际执行中的障碍。

从世界范围内已有探索来看,既存在要求司法机关监督和审批的做法,亦有国家像我国当前立法这样,将数据冻结的决定权完全交于侦查机关。[1] 就前者而言,一方面要求执行者与审批者相分离,例如

---

[1] See Sergio Carrera, et al, "Cross-Border Data Access in Criminal Proceedings and the Future of Digital Justice: Navigating the Current Legal Framework and Exploring Ways forward within the UE and Across the Atlantic", Centre for European Policy Studies, October 2020, available at https://www.ceps.eu/wp-content/uploads/2020/10/TFR-Cross-Border-Data-Access.pdf. Accessed February 3, 2021.

《布达佩斯公约》要求有司法机关或其他独立主体的监督;另一方面考虑到该措施的弱主权干预性,该审批又较于直接取证门槛较低,例如根据欧盟《刑事电子证据条例》,针对内容信息的调取必须经法官批准,但此类数据的先行保全可由法官或检察官批准。我国当前《国际刑事司法协助法》设置了较高的程序要求,与电子数据冻结规则之间的差异较大,从提升先行冻结措施效率但同时尊重他国主权的角度出发,并考虑到未来与其他国家或区域立法的衔接,一方面可以考虑提升侦查机关内部的审批级别,例如提升至市一级,另一方面宜在当前决定主体之外增加同级检察机关的审批。

另一个与取证主体相关的问题是,其能否日后将收集的数据转移给其他国家。原则上,数据冻结的申请主体与未来数据取证的主体应当相同,即冻结措施是服务于该侦查机关后续的侦查取证活动。除非后续取证需要第三国协助或涉及第三国利益,否则原则上不应当允许数据先行冻结措施服务于第三国的取证活动。这一方面符合数据先行冻结的功能定位,另一方面也避免第三国绕开国际协议或公约条件获取他国数据。对此,美国和英国于2019年依据《云法》签订的跨境数据取证协议原则上禁止非经数据提供国同意向第三国转移数据。[1]

第二,就冻结措施的被申请人而言,先行冻结措施的目的在于对存在损毁、灭失风险的数据进行快速保全,因此该措施应当直接指向控制或占有目标数据的主体,这是先行冻结措施与直接取证措施特别是传统刑事司法协助机制之间的重要区别。如前所述,网络信息社会的一大特征是数据主要为网络信息业者等第三方主体占有或控制,因此即便是后续的取证措施,也主要指向的是网络信息业者。基于

---

[1] See Agreement between the Government of the United Kingdom of Great Britain and Northern Ireland and the Government of the United States of America on Access to Electronic Data for the Purpose of Countering Serious Crime, available at https://assets.publishing. service. gov. uk/government/uploads/system/uploads/attachment_data/file/836969/CS_USA_6.2019_Agreement_between_the_United_Kingdom_and_the_USA_on_Access_to_E-lectronic_Data_for_the_Purpose_of_Countering_Serious_Crime.pdf. Accessed 2 February 2021.

此,包括欧盟《刑事电子证据条例》和美国《云法》为代表的跨境数据取证探索均将重心放置在网络信息业者之上,以其为主要的跨境数据取证相对人。我国当前法律规定的表述与《布达佩斯公约》更为类似,例如《电子数据规定》将冻结措施相对人规定为"电子数据持有人、网络服务提供者或者有关部门"(第12条)。

需要进一步考察的是,在跨境数据取证领域,数据先行冻结是否可以指向任何数据占有者或控制者,而无须最低限度的管辖权联系。基于尊重他国国家主权和国际礼让原则的考量,在向他国网络信息业者调取数据时,国际社会往往要求存在某种地域管辖上的联系。例如欧盟《刑事电子证据条例》针对的是在欧盟区域内有法定代表机构或其他实体机构的网络信息业者;美国《云法》将跨境数据取证对象限定于本国或本国境内有代表机构的通信服务提供者;即便是被认为采用了"全覆盖"模式(just-about-anything-is-covered)[1]的比利时,在其代表性的雅虎案中仍然试图描绘出一定程度的地域联系,即将其取证对象定义为"任何积极向比利时用户开展经济活动的网络运营者或服务提供者"。[2] 考虑到我国《国际刑事司法协助法》较为严格的管辖权限制,未来数据先行冻结措施的相对人应在保证高效取证的同时,与我国具有最低程度的联系,即或者为我国机构,或者在我国境内设立代表机构或其他实体机构,或者向我国境内或公民提供网络信息服务。

(四)数据先行冻结的程序要素

从具体的先行冻结程序而言,主要涉及三个核心事项:一是先行冻结的条件;二是先行冻结的期限;三是先行冻结的申请内容。

首先,就跨境取证数据先行冻结的条件而言,从其证据保全属性出发,核心在于审查三个事项:一是是否为具体犯罪案件侦查取证之

---

[1] See Jennifer Daskal, "Borders and Bits", 71(1)Vanderbilt Law 179 (2018): p.187.
[2] 关于该案案情,参见 Johan Vandendriessche, The Effect of 'Virtual Presence' in Belgium on the Duty to Cooperate with Criminal Investigations, 8 Digital Evidence and Electronic Signature Law Review 194 (2011): pp.194-195.

目的;二是目标数据是否存在损毁、灭失之现实且紧急的风险;三是是否计划实施后续的侦查取证措施。其中,为侦查取证之目的是跨境数据先行冻结的正当性基础,这一方面意味着依该措施所冻结的数据不应用于其他执法事项,例如欧盟《刑事电子证据条例》明确排除犯罪预防目的,而美国《云法》则进一步将适用范围限于严重犯罪;另一方面,限定于具体犯罪侦查也意味着需要对冻结数据划定必要范围,被冻结之数据需要能够用于证明案件事实,而制度设计的关键在于禁止不加区分的大规模数据冻结。

这里需要进一步探讨的问题是,国际刑事司法协助中的"双重犯罪原则"是否适用于数据先行冻结。2013年联合国网络犯罪政府间专家组会议发表的《网络犯罪综合研究报告(草案)》中指出,当前各国对于网络犯罪的定义、犯罪构成要件的评价、具体罪名的设定、入罪门槛等方面均存在较大差异,使"双重犯罪"本身难以准确评判。[1]以双重犯罪原则为跨境取证的条件,无疑会加重数字侦查的负担,降低取证效能。对此,欧盟与日本在2010年签订的《刑事司法协助协议》中就不再将双重犯罪列为拒绝协助的正当事由;[2]类似地,《布达佩斯公约》也明确表示司法协助中的数据保全申请原则上不需要满足双重犯罪要求(第29条);[3]欧洲逮捕令(European Arrest Warrant)制度针对32类可能判处3年以上监禁刑犯罪中的跨境逮捕活动取消了双重犯罪要求。[4]《联合国打击网络犯罪公约》尽管仍保留双重犯罪原则,但强调"只要寻求协助的犯罪行为根据双方缔约国的法律均属刑事犯罪,则该要求即应视为已得到满足。"(第35条第3款)我国《国际刑事司法协助法》第14条对于所有协助情形概括适用双重犯罪原

---

[1] See UNDOC, "Comprehensive Study on Cybercrime (draft)", issued on February 2013, a-vailable at https://www.unodc.org/documents/organized-crime/UNODC_CCPCJ_EG.4_2013/CYBERCRIME_STUDY_210213.pdf. Accessed November 15, 2020.
[2] See "Agreement between the European Union and Japan on mutual legal assistance in criminal matters", available at https://eur-lex.europa.eu/legal-content/EN/TXT/PDF/? uri=CELEX:22010A0212(01). Accessed December 1, 2020.
[3] 需要注意的是,《布达佩斯公约》也并不禁止成员国设置双重犯罪条件。
[4] 这32类犯罪涵盖范围广泛,例如"涉计算机犯罪(computer-related crime)"就不仅仅指向典型网络犯罪,还包括各种利用计算机信息系统实施的传统犯罪。

则,其规定方式则显得过于宽泛。考虑到数据先行冻结本身的弱主权干预性,笔者认为,对于跨境数据取证特别是先行冻结措施而言,仅需要求取证针对的是在请求国或地区构成犯罪的行为即可。

其次,数据先行冻结程序的冻结期限。先行冻结措施的证据保全功能意味着需要尽可能提升冻结效率,缩短冻结的程序响应时间。由此出发,相对于其他侦查取证措施,先行冻结措施至少需要考量两个方面的期限设计:

第一,响应期限,即相对于其他跨境取证措施,数据先行冻结应当尽可能缩短被申请人的响应时间,在申请满足形式要件的情况下立即予以执行。对此,欧盟《刑事电子证据条例》中由于同时涉及了取证令和保全令,对比较为明显。其中就取证令而言,《刑事电子证据条例》设置了 10 日的响应时间,而保全令则要求接到申请后立即执行。

我国当前《刑事诉讼法》和《国际刑事司法协助法》均没有此类规定,一个重要原因在于其涉外取证的制度设计思路仍然限定于传统刑事司法协助机制,从尊重他国主权的角度而言不宜设置期限。但是考虑到跨境数据取证逐渐成为犯罪侦查常见场景的发展趋势,未来程序性规则不可避免地需要向进一步规范化、明确化的方向改进。

第二,关涉到冻结的具体时长。尽管数据先行冻结措施具有一系列制度优势,但终归或多或少会干预到他国主权及个人信息保护等公民权益,同时冻结本身也会加重被申请人的数据保全成本,因此先行冻结应当具有明确的期限,在保障后续取证活动和保护其他相关权益之间进行平衡。对此,目前主要存在两种期间设置方式,一是设置统一的冻结期间和延长机制,例如《布达佩斯公约》要求国内法设置最多 90 日的保全期限;二是以侦查机关启动后续取证措施为界,将冻结期间划分为两阶段,前一阶段有明确时长,功能在于督促侦查机关尽快启动后续取证措施;后一阶段则无明确限制,由侦查机关依取证需求加以确定。欧盟《刑事电子证据条例》即采用后一种模式,将前一阶段限定为不超过 60 日。

相较而言,后一种期间设置方式在程序设计上更为复杂,涉及两个阶段的衔接,以及由此产生的侦查机关就后续取证措施与数据控制者持续沟通的义务。我国《电子取证规则》将单次冻结期限规定为6个月,并且可以多次延长。从证据保全的角度来看,这种统一规定有助于减少程序障碍,并降低数据因取证程序延误而损毁的风险。但这也意味着侦查机关解除冻结的义务强化。结合数据先行冻结的性质和功能,侦查机关应当在以下三种情形解除冻结:一是目标数据已经收集完毕;二是目标数据损毁、灭失风险已经消失;三是即便采取冻结措施,亦无法避免目标数据损毁、灭失。

最后,数据先行冻结申请的内容,即侦查机关在需要进行跨境数据取证的情况下,应当向被申请人提供哪些信息。根据《电子数据规定》,电子数据的冻结需要侦查人员出具《协助冻结电子数据通知书》,一般包含下列内容:(1)程序法依据;(2)侦查相对人信息;(3)目标电子数据相关信息;(4)冻结范围;(5)冻结具体期限。原则上,国内电子数据冻结规定作为跨境数据先行冻结的适用前提,相关文书内容也应当适用于后者。但是,跨境取证中申请人与被申请人之间存在较大的信息不对称,从提高取证效率的角度考量,并避免对他国主权或公民权益造成不当侵犯,就需要申请人在申请过程中提供更多的信息。

从数据先行冻结的保全功能出发,并通过参考《布达佩斯公约》和欧盟《刑事电子证据条例》等文件,申请令状应当至少补充下列事项:一是申请人国内实体法依据,主要用于判断该冻结措施是否为特定犯罪侦查之目的;二是国际法依据,即该冻结令状所依据的国际协议或公约,以此降低可能发生的主权冲突;三是目标数据用于证明的案件事实,即体现出该措施之必要性;四是申请人计划或已经采取的后续取证措施,例如已经启动国际刑事司法协助程序;五是申请人身份、联系方式和验证方式,旨在确认该冻结令系由有权机关作出。

(五)数据先行冻结的权益保障

作为一项侦查取证措施,跨境数据先行冻结不可避免地具有一定的强制性,可能干预到相对人或第三方主体的合法权益。从这个角度来讲,数据先行冻结措施的完整性需要建立对应的权益保障机制,其中主要关注以下两类主体:一是协助数据先行冻结的网络信息业者;二是个人信息主体。

第一,网络信息业者。对于网络信息业者而言,其权益可能因数据先行冻结而面临两个方面的减损:一方面是由于法律规定差异而形成的合规冲突;另一方面是基于冻结执行而形成的成本。

其一,就合规冲突而言,其权益保障机制的核心在于为网络信息业者提供必要的申诉途径。在数据所在地与网络信息业者所在地相同的情形下,这一冲突基于国际协议或公约的存在较为容易化解;主要的冲突存在于二者分离的场景下,网络信息业者执行该冻结令可能导致违反数据所在国的相关法律规定。此时,应当允许网络信息业者在特定期限内就该事项向申请人提出申诉,该期限应当尽可能短以避免目标数据损毁、灭失。并且,在针对网络信息业者不予配合采取惩罚措施时,有必要将其遵守他国法律及违反该国法律可能面临的法律责任纳入考量因素之中。同时,在出现数据与数据控制者所在地相分离的情形时,申请人亦应当及时将该取证措施通知第三国有关机关。

其二,就冻结执行成本而言,为确保目标数据能够用于后续诉讼程序并最终作为证据证明案件材料,网络信息业者需要采取符合特定技术和法律要求的措施以防止电子数据增加、删除或修改,[1]但由此会产生相应的执行成本,既表现为存储数据所需占用的数据存储资源,同时也表现为数据安全、网络安全措施的额外成本,此外还涉及冻结数据本身可能对其正常经营服务业务的影响。

对此,一个普遍的处理方式是对冻结执行成本设置必要的经济补偿机制。同时,针对中小型网络信息业者而言,也有必要对其设置较低的协助执法义务,例如《〈布约〉第二附加议定书》在起草过程中,欧洲网络服务提供者协会、奥地利网络服务者协会等组织均提出应当对

---

[1] 我国《电子取证规则》主要列举了三种冻结措施:一是计算电子数据的完整性校验值;二是锁定网络应用账号;三是采取写保护措施。随着区块链在存证领域的应用不断推广,其也逐渐成为数据保全的重要措施之一。

中小型网络服务提供者设置协助义务的例外或予以限缩。[1]

从我国相关规定来看,公安部《刑事程序规定》就刑事司法协助或警务合作中的费用进行了原则性规定(第383条),从广义上理解,应当涵盖刑事司法协助或警务合作的各种措施类型,因此如果设置数据先行冻结,网络信息业者因协助冻结而产生的费用,原则上也应当可以以该条文为基础申请报销或补偿。

第二,数据主体的公民,特别是在涉及个人信息的情况下,其冻结会直接干预到信息主体的相关权益。

首先,从个人信息保护的角度而言,冻结措施可能直接与信息主体的信息自决权形成冲突,主要体现为对其知情权和删除、变更权的限制。

其次,就信息主体的知情权而言,保障侦查活动顺利进行的保密原则本身即可以在先行冻结执行期间正当限制知情权,我国《个人信息保护法》第18条第1款和第35条之目的即在于为此类限制提供法律依据。同时考虑到先行冻结的保全功能,如果要求对信息主体进行事前告知,则有可能降低程序效率进而损及保全目的。例如欧盟《刑事电子证据条例》概括性地免除了数据保全令中的告知义务。问题在于,在先行冻结终结之后,是否应对信息主体进行事后告知。基于冻结措施本身的弱权利干预性,同时考虑到后续取证措施可能附随的告知义务,对于数据先行冻结措施而言实无事后告知信息主体之必要。

最后,数据先行冻结也有可能干预到信息主体的删除、变更权。冻结的核心即在于避免目标数据被删除、变更,这不仅涉及避免网络信息业者自身或第三方主体删除、变更该数据,同时也意味着阻却信息主体正当行使其信息权利。在有明确法律依据且符合比例原则的前提下,这种对数据删除、变更权的限制有其正当性。关键在于这种限制应当以何种方式进行。一种方式是在信息主体行使相关权利时直接向该主体显示其没有相关权限,另一种则是允许信息主体行使其

---

[1] 相关评论引自 https://www.coe.int/en/web/cybercrime/protocol-consultations,访问日期2020年3月4日。

权利,但同时保存和冻结数据备份。前者的弊端在于可能暴露侦查活动从而形成妨碍侦查顺利进行的风险;后者的弊端在于加重网络信息业者等数据控制者的协助执法负担,同时在数据备份过程中也可能产生损毁、篡改之风险。因此对于少量数据可以采取后一种做法,但大容量数据的冻结则不可避免地需要借助前一种方式。

第十二章
跨境数据取证中的远程勘验

远程勘验措施是传统勘验措施适应网络空间过程中的变形产物。该措施最早出现于 2005 年公安部制定的《计算机勘验检查规则》，之后在 2016 年"两高一部"制定《电子数据规定》和 2019 年公安部制定的《电子取证规则》中被进一步细化。

远程勘验与现场勘验的区别主要在于所针对的场域不同，其背后的逻辑是将物理场域与虚拟场域进行类比，并在此基础上将物理场域的规则套用于虚拟场域。问题在于，犯罪场域由物理向虚拟的转换不仅意味着侦查活动的空间变化，同时也意味着其中电子证据分布的变化，更意味着具体侦查措施的对应类型、适用范围和应用方式的转变。这种转变在国内法层面冲击着勘验措施在整体侦查取证措施中的定性、位阶与功能，进而不仅影响自身规则的适用，同时影响其与提取、技术侦查等相关措施的关系；在国际层面则冲击着主权原则下一国刑事执法管辖权的地域边界，特别是在与网络在线提取措施关系倒挂的规则设计下，面临着能否直接适用于网络空间的跨境数字侦查取证，以及如果能，该项措施的适用条件是什么，与其他跨境取证机制之间如何衔接等一系列现实问题。

本章从传统的勘验措施制度体系出发，基于对远程勘验的法律性质与功能分析，试图探索远程勘验在数字侦查取证中的适用范围、条件和规则，具体包含以下三个部分：第一部分集中厘清勘验措施的法律制度，并在此框架下通过对比现场勘验与远程勘验，划定远程勘验措施的应然性质和适用条件；第二部分集中分析将勘验规则直接套用于网络虚拟空间所导致的远程勘验自身规则及其与相关措施之间关系的异化,这种异化不仅挑战了远程勘验措施的合法性基础,也一定程度上减损了勘验措施原本的功能;针对上述情形,第三部分基于侦查措施的体系完整性,试图将远程勘验重新纳入勘验措施之下,并在该框架下探索远程勘验的性质、功能、定位及境外适用规则。

一、刑事诉讼法中勘验的性质与功能检视

勘验作为一项刑事侦查取证措施,针对的是"与犯罪有关的场所、物品和尸体",其中主要活动之一是针对场所的现场勘查。[1] 一般认为,勘验是一种任意性侦查措施,[2]这就使其与同样可以适用于场所的搜查措施相区别,后者可能侵犯财产权、住宅权、隐私权等一系列基本权利。从《刑事诉讼法》对于两项措施的规定对比之中我们可以一定程度上观察到二者性质差异的来源。首先,就所针对的范围而言,勘验指向的是"与犯罪有关"的对象(第128条),而搜查指向的是"可能隐藏罪犯或者犯罪证据"的对象(第136条),前者的范围明显大于后者。其次,就侦查措施的侵入性程度而言,搜查措施强调了罪犯或证据的"隐匿性",反映出的是相关场所的相对封闭性或非公开性,其侵入性明显强于勘验。最后,就侵入性措施可能干预的公民基本权利而言,搜查措施往往因对象的隐匿性而可能侵犯公民的人身权、隐私权等《宪法》规定的基本权利;相对而言,勘验措施本身并不必然与公民的基本权利相关,其所造成的干预往往形成于伴随勘验而采取的扣押或提取措施。

由此,我们可以大致总结出刑事诉讼法框架下勘验措施三个方面的主要特征:

第一,勘验措施特别是现场勘验针对的主要是非私密性的场所。这种非私密性包含两种情形:一种是场所本身是公开的而非私密

---

[1] 参见陈光中主编:《刑事诉讼法(第七版)》,北京大学出版社、高等教育出版社2021年版,第312—314页。
[2] 参见谢登科:《电子数据网络远程勘验规则反思与重构》,载《中国刑事法杂志》2020年第1期,第58—68页。

的,例如城市中的公共区域;另一种是场所本身具有私密性,但因为其确定是犯罪发生地而转变为公权力可以介入的公共场所,例如在住宅内发生命案时,原本属于私人空间的住宅即转变为侦查机关可以直接进入的犯罪现场,而不再继续受《宪法》第 39 条公民住宅不受侵犯的保护。这里需要特别强调的一点是,在诸如住宅等私密场所是否是犯罪现场尚不确定的情况下,该场所仍然受上述《宪法》条文的保护,侦查机关进入该场所仍然应当遵守搜查的相关规定。

第二,从勘验措施的性质出发,其主要功能之一在于证据材料的事前保全。这一功能主要通过两个步骤实现。第一步是场域控制,即通过对犯罪现场的及时、全面、完整的控制,来确保后续的犯罪证据收集提取活动的顺利进行。这一步骤背后的逻辑在于,针对物理场域可以通过控制其入口来控制其中的物质交换。因此我们可以看到,勘验措施首要伴随的即是现场保护与固定,既要禁止无关人员进入现场,也要对现场可能遭到的自然或人为破坏采取相应保护措施。第二步是对该场域中可能作为证据使用的材料进行及时、快速、全面收集提取,这一范围要大于后续诉讼程序中的证据材料范围。

第三,基于勘验措施的事前证据保全性质,该措施所附随的物品、痕迹等材料提取具有临时性和过渡性,其需要通过转化为扣押措施而正式进入刑事诉讼的证据保管链之中。这里就涉及勘验过程中的提取措施与扣押措施的区分。严格来讲,《刑事诉讼法》中并未将提取措施列为单独的侦查措施;对于证据材料的固定与保全,物品、文件等有体物主要采用的是查封、扣押,资产等无体物采用的主要是冻结。提取措施更多地规定在部门规章等下级效力文件之中,并体现出其作为扣押的先行措施的特性,例如在 2009 年公安部《关于刑事案件现场勘验检查中正确适用提取和扣押措施的批复》中明确将扣押的范围限定于现场勘验提取对象中的三类物品、文件和痕迹。[1] 2010 年公安部

---

[1] 这三类对象是:(1)经过现场调查、检验甄别,认为该物品或者文件可以用以证明犯罪嫌疑人有罪或者无罪的;(2)现场难以确定有关物品或者文件可否用以证明犯罪嫌疑人有罪或者无罪,需要进一步甄别和采取控制保全措施的;(3)法律、法规禁止持有的物品、文件。

制定的《公安机关勘验检查及处置制造毒品案件现场规定》中秉持了上述意见,扣押措施针对的是已经固定、提取的特定类型物品、文件(第36条)。与之类似地,2015年修订的《公安机关刑事案件现场勘验检查规则》也遵循了这种由提取过渡到扣押的措施间层级性递进关系。

针对提取措施的过渡性特征需要额外探讨的一个问题是,这种过渡性是否也适用于"痕迹"等无体物。在《刑事诉讼法》以及上文提及的公安部文件中,一个显著的区别是提取向扣押的转化仅限于"物品、文件",而对于勘验过程中提取到的痕迹则无进一步规定。同时,观察《刑事诉讼法》可以看到,全文仅在人身检查一处提及侦查人员可以"提取指纹信息"(第132条)。针对痕迹的提取措施,除需要对其进行记录以形成"提取笔录"这一笔录类证据以外,几乎没有其他程序上的要求,亦不存在像物品、文件不便提取或没有必要提取时的登记、拍照、录音录像、估价等备用保全措施。[1] 尽管勘验检查提取痕迹或生物样本后,这些材料大多要在后续诉讼程序中作为检材送交鉴定以形成鉴定意见,但在送检之前没有任何刑事诉讼法规定的对接程序,提取措施本身似乎就是痕迹类证据材料的固定和保全措施。

之所以会形成上述痕迹与物品、文件等在勘验附带提取措施规定上的差异,笔者认为是因为源于以下三方面的认知。一是从表层来看,二者在形态上存在差异,痕迹类证据材料属于无体物,不属于我国刑事诉讼法传统意义上扣押措施适用的范围。当然,痕迹本身也不涉及动态流转的问题。二是脱离表层上的形态差异,其背后反映出的是证据保全与财产保全的功能混同。作为扣押对象的物品或文件一方面可能构成公民财产权的客体而需要被保护,另一方面可能牵涉违禁品的处置、犯罪非法所得的返还或被害人赔偿的问题。特别是基于前者的考量,形成了扣押清单、无关扣押解除、扣押对象返还等相关制度。包括生物样本痕迹的提取一般并不涉及财产权问题,也不会触发

---

[1] 根据公安部《刑事程序规定》第231条,"对作为犯罪证据但不便提取或者没有必要提取的财物、文件,经登记、拍照或者录音录像、估价后,可以交财物、文件持有人保管或者封存。"

后续的返还、没收、赔偿等事项,因此程序设计上止步于提取本身。三是现场勘验中的痕迹提取不仅不干预财产权,通常也不触及公民的其他基本权利,其原因主要在于此时的痕迹提取并不涉及针对特定主体的人身强制。这与人身检查中的生物样本提取存在差异。根据《刑事诉讼法》第 132 条的规定,人身检查原则上只能基于相对人的同意,除非相对人是犯罪嫌疑人且情形确属必要,否则不能强制检查,进而不能采取检查附带的生物样本提取措施。

总结上文对刑事诉讼勘验措施的分析,我们可以形成以下观察结论。首先,从性质上讲,针对犯罪现场的勘验属于任意性侦查措施,针对的主要是公共的或转化后的非私密性场所。其次,从功能上讲,勘验的核心功能之一在于证据保全,其主要通过现场封锁与相关材料提取实现。再次,勘验附带的提取措施原则上是过渡性的,针对物品、文件等有体物时需及时转化为扣押等措施。最后,痕迹提取是勘验附带提取措施过渡性属性的例外,其缺乏承接或配套规制措施的原因主要在于该措施不干预公民基本权利这一假设。

二、网络远程勘验的异化

社会的整体数字化转型使犯罪活动由物理场域转向虚拟场域,也使在特定场域内开展的刑事诉讼特别是侦查取证活动发生变化。在这一背景下,针对物理犯罪现场所采取的勘验措施开始演变出针对网络空间的远程勘验措施。结合 2005 年《计算机勘验检查规则》、2016 年《电子数据规定》、2019 年《电子取证规则》中关于远程勘验的定义可以观察到,该措施具有以下两个特征。第一,该措施针对的是远程计算机信息系统;如果针对的是本地计算机信息系统,则不对应任何单独的勘验措施,[1]而是直接适用电子数据的现场提取措施。第

---

[1] 需要说明的是,对于本地计算机信息系统的勘查、检验等活动是否被纳入针对物理空间的现场勘验的范围之中,相关法律规定语焉不详。相关探讨参见乔洪翔、宗淼:《论刑事电子证据的取证程序——以计算机及网络为主要视角》,载《国家检察官学院学报》2005 年第 6 期,第 49—57 页。有学者将计算机信息系统勘验区分为单 (转下页)

二,该措施的主要功能在于两种保全:一是针对系统状态的保全,二是针对其中电子数据的保全。远程勘验看似直接将勘验措施从物理空间延展至虚拟空间,但两类空间的差异使当前远程勘验的内涵、外延以及与相关措施的关系均区别于传统勘验,其在性质与功能上均产生了异化。

(一)虚拟场域对传统勘验的挑战

从形式上看,远程勘验与现场勘验的主要区别在于勘验人员的亲历性,这似乎也是2005年公安部《计算机勘验检查规则》所采用的思路。[2] 换言之,在远程勘验的场景下出现了勘验人员与勘验场所的物理分离。然而进一步分析可以看到,场域转换所形成的差异并不仅限于此,[3] 具体体现在以下三个方面:

首先,场域转换导致以入口控制规范侦查措施的规则设计思路失灵。放置在远程勘验的语境下,这意味着侦查人员在采取措施之前一方面难以判定虚拟场域的法律性质,例如公开或私密、境内或境外等,另一方面也难以预测其中可能包含的数据性质、类型、体量、状态以及与案件的相关性。这是所有针对场所或空间开展的侦查措施在虚拟场域适用时普遍面临的状况,典型的例证如针对电子数据的载体扣押,以及在当前电子证据规则框架中消失的搜查。[4]

其次,场域转换进一步对勘验措施的保全功能提出挑战。一方面,传统勘验中对场地的保护措施无法直接套用到网络空间;对于计

(接上页)机勘验与网络勘验,本地计算机信息系统似乎可以纳入前者的范围之中。参见梁坤、刘品新:《论计算机现场勘验的法律规制》,载《山东警察学院学报》2009年第5期,第82—89页。

[2] 根据2005年公安部《计算机勘验检查规则》第3条之规定,"现场勘验检查"是指"在犯罪现场实施勘验,以提取、固定现场存留的与犯罪有关电子证据和其他相关证据";"远程勘验"是指"通过网络对远程目标系统实施勘验,以提取、固定远程目标系统的状态和存留的电子数据。"

[3] 有学者提出二者在对象、机制、信息量三个方面存在差异。参见刘品新:《论网络时代侦查制度的创新》,载《暨南学报(哲学社会科学版)》2012年第11期,第62—73页。

[4] 参见裴炜:《论刑事电子取证中的载体扣押》,载《中国刑事法杂志》2020年第4期,第120—136页。

算机信息系统而言面临着从静态封锁到动态监控的转变。另一方面,区别于物理场域中证据材料相关性的判断标准,在虚拟场域中各类数据的混杂、隐匿、加密等意味着其可能全部转化为"与犯罪有关"的证据材料。上述挑战意味着场域的全面封锁不再是切实有效的保全措施;相反地,全面固定静态数据或者实时监控动态数据成为证据材料保全的关键。

最后,场域转换也对勘验附带提取措施的逻辑形成冲击。如前所述,针对痕迹等无体物的提取可以附带于勘验而不需要进一步转化为其他证据材料固定措施,其背后的假设主要在于认为此类提取不干预公民的基本权利。问题在于,在虚拟场域证据保全的任务下,无论是静态数据的固定还是动态数据的监控,均有可能包含涉及公民个人信息、隐私、通信信息等数据,其直接与公民受宪法保护的信息权、隐私权、通信权等基本权利密切相关。此时很难再说数据提取与公民基本权利无涉,因此也难以继续将数据提取不加转化地附带于勘验措施。

(二)场域转换中远程勘验规则的调整

可以看到的是,当前电子取证相关规则已经注意到上述勘验措施在场域转化中与网络空间的不兼容之处,并试图作出调整,具体的调整思路主要体现在以下三个方面:

第一,切割数据提取与勘验的附带关系。这一调整可以通过远程勘验措施的发展得以观察。在 2005 年的《计算机勘验检查规则》中,针对电子数据的提取措施仍然附带于远程勘验(第 3 条)。至于该措施是否是过渡性措施,该规则事实上语焉不详。[1] 在 2016 年的《电子数据规定》中,提取被正式作为一种单独的电子取证措施予以规定。针对电子数据的提取措施包括现场提取与在线提取两种类

---

[1] 这种模糊性主要体现在《计算机勘验检查规则》第 3 条对"电子证据检查"的定义上,即"电子证据检查,是指检查已扣押、封存、固定的电子证据,以发现和提取与案件相关的线索和证据。"根据该规定,似乎可以认为扣押措施也适用于电子证据,而提取措施需要转化之后才能适用检查措施。

型,[1]针对远程计算机信息系统的数据提取属于后者,其与远程勘验措施相对应。需要注意的是,《电子数据规定》对于提取与勘验措施的切割并不彻底,其仍将网络远程勘验的功能定义为"发现、提取与犯罪有关的电子数据"(第29条),似乎又将提取作为勘验的附带措施。2019年《电子取证规则》在继续明确网络在线提取措施的独立性的同时,进一步将其上升为远程勘验的上位措施,即远程勘验适用于网络在线提取过程中需要进一步明确特定事项的情况,事实上突破甚至完全逆转了《刑事诉讼法》关于勘验与提取的逻辑关系。[2] 同时,二者在定义上的重叠一定程度上也源于并进一步加深了实践中的混用。[3]

第二,扩张远程勘验的具体措施。2005年《计算机勘验检查规则》中附带提取的电子数据仅限于"远程目标系统的状态和存留的电子数据",此时勘验措施尚未扩展至对动态数据的监控之上。2016年《电子数据规定》在定义远程勘验措施时,在保留计算机信息系统状态的同时,将提取数据的范围扩展至"与犯罪有关的电子数据"(第29条),这与前文提及的场域转换过程中的数据全面收集提取思路密切相关。2019年《电子取证规则》延续了《电子数据规定》的提取范围,同时进一步增加了勘验措施的类型,特别是增加了"安装新的应用程序"和"生成新的除正常运行数据外电子数据"(第27条)。[4] 此时的远程勘验已经远远超出了传统勘验措施所承载的现场和证据材料的保全任务,一定程度上承载了诸如侦查实验、鉴定、监听监控等措施的功能。

---

[1] 2020年最高人民检察院《人民检察院办理网络犯罪案件规定》明确对提取措施进行了现场与在线的区分(第28条)。

[2] 这种逆转在《电子数据规定》中已经有所体现,即将远程勘验的适用条件规定为提取过程中"为进一步查明有关情况"的必要情形(第9条)。对该规定的探讨参见谢登科:《电子数据网络远程勘验规则反思与重构》,载《中国刑事法杂志》2020年第1期,第58—68页。

[3] 参见梁坤:《跨境远程电子取证制度之重塑》,载《环球法律评论》2019年第2期,第132—146页。

[4] 《电子取证规则》第27条所列举的其他远程勘验措施仍然围绕系统内已有数据和系统状态开展,并未超出《电子数据规定》扩张的范围。

第三,嫁接远程勘验与技术侦查。这一调整几乎是扩张远程勘验措施功能的必然结果,同时一定程度上也是网络空间数字权益发展初期保障机制缺失所致。2016年《电子数据规定》提出远程勘验中采用技术侦查措施的应当经过严格的批准手续(第9条),将两种性质、功能均存在差异的措施进行了混同。事实上,如果结合《电子数据规定》中关于网络在线提取与远程勘验的关系,三种措施之间形成了一种"套娃"结构;在这种结构中,上一层的措施更类似于下一层措施的适用情境,而非与之平行且独立的侦查取证措施。2019年《电子取证规则》在延续《电子数据规定》的基本思路的同时,相对弱化了技术侦查与远程勘验的直接联系;前者尽管仍然在网络在线提取措施项下予以规定,但对应的是概括性的"收集电子数据"的活动。

(三)规则调整下勘验的异化

上述三个方向上的规则调整事实上已经形成了勘验措施在性质与功能上的异化,这种异化不仅造成了远程勘验措施自身的规则缺位,同时也扰乱了侦查取证各项措施间的体系性关系,形成了当前我国刑事诉讼制度中传统侦查措施与电子取证措施各说各话、措施概念与规制思路支离破碎的状态,具体体现在以下四个方面:

首先,勘验措施之于公民基本权利干预的关系发生转变。从保障人权的价值出发,针对侦查行为,刑事诉讼制度规制的重点始终是强制性侦查措施。传统勘验特别是现场勘验作为一种通常认为的任意性侦查措施,刑事诉讼法对其进行规定更多的是从证据材料保全而非程序性权益保障的角度出发。换言之,刑事诉讼法强调的是方法而非规范。也正是在这个意义上,勘验才能够附带痕迹提取这种一般与公民基本权益无涉的措施。如前所述,数据尽管在外观上具有与痕迹类似的无体物特征,但从其牵涉的公民权益角度而言,前者很难与公民享有的各类信息权益相分离。基于该认知,如果说剥离数据提取措施一定程度上化解了远程勘验可能面临的数据保全过程中的干预公民基本权利问题,那么扩张远程勘验的措施内容又反向加重了这一问题。在上述规则调整过程中,任意性侦查措施与强制性侦查措施之间的分野被打破,并在更深层次上冲击着侦查措施自身的体系完整性。[1]

其次,概括性侦查取证与具体侦查措施的概念发生混同。毫无疑问的是,在侦查取证过程中,多种措施需要根据案件的具体情形交织使用,在概括性的语境中彼此嵌套。但是从规制的角度出发,区分每一种侦查措施的原因在于其正当性基础及边界存在差异,其背后考量的是干预公民基本权利的合理限度。有鉴于此,即便在采取某一项侦查措施的过程中需要适用其他侦查措施,并不影响各个措施在规范层面的分别独立评价。从这个角度来讲,一方面,网络在线提取与远程勘验完全可以在实践中多次、交叉使用,而无须将后者纳入前者的适用情境之中。这一点也可以从《电子取证规则》针对远程勘验中提取电子数据情形的规定看出(第31条第2款)。另一方面,针对电子取证中的技术侦查措施而言,其规制重点并不在于其是否能在远程勘验中使用,而在于何种性质的取证行为应当被纳入技术侦查的范围中去。

再次,过渡性措施与持续性措施之间的分界线模糊。如前所述,提取并非一种严格意义上的刑事侦查措施;在传统勘验措施的语境下,其更多描绘的是勘验过程中证据材料收集的一种附带性的过渡行为,正常情况下应当及时转化为扣押等正式侦查措施,这也是《刑事诉讼法》中对于提取措施规制较少的主要原因。无须转化的提取措施主要针对的是无体物,但这只是形式上的区别,更深层次的原因在于此类提取措施或者其本身就不牵涉公民基本权利,或者在后续处理过程中不牵涉公民基本权利,例如不涉及证据材料返还等问题。从前文论述可以看出,电子数据的提取难以概括性地认定为与公民权利无涉;同时随着个人信息保护制度的不断完善,作为信息处理行为的提取措施也面临着后续保障信息主体知情权、修正权、删除权等一系列

---

[1] 参见梁坤:《跨境远程电子取证制度之重塑》,载《环球法律评论》2019年第2期,第141页。

新型信息权益的问题。[1] 在当前的电子取证规则体系下，扣押措施并不适用于电子数据本身，[2] 这就使电子数据的提取不加区分地演变成了持续性措施，而《刑事诉讼法》中相关规则的缺位又使此类措施处于法律的灰色地带。

最后，跨境取证时勘验规则与实践需求脱节。当前立法将网络在线提取设定为远程勘验适用情境的规制思路进一步制约了跨境数字侦查取证的实施。从刑事执法管辖权的强地域属性出发，一项侦查措施无论是强制性还是任意性，原则上均不能直接在境外适用。[3] 基于此，我们可以看到《国际刑事司法协助法》也将境外勘验列为需要通过刑事司法协助机制实施的措施之一（第 25 条）。从传统勘验的保全功能来看，其定位应当是一种前置于证据材料收集提取的措施。换言之，场域中的物品、文件、痕迹等材料应否提取、能否提取、如何提取，均首先依赖于勘验活动。然而，当前电子取证规则体系将提取措施设定为了远程勘验的上位措施，这就使是否需要勘验、能否勘验、如何勘验的事项反向取决于提取措施，进而形成了"必要时进行勘验"的规则设置。考虑到跨境直接数据提取对他国主权的干预性较强，《电子取证规则》原则上将网络在线提取限制于境内计算机信息系统，除非目标数据已经公开发布（第 23 条），这一限制似乎通过上文中论及的"套娃"结构传导至远程勘验，形成后者内外适用有别的情况。[4] 但问题在于，判断电子数据的地理位置与公开与否，恰恰不是提取措施自身能够查明的，而是需要通过勘验措施先行确定。由此形成了一个措施关系上的悖论：能否网络在线提取境外电子数据首先需要经过远程勘验判断，而能否采用远程勘验又首先取决于目标数据是否属

---

[1] 参见郑曦：《个人信息保护视角下的刑事被遗忘权对应义务研究》，载《浙江工商大学学报》2019 年第 1 期，第 45—54 页。

[2] 参见裴炜：《论刑事电子取证中的载体扣押》，载《中国刑事法杂志》2020 年第 4 期，第 120—136 页。

[3] 参见裴炜：《论网络犯罪跨境数据取证中的执法管辖权》，载《比较法研究》2021 年第 6 期，第 30—45 页。

[4] 参见谢登科：《电子数据网络远程勘验规则反思与重构》，载《中国刑事法杂志》2020 年第 1 期，第 58—68 页。

于网络在线提取的适用范围。诚然,我们可以说这里论及的远程勘验与网络在线提取之间的上下位关系仅是概念层面的抽象评价,并不影响实践中二者间的交叉适用。但这也意味着电子证据制度特别是取证行为的合法性判断存在缺陷,相关规制取证措施的规则事实上处于架空的状态。

三、回归勘验体系的远程勘验措施改进

电子数据作为网络信息时代主要的证据材料之一,毫无疑问会对传统的侦查取证规则形成挑战。传统措施在适用于电子数据时一方面需要适应其特征进行必要的调整,但另一方面也需要兼顾侦查措施整体架构的完整性与体系性。当前电子取证中远程勘验措施的异变不仅印证了相关规则体系性调整的必要性,同时也在一定程度上反映出传统规则自身在其内在逻辑连贯性上的缺陷。尽管2012年《刑事诉讼法》在修订时增加了"电子数据"这种证据种类,但在之后的修订中并没有将近些年电子证据规则的创新探索纳入法律文本之中,也体现出二者融合存在挑战,特别是在试图将新做法纳入传统侦查措施概念体系之下时,尤其容易形成具体措施的"名""实"分离,进而消解刑事诉讼程序对包括侦查权在内的国家刑罚权的制约。

这种消解在远程勘验措施上体现得尤为明显。从上文的分析可以看出,一方面,立法者试图通过场域类比来扩张勘验措施的适用范围,从而保持概念体系形式上的一致性;另一方面,远程勘验措施的性质和功能设计又已经脱离了传统勘验的规则框架,不仅与提取、技术侦查等措施之间的界限存在模糊同时也事实上进一步排斥着搜查、扣押等传统措施在电子取证中的适用。在跨境数据取证的语境下,上述问题进一步恶化,无论远程勘验是否被视为网络在线提取的下位措施,都会与跨境数据取证的现实需求产生冲突,而实践中的扩张应用已然与他国网络和数据主权形成紧张关系。伴随着电子数据新的"证据之王"地位的不断强化,未来《刑事诉讼法》在修订时终归需要面对

新型措施与传统体系之间的兼容问题,并且需要看到的是这种兼容并非调整单个侦查措施即可实现,而是要在遵循侦查措施之间体系性与阶层性的内在逻辑的前提下,对具体规则进行必要的修正或补充。

(一)远程勘验的性质与功能定位

远程勘验措施的性质和功能定位取决于其与传统勘验措施的关系。从概念的一致性上来讲,查明计算机信息系统状态并进行涉案电子数据初步保全的功能本身仍然可以纳入勘验的语境中去,此时"远程勘验"的表述尚可成立。但是这也意味着远程勘验在性质上需要与勘验相一致,同时在功能上不能进行任意扩张。

如前所述,勘验措施一般被认为是一种任意性侦查措施,而区分"任意"与"强制"的核心评价标准在于对公民基本权利的干预程度。这是刑事诉讼法在规范勘验时的逻辑起点,其决定了该项措施适用的诉讼阶段、需要满足的条件、可以采取的具体措施、与其他强制性侦查措施的衔接等一系列事项。远程勘验作为勘验的下位概念,在性质上不应突破任意性侦查措施的定性,在此基础上保持与已有勘验措施体系的兼容性。当需要采取干预公民基本权利的措施时,应当相应启动其他对应措施。

这就需要进一步探讨远程勘验中可能触发的干预公民基本权利的情形。作为一项电子数据取证措施,远程勘验可能触及的公民权利主要以信息为载体,其中既涉及隐私权、通信权等传统信息权益,也涉及与个人信息相关的新型权益。原则上,在能够区分信息性质并对应其相关权益主体的情况下,针对上述各类信息的干预不应当纳入远程勘验的措施范围内。但是,区别于物理场域中证据材料相对容易划定范围和定性的特征,虚拟场域中的数据往往体量庞大、类型混杂、权属不明,而远程勘验的主要任务之一即在于对数据的上述事项予以明晰。这意味着一方面,远程勘验难以自始明确目标数据对应的公民基本权利类型,考虑到电子数据快速流转、脆弱易变等特性,采取概括性的数据保全措施仍属必要;另一方面,这种概括性的保全措施应当是临时性的和过渡性的,应当在判定数据性质时及时进行取证措施的转换,这就涉及远程勘验可以附带的措施以及与其他电子取证措施的衔接问题。

(二) 远程勘验与其他措施的过渡与衔接

从远程勘验的任意性措施性质与保全功能出发,其一方面需要附带特定的数据收集提取措施以保全相关数据并保障后续的诉讼活动;另一方面基于公民权利保障需求,需要将其中干预公民各类信息权益的临时性措施转化为对应的强制性措施。

第一,来看远程勘验中可附带的临时性措施类型。如前所述,传统勘验措施的保全功能主要通过场地控制和相关材料及时、全面提取得以实现。在虚拟场域中,对于远程计算机信息系统的控制或封闭不仅难以实现,同时也可能与电子取证的目的之间在比例上失衡。更重要的是,虚拟场域中电子数据的保全重点在于防止篡改、损毁或灭失。综合上述因素,远程勘验中可附带的临时性措施主要包括两种:一种是前文大量论及的提取措施;另一种是类似于针对无形资产所采用的冻结措施。就提取措施而言,鉴于附带性提取难以事前区分数据类型进而预判对公民信息权益的减损程度,应当将这种附带性的数据提取全面界定为过渡性措施,而非采用类似于痕迹提取的处理方式。就冻结措施而言,在当前电子取证措施体系下,其适用情形之一是提取时间较长、存在电子数据篡改或灭失风险,[1]此类数据先行冻结措施也可以与远程勘验同步进行,但是由于该项措施可能会直接妨碍远程计算机信息系统的运行,进而大范围损及正常的数据处理行为,因此此类过渡措施应当作为一种替补手段仅在必要时予以适用。

第二,需要考量的事项是过渡性保全措施对应的转化措施。无论是附带的数据提取还是不能及时提取时的数据先行冻结,在查明数据所涉公民基本权利的情况下,二者均非电子数据保全的长期措施,需

---

[1] 笔者将电子数据冻结措施区分为数据先行冻结与数据便宜冻结两种类型,其中前者与传统冻结措施更为相近,也是与此处论及的远程勘验中的保全功能更为相关的类型。相关论述参见裴炜:《论刑事电子取证中的数据冻结》,载《北外法学》2021年第2期,第3—22页。

要在后续的诉讼程序中转化为其他措施。紧接着涉及的一个问题是,远程勘验附带的数据提取措施能否衔接数据冻结措施。笔者认为,数据冻结并不具有传统冻结措施的财产保全功能,同时被冻结的资产并不涉及提取等活动,因此数据冻结并不像传统冻结措施那样天然地构成一项长期性措施。[1] 针对数据冻结中的先行冻结措施,其本身就是在提取耗时较长时为保全数据而采取的临时性措施,因此可以单独附带于远程勘验,而不适宜承接同样是临时性措施的附带数据提取。就与之并列的数据便宜冻结措施而言,此类数据冻结尽管并非临时性措施,但一方面其适用需要满足特定条件,另一方面也并不全然服务于证据保全,同样不宜直接承接远程勘验中的附带提取。

相对而言,改造并承接扣押措施是更为适当的做法。就数据的附带提取而言,当前刑事诉讼法中对于扣押措施适用有体物的限制使二者难以直接对接,但是这种限制并不具有合理性,一方面在于有体物或无体物的区分是从外部形态上出发,与侦查措施背后公民权利类型与保障需求之间并不具有对应性;另一方面基于个人信息保护等新型数字立法要求,即便对象是数据这种无体物,后续也可能面临着删除、匿名化等权利保障要求。正是在这个意义上,世界范围内常见的做法是将扣押措施扩展至数据,这也是我国早期一些研究所倡导的规制思路。[2] 从这个角度来讲,扣押不应当仅限于有体物,而是应当扩展至数据等无体物;远程勘验可以附带进行概括式的数据提取,但是当判明其中涉及的隐私权、通信权、个人信息保护等公民基本权利时,相关数据的保全应当通过扣押措施予以实现。

(三)远程勘验的跨境适用

上述探讨主要集中于国内法层面,分析的是远程勘验在我国刑事诉讼侦查措施体系中的位置与功能问题。但是从网络空间弱地域性

---

[1] 参见裴炜:《论刑事电子取证中的数据冻结》,载《北外法学》2021年第2期,第3—22页。

[2] 例如陈永生:《电子数据搜查、扣押的法律规制》,载《现代法学》2014年第5期,第111—127页。

的特性出发,仅探讨国内层面难以有效适应当前电子取证的现实需求。如前所述,《电子取证规则》已经关注到跨境收集提取电子数据可能面临的主权冲突问题,并基于此限缩了网络在线提取的适用范围。但是这一调整并未理顺提取措施与远程勘验的逻辑关系,同时也局限了远程勘验的功能。对此,有必要从以下三个方面予以改进:

首先,需要探讨的问题是远程勘验能否于境外适用。在网络空间缺少明确地理界限的情况下,特别是在以暗网为代表的犯罪网络中,犯罪分子往往通过多种加密手段隐匿身份、行踪、资金流向,隐藏、销毁或转移涉案数据。这意味着在网络空间开展侦查取证活动时,侦查人员可能首先面临的是目标数据位置不明的情形。而只有在明确目标数据位置的前提下,我们才有可能探讨相关措施是否跨境,进而判断能否以及在何种程度上适用该措施。考虑到远程勘验查明计算机信息系统状态的功能设置,在现有的侦查措施体系下,数据位置查明的任务更适宜由其承担。

由该任务出发,我们可以进一步延伸出远程勘验措施的三项具体规则。第一,在计算机信息系统所处位置不明或者有充分理由认为该系统显示位置并非真实位置时,侦查人员可以直接适用远程勘验措施对信息系统进行调查,而无须考虑是否跨境及是否干预他国主权的问题。第二,侦查人员在进行远程勘验时,在技术和条件允许的情况下应当不加延迟地查明处理或存储数据的计算机信息系统地理位置。第三,在查明数据位于境外时,侦查人员原则上应当立即停止远程勘验,并转入国际刑事司法协助机制,除非有相关国际条约、双边或多边协议允许继续开展勘验活动。

其次,需要探讨的问题是远程勘验中可以配套适用的措施范围。如前所述,当前国际刑事司法协助机制并不区分不同性质的刑事司法活动,更毋庸关注不同侦查措施之间的差异。鉴于中国当前没有参加类似网络犯罪《布达佩斯公约》等国际条约,亦不存在类似美国《云法》框架下的双边跨境数字侦查取证协议,侦查人员面对境外数据只能暂停相关侦查活动,不仅不可能继续附带其他措施,还应当转入繁杂、冗长的国际刑事司法协助机制,这明显与数据及时、快速、全面取证的现实需求背道而驰，进而减损我国网络空间犯罪治理的整体效能。从这个角度来讲，对于我国而言首要且迫切需要解决的问题是在国际层面参与或制定相关公约或协议，推动跨境数字侦查取证措施分级分类的规制体系，为侵犯他国主权程度与干预公民基本权利程度较弱的特定跨境侦查取证措施提供必要的国际法法律依据。

最后，考虑数据跨境流动过程中的主权问题以及牵涉的国家安全、数据安全、个人信息保护等多重权益，远程勘验措施在跨境适用时不宜附带过多措施，但是可以与其他措施相配套以实现电子证据保全的目的。一是，相关国际规则在设计时原则上应当允许远程勘验附带提取计算机信息系统状态的相关数据，但是勘验时明知是个人信息或重要数据的除外。二是，远程勘验在判明数据位置而需要暂停适用时，相关国际规则应当针对有现实且急迫的损毁、灭失风险的目标数据设置快速的先行冻结措施，以避免取证机制转换过程中的取证延迟和证据灭失。三是，针对暗网等有充分理由认为是用于犯罪活动的远程计算机信息系统，原则上应当允许采取勘验措施。但是考虑到此类系统的强技术性特征，单凭远程勘验往往无法有效开展侦查活动，而是需要采取技术侦查措施。当前一些国家或地区已经授权本国侦查机关采取技术性措施开展跨境网络侦查活动，典型的如美国的 NIT 措施。[1] 当前我国此类措施一定程度上被纳入远程勘验项下，其与远程勘验的性质和功能定位相悖。未来在推动相关国际规则建设并与国内法衔接时，一方面应当将技术侦查措施与远程勘验剥离，使远程勘验回归到任意性侦查措施的定性之上，从而降低对他国主权及公民权益的减损程度；另一方面针对技术侦查措施采用国内国外一致的程序性条件和规则。

---

[1] NIT 的核心是侦查机关通过侦查软件（malware）侵入个人计算机系统以接触或获取其中存储或处理的各类信息。See Carlos Liguori, Exploring Lawful Hacking as a Possible Answer to the "Going Dark" Debate, 26 Mich. Telecomm. & Tech. L. Rev. 317 (2020): pp. 317-345.关于美国 FBI 使用 NIT 技术的典型案例和引发的诉讼争议，参见 Garrett Discovery, "Network Investigative Technique Cases", Jan. 4, 2018, available at https://www.garrettdiscovery.com/download/network-investigative-technique-cases. Accessed February 17, 2022。

第十三章
跨境取证中的向第三方调取

网络空间的去地域性特征、电子数据证据成为新的"证据之王"、传统国际刑事司法协助机制的固有缺陷，三者相结合，使刑事侦查面临巨大挑战。2018年的微软爱尔兰案已经充分表明，即便针对各类管辖权连接点均在本国境内的纯"本国案件"，由于电子数据证据位于境外，普通侦查也进而转变为跨境执法。[1] 该案仅涉及静态数据。如果针对动态数据，那么执法管辖权与证据材料分布在地域上的错配将更为明显，国际刑事司法协助机制的短板亦将愈加凸显。对于数据而言，以证据材料本身的地域性来划定执法管辖权，难以有效回应网络执法现实需求。因此越来越多的国家和地区开始转变思维，试图从控制或占有数据的网络信息业者入手，来建立执法管辖权的连接点。

在此背景下，侦查所需电子数据广泛地为网络信息业者占有或控制，向网络信息业者调取用户个人信息成为一项普遍而重要的侦查措施。2016年《电子数据规定》第13条单独规定了调取电子数据措施；2019年公安部《电子取证规则》更将其明确列为收集、提取电子数据的五种措施之一。

诚然，从网络空间及数据跨地域流动、分散分布等特征来看，这种调取措施具有其必要性。但调取的任意性和泛化也已经引发一些担忧，其核心在于信息调取措施是否会架空刑事诉讼的人权保障机制，不当干预公民的隐私及个人信息相关权利。在跨境取证的场景中，这一问题同样是不同国家和地区立法冲突的重点，并经常性地演

---

[1] United States v. Microsoft Corp., No. 17-2, 584 U.S. (2018).

变为网络信息业者的合规困境。

随着个人信息保护制度的不断强化和完善,向网络信息业者调取用户信息已然难以单纯地定性为任意性侦查措施,[1]而是需要与用户信息所承载的个人权益相适应,并在此基础上划定调取措施的边界。[2] 这种边界的划定一方面需要考虑到网络信息技术对于传统侦查措施造成的现实障碍,并在此基础上化解打击犯罪的困境;另一方面则需要确保相关措施的适用处于刑事诉讼制度保障公民基本权利的底线之上。两个要素背后反映出的仍然是公民权利和国家权力的互动关系,两者之间应当在遵循刑事司法基本逻辑的前提下,依照比例原则形成动态平衡。[3]

本章正是由此出发,在前文对于跨境数据取证公私合作动因的探讨基础上,试图通过分析向网络信息业者调取用户信息的现状和深层逻辑,以探索侦查取证需求和个人信息保护之间的平衡路径。具体而言,本章主要包含以下两个部分:第一部分集中探讨侦查机关向网络信息业者调取用户个人信息时对公民权利的干预,这种干预性来源于调取数据过程中的两个"非自愿性",即用户向网络信息业者转移个人信息的非自愿性,以及网络信息业者向侦查机关转移用户个人信息的非自愿性;第二部分由两个非自愿性延伸出调取个人信息中的现实障碍,试图矫正调取措施的任意性,并通过具体的程序性构建,使其与个人信息保护之间达至平衡。

---

[1] 艾明:《调取证据应该成为一项独立的侦查取证措施吗?——调取证据措施正当性批判》,载《证据科学》2016年第2期,第155—166页。
[2] 梁坤:《论初查中收集电子数据的法律规制——兼与龙宗智、谢登科商榷》,载《中国刑事法杂志》2020年第1期,第39—57页。
[3] 裴炜:《个人信息大数据与刑事正当程序的冲突及其调和》,载《法学研究》2018年第2期,第42—61页。

一、向第三方调取的性质界定

在当前刑事诉讼法框架下,侦查机关获取证据材料主要通过两类方式进行:一类是自行收集,另一类是向他人调取。[1] 其中,自行收集涉及侦查机关与侦查相对人的直接接触,公私之间的冲突与对抗最为明显,是现有法律规定规制的重点。相对而言,调取则多以证据为第三方所控制或占有为前提,主要通过第三方间接获取相关证据材料,从而避开与侦查相对人的直接冲突,因此往往被视为是任意性侦查措施而受到较少关注,其任意性尤其典型地体现在公安司法机关概括性地将调取措施设定为立案前可以采取的"不限制被调查对象人身、财产权利"的措施。[2]

电子数据结合技术便宜性和规则便宜性,向网络信息业者调取个人信息逐渐成为侦查取证的常规化操作。这一方面是回应网络信息技术革命的必然产物,但另一方面也引发侦查权规避刑事诉讼规则而过度扩张的隐忧。这种隐忧主要源于"信息主体——网络信息业者——侦查机关"这一信息传递链条中的两个非自愿性:其一是信息主体向网络信息业者提供个人信息的非自愿性;其二是网络信息业者向侦查机关提供用户信息的非自愿性。前者源自网络信息技术与社会生活紧密结合的现实状况,后者则主要基于相关法律规定设置的协助义务。

(一)个人信息向网络信息业者转移的非自愿性

网络信息革命之下,信息主体根据法律所享有的信息权利不断扩

---

[1] 我国《刑事诉讼法》第 54 条第 1 款规定,公检法机关有权向有关单位和个人收集、调取证据,并且有关单位和个人负有如实提供证据的义务。该条通常被视为是调取措施的法源依据。

[2] 例如 2019 年最高检《刑诉规则》第 169 条允许侦查人员在立案前的调查核实阶段调取证据材料;2020 年公安部《刑事程序规定》第 174 条允许公安机关在初查过程中调取证据材料。

张,但这与该主体实际具有的权利能力不断弱化之间形成反差。就前者而言,可以看到的是,近些年世界范围广泛出现了各种类型的个人信息保护制度探索,其中欧盟 GDPR 又被称为"史上最严数据保护规定"。在我国,《网络安全法》系统建立起个人信息保护的总体框架,明确了信息主体所享有的重要权利;2020 年正式通过的《民法典》除总论以外,在人格权编专门设置了隐私权和个人信息保护专章,进一步强化了个人信息的权利体系;2021 年,《个人信息保护法》正式出台,搭建起规范个人信息处理活动、保护个人信息权益的法律框架。

与个人信息权利确认和保护不断提升形成对比的是,信息主体控制和保护自身信息权利的能力则在不断弱化;信息主体将个人信息交给网络信息业者以进行日常生活,是网络信息革命之下社会生活转型的必然结果,其与信息主体自身的意愿关联甚少。这种整体社会生活转型之下的个人信息对外授权的非自愿性主要体现在以下两个方面。

第一,信息主体缺乏对个人信息被收集和处理的实质性明知。这并非意味着在形式意义上,网络信息业者等第三方没有履行其用户告知义务。相反地,为符合日益复杂的个人信息保护规则体系,网络信息业者也已经发展出复杂且细致的隐私保护协议,以尽可能全面履行其告知义务。但是,管理隐私信息是一项巨大、复杂且持续的工程,并且该工程无法综合性地完成。[1] 网络信息业者的隐私保护规则变动频繁、技术性强、涉及内容繁杂,要求用户去充分理解每一份隐私保护协议,明确自己所享有的数据权利,并就同意的对象形成清晰的认知,其本身就不具有可行性,此时个人信息保护中的"知情同意"规则只能流于形式。[2]

基于此,许多学者提出化解知情同意规则现实困境的诸多方案,例如引入"弱同意"概念、[3]建立基于信息分类和场景化风险评估

---

[1] Daniel J. Solove, The Myth of the Privacy Paradox, 89 George Washington Law Review 1 (2021): pp.1-51.
[2] 周汉华:《个人信息保护的法律定位》,载《法商研究》2020 年第 3 期,第 44—56 页。
[3] 蔡星月:《数据主体的"弱同意"及其规范结构》,载《比较法研究》2019 年第 4 期,第 71—86 页。

的分层同意、[1]特定条件下放宽同意方式等。[2] 这些变通思路也从侧面印证了用户实质知情同意的困难。也正是在这个意义上,有研究指出,规则上设置更多的用户控制并不意味着更高程度的用户隐私保护;[3]美国法与计算机科学专家 Ari Ezra Waldman 通过观察个人信息保护领域法律的内生性特征(legal endogeneity),认为企业对于个人信息保护规则的合规应对可能反噬个人信息保护的初衷,并最终可能演变为"为合规而合规"。[4]

第二,即便在信息主体能够实质性理解隐私保护协议内容的情况下,也不意味着其可以避免个人信息控制权的对外移转。换言之,数据的对外授权已经成为网络信息社会的内生性特征,这种特征具体体现在三个层面:第一,就特定类型的网络信息服务而言,提供必要的个人信息是获得相关服务的前提,例如提供实时地图服务就不可避免地需要采集位置信息。第二,网络信息服务越来越多地呈现出交叉特征,使需要收集的个人信息也需要多元化和复杂化,例如三星推出的社交冰箱就同时兼具了传统冰箱和社交功能,并试图通过冰箱内的物品和使用方式来分析用户的个性特征。第三,随着智慧家居的不断扩展,建立在个性化基础上的智能服务需要以更加复杂和广泛的数据分析为基础,这一点在现在越来越多的智能家居机器人中表现得尤为明显,以至于已经出现了相关案例,在警方无法找到任何目击证人的情况下,试图向亚马逊的家居机器人 Alexa 取证。[5]

---

[1] 田野:《大数据时代知情同意原则的困境与出路——以生物资料库的个人信息保护为例》,载《法制与社会发展》2018 年第 6 期,第 111—136 页。

[2] 龙卫球:《数据新型财产权构建及其体系研究》,载《政法论坛》2017 年第 4 期,第 63—77 页。

[3] Eoin Carloan & M. Rosario Castillo-Mayen. Why More User Control Does Not Mean More User Privacy: An Empirical (and Counter-Intuitive) Assessment of European E-Privacy Laws , 19(2)Virginia J. L. & Tech 325(2015): pp.325-387.

[4] Ari Ezra Waldman, Privacy Law's False Promise, 97(2) Washington U. L. R.773(2020): pp. 773-835.

[5] Grace Manning, Alexa: Can You Keep a Secret? The Third-Party Doctrine in the Age of the Smart Home , available at https://www.law.georgetown.edu/american-criminal-law-review/wp-content/uploads/sites/15/2019/02/56-O-Alexa-Can-You-Keep-a-Secret-The-Third-Party-Doctrine-in-the-Age-of-the-Smart-Home.pdf. Accessed July 2, 2020.

在以上两个因素的共同作用之下,信息主体是否将个人信息的控制权转移给网络信息业者,并不能真正归属于其个人意愿。也正是在这个意义上,有学者将"隐私悖论"(privacy paradox)称为虚构的概念。[1] 隐私悖论描述的是这样一种状况:一方面个人表现出对隐私的整体价值的重视,但另一方面则在处分涉隐私信息时较为随意。有观点将其描述为个人在处分个人信息时主观态度的真实反映,这与2018年百度董事长李彦宏引发热议的"中国人不在乎隐私"的观点异曲同工。但事实上,从以上两个方面来看,隐私悖论反映的并非个人的矛盾心态;相反地,它恰恰体现出信息主体对于至关重要的个人信息缺乏有效的控制能力。

从这个角度来讲,信息主体将个人信息转移给网络信息业者并授权其控制或处理,并不意味着信息主体放弃这些个人信息之上所承载的相关权益。这是网络信息业者保护用户个人信息各项法律义务的基础,也是划定国家公权力边界、评价具体执法行为是否符合比例原则的前提。

这里需要额外探讨的一个问题是,信息主体在公开网站上主动发布或授权他人发布的个人信息是否仍然受到法律保护。对此可以确定的是,就用户的隐私而言,一旦由其主动自愿公开,则丧失了"不愿为他人知晓"这一私密性属性,此时便不再适用关于隐私保护的相关规定,对此类信息的收集、处理行为也不构成对隐私权的侵犯。但是,就非隐私的个人信息,以及隐私公开后转化为普通个人信息的情形而言,法律所保护的重点在于信息自决权,即该信息的收集和处理不应违反信息主体的意愿,[2] 核心在于个人自治而非生活安宁。

问题在于,信息主体在公共网络上公开或授权公开的个人信息,是否可以视为信息自决权的行使,即放弃对该个人信息的控制权和支配权。对此,刑事实体法和程序法在实践中存在差异。从实体法

---

[1] Daniel J, Solove. The Myth of the Privacy Paradox, 89 George Washington Law Review 1 (2021): pp.1-51.
[2] 周汉华:《个人信息保护的法律定位》,载《法商研究》2020年第3期,第55页。

的角度来看,现有判例多认为即便是在公开网络上发布的个人信息,其仍然属于法律保护的范围,因此非经信息主体同意针对此类信息的收集行为,仍然可能构成《刑法》规定的"侵犯公民个人信息罪"。[1] 但是从程序法角度来看,《电子取证规则》第 23 条直接允许对公开发布的电子数据进行网络在线提取,侦查实践中多认定此种措施为任意性侦查措施。两者无疑在思路上存在冲突。

有学者在探讨实体法中个人信息保护的范围时提出,对于个人信息处理的合理性判断应当取决于"引发的影响能否为用户所接受,或是否符合用户的'合理预期'"。[2] 该观点一定程度上可以调和实体法与程序法的冲突,即针对信息主体在公共网络上主动或授权公开的个人信息,其尽管仍然应受法律保护,但公开本身可视为是自决权的行使,从而证成收集、处理此类信息的弱权利干预性,进而证成任意性侦查措施的合理性。

(二)网络信息业者协助侦查的非自愿性

第一,在刑事证据调取语境下,与个人信息由信息主体向网络信息业者转移的非自愿性相承接的,是网络信息业者协助侦查的非自愿性。具体而言,这种非自愿性主要体现在以下两个方面:

一方面,在刑事侦查制度框架下,调取措施与网络信息业者的主观意愿无关。《刑事诉讼法》第 54 条第 1 款原则性规定了单位和个人在公检法机关调取证据过程中如实提供证据的义务。同时第 52 条也授权公检法机关吸收了解案情的公民协助调查。在现有法律框架下,单位或个人的协助调取义务具有以下三个特征。首先,该义务与证据原始来源的合法性或正当性无关,即无论该单位或个人以何种方

---

[1] 例如在 2017 年刘玉周等非法获取、出售、提供工商、税务登记信息侵犯公民个人信息案中,江苏省南京市中级人民法院明确认为,识别性是个人信息的根本属性,并不要求具有个人隐私的特征,即便是已经公开的公民个人信息,也应属于刑法所保护的"公民个人信息"。参见江苏省南京市中级人民法院(2017)苏 01 刑终 870 号二审刑事裁定书。

[2] 张忆然:《大数据时代"个人信息"的权利变迁与刑法保护的教义学限缩——以"数据财产权"与"信息自决权"的二分为视角》,载《政治与法律》2020 年第 6 期,第 53—67 页。

式获得该证据,均不影响其配合调取的法律义务。其次,与证人作证不同,配合调取义务是无偿履行,对于履行义务中所产生的费用,法律并未规定相应的补偿机制。最后,作为任意性措施,调取措施的实施门槛较低,仅须办案部门负责人批准开具《调取证据通知书》即可。这些特征同样存在于向网络信息业者调取个人信息的场景之中,例如《网络安全法》第 28 条也规定了网络运营者为侦查犯罪活动提供技术支持和协助的义务,并规定违反该协助义务可能引发行政处罚(第 69 条)。

另一方面,在个人信息保护制度的总体框架中,调取措施与信息主体的主观意愿无关。根据《网络安全法》的相关规定,网络运营者收集和处理个人信息有三项正当性基础:一是基于信息主体的同意(第 42 条);二是个人信息经处理无法识别特定个人且不能复原(第 42 条);三是基于国家安全和犯罪侦查的需要(第 28 条)。换言之,刑事侦查构成信息主体"知情同意"原则的例外,网络信息业者在向侦查机关提供其所占有或控制的个人信息时,不受信息主体主观意愿制约。与之类似的,2020 年新修订的《个人信息安全规范》明确规定,在涉及刑事侦查、起诉、审判和判决执行相关的事项中,个人信息控制者收集、使用、共享、转让、公开披露个人信息无须信息主体同意或授权,并且可以不响应信息主体的请求。2021 年新出台的《个人信息保护法》不仅在第 13 条中将"为履行法定职责或者法定义务所必需"列为可豁免同意规则的合法处理事由,而且在第 35 条不再强调国家机关处理个人信息时需要征得信息主体的同意。

第二,基于调取措施本身的非自愿性特征,在信息取证领域,该措施呈现出适用范围广、门槛低、强制性高的特征,具体表现在以下三个方面:

首先,调取不区分信息类型。总结我国当前各种涉及个人信息保护的法律规定,现有规则大致存在两种分类方式:一种是区分一般个人信息和隐私信息;另一种是区分一般个人信息和敏感信息。其中,前一种分类为《民法典》人格权编所采用,其中隐私的核心在于"私生活安宁"和"私密性",其与个人信息中的"私密信息"存在交叉;而后一种则为《个人信息保护法》所采纳,并广泛存在于立法、司法实践和行业自律规定中。[1] 2020年《个人信息安全规范》将"个人敏感信息"定义为"一旦泄露、非法提供或滥用可能危害人身和财产安全,极易导致个人名誉、身心健康受到损害或歧视性待遇等的个人信息",[2] 并明确将身份证件号码、个人生物识别信息、银行账户、通信记录和内容、财产信息、征信信息、行踪轨迹、住宿信息、健康生理信息、交易信息、14岁以下(含)儿童的个人信息等包含在内。在此基础上,《个人信息保护法》对"敏感个人信息"采用了概括加列举的立法模式,原则上凡是"一旦泄露或者非法使用,容易导致自然人的人格尊严受到侵害或者人身、财产安全受到危害的个人信息"均属于"敏感个人信息"。从该法列举的情形来看,相比《个人信息安全规范》提及的敏感信息种类,一方面新增了"宗教信仰"这一敏感信息,另一方面相关概念表述更加凝练,如采用了"特定身份、医疗健康、金融账户"的表达方式。

司法实践中,以上两种分类在法院认知上存在交叉,例如在"A公司诉B公司不正当竞争纠纷案"中,法院认为痕迹信息与标签信息包含涉及用户个人偏好等敏感信息,该信息与用户的个人身份信息相结合,会暴露个人隐私。[3] 但实际上,敏感信息和隐私信息并非属于同一分类体系。其中,敏感信息关注的重点并非在于信息是否公开以及是否侵犯生活安宁,而在于公开是否可控和安全。

无论采用何种分类,其背后的共识是,相对于一般个人信息,敏感信息和隐私信息之于公民私领域的关涉度更高,针对此二类信息的收集和处理对于公民基本权利的侵犯性更强,因此需要对其进行区别对待。反观当前刑事诉讼法对于调取措施的规定,其任意性侦查措施的定性本身就未将公民享有的隐私和个人信息权益纳入考量范围,更毋庸提区分不同类型的信息并匹配不同强度的侦查措施。

---

[1] 例如2018年最高检《检察机关办理侵犯公民个人信息案件指引》将"为合法经营活动而购买、收受公民个人信息的行为"限定于"普通公民个人信息,即不包括可能影响人身、财产安全的敏感信息"。
[2] 该定义也被腾讯、百度、京东等大型互联网企业的隐私政策所采用。
[3] 《依法平等保护民营企业家人身财产安全十大典型案例》,载人民法院新闻传媒总社,http://www.court.gov.cn/zixun-xiangqing-159542.html,访问日期2020年7月2日。

其次,调取不区分信息状态。这里所说的信息状态主要是区分静态信息与动态信息,其中静态信息主要针对的是网络信息业者在调证时已经存留的信息,其多为相应行政法规要求或业务需求下信息存留的延伸;而动态信息则指向的是未来一段时间的信息跟踪和持续调取,更多地基于侦查活动的个案具体要求,并且以个案创设的信息存留义务为前提。[1]

从当前电子数据调取相关规定来看,调取规定并不区分以上两种情形;而其他针对电子数据的取证措施又不涉及动态数据留存,其也不属于公安部《电子取证规则》中"冻结电子数据"适用的三种主要情形,因此此处实际上是立法空白区。需要注意的是,如果对于信息的动态存留和调取涉及行踪、通信或日常生活的监听或监控,则又进一步可能构成技术侦查。[2]

最后,调取不区分信息主体。尽管在向网络信息业者调取信息时,侦查人员主要针对的是犯罪嫌疑人,但其中也可能涉及被害人等其他涉案人员。刑事侦查措施的强制性多针对的是前者,例如强制人身检查只能适用于犯罪嫌疑人而不能适用于被害人。相应地,刑事诉讼法提供给以上两类主体的程序性保障亦存在差异。但是,这些差异并未体现在当前的调取规则之中。

二、向第三方调取的程序性规制

向网络信息业者调取用户个人信息同时兼具便宜性和非自愿性,在规则不明和缺乏合理规制的情况之下,这种侦查取证措施有着强烈的扩张倾向,并形成实践运行中的诸多障碍。这些障碍的化解需

---

[1] T-CY, "Criminal Justice Access to Electronic Evidence in the Cloud: Recommendations for Consideration by the T-CY", issued on 16 September 2016, available at https://rm.coe.int/CoERMPublicCommonSearchServices/DisplayDCTMContent? documentId = 09000016806a495e. Accessed July 2, 2020.

[2] 龙宗智:《寻求有效取证与保证权利的平衡——评"两高一部"电子数据证据规定》,载《法学》2016年第11期,第7—14页。

要建立在以下两个认知前提之上:一是信息主体将个人信息提供给网络信息业者并不意味着放弃其所享有的相关权益;二是向网络信息业者调取个人信息的行为并不因为使用了"调取"一词而被天然认定为任意性侦查措施,是否属于任意性措施取决于目标数据所承载的公民权益。在此基础上,对网络信息业者调取用户个人信息的侦查措施应当从以下四个方面加以规制。

(一)基于信息类型的调取措施分层

调取措施分层制约的前提,是将个人信息保护中的信息分类与侦查措施的强制性相对应。如前所述,当前国内存在"隐私与非隐私""敏感与非敏感"这两种主要个人信息分类方式。其中,隐私的设置本身天然带有划分公私领域进而限定公权力行使范围的属性,基于权利主体"不欲为他人知晓"的内在要素,[1]侦查权在侵入隐私时必然带有强制性,这也可以解释为什么针对私人空间的搜查是强制性侦查措施,而针对公共空间的勘验一般被认为是任意性侦查措施。就通信信息而言,之所以受到《宪法》的重点关注,是因为其是个人思想之于社会关系的最直接外化,是在一个社会中个人思想自由进而人格自由的基础。基于尼尔·理查兹(Neil Richards)提出的"智力隐私"(intellectual privacy)的概念框架,[2]在思想自由层面,通信自由和通信秘密不仅属于隐私信息,而且属于其最为核心的部分。在此基础上,侦查人员凡向网络信息业者调取公民隐私信息的,其调取措施均应当构成强制性侦查措施,不得在立案之前进行,并应当采取与搜查相类似强度的程序性规制。

相对而言,个人信息保护的逻辑起点在于使用,关注点并非是否为他人知晓,而是是否为他人正当、合理地收集、使用。在个人信息项下进一步区分出"敏感信息"的概念,同样基于相同的逻辑起点,即

---

[1] 《民法典》第 1032 条第 2 款将"隐私"定义为"自然人的私人生活安宁和不愿为他人知晓的私密空间、私密活动、私密信息。"
[2] Neil Richards, Intellectual Privacy: Rethinking Civil Liberties in the Digital Age, Oxford University Press, 2015.

"敏感信息"之所以敏感,不在于是否私密和不愿为他人知晓,而在于其在收集、处理时需更加谨慎,避免泄露之后损害个人重要权益。例如英国2018年《数据保护法》在规定执法机关调取敏感数据时,依然以必要性作为其正当性依据,但相对于非敏感数据,附加了"数据控制者建立适当安全保障政策"这一条件。[1]

如前所述,个人信息之所以值得保护,是因为其所承载的信息自决权,而自决权的强弱依信息处理行为的不同而不同,这也是目前域外立法中时常区分"注册人信息"(subscriber information)和"交互信息"(traffic data)的原因。其中,注册人信息是个人获取网络信息服务的前提和必要条件,在网络信息业者收集个人信息遵循最小化原则的前提下,个人对于是否提供以及在多大范围上提供的决定权有限,同时其与隐私的关涉度最低,因此往往域外立法对注册人信息设置较低的侦查取证门槛。相对而言,交互信息的形成一方面取决于信息主体的自主行为,其自决性更强,另一方面由于其动态性,能够拼出信息主体的行为轨迹,进而可能揭示出更多的私人特征。[2] 因此对于此类信息,立法上往往更为严格地限制其调取场景和范围。[3]

总结以上分析,在现有隐私和个人信息二分的框架下,针对传统隐私信息和包含在"智力隐私"框架下的通信内容的调取,应当属于强制性侦查措施;对于非私密的个人信息,其中针对注册人信息的调取可以采用任意性侦查措施;但对于个人私密信息和通信信息的调取,由于其对信息自决权的强干预性,则应当纳入强制性侦查措施的范畴。目标信息是否属于"敏感个人信息"不影响调取措施的属性,但

---

[1] UK Data Protection Act, Part 3, Chapter 2, Article 35 (5).

[2] CJEU, "Judgement in Joined Cases C-293/12 and C-594/12, issued on April 8 2014, available at https://curia.europa.eu/jcms/upload/docs/application/pdf/2014-04/cp140054en.pdf. Accessed July 2, 2020.

[3] 需要注意的是,两类信息并非泾渭分明,其中的模糊地带也往往成为立法的争议焦点,例如对于IP数据的定性,《〈布约〉第二附加议定书》将其定义为注册人信息,这引发了来自网络信息业者的较多争议。相关探讨参见 T-CY, "Consultations with civil society, data protection authorities and industry on the 2nd additional protocol to the Budapest Convention on Cybercrime", available at https://www.coe.int/en/web/cybercrime/protocol-consultations. Accessed July 2, 2020。

针对敏感信息的调取需要侦查机关采用更为严格的保密机制和数据安全保障机制,并严格限制此类信息用于本案刑事司法以外的其他用途。

(二)基于信息来源的调取措施限制

就目标信息的来源而言,可以从两个维度进行划分:一是从信息控制者的角度来看,在同时占有或控制信息的情况下,存在网络信息业者与信息主体的划分;二是从信息主体的角度来看,存在不同刑事诉讼参与人之间的划分。

在信息控制者维度,在能够向信息主体调取信息的情况下,向网络信息业者调取数据应当作为补救性手段。设置此种取证顺序,一方面源自信息主体的权益保障,即避免将向网络信息业者取证降格为规避程序性限制进而不当干预信息主体权益的行为,确保信息主体知情并能够及时申请相应的权利救济;另一方面也是考虑到,直接向信息主体取证可以尽可能地避免造成网络信息业者的合规困境,化解配合执法义务与保护用户个人信息义务之间的冲突。目前这一规则为众多国际大型互联网企业所采用,并成为其限缩执法机关调取数据请求范围的重要指标。例如微软在其协助执法机关调证的实践中,一直试图将调证请求直接转交给用户本人,而非向微软调取相关用户信息。[1]

在信息主体维度,针对不同类型的信息主体设置不同的权益保障机制,这是当前各类个人信息保护制度的常见做法,但在不同部门法语境下,信息主体的分类方式存在差异。如前所述,在刑事司法领域,刑事诉讼制度往往将被指控人区别于其他诉讼参与人,并对前者可以采取措施的强制性多强于后者。被害人、证人等诉讼参与人作为普通公民,其主要功能在于辅助公安司法机关查明案件事实,并非侦查、起诉、审判等诉讼活动所针对的对象。刑事诉讼的整体制度设计

---

[1] Microsoft, "About Our Practices and Your Data", available at https://blogs.microsoft.com/datalaw/our-practices/#what-is-process-disclosing-customer-information-legal. Accessed July 2, 2020.

围绕控辩之间的对抗展开,各项诉讼程序对于被指控人的权益侵犯程度最高,因此对应的程序性保障机制也更完整。正是基于以上考量,在域外立法和司法实践中可以观察到这种信息主体上的区分。例如欧盟《刑事司法个人数据保护指令》第 31 条明确区分犯罪嫌疑人、罪犯、被害人和其他诉讼参与人、信息处理人、共同被告人或共犯等;英国 2018 年《数据保护法》第 38 条第 3 款同样要求区分犯罪嫌疑人、罪犯、被害人、证人等其他诉讼参与人;新西兰《2020 年隐私法案》在附表四中针对不同主体特别是被害人,列举了相关个人信息的披露情形、对象和范围。

基于此,在向网络信息业者调取用户个人信息时,刑事司法对于被指控人的区别对待同样应当在调取制度中得到贯彻。这意味着对于犯罪嫌疑人、被告人而言,调取与之相关的数据的强度可能更强、范围可能更大,调取数据以该侦查措施的必要性为前提,并应当遵循比例原则的要求,保持在必要的限度之内。但对于被害人和其他诉讼参与人的个人信息而言,则原则上应当回归到个人信息保护制度的一般框架之下,以"知情同意"作为调取措施的正当性基础。

(三)基于知情权的调取措施规制

与常规的侦查取证措施相比,向网络信息业者调取用户信息的一个主要特征在于,权利主体与权利客体相分离;信息主体所享有的数据权益并不因为向第三方调取而灭失,但信息主体主张和保护自身权益的能力却因这种调证方式而被弱化,其根源在于信息主体能否及时获知相关信息收集、提取行为并启动相应的程序性救济。例如根据 2020 年《个人信息安全规范》,在刑事侦查、起诉、审判和判决执行等相关情形中,个人信息控制者收集、使用个人信息不必征得个人信息主体的授权同意。然而,无须信息主体同意不意味着无须其知情。2021 年《个人信息保护法》不再强调国家机关处理个人信息时需要征得信息主体的同意,但要求国家机关在一般情况下履行告知义务。刑事诉讼现有规则体系并不缺乏后续救济制度的规定,因此问题的关键转化为如何确保信息主体对于调取措施的知情权。

正是在这个意义上,世界主要大型互联网企业多通过制定文件,强调原则上应当保护用户的知情权,即如果执法机关向企业调取用户数据,企业有义务及时将该调取行为通知相关用户,例如Dropbox针对执法机关调取内容数据和非内容数据,在其透明度报告中分别披露了用户通知情况;[1]而"微软"在其提出的《执法机关调取数据基本原则国际倡议》第1条便提出保障用户获得通知的权利,即在执法机关调取用户数据时,除个别例外情形外,用户有权知晓该调取行为。该倡议提出,如果需要对该执法行为保密,则这种保密应当符合以下条件:一是由独立机构进行审查;二是提供案件的相应事实,以说明政府及网络服务提供者不应告知的理由;三是保密要求应当有明确且适当的期限和范围;四是网络服务提供者应当有权提出申诉。[2]

上述规制思路在当前国际立法探索中也有所体现,并且遵循的是在告知为原则的前提下,对其例外进行个案审查的思路。例如欧盟于2016年制定的《刑事司法个人数据保护指令》集中就刑事诉讼中国家机关调取数据与相对人的个人信息处理告知义务之间的紧张关系进行了调和。在此基础上,欧盟《刑事电子证据条例》特别提到,告知数据主体是其行使数据保护相关权利和辩护权的关键要素之一,原则上发布欧洲调取令的机关应当及时就该调取措施履行告知义务;但同时考虑到犯罪追诉的特殊性,允许发布机关在个案中基于具体的正当理由和明确的法律依据对该告知义务进行豁免、推迟或限缩。与之类似地,《〈布约〉第二附加议定书》也针对需要第三方协助的跨境数据取证措施规定了保密义务,在确有保密必要的情况下,取证方可以要求第三方主体对相关取证措施本身及其涉及的数据予以保密,以此化解与告知义务在个案中的潜在冲突。

从我国刑事诉讼法规定的各类侦查措施来看,讯问、询问、搜查、

---

[1] Dropbox 透明度报告,引自 https://www.dropbox.com/transparency/。
[2] Microsoft, "Six Principles for International Agreements Governing Law Enforcement Access to Data", available at https://blogs.microsoft.com/wp-content/uploads/prod/sites/5/2018/09/SIX-PRINCIPLES-for-Law-enforcement-access-to-data.pdf. Accessed July 2, 2023.

勘验、检查等对人措施之中,除技术侦查外,基本上都会因为直接作用于相对人而为其所知晓。其中的一个例外是技术侦查,其监听、监控措施可能因秘密进行而不为侦查对象所知。由于技术侦查具有高权利侵犯性,并且涉及对象广泛、措施透明度低,刑事诉讼法要求对其设置严格的审批程序,同时技术侦查也是刑事诉讼法唯一明确规定了相对人保密义务的侦查措施。[1] 从这个角度来看,如果将调取措施视为任意性侦查措施,则作为调取相对人的网络信息业者事实上并不承担法定的概括性保密义务。反之,如果要求网络信息业者承担保密义务,则调取个人信息至少应当被定性为与技术侦查措施强度相当的措施。事实上,当调取措施严重干预公民隐私时,其与技术侦查中的监听、监控的确具有相似性:一是就实施方式而言,二者均可以绕开权利主体而秘密实施;二是就权利内容而言,二者均对公民隐私权形成强烈干预;三是就权利主体而言,二者针对的对象均不仅限于犯罪嫌疑人,还有可能扩展到其他人员。基于此,信息调取措施非但不应当降格为任意性侦查措施,还需要严格其审批程序。

  结合前文关于信息主体的分类,沿着上述思路进一步分析,向网络信息业者调取用户个人信息应当在整体制度设计上以保障知情权为基本框架,在此基础上再针对不同情形对该权利进行限缩:一是在调取对象是被指控人以外人员,且目标信息属于注册人信息时,网络信息业者根据一般性的个人信息保护规定,在不妨碍刑事诉讼顺利进行的前提下,原则上有义务将执法机关的调取信息措施告知调取对象;二是就告知内容而言,应当区分调取行为的告知和调取内容的告知,两者之间逐层递进,在需要避免告知调取内容的场合,尽可能确保告知信息主体存在数据调取行为;三是就限制知情权的方式而言,应当区分推迟告知、部分不告知和完全不告知三种情形,并最后适用完全不告知的措施;四是从当前个人信息保护制度的一般模式来看,基于用户数据保护的告知义务往往由网络信息业者承担,遵守保密义务

---

[1] 《刑事诉讼法》第152条第4款规定,"公安机关依法采取技术侦查措施,有关单位和个人应当配合,并对有关情况予以保密。"

有可能与该告知义务形成冲突,因此从立法上应当为网络信息业者就保密义务设置必要的申诉途径,以尽可能化解合规冲突。

(四)基于执法合作的调取机制协同

在当前电子数据取证的法律框架下,向网络信息业者调取用户个人信息基本上遵循的是传统调证程序,但如前所述,该调证程序目前面临诸多现实障碍。欧洲刑警组织在2019年的报告中提到,当前执法机关向网络信息业者调取数据的一大障碍在于双方就调取的标准、方式、范围等事项上的规则衔接不畅,因此受访者普遍认为有必要理顺和改良调取流程,明确各自的主管部门,减少双方因信息不对称而形成的调取障碍。[1] 微软《执法机关调取数据基本原则国际倡议》中也主张推动调取数据规则的现代化。考虑到数据和数据规则的复杂性,目前世界大型互联网企业大多制定了相应的规范,以指引执法机关的数据调取活动,例如苹果公司制定了《执法机构协作计划》,[2] 并专门针对美国以外执法机构制定了《法律程序指南:美国境外的政府和执法机构》;[3] "推特"制定了《执法机关指南》和《推特通知政策》;[4] "脸书"制定了《执法部门须知》;[5] dropbox则出台了《政府请求原则》。[6] 通过观察这些网络信息企业的内部协助执法规则,可以总结出如下常规做法:

第一,就执法机关提出申请的方式而言,目前国际大型互联网企业主要通过网上方式进行,具体包括两种途径:一是通过电子邮件;

---

[1] Europol, "SIRIUS EU Digital Evidence Situation Report 2019: Cross-Border Access to Electronic Evidence", issued on 20 December 2019, available at https://www.europol.europa.eu/sites/default/files/documents/sirius_eu_digital_evidence_report.pdf. Accessed July 2, 2020.

[2] 苹果执法机构协作计划,引自 https://www.apple.com.cn/privacy/government-information-requests/。

[3] 苹果法律程序指南,引自 https://www.apple.com/legal/privacy/law-enforcement-guidelines-outside-us-cn.pdf。

[4] 推特执法机关指南和推特通知政策,引自 https://help.twitter.com/en/rules-and-policies/twitter-law-enforcement-support。

[5] 脸书执法部门须知,引自 https://www.facebook.com/safety/groups/law/guidelines/。

[6] Dropbox 政府请求原则,引自 https://www.dropbox.com/transparency/。

二是通过统一的在线申请门户网站。就电子邮件申请而言,一些企业提出了具体要求,例如"苹果"、"推特"、"爱彼迎"均要求发送申请的邮箱应当为执法机关官方域名邮箱,同时要求请求函应当具有官方抬头和相应签章。就统一在线申请门户网站而言,"微软"[1]"谷歌"[2]"推特"[3]"爱彼迎"[4]"脸书"[5]均采用了这一方式。通过门户网站提交申请的效率要比其他方式更高,通常申请者需要在注册并验证身份之后才能使用。除以上两种主要方式以外,部分企业还允许通过热线电话、纸质信函邮寄等方式提出申请。

第二,就调取数据的申请内容而言,在线申请通常有较为固定的格式。通过电子邮件方式提出申请时,不同企业提出了不同的内容要求,这些要求通常包含以下方面的事项:(1)执法行为的法律依据和相关授权;(2)目标数据的信息主体信息,例如姓名、用户名、地址、电子邮箱、电话号码、用户账号等;(3)目标数据的相关信息,例如数据类型、数据范围、数据期限等;(4)申请调取数据的事由,例如调取原因、涉嫌犯罪、信息与调查活动的相关性、调查行为的法律依据等;(5)保密要求,例如要求不通知或延迟通知信息主体及相关法律依据。

第三,就调取数据的证据能力和证明力而言,部分企业在相关规则中就其数据的可靠性等事项进行了进一步说明,原则上除非执法机关另有明确要求,否则企业不提供额外信息以证实数据的可靠性。例如脸书对其提供的数据做出如下三项规定:一是不对数据提供专家证言支持;二是数据自身视为合法且自证,无须数据保管员提供证言;三是如果执法机关需要提供特殊形式的证明,应当在申请中说明。

第四,就调取信息的场景而言,一般需要留有紧急调取数据的空间。一方面,在网络空间之中,数据呈现出全球动态传输和碎片化分布的特征,电子数据的脆弱性使及时调取证据对于打击犯罪尤为重

---

[1] 微软执法机关在线申请门户网站为 https://leportal.microsoft.com/home。
[2] 谷歌执法机关在线申请门户网站为 https://lers.google.com/signup_v2/landing。
[3] 推特执法机关在线申请门户网站为 http://legalrequests.twitter.com。
[4] 爱彼迎执法机关在线申请门户网站为 https://airbnb-legal.force.com/s/login/?language=en_US。
[5] 脸书执法机关在线申请门户网站为 https://www.facebook.com/records/login/。

要。另一方面,针对借由网络信息技术实施的恐怖主义犯罪、有组织犯罪等严重犯罪,侦查机关如果无法及时调取到相关数据,则有可能导致犯罪后果扩大。基于此,尽管对于内容信息和敏感的非内容信息应当按照强制性措施来设定严格的侦查程序,但是在可能危及国家安全、社会公共安全和个人重大人身财产利益的严重犯罪中,因情况紧急来不及履行相应诉讼程序时,应当允许侦查人员在办理相应手续的同时,对相关数据先行调取。

观察世界大型互联网企业,不少企业专门就紧急情况下的调取申请设置了专门途径。例如"爱彼迎"的执法机关在线申请门户网站专门设置了"紧急请求"按键,并说明无法通过普通执法请求索取相关数据;"谷歌"则专门针对紧急请求设置了电子邮箱,[1]并要求执法机关说明紧急情况的具体情形、证据等信息;"推特"针对紧急情况申请,额外要求执法机关说明紧急情况的性质、所需数据与防止紧急情况的联系等;"亚马逊"也设置了专门邮箱,[2]并制定了《亚马逊紧急执法信息请求表》。[3] 为进一步方便执法机关提出申请,一些企业还制定了格式化申请模板,例如"苹果"制定了《政府或执法机关信息请求表》以及《政府和执法机关紧急信息请求表》。[4]

第五,就协助调取的成本而言,考虑到协助执法调取数据可能产生的费用,费用报销也构成协助执法程序的重要组成部分,调查对象均不同程度地提及相关事项。例如"脸书"明确提出可能要求执法机关报销回应信息请求所产生的费用,并且当请求较为特殊和复杂

---

〔1〕 爱彼迎公司的紧急情况数据调取申请邮箱地址为 emergencyrecords@google.com。
〔2〕 推特公司的紧急情况数据调取申请邮箱地址为 emergency-LE-request@amazon.com。
〔3〕 亚马逊紧急执法信息请求表(Emergency Law Enforcement Information Request Form),引自 https://www.bing.com/ck/a?!&&p=4d8159d1c8779deaJmltdHM9MTcyNTA2MjQwMCZpZ3VpZD0xMGRjMDY3NS01Zjc2LTYzZjktMDNjNS0xNWNmNWUzYzYyYMjQmaW5zaWQ9NTE4Mg&ptn=3&ver=2&hsh=3&fclid=10dc0675-5f76-63f9-03c5-15cf5e3c6224&u=a1aHR0cHM6Ly9kMS5hd3NzdGF0aWMuY29tL2NlcnRpZmljYXRpb25zLzE2FtYXpvbi1lbWVyZ2VuY3ktbGF3LWVuZm9yY2VtZW50LWluZm9ybWF0aW9uLXJlcXVlc3QtZm9ybS5wZGY&ntb=1。
〔4〕 苹果政府或执法机关信息请求表和政府或执法机关紧急信息请求表,引自 https://www.apple.com/legal/privacy/gle-inforequest.pdf。

时,有可能收取额外费用。

  总结以上做法,并反观当前我国电子数据调取的相关规定,笔者提出当前向网络信息业者调取数据程序的以下改良思路:

  首先,考虑到不同网络信息业态之下数据的复杂多样性,网络信息业者有必要制定明确的侦查机关调取数据指引,一方面根据国家相关法律建立的数据分类框架,明确其所掌握的各种数据所属类型,进而便于与层级化的调取措施相对应;另一方面明确对接的渠道、负责的机构和数据调取所需支撑材料。

  其次,鉴于不同地区网络信息产业发展的不均衡,以及侦查机关数字执法能力的差异,并结合数据自身的弱地域性和脆弱性特征,有必要在机制上设立相对集中、稳定、专业的数据调取中枢机构,统一协调处理侦查机关向网络信息业者调取用户数据的申请,并促进相关统计工作和评估工作的进行。

  再次,在推进侦查机关与网络信息行业达成数据调取共识的基础上,推动调取活动的全面数字化、网络化,双方身份的识别和确认、申请的提出和审查、根据申请进行的调取反馈、目标数据的传输和鉴真、调取行为的用户告知等数据调取各个阶段均尽可能通过在线的方式进行。

  最后,在制定具体的数据调取规则时,需要关注到协助调取所造成的企业负担。目前《刑事诉讼法》仅就证人履行作证义务设置了补助,但是网络信息业者基于其承担的用户信息保护义务,在筛查和处理调取数据请求时同样需要花费人力、财力、物力,特别是对于小型互联网企业而言,这种负担可能更重。考虑到侦查机关个案中调取的数据量可能较为庞大,有必要在制度设计上考虑到相关费用的处理问题,在必要时予以补助。

结论：
重构数字时代跨境取证的边界

数字时代对于传统刑事司法体系形成了全方位的冲击，其重要表现之一即在于其运行场域的转变，背后体现出的是网络空间弱地域性和主权与管辖权制度的强地域性之间的冲突。这种冲突不仅普遍削弱了一国打击各类犯罪的现实能力，同时也从程序正当性到措施合比例性再到证据可采性等方面产生了一系列国内法层面的连锁反应。从这个角度来讲，刑事跨境数据取证面临的挑战并非单纯的国际法问题，而是需要国内法同步积极调整与应对，并且这一应对并非单独条文修改足以实现，其要求刑事诉讼多项基本制度之间的协同联动。

犯罪活动的普遍网络化使电子数据快速发展为刑事诉讼主要的证据材料之一，对此，刑事诉讼法可以说作出了较为迅捷的反应，尤为典型地体现在《电子数据规定》和《电子取证规则》之中。但是，这种迅捷反应也暴露出三个制度建构中的问题：一是在理论层面对电子取证措施的支撑不够充分，现有规则更多的是在总结归纳实践经验的基础上建立起来；二是传统刑事诉讼侦查措施体系的内在逻辑不连贯、不清晰，既有措施缺少在理论和规则两个层面的延展性；三是现有相关规范性文件效力层级较低，其主要功能是为司法实践已经成型的做法提供法律依据，但该依据在涉及限制公民基本权利的情形下明显效力不足，同时也未能考虑到制度的体系性建设需求。在上述三重问题的共同作用下，当前电子取证规则呈现出的是与既有措施体系若即若离的状态，"即"体现在名称的相似性上，而"离"则主要体现在内涵及外延的异化。这种状态并非仅仅改变了某一项侦查取证措施的性质和功能,而是会进一步架空刑事诉讼程序相关权利保障机制。

所幸的是,当前关于电子取证的相关规定还主要停留在司法解释的层面,其距离迈入刑事诉讼法本法仍有一步之遥。在下一次修订《刑事诉讼法》之前,我们仍有机会理顺侦查措施体系的内部逻辑,并在此基础上整合新旧措施,在维系相关规则体系的完整性与一致性的同时,对侦查措施进行必要的数字化改造,以适应网络信息时代的要求,并在最终价值上维护数字正义。

对此,笔者认为有以下三点是特别需要注意的。第一,侦查措施体系需要回归到公民基本权利保障的主线之上,这是保障侦查措施体系稳定性以及判断是否有必要添加、改造、整合某项具体措施的前提,同时也是评价不同措施之间的强制性阶层并在此基础上设置程序性门槛的依据。第二,以基本权利保障为主线的制度设计需要关注权利自身的变化,特别是要考量如何将新型数字权利嵌入传统刑事诉讼法权益保障体系中去。[1] 在电子数据取证的场景中尤其需要关注的是个人信息保护相关权益,一则需要考虑刑事诉讼法与涉个人信息相关数字法律制度相衔接的问题;二则也需要考虑个人信息与既有的隐私权、通信权等涉信息权利相融合的问题。第三,电子数据的侦查取证不可避免地要面对跨境问题,这是网络空间对传统地域主权概念下一国刑事管辖权最直接且重大的挑战之一。仅仅将某一措施包装成任意性侦查措施单边予以实施不仅无法规避执法管辖权的地域限制问题,还容易在跨境执法过程中面临合法性以及后续取得的证据材料的可采性问题,更毋庸提可能引发的侵犯他国主权的风险。在犯罪活动普遍"触网"的大背景下,必须在电子取证措施体系的建构中强调其涉外属性,同时推动国际规则与国内规则的齐头并进和双向互动。

基于上述分析,本书主要形成以下核心结论。

首先,针对跨境数据取证中存在的主权问题,相关研究和制度探索需要将焦点从立法管辖权转向执法管辖权。传统管辖权探讨中之所以鲜有涉及执法管辖权,是因为在物理世界,跨国犯罪寥寥无几,绝

---

[1] 参见郑曦:《刑事诉讼个人信息保护论纲》,载《当代法学》2021年第2期,第115—124页。

大多数侦查取证活动发生在一国境内,自然不会触发执法管辖权的问题。即便涉及跨境取证,国际刑事司法协助机制也足以应对少量案件。这一切在网络空间中均被打破,即便是纯本国案件,其关键证据也可能在境外存储或传输,并且犯罪活动与证据分布相分离的情况正在快速蔓延至传统犯罪,成为当前及未来犯罪治理的新常态。在这一背景下,执法管辖权对犯罪治理的限制开始逐步脱离立法管辖权的话语体系,其重要性前所未有地凸显出来。需要看到的是,现实的困境和需求已经明显地超出了已有的理论和制度储备,惯性式地以扩张立法管辖权来应对跨境数据取证面临的挑战,要么是无的放矢,要么是削足适履。

有鉴于此,在尊重他国主权的原则之下,相关理论供给一方面需要突破物理场域的制度设计逻辑,在更深层次上考察场域转化对刑事司法域外适用的影响;另一方面需要基于谱系化的主权概念形成合比例、多元化的跨境侦查取证模型,以适应不断普遍化的犯罪触网以及不断复杂化的犯罪治理国际协作需求。更进一步讲,借由网络空间形成的犯罪及犯罪治理国际化不断打破国内法与国际法的传统边界,国内法的域外溢出效应不断强化,单边性的立法思维亦难以适应新时代的犯罪治理需求。这就对理论研究者与立法者均提出了更高的要求,不仅需要对传统刑事诉讼原理、概念、规则进行系统反思,也要求其以更为国际化的思维审视国内法的建设和发展路径,内外统筹方是困境破解之道。

其次,犯罪借由网络空间呈现出强烈的全球化趋势,在此背景下,跨境数据取证成为新常态,而向网络信息业者调取用户个人信息已然成为刑事侦查的重要措施。随着个人信息保护制度的不断完善,秉持刑事司法兼具打击犯罪和保障人权的双重价值,调取措施不应一概视为任意性侦查措施而任由其野蛮生长,而是需要纳入刑事诉讼法侦查整体理念和框架之下予以规制。需要看到,在网络信息社会,公民将个人信息转移给网络信息业者是参与社会生活的必须,这种转移不能直接视为信息主体放弃该信息所承载的个人权益,也不意味着侦查机关可以绕过相应的权益保障机制而直接向网络信息业者取证。网络信息业者所承担的协助用户信息调取义务一方面需要与刑事司法的自身逻辑和制度架构相契合,另一方面也需要与法律针对网络信息业者设置的各种义务体系相协调。

在此基础上,跨境数据取证在推进公私合作、强化网络信息业者等第三方主体协助义务的过程中,应当关注以下五项要点:第一,向网络信息业者调取用户信息的措施强度需要与信息所承载的权益分层匹配。第二,在用户信息存在多个控制者的情况下,优先向信息主体调取涉案信息。第三,区分不同的侦查措施相对人,针对被指控人以外的诉讼参与人的信息调取,应当回归一般个人信息保护的框架之下。第四,用户个人信息的保障以知情为前提,为确保侦查的顺利进行,可以对知情权进行分级递减,但不应当在原则上一概免除。第五,针对用户信息的调取措施需要兼顾信息的特殊属性,在确保证据质量的前提下,明确调取路径,尽可能提高取证效率,并降低网络信息业者协助执法的成本。

再次,跨境数据取证不可避免地会牵涉数据安全问题。《数据安全法》建立起数据安全保障体系的宏观框架,作为网络空间治理的重要组成部分,该法的影响涉及各种类型的数据处理活动,其中也涉刑事司法活动。刑事跨境数据取证中数据安全保障的复杂性,不仅在于数据跨境传输本身所存在的安全风险,同时也在于强地域属性的刑事司法制度对于跨境取证的诸多限制;在这一场景中,数据安全并非最主要的价值,并且该目标也并非总能与刑事司法自身价值相兼容。此时,加强刑事诉讼法与数据安全法的对话和衔接以推动价值平衡就变得尤为重要。这一方面需要明确数据安全这一概念自身的内涵和外延,特别是需要将其放置在我国网络信息法律制度整体框架下进行审视,尽可能将其与《网络安全法》《个人信息保护法》等相关立法的功能进行划分,避免其涵盖范围的过度扩张,也正是在这个意义上,相关制度设计应当主要针对资源性的数据聚合体探讨数据安全,并且数据安全的评价要素应当回归国家安全总体框架之下;另一方面需要紧密结合刑事跨境取证本身的特征和需求,根据不同的跨境数据取证场景来考察其中的数据安全风险,在确保犯罪治理目的得以有效实现的前提下,设置相应的数据安全保障机制。

  最后,刑事诉讼并非个人信息保护的法外之地。相反地,由于个人信息所承载的公民基本权利的复杂性,以及刑事诉讼自身所具有的强权利干预的特性,使这一领域的个人信息保护需要更为充分的考量且精细的设计。这种考量和设计一方面需要与我国业已建立或正在建立的个人信息保护整体制度框架相融合,例如需要回应以《民法典》为主的隐私与个人信息的二分,同时需要兼顾《宪法》对于通信权的专门保障;另一方面则需要回归刑事诉讼制度的自身价值和逻辑,结合刑事诉讼的已有规则体系,在利用信息技术提升打击犯罪效能与保障个人信息所承载公民基本权利之间寻求数字时代的平衡点。以上两个方面的结合意味着刑事诉讼中的个人信息保护需要明确该信息在已有公民信息保护体系中的定位,特别是其与隐私信息和通信信息的关系,这是后续制度建设的基础和前提。在当前中国不断完善个人信息保护制度的大背景下,这种定位无论是对于刑事诉讼法建立自身的个人信息保护规则,还是对于其参与整体制度建设并与其他部门法相对话、相衔接,均势在必行且刻不容缓。

主要参考文献

一、专著

1. 陈光中主编:《刑事诉讼法(第七版)》,北京大学出版社、高等教育出版社 2021 年版。

2. 陈瑞华:《企业合规基本理论》,法律出版社 2020 年版。

3. 陈瑞华:《刑事诉讼法》,北京大学出版社 2021 年版。

4. 全国人大常委会法制工作委员会编:《法律询问答复(2000—2005)》,中国民主法制出版社 2006 年版。

5. 美国法学会:《美国对外关系法重述(第四次):国际关系法与美国管辖权》。

6. Bauman, Z. Globalisation: The Human Consequences. Columbia University Press. 1998.

7. Hornle, J. Internet Jurisdiction: Law and Practice. Oxford University Press. 2020.

8. Steger, M. Globalizaiton. Oxford University Press. 2013.

9. Steinmets, K. & Matt R. Nobles (eds.). Technocrime and Criminological Theory. Routledge. 2018.

10. Julia Hornle & Elif Mendos Kuskonmaz. Criminal Jurisdiction-Concurrent Jurisdiction, Sovereignty, and the Urgent Requirement for Co-ordination, in Internet Jurisdiction: Law and Practice (Julia Hornle ed.). Oxford University Press. 2020.

11. Bradford W. Reyns. Routine Activity Theory and Cybercrime: A Theoretical Appraisal and Literature Review, in Technocrime and Criminological Theory (Kevin F. Steinmets & Matt R. Nobles eds.). Routledge. 2018.

12. Dimitrios Kavallieros et al. Understanding the Dark Web, in Dark Web Investigation (Babak Akhgar eds.). Springer. 2021.

13. Jennifer Daskal. The Overlapping Web of Data, Territoriality, and Sovereignty. in The Oxford Handbook of Global Legal Pluralism (Paul Schiff Berman ed.). Oxford University Press. 2020.

14. Michael N. Schmitt (ed.). Rule 11-Extraterritorial Enforcement Jurisdiction, in Tallinn Manual 2.0 on the International Law Applicable to Cyber Operations. Cambridge University Press. 2017.

15. James R. Crawford (ed.). Brownlie's Principles of Public International Law (8th edition). Oxford University Press. 2012.

16. Donald R. Rothwell, et al. Jurisdiction, in International Law: Cases and Materials with Australian Perspectives (3rd Edition) (Donald R. Rothwell, et al eds.). Cambridge University Press. 2019.

17. Robert Cryer et al. Jurisdiction, in An Introduction to International Criminal Law and Procedure (2nd Edition). Oxford University Press. 2010.

18. Cedric Ryngaert. Territory in the Law of Jurisdiction: Imagining Alternatives, in Netherlands Yearbook of International Law 2016: The changing Nature of Territoriality in International Law (Martin Kuijer and Wouter Werner eds.). Springer. 2017.

19. Oren Perez. Transnational Networks and the Constitution of Global Law, in The Oxford Handbook of Global Legal Pluralism (Paul Schiff Berman ed.). Oxford University Press. 2020.

20. Sandra Braman. Change of State: Information, Policy, and Power. The MIT Press. 2006.

21. Daniel J. Solove. The Digital Person: Technology and Privacy in the Information Age. New York University Press. 2017.

22. Ian Walden. Accessing data in the cloud: the long arm of the law enforcement agent, in Privacy and Security for Clouding Computing, Computer Communications and Networks (Pearson S., Yee G. eds.).

Springer. 2012.

23. W Kuan Hon & Christopher Millard. "Cloud Technologies and Services", in Cloud Computing Law (Christopher Millard ed.). Oxford University Press. 2013.

24. Dan Jerker B. Svantesson. Solving the Internet Jurisdiction Puzzle. Oxford University Press. 2017.

25. Anthony D'Amato. Good Faith, in Max Planck Encyclopedia of Public International Law, vol.7 (History of International Law, Foundations and Principles of International Law, Sources of International Law, Law of Treaties) (R. Bernhardt ed.). North-Holland. 1984.

26. Michael N. Schmitt (ed.). Tallinn Manual 2.0 on the International Law Applicable to Cyber Operations, prepared by the international groups of experts at the invitation of the NATO Cooperative Cyber Defense Centre of Excellence. Cambridge University Press. 2017.

27. Milton Mueller. Will the Internet Fragment? Sovereignty, Globalization and Cyberspace. Polity. 2017.

28. Ira S. Rubinstein et al. Systematic Government Access to Private-Sector Data: A Comparative Analysis, in Bulk Collection: Systematic Government Access to Private-Sector Data (Fed H. Cate and James X. Dempsey eds.). Oxford University Press. 2017.

29. Restatement (Third) of the Foreign Relations Law of the United States § 415 cmt. j (AM. LAW INST.1987).

30. Lee A. Bygrave. Data Privacy Law: An International Perspective. Oxford University Press. 2014.

31. Aharon Barak. Proportionality: Constitutional Rights and Their Limitations, translated by Doron Kalir. Cambridge University Press. 2012.

32. Charles Raab and David Wright. Surveillance: Extending the Limits of Privacy Impact Assessment, in Privacy Impact Assessment (David Wright and Paul De Hert eds.). Springer. 2012.

33. Laurens Lavrysen. Chapter 4 Protection by the Law: The Positive

Obligation to Develop a Legal Framework to Adequately Protect ECHR Rights, in Human Rights and Civil Liberties in the 21st Century (Yves Haeck & Eva Brems eds.)., Springer Netherlands. 2014.

34. L. B. Edelman. Working Law: Courts, Corporations, and Symbolic Civil Rights. University of Chicago Press. 2016.

35. Neil Richards. Intellectual Privacy: Rethinking Civil Liberties in the Digital Age. Oxford University Press. 2015.

二、期刊文献

(一)中文期刊文献

1. 艾明:《调取证据应该成为一项独立的侦查取证措施吗?——调取证据措施正当性批判》,载《证据科学》2016年第2期。

2. 艾明:《刑事诉讼法中的侦查概括条款》,载《法学研究》2017年第4期。

3. 拜荣静:《构建实效性的刑事证据保全制度——以审判中心主义为视角》,载《中国政法大学学报》2018年第1期。

4. 陈瑞华:《企业合规的基本问题》,载《中国法律评论》2020年第1期。

5. 陈瑞华:《合规视野下的企业刑事责任问题》,载《环球法律评论》2020年第1期。

6. 陈瑞华:《刑事诉讼的合规激励模式》,载《中国法学》2020年第6期。

7. 陈永生:《电子数据搜查、扣押的法律规制》,载《现代法学》2014年第5期。

8. 陈结淼:《关于我国网络犯罪刑事管辖权立法的思考》,载《现代法学》2008年第3期。

9. 程雷:《刑事司法中的公民个人信息保护》,载《中国人民大学学报》2019年第1期。

10. 蔡星月:《数据主体的"弱同意"及其规范结构》,载《比较法研究》2019 年第 4 期。

11. 杜强强:《法院调取通话记录不属于宪法上的通信检查》,载《法学》2019 年第 12 期。

12. 冯俊伟:《域外取得的刑事证据之可采性》,载《中国法学》2015 年第 4 期。

13. 冯俊伟:《欧盟跨境刑事取证的立法模式》,载《证据科学》2016 年第 1 期。

14. 冯俊伟:《刑事司法协助所获证据的可采性审查:原则与方法》,载《中国刑事法杂志》2017 年第 6 期。

15. 冯俊伟:《刑事证据分布理论及其运用》,载《法学研究》2019 年第 4 期。

16. 冯俊伟:《跨境取证中非法证据排除规则的适用》,载《暨南学报(哲学社会科学版)》2020 年第 3 期。

17. 冯俊伟:《境外电子数据的取得与运用——基于第 67 号检察指导性案例的展开》,载《国家检察官学院学报》2021 年第 4 期。

18. 甘勇:《〈塔林手册 2.0 版〉网络活动国际管辖权规则评析》,载《武大国际法评论》2019 年第 4 期。

19. 郭玉军、向在胜:《网络案件中美国法院的长臂管辖权》,载《中国法学》2002 年第 6 期。

20. 高一飞、吴刚:《手机解锁搜查中强制企业协助行为的法律调整》,载《河北法学》2018 年第 11 期。

21. 黄风:《检察机关实施〈国际刑事司法协助法〉若干问题》,载《国家检察官学院学报》2019 年第 4 期。

22. 胡健生、黄志雄:《打击网络犯罪国际法机制的困境与前景——以欧洲委员会〈网络犯罪公约〉为视角》,载《国际法研究》2016 年第 6 期。

23. 金丽慧:《2017 网络空间安全现状与趋势分析报告》,载《信息安全与通信保密》2018 年第 3 期。

24. 龙宗智:《寻求有效取证与保证权利的平衡——评"两高一部"电子数据证据规定》,载《法学》2016 年第 11 期。

25. 龙卫球:《数据新型财产权构建及其体系研究》,载《政法论坛》2017年第4期。

26. 李玉华:《我国企业合规的刑事诉讼激励》,载《比较法研究》2020年第1期。

27. 刘品新:《论网络时代侦查制度的创新》,载《暨南学报(哲学社会科学版)》2012年第11期。

28. 刘艳红:《论刑法的网络空间效力》,载《中国法学》2018年第3期。

29. 刘晗、叶开儒:《网络主权的分层法律形态》,载《华东政法大学学报》2020年第4期。

30. 刘权:《论必要性原则的客观化》,载《中国法学》2016年第5期。

31. 梁坤、刘品新:《论计算机现场勘验的法律规制》,载《山东警察学院学报》2009年第5期。

32. 梁坤:《基于数据主权的国家刑事取证管辖模式》,载《法学研究》2019年第2期。

33. 梁坤:《跨境远程电子取证制度之重塑》,载《环球法律评论》2019年第2期。

34. 梁坤:《论初查中收集电子数据的法律规制——兼与龙宗智、谢登科商榷》,载《中国刑事法杂志》2020年第1期。

35. 李永军:《论〈民法总则〉中个人隐私与信息的"二元制"保护及请求权基础》,载《浙江工商大学学报》2017年第3期。

36. 李岱:《基于零日漏洞攻击的原理与防范》,载《电脑知识与技术》2009年第33期。

37. 马宇飞:《企业数据权利与用户信息权利的冲突与协调——以数据安全保护为背景》,载《法学杂志》2021年第7期。

38. 裴炜:《比例原则视域下电子侦查取证程序性规则构建》,载《环球法律评论》2017年第1期。

39. 裴炜:《个人信息大数据与刑事正当程序的冲突及其调和》,载《法学研究》2018年第2期。

40. 裴炜:《针对用户个人信息的网络服务提供者协助执法义务边界》,载《网络信息法学研究》2018年第1期。

41. 裴炜:《欧盟GDPR:数据跨境流通国际攻防战》,载《中国信息安全》2018年第7期。

42. 裴炜:《信息革命下犯罪的多主体协同治理——以节点治理理论为框架》,载《暨南学报(哲学社会科学版)》2019年第6期。

43. 裴炜:《数据侦查的程序法规制——基于侦查行为相关性的考察》,载《法律科学(西北政法大学学报)》2019年第6期。

44. 裴炜:《论刑事电子取证中的载体扣押》,载《中国刑事法杂志》2020年第4期。

45. 裴炜:《论刑事数字辩护:以有效辩护为视角》,载《法治现代化研究》2020年第4期。

46. 裴炜:《论个人信息的刑事调取——以网络信息业者协助刑事侦查为视角》,载《法律科学(西北政法大学学报)》2021年第3期。

47. 裴炜:《论网络犯罪跨境数据取证中的执法管辖权》,载《比较法研究》2021年第6期。

48. 裴炜:《向网络信息业者取证:跨境数据侦查新模式的源起、障碍与建构》,载《河北法学》2021年第4期。

49. 裴炜:《刑事跨境取证中的数据安全风险及其应对》,载《国家检察官学院学报》2021年第6期。

50. 裴炜:《论刑事电子取证中的数据冻结》,载《北外法学》2021年第2期。

51. 裴炜:《刑事诉讼中的个人信息保护探讨——基于公民信息保护整体框架》,载《人民检察》2021年第14期。

52. 屈学武:《因特网上的犯罪及其遏制》,载《法学研究》2000年第4期。

53. 乔洪翔、宗淼:《论刑事电子证据的取证程序——以计算机及网络为主要视角》,载《国家检察官学院学报》2005年第6期。

54. 时延安:《合规计划实施与单位的刑事归责》,载《法学杂志》2019年第9期。

55. 孙明泽:《刑事诉讼电子数据冻结的程序规制研究》,载《中国人民公安大学学报(社会科学版)》2020年第1期。

56. 孙潇琳:《我国网络犯罪管辖问题研究》,载《法学评论》2018年第4期。

57. 唐彬彬:《我国区际刑事司法协助中境外证据的采纳:现状与完善》,载《公安学研究》2020年第5期。

58. 田圣斌:《互联网刑事案件管辖制度研究》,载《政法论坛》2021年第3期。

59. 田野:《大数据时代知情同意原则的困境与出路——以生物资料库的个人信息保护为例》,载《法制与社会发展》2018年第6期。

60. 谭婷等:《涉外网络犯罪刑事管辖权的确定》,载《人民检察》2018年第7期。

61. 王锴:《基本权利保护范围的界定》,载《法学研究》2020年第5期。

62. 王锴:《调取查阅通话(讯)记录中的基本权利保护》,载《政治与法律》2020年第8期。

63. 王立梅:《论跨境电子证据司法协助简易程序的构建》,载《法学杂志》2020年第3期。

64. 王怀勇、常宇豪:《个人信息保护的理念嬗变与制度变革》,载《法制与社会发展》2020年第6期。

65. 王秀梅:《普遍管辖权的司法适用——以美国为例》,载《政法论丛》2020年第3期。

66. 王青、李建明:《国际侦查合作背景下的境外取证与证据的可采性》,载《江苏社会科学》2017年第4期。

67. 吴琦:《网络空间中的司法管辖权冲突与解决方案》,载《西南政法大学学报》2021年第1期。

68. 万方:《企业合规刑事化的发展及启示》,载《中国刑事法杂志》2019年第2期。

69. 万春等:《〈关于办理刑事案件收集提取和审查判断电子数据若干问题的规定〉理解与适用》,载《人民检察》2017年第1期。

70. 王静、魏雄文：《从秩序到效率：网络犯罪管辖权的变迁》，载《人民检察》2020 年第 11 期。

71. 肖永平：《"长臂管辖权"的法理分析与对策研究》，载《中国法学》2019 年第 6 期。

72. 谢登科：《电子数据网络远程勘验规则反思与重构》，载《中国刑事法杂志》2020 年第 1 期。

73. 谢登科：《电子数据网络在线提取规则反思与重构》，载《东方法学》2020 年第 3 期。

74. 杨登杰：《执中行权的宪法比例原则：兼与美国多元审查基准比较》，载《中外法学》2015 年第 2 期。

75. 杨宇冠：《企业合规与刑事诉讼法修改》，载《中国刑事法杂志》2021 年第 6 期。

76. 叶媛博：《论多元化跨境电子取证制度的构建》，载《中国人民公安大学学报（社会科学版）》2020 年第 4 期。

77. 张新宝：《从隐私到个人信息：利益再衡量的理论与制度安排》，载《中国法学》2015 年第 3 期。

78. 张俊霞、傅跃建：《论网络犯罪的国际刑事管辖》，载《当代法学》2009 年第 3 期。

79. 张泽涛：《我国刑诉法应增设证据保全制度》，载《法学研究》2012 年第 3 期。

80. 张忆然：《大数据时代"个人信息"的权利变迁与刑法保护的教义学限缩——以"数据财产权"与"信息自决权"的二分为视角》，载《政治与法律》2020 年第 6 期。

81. 翟志勇：《数据主权的兴起及其双重属性》，载《中国法律评论》2018 年第 6 期。

82. 郑泽善：《网络犯罪与刑法的空间效力原则》，载《法学研究》2006 年第 5 期。

83. 郑曦：《个人信息保护视角下的刑事被遗忘权对应义务研究》，载《浙江工商大学学报》2019 年第 1 期。

84. 郑曦：《作为刑事诉讼权利的个人信息权》，载《政法论坛》

2020 年第 5 期。

85. 郑曦:《刑事诉讼个人信息保护论纲》,载《当代法学》2021 年第 2 期。

86. 周加海、喻海松:《〈关于办理刑事案件收集提取和审查判断电子数据若干问题的规定〉的理解与适用》,载《人民司法(应用)》2017 年第 28 期。

87. 周汉华:《个人信息保护的法律定位》,载《法商研究》2020 年第 3 期。

88. 朱桐辉、王玉晴:《电子数据取证的正当程序规制——〈公安电子数据取证规则〉评析》,载《苏州大学学报(法学版)》2020 年第 1 期。

89. 高艳东:《适当扩张管辖遏制网络犯罪蔓延》,载《检察日报》2021 年 5 月 17 日第 003 版。

90.《人民法院报发布 2019 年度人民法院十大刑事案件之六:浙江乐清滴滴顺风车司机杀人案》,载《人民法院报》2020 年 1 月 12 日,第 4 版。

91. 王俊:《网络犯罪取证难、管辖难,张军称检察办案要"道高一丈"》,新京报 2020 年 6 月 11 日。

(二)外文期刊文献

1. Jennifer C.Daskal, Borders and Bits, 71(1) Vanderbilt Law Review 179(2018): pp.179-240.

2. Jennifer C.Daskal, The Un-Territoriality of Data, 125 Yale Law Journal 326 (2015): pp.326-398.

3. Jennifer C. Daskal, Transnational Government Hacking, 10 Journal of National Security Law & Policy 677(2020): pp.677-700.

4. Jonathan Mayer, Government Hacking, 127 The Yale Law Journal 570 (2018): pp.570-662.

5. Orin S. Kerr & Sean D. Murphy, Government Hacking to Light the Dark Web: What Risks to International Relations and International Law ?, 70 Stanford Law Review Online 58(2017): pp.58-69.

6. Orin S. Kerr, The case for the third-party doctrine, 107 Michigan Law Review 561(2009): pp.561-601.

7. Orin S. Kerr, The Mosaic Theory of the Fourth Amendment, 111(3) Michigan Law Review311(2012): pp.311-354.

8. Orin S. Kerr & Bruce Schneier, Encryption Workarouds, 106 The Georgetown Law Journal 989(2018): pp.989-1019.

9. Matthew Tokson, The Next Wave of Fourth Amendment Challenges after Carpenter, 59(1) Washnurn Law Journal 1(2020): pp.1-22.

10. Stephanie K. Pell, You Can't Always Get What You Want: How Will Law Enforcement Get What It needs in a Post-CALEA, Cybersecurity-Centric Encryption Era?, 17 N. C. J. L. & Tech. 599 (2016): pp.599-643.

11. Ari Ezra Waldman, Privacy Law's False Promise, 97(2) Washington U. L. R.773(2020): pp.773-835.

12. S. Strange, The Westfailure System, 25(3) Review of International Studies 345(1999): pp.345-354.

13. Shane Horgan et al, Re-Territorialising the Policing of Cybercrime in the Post-COVID-19 Era: Towards a Vision of Local Democratic Cybercrime Policing, 11(3) Journal of Criminal Psychology 222 (2021): pp.222-239.

14. Daniel J. Solove, The Myth of the Privacy Paradox, 89 George Washington Law Review 1(2021): pp.1-51.

15. Eoin Carloan & M. Rosario Castillo-Mayen. Why More User Control Does Not Mean More User Privacy: An Empirical (and Counter-Intuitive) Assessment of European E-Privacy Laws, 19(2)Virginia J. L. & Tech 325(2015): pp.325-387.

16. Anupam Chander, Data Nationalism, 64(3) Emory Law Journal 677(2015): pp.677-739.

17. De Hert et al, Legal Arguments Used in Courts Regarding Territoriality and Cross-Border Production Orders: From Yahoo Belgium to Microsoft Ireland, 9(3) New Journal of European Criminal Law 326

(2018): pp.326-352.

18. Johan Vandendriessche, The effect of "virtual presence" in Belgium on the duty to cooperate with criminal investigators, 8 Digital Evidence and Electronic Signature Law Review 194(2011): pp.194-195.

19. Carlos Liguori, Exploring Lawful Hacking as a Possible Answer to the "Going Dark" Debate, 26(2) Mich. Telecomm. & Tech. L. Rev.317 (2020): pp.317-345.

20. Gemma Davies, Shining a Light on Policing of the Dark Web: An Analysis of UK Investigatory Powers, 84(5) The Journal of Criminal Law 407(2020): pp.407-426.

21. Brian L. Owsley, Beware of Government Agents Bearing Trojan Horses, 48(2) Akron Law Review 315(2015): pp.315-347.

22. Rachel Bercovitz, Law Enforcement Hacking: Defining Jurisdiction, 121(4) Columbia Law Review 1251(2021): pp.1251-1288.

23. Ahmed Ghappour, Searching Places Unknown: Law Enforcement Jurisdiction on the Dark Web, 69 Stanford Law Review 1075(2017): pp.1075-1136.

24. Mariko Nakamura, Remote Access Investigation in Japan, 1 Japanese Journal of Global Informatics 105(2021): pp.105-115.

25. David Rassoul Rangaviz, Compelled Decryption & State Constitutional Protection against Self-Incrimination, 57 American Criminal Law Review 157(2020): pp.157-206.

26. Jack L. Goldsmith, The Internet and the Abiding Significance of Territorial Sovereignty, 5(2) Ind. J. Global Legal Stud. 475(1998): pp.475-491.

27. Dan E. Stigall, Ungoverned Spaces, Transnational Crime, and the Prohibition on Extraterritorial Enforcement Jurisdiction in International Law, 3(1) Notre Dame J. Int'l & Comp. L. 1 (2013): pp.1-53.

28. Satya T. Mouland, Rethinking Adjudicative Jurisdiction in International Law, 29(1) Wah. Int'l L. J. 173(2019): pp.173-202.

29. Péter D. Szigeti, The illusion of territorial jurisdiction, 52(3) Texas International Law Journal 369 (2017): pp.369-399.

30. Salome Viljoen, A Relational Theory of Data Governance, 131 The Yale Law Journal 573(2021): pp.573-654.

31. Charles I. Jones & Christopher Tonetti, Nonrivalry and the Economics of Data, 110(9) American Economic Review 2819(2020): pp.2819-2858.

32. Manuel Castells, Materials for an Exploratory Theory of the Network Society, 19 British Journal of Sociology 5(2000): pp.5-24.

33. Timothy Mitchell, The limits of the state: beyond statist approaches and their critics, 85(1) The American Political Science Review 77 (1991): pp.77-96.

34. Shelli Gimelstein, A location-based test for jurisdiction over data: the consequences for global online privacy, 2018(1) Journal of Law, Technology & Policy 1(2018): p.1-32.

35. Anupam Chander & Uyen P. Le, Breaking the Web: Data Localization vs. the Global Internet, Emory Law Journal, Forthcoming (2014): pp.1-50.

36. Peter Swire & Justin D. Hemmings, Mutual legal assistance in an era of globalized communications, 71 NYU Annual Survey of American Law 687(2017): pp.687-800.

37. In re Warrant to Search a Certain Email Account Controlled & Maintained by Microsoft Corp, 128 Harv. L. Rev. 1019(2015): pp.1019-1026.

38. Kevin John Heller, In Defense of Pure Sovereignty in Cyberspace, 97 Unt'l L. Stud. 1432(2021): pp.1432-1499.

39. Mireille Hildebrandt, Extraterritorial Jurisdiction to Enforce in Cyberspace? Bodin, Schmitt, Grotius in Cyberspace, 63 Uni. Toronto L. J. 196 (2013): pp.196-224.

40. Talya Uçarılmaz, The Principle of Good Faith in Public Interna-

tional Law. 68(1) Estudios de Deusto 43 (2020): pp.43-59.

41. Eunice Park, Objects, places and cyber-spaces post-Carpenter: extending the third -party doctrine beyond CSLI, 21 Yale J. L. & Tech 1 (2019): pp.1-58.

42. Neil Richards, The third-party doctrine and the future of the cloud, 94 Wash. U. L. Rev. 1441(2016): pp.1441-1492.

43. Rebcca Lipman, The third party exception: reshaping an imperfect doctrine for the digital age, 8 Harvard Law & Policy Review 471(2014): pp.471-490.

44. Andrew Keane Woods, Litigating data sovereignty, 128 The Yale Law Journal 328(2019): pp.328-406.

45. Omer Tene, What Google knows: privacy and Internet search engines, Utah. L. Rev. 1(2007), pp.1-72.

46. Sovoska Snezana, et al, Design of Cross Border Healthcare Integrated System and Its Privacy and Security Issues, 13(2) Computer and Communications Engineering 58 (2019): pp.58-63.

47. P. Ravi Kumar, Exploring Data Security Issues and Solutions in Cloud Computing, 125 Procedia Computer Science 691 (2018): pp.691-697.

48. Rafita Ahlam, Apple, The Government, and You: Security and Privacy Implications of the Global Encryption Debate, 44(3) Fordham International Law Journal 771(2021): pp.771-846.

49. M. Bas Seyyar and Z.J.M.H. Geradts, Privacy Impact Assessment in Large-Scale Digital Forensic Investigations, 33 Forensic Science International: Digital Investigation 1 (2020): pp.1-9.

50. Allison M. Holmes, Citizen Led Policing in the Digital Realm: Paedophile Hunters and Article 8 in the Case of Sutherland v Her Majesty's Advocate, 85(1) The Modern Law Review 219(2022): pp.219-231.

51. Jessica Shurson, Data Protection and Law Enforcement Access to Digital Evidence: Resolving the Reciprocal Conflicts between EU and US

Law, 28 International Journal of Law and Information Technology 167 (2020): pp.167-184.

三、网络文献

1. 全国人大常委会法工委关于《中华人民共和国网络安全法(草案)》的说明,载 http://www.npc.gov.cn/wxzl/gongbao/2017-02/20/content_2007537.htm。

2. 中国信息通信研究院:《新形势下电信网络诈骗治理研究报告(2020年)》,载 http://www.caict.ac.cn/kxyj/qwfb/ztbg/202012/P020201218393889946295.pdf。

3. 公安部:90%以上诈骗、钓鱼、赌博网站服务器在境外,中国网信网 2015 年 9 月 14 日发布,载 http://www.cac.gov.cn/2015-09/14/c_1116558480.htm。

4. 公安部通报打击治理电信网络诈骗犯罪举措成效,国务院新闻网 2021 年 6 月 17 日发布,载 http://www.scio.gov.cn/xwfbh/gbwxwfbh/xwfbh/gab/Document/1706955/1706955.htm。

5. 公安机关加强国际执法合作深入推进打击治理电信网络诈骗犯罪,公安部网 2022 年 9 月 12 日发布,https://www.mps.gov.cn/n2255079/n6865805/n7355741/n7912601/c8690096/content.html。

6. 坚持以人民为中心,打防结合遏制犯罪,江苏省公安厅 2021 年 4 月 12 日发布,http://gat.jiangsu.gov.cn/art/2021/4/12/art_6379_9751350.html。

7. 最高人民法院、最高人民检察院、公安部:《关于敦促跨境赌博相关犯罪嫌疑人投案自首的通告》,公安部网 2021 年 2 月 5 日发布,https://www.mps.gov.cn/n6557558/c7721849/content.html。

8. 欧洲刑警组织与欧洲检察官组织签署合作协议,中国打击侵权假冒工作网 2021 年 1 月 15 日发布,http://www.ipraction.gov.cn/article/xwfb/gjxw/202101/333387.html。

9. 江苏徐州"虚拟货币"传销案涉 50 万人 109 亿元,环球网 2016 年 12 月 15 日发布,https://china.huanqiu.com/article/9CaKrnJZaG1。

10. 最高人民法院:"依法平等保护民营企业家人身财产安全十大典型案例",人民法院新闻传媒总社 2019 年 5 月 21 日,http://www.court.gov.cn/zixun-xiangqing-159542.html。

11. 公安部重拳打击电影侵权盗版违法犯罪,成功侦破春节档电影侵权盗版"2·15"系列专案,中央人民政府网 2019 年 4 月 30 日发布,http://www.gov.cn/xinwen/2019-04/30/content_5387876.htm。

12. 当传销披上网络的外衣,你还认识它吗?,http://jk.wngaj.gov.cn/jwdt/jfcq/279695.htm。

13. 破案取证难,咋解(政策解读·聚焦反电信诈骗),中国警察网 2016 年 11 月 1 日发布,http://news.cpd.com.cn/n18151/c35279802/content.html。

14.《携手构建网络空间命运共同体》,世界互联网大会官网 2019 年 10 月 16 日发布,https://www.wicwuzhen.cn/web19/release/release/201910/t20191016_11198729.shtml。

15.《扩大裁判文书公开范围,健全裁判文书公开机制——〈最高人民法院关于人民法院在互联网公布裁判文书的规定〉亮点解读》,中国法院网 2016 年 8 月 31 日发布,引自 https://www.chinacourt.org/article/detail/2016/08/id/2071761.shtml。

16.《人民法院国家赔偿和司法救助典型案例》,最高人民法院网 2019 年 12 月 19 日发布,http://www.court.gov.cn/zixun-xiangqing-211061.html。

17. 张开闵等 52 人电信网络诈骗案(检例第 67 号),最高检第 18 批指导性案例,引自 https://www.spp.gov.cn/spp/jczdal/202004/t20200408_458415.shtml。

18.《滴滴:27 日起全国下线顺风车 免去顺风车总经理职务》,凤凰网 2018 年 8 月 26 日发布,https://tech.ifeng.com/c/7fg8ZpPypXc。

19. 联合国大会通过第 73/27 号决议:https://undocs.org/Home/Mobile?FinalSymbol=A%2FRES%2F73%2F266&Language=E&DeviceType=Desktop&LangRequested=False。

20. Interpol. 2019. "Interpol's Rules on the Processing of Data". ht-

tps://www.interpol.int/content/download/5694/file/INTERPOL%20Rules%20on%20the%20Processing%20of%20Data-EN.pdf.

21. Interpol. 2020. "Cybercrime: COVID-19 Impact". https://www.interpol.int/News-and-Events/News/2020/INTERPOL-report-shows-alarming-rate-of-cyberattacks-during-COVID-19.

22. Interpol. 2020. "Interpol's Comments-6th Meeting of the Open-Ended Intergovernmental Expert Group to Conduct a Comprehensive Study on Cybercrime". https://www.unodc.org/documents/Cybercrime/IEG_cyber_comments/INTERPOL.pdf.

23. Interpol. "Partnerships are essential in fighting cybercrime since the expertise often lies in other sectors". https://www.interpol.int/Crimes/Cybercrime/Public-private-partnerships.

24. Interpol. "Cybercrime Collaboration Services: Secure information-sharing platforms for law enforcement and partners". https://www.interpol.int/en/Crimes/Cybercrime/Cybercrime-Collaboration-Services.

25. Interpol. "'Internet of Things' cyber risks tackled during INTERPOL Digital Security Challenge". https://www.interpol.int/en/News-and-Events/News/2018/Internet-of-Things-cyber-risks-tackled-during-INTERPOL-Digital-Security-Challenge.

26. Interpol. "Guide for Criminal Justice Statistics on Cybercrime and Electronic Evidence". https://www.interpol.int/en/content/download/15731/file/Guide%20for%20Criminal%20Justice%20Statistics%20on%20Cybercrime%20and%20Electronic%20Evidence.pdf.

27. Interpol. "Public-private partnerships: Partnerships are essential in fighting cybercrime since the expertise often lies in other sectors". https://www.interpol.int/en/Crimes/Cybercrime/Public-private-partnerships.

28. Interpol. "INTERPOL launches awareness campaign on COVID-19 cyberthreats: Campaign will highlight top threats and offer advice to #WashYourCyberHands". https://www.interpol.int/News-and-Events/News/2020/INTERPOL-launches-awareness-campaign-on-COVID-19-cy-

berthreats.

29. Interpol. "Cybercrime threat response: Coordinating a global response to cyberthreats". https://www.interpol.int/en/Crimes/Cybercrime/Cybercrime-threat-response.

30. Eurojust & Europol joint report. 2019. "Common Challenges in Combating Cybercrime: As Identified by Eurojust and Europol". https://www.europol.europa.eu/sites/default/files/documents/common_challenges_in_combating_cybercrime_2018.pdf.

31. Europol & Eurojust. 2019. "First Report of the Observatory Function on Encryption". https://www.europol.europa.eu/publications-documents/first-report-of-observatory-function-encryption.

32. Europol. 2019. "SIRIUS EU digital evidence situation report 2019: cross-border access to electronic evidence". https://www.europol.europa.eu/sites/default/files/documents/sirius_eu_digital_evidence_report.pdf.

33. CJEU. 2014. "Judgement in Joined Cases C-293/12 and C-594/12". https://curia.europa.eu/jcms/upload/docs/application/pdf/2014-04/cp140054en.pdf.

34. EuroISPA. "EuroISPA's comments on the provisional text of the 2nd additional protocol to the Budapest Convention on Cybercrime". https://rm.coe.int/euroispa-s-comments-to-draft-provisions-2nd-add-protocol-final/168098bcab.

35. OECD. 2006. "Preliminary draft issues paper on Framework for Extradition and Mutual Legal Assistance in Corruption Matters". https://www.oecd.org/daf/anti-bribery/39200781.pdf.

36. OECD. 2014. "Cloud computing: the concept, impacts and the role of government policy". https://www.oecd-ilibrary.org/docserver/5jxzf4lcc7f5-en.pdf?expires=1531387703&id=id&accname=guest&checksum=ABCCF6483C5743E40B2B4C98A58030E1.

37. OECD Trade Policy Papers No. 22. "Trade and cross-border data flows". https://www.oecd-ilibrary.org/trade/trade-and-cross-border-data-

flows_b2023a47-en.

38. OECD. "OECD Guidelines for the Security of Information Systems and Networks: Towards a Culture of Security". https://www.oecd.org/digital/ieconomy/15582260.pdf.

39. European Commission. 2012. "Evidence of Potential Impacts of Options for Revising the Data Retention Directive: Current Approaches to Data Preservation in the EU and in Third Countries". https://ec.europa.eu/home-affairs/sites/homeaffairs/files/what-we-do/policies/police-cooperation/data-retention/docs/drd_task_2_report_final_en.pdf.

40. European Commission. "Improving cross-border access to electronic evidence: findings from the expert process and suggested way forward". https://ec.europa.eu/home-affairs/sites/homeaffairs/files/docs/pages/20170522_non-paper_electronic_evidence_en.pdf.

41. European Commission. 2018. "Frequently asked questions: New EU rules on obtain electronic evidence". http://europa.eu/rapid/press-release_MEMO-18-3345_en.htm.

42. Council of European Union. 2016. "Non paper: progress report following the conclusions of the Council of the European Union on improving criminal justice in cyberspace". http://data.consilium.europa.eu/doc/document/ST-15072-2016-INIT/en/pdf.

43. Convention on Cybercrime: Explanatory Report. https://www.oas.org/juridico/english/cyb_pry_explanatory.pdf.

44. Home Office and National Police Chiefs' Council (NPCC). 2020. "Law Enforcement Data Service: Data Protection Impact Assessment". https://assets.publishing.service.gov.uk/government/uploads/system/uploads/attachment_data/file/936730/20-10-30_LEDS_DPIA_v1.0.pdf.

45. Brad Smith. 2015. "In the cloud we trust". https://news.microsoft.com/stories/inthecloudwetrust/.

46. In re: sealed case. https://www.cadc.uscourts.gov/internet/opinions.nsf/6E2FAD8DB7F6B3568525844E004D7A26/$file/19-5068-1800815.pdf.

47. Cisco. "Cisco global cloud index: forecast and methodology, 2016-2021". https://www. cisco. com/c/en/us/solutions/collateral/service-provider/global-cloud-index-gci/white-paper-c11-738085.pdf.

48. American Civil Liberties Union (ACLU) et al. "Challenging Government Hacking in Criminal Cases". https://www.aclu.org/sites/default/files/field_document/malware_guide_3-30-17-v2.pdf.

49. ICC. "Using mutual legal assistance treaties (MLATs) to improve cross-border lawful intercept procedures". https://cdn.iccwbo.org/content/uploads/sites/3/2012/09/ICC-policy-statement-on-Using-Mutual-Legal-Assistance-Treaties-MLATs-To-Improve-Cross-Border-Lawful-Intercept-Procedures.pdf.

50. UN. "Model Treaty on Mutual Assistance in Criminal Matters". https://www.unodc.org/pdf/model_treaty_mutual_assistance_criminal_matters.pdf.

51. ENISA. "Cooperation between CSIRTs and Law Enforcement". https://www.enisa.europa.eu/publications/csirts-le-cooperation.

52. Greg Nojeim. "MLAT reform: a straw man proposal". https://cdt.org/files/2015/09/2015-09-03-MLAT-Reform-Post_Final-1.pdf.

53. Grace Manning. Alexa: Can You Keep a Secret? The Third-Party Doctrine in the Age of the Smart Home. https://www.law.georgetown.edu/american-criminal-law-review/wp-content/uploads/sites/15/2019/02/56-O-Alexa-Can-You-Keep-a-Secret-The-Third-Party-Doctrine-in-the-Age-of-the-Smart-Home.pdf.

54. Jennifer Daskal & Justin Sherman. 2020. "Data Nationalism on the Rise: The Global Push for the State Control of Data". https://datacatalyst.org/wp-content/uploads/2020/06/Data-Nationalism-on-the-Rise.pdf.

55. Anna-Maria Osula. 2015. "Accessing Extraterritorially Located Data: Options for States". https://www.ccdcoe.org/uploads/2018/10/Accessing-extraterritorially-located-data-options-for-States_Anna-Maria_Osula.pdf.

56. Robert Lemos. 2002. "Russia Accuses FBI Agent of Hacking". https://www.cnet.com/news/russia-accuses-fbi-agent-of-hacking/.

57. Tiffany Lin & Mailyn Fidler. 2017. "Cross-border data access reform: a primer on the proposed U.S.-U. K. agreement". https://dash.harvard.edu/bitstream/handle/1/33867385/2017-09_berklett.pdf? sequence=1.

58. Nigel Cory. 2019. "The False Appeal of Data Nationalism: Why the Value of Data Comes from How It's Used, Not Where It's Stored". https://itif. org/publications/2019/04/01/false-appeal-data-nationalism-why-value-data-comes-how-its-used-not-where.

59. Guy Chazan. 2019. "Merkel urges EU to seize control of data from US tech titans". https://www.afr.com/world/europe/merkel-urges-eu-to-seize-control-of-data-from-us-tech-titans-20191113-p53a5v.

60. Sergio Carrera, et al. 2020. "Cross-Border Data Access in Criminal Proceedings and the Future of Digital Justice: Navigating the Current Legal Framework and Exploring Ways forward within the UE and Across the Atlantic". https://www. ceps. eu/wp-content/uploads/2020/10/TFR-Cross-Border-Data-Access.pdf.

61. Bert-Jaap Koops & Morag Goodwin. 2016. "Cyberspace, the cloud, and cross-border criminal investigation". https://papers.ssrn.com/sol3/papers.cfm? abstract_id=2698263.

62. Institute of International Finance. 2020. "Data Localization: Costs, Tradeoffs, and Impacts Across the Economy". https://www.iif.com/Portals/0/Files/content/Innovation/12_22_2020_data_localization.pdf.

63. Nir Gaist. "Should Governments Stockpile Zero-Day Vulnerabilities?". https://cyberstartupobservatory. com/should-governments-stockpile-zero-day-vulnerabilities/.

64. T-CY. 2012. "Transborder Access and Jurisdiction: What are the Options?". https://www. google. com. hk/url? sa = t&rct = j&q = &esrc = s&source = web&cd = &ved = 2ahUKEwiv-oDVsIb5AhUUR8AKHWjACYsQFnoECBsQAQ&url = https%3A%2F%2Frm.coe.int%2F16802e

79e8&usg=AOvVaw0bxwKqlmpl894lkbGbw-Sc.

65. T-CY. 2016. "Criminal justice access to electronic evidence in the cloud: recommendations for consideration by the T-CY". https://rm.coe.int/CoERMPublicCommonSearchServices/DisplayDCTMContent? documentId=09000016806a495e.

66. T-CY. 2017. "T-CY guidance note #10 production orders for subscriber information". https://rm.coe.int/16806f943e.

67. T-CY. 2020. "The Global State of Cybercrime Legislation 2013-2020: A Cursory Overview". https://eucyberdirect.eu/wp-content/uploads/2020/06/cyberleg-global-state.pdf.

68. T-CY. 2021. "Second Additional Protocol to the Convention on Cybercrime on Enhanced Co-operation and Disclosure of Electronic Evidence, Draft Protocol Version 3". https://rm.coe.int/0900001680a2aa1c . Accessed 11 August 2021.

69. Office of Civil and Criminal Justice Reform. "Model Law on Computer and Computer Related Crime". https://thecommonwealth.org/sites/default/files/key_reform_pdfs/P15370_11_ROL_Model_Law_Computer_Related_Crime.pdf?_ _ cf _ chl _ jschl _ tk _ _ = fd05c212dfb73f5022ca68e93e83c1faedfc3ef5-1612837387-0-ARYrKm-CujilYHDOgk8H9M33VG5gQrXhzEOH7TIEgWnZ6JxGkHQGGPydMz3-o4-dXzhQtIUs4tgjspR1aJCpc8D2Zg0nK-M-SFF2QwsqTl _ DIVF3aG6210dCImtTGaQmme1126NkA5nxQFLCbbSjsB8lH9N8Tuje947GCefMsTRR4WWJD4nxYEd2r4yAn1amalIkDrMD8OJx6jpRNOdqmVZvVElvhXzFX5epsA15i6ioRoVRUe_d_hG51aKgyi6JZJk1jcU2EjKDvn3kMKashMaI0EK0jnjH-aPgTEFF _ us-JD _ aViOZXuNCi4SIAdvuPvv25Xrgj Grzob-GAYVsl9MxAUfsJq4YhCWkB3DjeHheXHYg997ZJWoqriVBq8AiXrXApxgIDMLmXM7jglndoEig_JnY_FywmBGrnVC94N7PM4.

70. African Union. "Draft African Union Convention on the Establishment of a Credible Legal Framework for Cyber Security in Africa". https://www.ccdcoe.org/uploads/2018/11/AU-120901-DraftCSConvention.pdf.

71. African Union. "African Union Convention on Cyber security and Personal Data Protection ". https://issafrica.org/ctafrica/uploads/AU% 20Convention% 20on% 20Cyber% 20Security% 20and% 20Personal% 20Data% 20Protection.pdf.

72. APEC. 2015."Privacy Framework". https://cbprs.blob.core.windows.net/files/2015% 20APEC% 20Privacy% 20Framework.pdf.

73. APEC Counter-Terrorism Working Group Strategic Plan 2018-2022. https://www. apec. org/Groups/SOM-Steering-Committee-on-Economic-and-Technical-Cooperation/Working-Groups/-/media/Files/Groups/CT/18_sce1_006_CTWG-strategic-plan-2018-2022_PRINT.docx? la = en&hash = E6099F85D9AF76B96DB0CE768089C03DB592DE6F&hash =E6099F85D9AF76B96DB0CE768089C03DB592DE6F.

74. Global Investigations Review (GIR). 2021. "GIR Review: Americas Investigations Review 2021". https://globalinvestigationsreview.com/review/the-investigations-review-of-the-americas/2021? page=1.

75. Cyber Digest CPROC. 2019. "Norwegian Supreme Court accepts trans-border search of data stored 'in the cloud'". https://www.coe.int/documents/9252320/43971234/Cyber + Digest + CPROC + 2019-03-01. pdf/5edb0cb4-4888-3aa2-126a-a0da126d398b.

76. ACLU, EFF & NACDL. "Challenging government hacking in criminal cases". https://www. nacdl. org/uploadedFiles/files/criminal_defense/national_security/Malware-Guide-3.29.2017.pdf.

77. Letter from Mythili Raman, Acting Assistant Attorney Gen., Criminal Div., U.S. Dep't of Justice, to Reena Raggi, Chair, Advisory Comm. On the Criminal Rules 2 (Sept. 18, 2013). www.justsecurity.org/wp-content/uploads/2014/09/Raman-letter-to-committee-.pdf.

78. Recommendation on the Strategy for Creating a Safer information Society by Improving the Security of Information Infrastructures and Combating Computer-related Crime. https://www. europarl. europa. eu/sides/getDoc.do? reference=P5-TA-2001-0453&type=TA&language=EN&redirect.

79. James Titcomb. 2017. "WhatsApp's encryption keeps us safe: attacking it is wrong". https://www.telegraph.co.uk/technology/2017/03/27/whatsapps-encryption-keeps-us-safe-attacking-wrong/.

80. Daniel Howley. 2020. "Apple's Tim Cook defends decision to fight DOJ on iPhone 'backdoor'". https://finance.yahoo.com/news/apple-tim-cook-doj-backdoor-iphone-214520728.html.

81. Bert-Jaap Koops & Morag Goodwin. 2016. "Cyberspace, the cloud, and cross-border criminal investigation". https://papers.ssrn.com/sol3/papers.cfm?abstract_id=2698263.

82. Microsoft law enforcement requests report. https://www.microsoft.com/en-us/corporate-responsibility/law-enforcement-requests-report.

83. Microsoft. "Six Principles for International Agreements Governing Law Enforcement Access to Data". https://blogs.microsoft.com/wp-content/uploads/prod/sites/5/2018/09/SIX-PRINCIPLES-for-Law-enforcement-access-to-data.pdf.

84. Microsoft. "About Our Practices and Your Data". https://blogs.microsoft.com/datalaw/our-practices/#what-is-process-disclosing-customer-information-legal.

85. Report of the Group of Governmental Experts on Developments in the Field of Information and Telecommunications in the Context of International Security. 2015. https://daccess-ods.un.org/tmp/2825493.51453781.html.

86. Chart of signatures and ratifications of Treaty 185. https://www.coe.int/en/web/conventions/full-list/-/conventions/treaty/185/signatures.

87. Apple transparency report: government and private party requests, January 1-June 30, 2021. https://www.apple.com/legal/transparency/pdf/requests-2021-H1-en.pdf.

88. Dan Svantesson. 2020. "Data Localisation Trends and Challenges: Considerations for the Review of the Privacy Guidelines". https://www.oecd.org/science/data-localisation-trends-and-challenges-7fbaed62-

en.htm.

89. SIRIUS EU Digital Evidence Situation Report (3rd Annual Report) 2021. https://www.eurojust.europa.eu/sites/default/files/assets/sirius_eu_digital_evidence_situation_report_2021.pdf.

90. Garrett Discovery. 2018. "Network Investigative Technique Cases". https://www.garrettdiscovery.com/download/network-investigative-technique-cases/.

91. Jack L. Goldsmith. 2001. "The Internet and the Legitimacy of Remote Cross-Border Searches".https://chicagounbound.uchicago.edu/cgi/viewcontent.cgi?article=1316&context=public_law_and_legal_theory.

92. Taro Komukai & Aimi Ozaki. 2018. "The Legitimacy of Cross-Border Searches Through the Internet for Criminal Investigations". https://hal.inria.fr/hal-02001953/file/472718_1_En_25_Chapter.pdf.

93. UNODC. 2013. "Comprehensive Study on Cybercrime (Draft)". https://www.unodc.org/documents/organized-crime/UNODC_CCPCJ_EG.4_2013/CYBERCRIME_STUDY_210213.pdf.

94. UNODC. 2021. "Conclusions and Recommendations Agreed upon by the Expert Group for Consideration by the Commission on Crime Prevention and Criminal Justice". https://documents-dds-ny.un.org/doc/UNDOC/GEN/V21/025/95/PDF/V2102595.pdf?OpenElement.

95. UNODC. "Mutual Legal Assistance Request Writer Tool". https://www.unodc.org/mla/en/index.html.

96. UNODC. "The Practical Guide for Requesting Electronic Evidence Across Borders". http://luts.oka.airlinemeals.net/content-https-sherloc.unodc.org/cld/en/st/evidence/practical-guide.html#:~:text=The%20Practical%20Guide%20for%20Requesting%20Electronic%20Evidence%20Across,and%20produce%20the%20electronic%20evidence%20needed%20for%20trial.

97. Australia. "Personally Controlled Electronic Health Records Act 2012". https://www.legislation.gov.au/Details/C2012A00063.

98. Laws of Malaysia Act 709: Personal Data Protection Act 2010. http://www.kkmm.gov.my/pdf/Personal%20Data%20Protection%20Act%202010.pdf.

99. Matthew Newton & Julia Summers. 2018. "Russian data localization laws: enriching 'security' & the economy". https://jsis.washington.edu/news/russian-data-localization-enriching-security-economy/#_ftn8.

100. Quentin Hardy. 2012. "Just the facts. Yes, all of them". http://query.nytimes.com/gst/fullpage.html? res=9a0ce7dd153cf936a15750c0a9649d8b63.

101. The League of Arab States Convention on Combating Information Technology Offences. https://www.asianlaws.org/gcld/cyberlawdb/GCC/Arab%20Convention%20on%20Combating%20Information%20Technology%20Offences.pdf.

102. European Commission and United States Joint Statement on Trans-Atlantic Data Privacy Framework. 2022. https://ec.europa.eu/commission/presscorner/detail/en/ip_22_2087.

103. Proposal for a Regulation of the European Parliament and of the Council on European Production and Preservation Orders for Electronic Evidence in Criminal Matters. https://eur-lex.europa.eu/legal-content/EN/TXT/?qid=1524129181403&uri=COM:2018:225:FIN.

104. Proposal for a Directive of the European Parliament and of the Council Laying Down Harmonized Rules on the Appointment of Legal Representatives for the Purpose of Gathering Evidence in Criminal Proceedings. https://eur-lex.europa.eu/legal-content/EN/TXT/?qid=1524129181403&uri=COM:2018:226:FIN.

105. Agreement Between the Government of the United Kingdom of Great Britain and Northern Ireland and the government of the United States of America on Access to Electronic Data for the Purpose of Countering Serious Crime. https://assets.publishing.service.gov.uk/government/uploads/system/uploads/attachment_data/file/836969/CS_USA_6.2019_Agreement_between_the_United_Kingdom_and_the_USA_on_Access_to_

Electronic_Data_for_the_Purpose_of_Countering_Serious_Crime.pdf.

106. Agreement Between the Government of Australia and The Government of the United States of America on Access to Electronic Data for the Purpose of Countering Serious Crime. https://www.homeaffairs.gov.au/nat-security/files/cloud-act-agreement-signed.pdf.

107. Agreement between the European Union and Japan on mutual legal assistance in criminal matters. https://eur-lex.europa.eu/legal-content/EN/TXT/PDF/? uri=CELEX:22010A0212(01).

108. IACP Summit Report. 2016. "A Law Enforcement Perspective on the Challenges of Gathering Electronic Evidence". https://www.theiacp.org/sites/default/files/2019-05/IACPSummitReportGoingDark_0.pdf.

109. African Union Convention on Cyber Security and Personal Data Protection. https://issafrica. org/ctafrica/uploads/AU% 20Convention% 20on% 20Cyber% 20Security% 20and% 20Personal% 20Data% 20Protection.pdf.

110. Robert Lemos. 2002. "Russia Accused FBI Agent of Hacking". https://www.cnet.com/news/russia-accuses-fbi-agent-of-hacking/.

111. U.S. DOJ. 2020. "Two Chinese Hackers Working with the Ministry of State Security Charged with Global Computer Intrusion Campaign Targeting Intellectual Property and Confidential Business Information, Including COVID-19 Research". https://www. justice. gov/opa/pr/two-chinese-hackers-working-ministry-state-security-charged-global-computer-intrusion.

112. DOJ Criminal Resource Manual. 2020. "267. Obtaining Evidence Abroad-General Considerations". https://www.justice.gov/archives/jm/criminal-resource-manual-267-obtaining-evidence-abroad-general-considerations.

113. U.S. DOJ White Paper. 2019. "Promoting Public Safety, Privacy, and the Rule of Law Around the World: The Purpose and Impact of the CLOUD Act". https://www.justice.gov/opa/press-release/file/1153446/

download.

114. SWGDE. 2016. "Collection of Digital and Multimedia Evidence Myths vs Facts". https://www.swgde.org/documents/Archived%20Documents/SWGDE%20Collection%20of%20Digital%20and%20Multimedia%20Evidence%20Myths%20vs%20Facts%20v1-1.

115. John Perry Barlow. 1996. "A Declaration of the Independence of Cyberspace". https://www.eff.org/cyberspace-independence.

116. World Economic Forum. 2016. "Recommendations for Public-Private Partnership against Cybercrime". https://www3.weforum.org/docs/WEF_Cybercrime_Principles.pdf.

117. Data Retention Law's: Mandatory Data Retention around the World, Privacysniff. 2019. https://privacysniffs.com/data-retention-law/.

118. European Parliament Research Service. 2021. "Liability of Online Platforms". https://www.europarl.europa.eu/RegData/etudes/STUD/2021/656318/EPRS_STU(2021)656318_EN.pdf.

119. U.S. Department of Justice. 2016. "Legislation to permit the secure and privacy-protective exchange of electronic data for the purposes of combating serious crime including terrorism". http://www.netcaucus.org/wp-content/uploads/20160310-US-UK-Hill-Leave-Behind-Final1.pdf.

120. Jeb Blount and Marcelo Teixeira. 2015. "Brazil court lifts suspension of Facebook's WhatsApp service". https://venturebeat.com/2015/12/17/brazil-court-lifts-suspension-of-facebooks-whatsapp-service/.

121. Statista. 2022. "Market Capitalization of the Biggest Internet Companies Worldwide as 2021". https://www.statista.com/statistics/277483/market-value-of-the-largest-internet-companies-worldwide/.

122. Internet & Jurisdiction Policy Network. 2021. "We Need to Talk about Data: Framing the Debate around Free Flow of Data and Data Sovereignty". https://www.internetjurisdiction.net/uploads/pdfs/We-Need-to-Talk-About-Data-Framing-the-Debate-Around-the-Free-Flow-of-Data-and-Data-Sovereignty-Report-2021.pdf.

123. Cadence Design Systems, Inc. v. Syntronic AB, United States District Court Northern District of California, Case No. 21-cv-03610-SI (JCS), Order Denying Motion for Reconsideration. https://tlblog.org/wp-content/uploads/2022/06/Cadence_Design_Systems_Inc._v_16681.pdf.

124. WhatsApp."Information for Law Enforcement Authorities". https://faq. whatsapp. com/general/security-and-privacy/information-for-law-enforcement-authorities/? lang=en.